陶富源文集 第9卷

精神家园的哲学守望

JINGSHEN JIAYUAN DE
ZHEXUE SHOUWANG

陶富源 著

安徽师范大学出版社
·芜湖·

责任编辑:张奇才　吴顺安
谢晓博　陈　艳
装帧设计:丁奕奕
责任印制:桑国磊

图书在版编目(CIP)数据

精神家园的哲学守望／陶富源著.—芜湖:安徽师范大学出版社,2016.5
(陶富源文集;第9卷)
ISBN 978-7-5676-2287-6

Ⅰ.①精… Ⅱ.①陶… Ⅲ.①马克思主义哲学—文集 Ⅳ.①B0-0

中国版本图书馆CIP数据核字(2015)第284597号

精神家园的哲学守望
陶富源　著

出版发行:安徽师范大学出版社
芜湖市九华南路189号安徽师范大学花津校区　邮政编码:241002
网　址:http://www.ahnupress.com/
发 行 部:0553-3883578　5910327　5910310(传真) E-mail:asdcbsfxb@126.com
印　刷:浙江新华数码印务有限公司
版　次:2016年5月第1版
印　次:2016年5月第1次印刷
规　格:710×1000　1/16
印　张:23.75
字　数:391千
书　号:ISBN 978-7-5676-2287-6
定　价:89.00元

出版说明

本套文集为安徽师范大学政治学院陶富源教授从事马克思主义哲学研究40多年成果的结集，按内容及篇幅共分为十卷，收入该文集的大部分作品为当年公开出版或发表过的。为了保留原作的本来面貌，除对个别文字、标点符号、部分参考文献作必要的技术处理外，对原文不作实质性改动。由于时间仓促，水平所限，在编辑过程中难免有疏漏，敬请读者海涵。

作者简介

陶富源（1944.11.3—　），江苏海安人，1969年7月毕业于北京大学哲学系，安徽师范大学政治学院教授，博士生导师。现任中国历史唯物主义学会常务理事、中国人学学会常务理事。曾任国家社会科学基金学科评审组专家。终身享受国务院特殊津贴。获全国模范教师、省级教学名师、省十大杰出教师等荣誉称号，获省“五一”劳动奖章等10多项荣誉。主持和完成国家社会科学基金项目3项，其最终成果获“良好”等级。独撰和合作出版著作、译作13部，发表论文200多篇，其中在《中国社会科学》《哲学研究》《马克思主义研究》上发表论文16篇。获省部级教学科研成果一等奖、曾宪梓教育基金会高等学校教师奖三等奖等10多项奖项。

总　序

哲学是时代的产物。

中国共产党的十一届三中全会，开启了中华民族走向经济腾飞、文化复兴的伟大时代。这是一个古老民族从挫折中总结，于艰难中奋起，不断走向昌盛的时代，是一个解放思想、继往开来、锐意革新的时代。

沐浴着时代风雨，鼓荡起哲思才情，四十多年，一路走来。作为我的哲学旅程的一些记录和反映，共独撰和合作出版了著作和译作13部，发表学术论文200余篇。在发表的论文中，有近半数的论文被《新华文摘》《光明日报》《中国人民大学报刊复印资料》《全国高等学校文科学术文摘》（现用名）等转载、摘介和被多种著作所引用。

我信奉马克思主义哲学，因为它是指引人类走向彻底解放的真理，是科学的哲学。和一切科学一样，马克思主义哲学会随着时代的变化而发展。它的某些具体结论和具体原理，有的可能有错，而被证伪；有的也会过时，而被取代，但其基本原理具有持久的生命力，是不会从根本上被驳倒，被推翻，因而是必须坚持的。当然，马克思主义哲学的基本原理也要与时俱进，要经过不断改进、补充和丰富，从而能更系统、更全面、更正确地反映不断发展着的时代精神。

我这几十年来，除对自己留意以外，确也时时想到国家，想到社会，想到自己的责任，因而对治学始终持一种认真的态度，并以能为马克思主义哲学的宣传和发展尽自己的一点微力，而感到欣慰。

承蒙学界朋友的鼓励和支持，我对多年来撰写和发表的部分文稿进行了梳理和审定，按相关专题，分成十卷出版。这十卷的书名分别是：《形上智慧论》《实践主导论》《终极关怀论》《哲学与马克思主义哲学》《青年马克思与费尔巴哈》《唯物辩证论与实践智慧》《唯物史观在当代》《政治文明的哲学观照》《精神家园的哲学守望》《学术论文写作通鉴》。

收入该文集的个别文章在发表时因各种原因删节较多，现恢复原稿，这种情况已在文中作了说明。其余文章，除个别文字校正外，未作修改，以保持原貌。有少量文章是与别人合作撰写的，对此在书中也有标明。

本文集的出版，得到了安徽师范大学领导、政治学院领导的大力支持，得到了我的学生兼好友王平、陶庭马、方芳、金承志、马和平、杨晶、张涛、黄友生、毛加兴等的帮助，得到了我的家人的关怀，也得到了安徽师范大学出版社的鼎力相助。对各方的支持，谨此致以衷心的谢意。

作　者

2015年10月20日

序 言

精神家园，是一个饱含情感、生动形象的说法。它实际是指一个人或一个民族和国家的精神支柱、情感寄托，或心灵归宿。

一个人拥有精神家园，就有安顿感、温馨感和光明感。从而也就有了健康的心态、饱满的情绪、向上的追求。这样，生活也就有了情趣、有了色彩、有了意义。不然，就会造成精神的失落与空虚、心理的扭曲与变形。

诚然，人作为个体，不是孤立的存在，而是社会的存在。除原始社会外，至少在共产主义社会到来以前，个体也总是生活在一定民族和国家中的，个人的前途也总是与其归宿的民族和国家的命运紧密联系在一起的。由此，个人的精神家园也总是坐落于民族和国家精神家园的“村落”之中，而共润其雨露，共沐其阳光。

民族和国家的精神家园，是该民族和国家的精神气质和价值取向。如果说，经济发展是民族和国家生存之基础，政治安定是民族和国家生存之保障，那么精神家园则是民族和国家生命之灵魂。或者说，它是民族和国家安身立命之所系、生存发展之支撑、身份归属之标志，是维护一个民族和国家的虽是无形恰是最深沉的力量。也就是说，它是民族和国家生命力的精神之母、创造力的精神之源、凝聚力的精神纽带、团结奋进的精神动力。

民族和国家的精神家园，之所以有如此巨大的作用，因为它所标示的，不是通常的文化精神，而是文化的核心精神，是蕴含并统摄通常文化精神的哲学底蕴。

通常的文化精神弥漫于社会生活的方方面面。因而在社会生活的每个领域，都可或强或弱、或隐或显地感到文化精神的脉动；在社会生活的每个角落，都可以嗅到文化精神的气息。

然而，体现在社会生活方方面面的文化精神往往是直观的、分散的、朴素的形态。因而这就需要经过提炼、加工、升华，凝练为文化的精髓。比如，中国传统文化中的“天人合一”、“天下一家”、“以和为贵”、“和而不同”、“仁者爱人”、“自强不息”、“居安思危”、“因穷而通”、“时异备变”等，就是中国传统文化的精髓。这种文化精神至今还放射出灿烂的光辉。

从一般的文化精神，升华、凝练为文化的精髓，需要在一定的哲学指导下进行。因此，哲学的文化功能，从根本上说，就是为一定的民族和国家把握生活真谛、凝练文化精髓、构筑精神家园，提供引导和服务。这也就是本卷的书名所标示的：“精神家园的哲学守望”。

用黑格尔的话说，“哲学本身正是人的精神的故乡”。[①]它是从最深层次来反思人从何处而来，人往何处而去，人在世界上所处的位置，是在最终意义上寻求人的生命活动的根据和价值。因此，哲学之为哲学，它本身即是一种精神还乡。哲学家谢林曾将其哲学命名为“精神漂流归记”，从而道出了哲学这种怀有乡愁冲动去寻找家园的功能。德国诗人诺瓦利斯指出：“哲学原就是怀着一种乡愁的冲动到处去寻找精神家园。”精神家园的丧失是信仰的危机、理想的凋零和主体性的摧毁。

当然，在阶级还存在的社会中，不同的哲学所守望的精神家园是不同的。马克思主义哲学作为无产阶级彻底解放的科学世界观，他守望的是无产阶级和广大人民的精神家园，是代表无产阶级和广大群众利益的社会主义国家的精神家园。

因此，为了建设社会主义中国的精神家园，即中华民族共有的精神家园，我们就必须认真学习马克思主义哲学，用实事求是、以人为本、实践主导的辩证唯物主义来武装自己的头脑。在这过程中，要特别重视学习马克思主义认识论的理论，要立足当代实践，不断提炼和概括富有时代气息的现代中华文化精神。这样，才能使我们的精神家园始终清新怡人，魅力常在。

我们要以马克思主义哲学为指导，坚持以民族优秀传统文化为根基，加强精神家园建设。中华民族在五千年历史的发展中，创造了博大精深、丰富灿烂的中华文化，形成了优良的文化传统和特有的民族

① ［德］黑格尔：《哲学史讲演录》第1卷，贺麟、王太庆译，159页，北京：商务印书馆，1959年。

性格，并深深融入中华民族的血脉之中，成为中华民族共同的文化基因和精神记忆。在全球化条件下，建设当代中华民族的精神家园，必须继承和弘扬中华文化的优良传统，从而返本开新，再创中华文化的新辉煌。

我们要以马克思主义哲学为指导，以博大的胸怀，吸收外来健康有益的文化因子，促进当代中华文化的体系更加丰富和完善。文化的生命力不仅在于文化所依托的经济与政治的发展，依赖于文化自身的创新，而且还在于依托对外来健康有益文化因子的不断汲取和融合。中华文化之所以源远流长，生气勃勃，其中一个重要原因就在于，它是博采众长，兼收并蓄的文化。在经济全球化条件下，文化的繁荣发展更离不开对各种文明的对话交流。随着国力的提升，中国与世界交往的广度和深度，不断增进。当代中国文化应抓住这个机遇，建设具有民族性和开放性统一的文化机制，积极学习世界各国的优秀文化成果，吸收百家之说，为中华民族精神家园增添更多色彩和亮丽。

我们要以马克思主义哲学为指导，加强社会主义核心价值观建设。即要在全社会提倡和弘扬富强、民主、文明、和谐，提倡和弘扬自由、平等、公正、法治，提倡和弘扬爱国、敬业、诚信、友善的价值追求。要以社会主义核心价值观引领社会思潮，凝聚中华儿女开拓前进迈向未来的精神伟力。在当代中国，与中外不同思想文化的相互激荡相联系，与社会生活多样性和价值取向多样性相联系，与人们思想独立性、选择性的增强相联系，出现多样化的社会思潮是不可避免的，但又必须加以引导。这个引导的主流价值观，就是社会主义核心价值观。因此，建设社会主义精神家园，实现中华民族的共同理想，就必须旗帜鲜明、理直气壮地坚持社会主义核心价值观。这样才能在建设富强民主文明和谐的社会主义现代化国家这个总目标下，不断增进社会的思想共识，不断强化全民族的向心力和凝聚力，从而实现中华民族伟大复兴的梦想。

为此，就要提倡全民读书，要建立学习型社会。要重视对青少年的思想政治教育。要在学校中，采取各种措施，帮助广大教师，尤其青年教师提高专业素质，特别是思想素质。

收入本卷的文章，主要是论述要以马克思主义哲学为指导，发挥人在认识过程中、文化建设中和思想教育中的主体能动作用，守望中华民族的精神家园。具体说来，包含以下四个方面：一是从认识主体维度重点论述了马克思主义认识论的能动性特征；二是论述了对中国传统民族文化的批判与继承的关系问题；三是论述了对现代西方哲学、现代西方政治社会思潮的应对态度问题；四是论述了社会主义精神文明建设中，坚持共产主义道德理想，坚持社会主义方向，坚持爱国主义、集体主义，树立全球意识，守望大学精神，提倡全民读书，做好对青年学子的“三观”教育等一系列理论和实际问题。

作　者

2015年10月20日

目　录

主客体相互作用是认识的源泉*

关于认识的源泉问题，笔者的主要观点是：必须从主体与客体的关系出发，从这种关系的最基本的表现形式，即作为主体的社会人与作为客体的自然界的关系出发，来探讨认识的源泉。这个关系有两个方面：一是自然界对人的作用；二是人对自然界的改造作用。前者是认识起源的自然基础；后者则是认识起源的社会实践基础。它们构成了人类认识源泉的不可缺少的两个方面。其中实践的作用是第一位的、基本的。

一、认识有以实践为主的两个源泉

关于主客体相互作用是认识源泉的思想，在马克思主义经典作家那里，早已做过阐述。诚然，他们是在批判继承了先前各派哲学认识源泉观积极成果的基础上，进行这一创造性工作的。

马克思主义哲学的产生，使认识源泉问题得到了完全科学的解答。其标志就是马克思在1845年写的《关于费尔巴哈的提纲》。《提纲》的第一条指出："从前的一切唯物主义——包括费尔巴哈的唯物主义——的主要缺点是：对对象、现实、感性，只是从客体的或者直观的形式去理解，而不是把它们当作人的感性活动，当作实践去理解，不是从主体方面去理解。因此，结果竟是这样，和唯物主义相反，唯心主义却发展了能动的方面，但只是抽象地发展了，因为唯心主义当然是不知道现实的、感性的活动本身的。"①

马克思这段论述，运用了对立统一的原理，从主客体的相互作用出发，对以前认识论发展的历史做了一个精辟的总结。在一般认识论

* 原刊于《哲学研究》，1983（9）。

① 《马克思恩格斯选集》第1卷，58页，北京：人民出版社，1995年。

上，首先在认识源泉观上，不仅揭示了马克思主义与以往的唯物主义和唯心主义的区别，而且也揭示了它们之间的联系，从而标志着马克思主义认识论，首先是马克思主义认识源泉观的形成。

普列汉诺夫指出："这几条提纲并没有排除费尔巴哈哲学的基本论点，它们只是改正了这些论点。"[①]他的这个认识大体是正确的。马克思并没有排除旧唯物论的关于对事物"从客体的或者直观的形式去理解"这一点，改正的仅是其"只是从客体的或者直观的形式去理解"这一点。和旧唯物主义相反，唯心主义抓住了人的活动方面，但却是抽象地阐明了这一方面。鉴于以往唯物主义和唯心主义各执一面的片面性错误，马克思实际上是提出了，主客体的相互作用是认识源泉的思想。即既承认自然界对人的作用对于认识起源的意义，同时又承认人对自然的改造作用对认识起源的决定性意义。这就是说，既要克服旧唯物主义认识源泉观的局限性，同时又是把能动的活动方面从唯心主义那里改造过来，并给予真正的唯物主义说明。

马克思的这个思想，在恩格斯的著作中也有很好的表述。恩格斯在《自然辩证法》中就指出："自然科学和哲学一样，直到今天还全然忽视人的活动对人的思维的影响；它们在一方面只知道自然界，在另一方面又只知道思想。但是，人的思维的最本质的和最切近的基础，正是人所引起自然界的变化，而不仅仅是自然界本身；人在怎样的程度上学会改变自然界，人的智力就在怎样的程度上发展起来。因此，自然主义的历史观……是片面的，它认为只是自然界作用于人，只是自然条件到处决定人的历史发展，它忘记了人也反作用于自然界，改变自然界，为自己创造新的生存条件。"[②]

恩格斯这段话，用明确的语言说明了，人与自然界的相互作用是认识产生的基础。他肯定了自然界对人的作用是认识的一个基础；但又说"不仅仅是自然界本身"，"人的思维的最本质的和最切近的基础，正是人所引起的自然界的变化"。这就肯定了实践是认识的主要的、基本的源泉。

① ［俄］普列汉诺夫：《马克思主义的基本问题》，张仲实译，18页，北京：人民出版社，1957年。

② 《马克思恩格斯选集》第4卷，329页，北京：人民出版社，1995年。

二、认识两源泉来自主客体双向作用

为什么要从主体与客体的关系出发来探求认识的源泉呢？因为认识是主体对客体的反映，这种反映只有在主、客体的关系中才能进行。在这种关系中，人的感觉器官才能与外界事物相接触，客观的外界事物才能反映到人的头脑中来。拉法格说：“有关物体性质的概念只是由于人同自然界的物体发生了接触才在头脑里产生出来。”[①]因此，如果离开了主、客体的关系，离开了主体对客体的接触，也就无所谓反映。毛泽东说：“一个闭目塞听、同客观外界根本绝缘的人，是无所谓认识的。”[②]

主体对客体的反映之所以要在主、客体的关系中进行，原因是：

第一，“一物的属性”虽然“不是由该物同他物的关系产生”，但却“是在这种关系中表现出来”的[③]。这也就是说，外界事物的本来面目和固有属性，以及主体自我的本来面目和固有属性，都是在自我与外物的关系中表现出来，从而才使主体获得对外物、对自我的认识。认识史说明，主体的自我认识和对外物的认识，是相互制约、相互借助的。因此，主体要获得对外物的认识，并借助自我认识去进一步发展这种认识，都必须在主客体的关系中进行。

第二，也只有在这种关系中，作为客体属性之一的可知性和作为主体属性之一的反映性，才能获得现实的联结，才能使认识形成。信息论说明，一方面，任何物体都是一个信息的“发射”装置，这是事物可知性的客观基础；另一方面，人体的各种器官是信息的接收和处理装置，这是主体反映特性的客观根据。只有在主、客体的关系中，客体所“发射”出来的信息，才能被主体所接收并加以处理，才能使客体在人脑中得到再现。可见，主客体的关系不仅为主体对客体的反映提供了材料，而且提供了进行这种反映的现实道路。

既然认识源泉的探讨不能离开主客体的关系去进行，那么这种关

① ［法］拉法格：《思想起源论》，王子野译，12页，北京：生活·读书·新知三联书店，1963年。

② 《毛泽东选集》第1卷，290页，北京：人民出版社，1991年。

③ 《马克思恩格斯全集》第23卷，72页，北京：人民出版社，1972年。

系怎样呢?

主客体的关系和世界上其他关系一样，是双向的、相互作用的。正如恩格斯在分析经济关系时指出的：“既然这是一种关系，这就表示其中包含着两个相互关联的方面。我们分别考察每一个方面；由此得出它们相互关联的性质，它们的相互作用。”①在作为主体的社会人与不同的客体的关系中，最基本的是与自然界的关系。这个关系也是相互作用的。一方面“自然界作用于人”，另一方面，“人也反作用于自然界”。②

从自然意义上说，人体只是自然界各种元素的特殊聚集体、能量运载体。人类无时无刻不在通过摄取与释放、同化与异化，同周围环境进行着物质与能量的交换。

从社会意义上说，一方面，自然界对人有恩赐，也有威胁；另一方面，人对自然界有反作用，这种反作用除了表现为人的适应性的趋利避害外，主要是在于人能够改造和支配自然界。恩格斯说：“这便是人同其他动物的最终的本质的差别。”③所以，我们既要看到自然界对人的作用，人是“受动的……存在物”，同时又要看到人是“能动的自然存在物”，④人也改造自然界。只有把这两方面统一起来，才能全面反映人与自然界的关系。由于主体对客体的反映是在主、客体的关系中进行的，因此，也只有把这两方面统一起来，才能正确说明人类认识起源的根据，才能真正弄清认识的源泉。

从广义来说，所谓反映，就是两个物体相互作用时，一个物体再现了另一个物体的某种特性。列宁认为，这种反映，是物质世界的事物在相互作用中所表现出来的一种普遍的特性。人对外界事物的认识，只是物质世界这种普遍反映性质的一种特殊表现形式，是通过主客体的相互作用所表现出来的一种最高级的反映形式。

那么是什么力量推动动物的反映特性由低级向高级发展，直到人的意识的产生呢?

对动物来说，一方面，外界环境的变化造成了对动物机体的威

① 《马克思恩格斯选集》第2卷，44页，北京：人民出版社，1995年。
② 《马克思恩格斯选集》第4卷，329页，北京：人民出版社，1995年。
③ 《马克思恩格斯选集》第4卷，383页，北京：人民出版社，1995年。
④ 《马克思恩格斯全集》第42卷，167页，北京：人民出版社，1979年。

胁；另一方面，动物为了生存，产生了对外界环境提高应答活动能力的需要，正是在动物与环境相互作用的推动下，才使动物的刺激感应性发展到动物的感觉，并从一般动物的感觉进一步提升到意识这种高级的反映形式。

对于人的认识起源来说，则是人与自然界相互作用的产物。人类认识的起源史，就是人与自然界相互作用的历史。是在这种相互作用中，主体逐渐形成和自然界逐渐进入人类认识的历史。这一历史表明，是自然界对人的作用奠定了认识起源的自然基础，是人对自然界的改造作用提供了对认识起源有决定意义的社会实践基础。

从认识的具体发生来说，客体的本来面目和固有属性，是在客体直接作用于人的情况下，或是在人对客体进行改造的情况下，得到表现的。客体的这种表现作用是认识发生的前提，但是客体的表现并不等于主体的反映，要把这种表现转化为反映，还必须发挥主体的认识能动作用。刘少奇在《论共产党员修养》中指出，许多同志一同参加革命实践，而思想品德上的修养很不相同。他说，除了各人原有的思想和道德的基础不同外，主要是由于“主观努力和修养”的不同。

从认识论的角度说，这也就是主体的认识能动作用发挥得不同。所以，人的认识既不是外物被动地给予的，也不是在实践中自然地发生的，而是客体的表现作用和主体的探求作用相结合的产物，是主体的实践能动性和认识能动性共同作用的结果。

需要指出的，在马克思主义哲学界，有这样一种观点比较流行。即把实践说成是认识的唯一源泉，即把人对对象的改造说成是唯一源泉。从上面的分析可知，这一观点包涵了对认识的主要源泉的肯定，这是对的。但不能因此而走向极端，即不能把作为认识主要源泉的实践，说成是认识的唯一源泉。如果持这一观点，那么其在总体上，也是片面的，错误的。

为什么会发生这样的错误，一个原因在于，误读了列宁关于“生活、实践的观点，应该是认识论的首要的和基本的观点”[①]的论述。这里的误读有两点：一是把这里的“首要”和“基本”误读成了“唯一”。殊不知，首要是相对于次要而言的，基本是相对于非基本而言

① 《列宁选集》第2卷，103页，北京：人民出版社，2012年。

的。在这两对矛盾关系中，列宁是从矛盾的主要方面来强调实践在认识中，包括认识源泉中的重要地位和作用的。二是上文的“生活”是狭义的，特指满足人生存的消费活动，而“实践”是指满足人消费的生产活动。也就是说，人的消费和生产的观点，是认识论的首要的和基本的观点。消费和生产都是人的能动的活动。然而从全面的意义上说，包括消费和生产在内的人的生活不仅有能动的一面，而且有被动的一面，即客观世界作用于人的一面，这也是人的生活的一部分内容。比如寒风刺骨、冬阳暖人、泥石流冲毁家园、疾病流行危及人的生命等，这些都是客观世界对人的作用，都属于人的生活的被动性方面的表现。而生活的这一方面作为人的认识的一个源泉，也是显而易见的。正因为有了生活的这一方面所提供的认识，所以人类才可能趋利避害。

论认识论中的主体观*

认识论的基本问题是思维与存在的关系问题。但存在又有两个方面：一是主体的存在；二是客体的存在。因此，研究认识论的基本问题，就不仅要研究思维与客体存在的关系，而且还要研究思维与主体存在的关系。因为认识是作为主体的人的认识而存在的，所以在哲学史上，不同的认识论派别，不仅是通过它们对于认识和认识客体的关系的不同观点获得表现的，而且主要的也是通过它们对于认识和认识主体的关系的不同观点表现出来的。

又因为关于认识和认识主体关系的观点往往凝结在主体观上，所以，不同的认识论派别，其区别和联系又往往是通过各自不同的主体观集中地表现出来的。马克思主义对于先前认识论的变革，也首先是从主体观上获得突破的。由此可见，确认主体观在认识论中的主导地位，这对于我们全面坚持马克思主义关于认识论的基本问题和基本路线的理论，是具有重要意义的。

鉴于此，下面想就主体观在认识论中的主导地位这个问题，谈一点粗浅的认识。

一、主体在认识中居于主导地位

主体在认识中居于主导地位。这是从认识是主体对客体的能动的反映这个命题中，所引申出来的一个必然的逻辑结论。认识是一个关系性范畴。任何关系都是在两个事物之间发生的。认识就是主体和客体之间发生的反映和被反映的关系。既然如此，那么认识必然要依赖于客体，因为没有客体，认识就没有对象和内容。但认识更要依赖于

---

* 原刊于《辽宁师范大学学报》（社会科学版），1984（6）。

主体，这不仅因为，没有主体，认识就没有主观的形式，而且主要还在于：

第一，从认识的产生来说，主体是认识过程的发动者。人类认识的起源史说明，作为认识主体的人还没有从自然界分化出来以前，虽然作为主、客体来源的自然界一直存在着，但因为主体还没有产生，所以这时候的自然界也就未能转化为客体。只有当人类从自然界逐渐分化出来，人逐渐变成为认识主体，自然界也才同时作为认识客体而逐渐进入人的认识，也只有这时候，才发生了人对自然的认识关系。简言之，认识是人的认识，有了人才有认识。

从认识的具体发生来说，人的认识开始于感性，但感性的产生并不是旧唯物主义所认为的，是纯粹被动地由外物给予的，而是主体在对客体的接触中，特别是在改造中，积极进行探求的产物。人的认识总是有目的的。主体的目的性决定了感知的选择性和专注性。人所处的大千世界，万物纷呈，目不暇接。人们是根据某种目的，对从外界客体来的信息进行"过滤"或"编辑"，这就是感知的选择性。比如在挤满了交谈者的房间里，耳朵能集中在一个讲话者的声音上，交响乐队的指挥能够一下子听出一个演奏不好的乐器的声音，这是耳朵的选择性。有了选择，感觉器官就可以更好地定向作用于被感觉的对象上，从而目不转睛地注意，侧耳悉心地细听，等等。主体的这种专注性是认识产生的根本条件，是认识产生中，主体积极作用的重要表现。不然，就会发生"视而不见"，或"听而不闻"的情况。

第二，从认识的内容来说，认识所反映的是渗透着主体物质作用的客体事物的特性。马克思说："一物的属性"虽然"不是由该物与他物的关系产生"，但却"是在这种关系中表现出来"。[①]由此可知，客体的面目和固有属性也是在主、客体的关系中获得表现的。因为任何关系都是关联着的两个事物的相互作用，[②]所以客体的面目和属性也就是在主客体的相互作用中得到表现的。既然如此，那么在认识中反映出来的客观事物的特性，也就不纯粹是客观事物自身的特性，而是渗透了主体物质作用的客观事物的特性。爱因斯坦的相对论就曾证明了，关于物质运动的性质的认识对于主体所选择的参考系和主体自身这一

① 《马克思恩格斯全集》第23卷，72页，北京：人民出版社，1972年。

② 参见《马克思恩格斯选集》第2卷，44页，北京：人民出版社，1995年。

参考系的依赖性。由玻尔和海森伯提出的量子力学中的“互补原理”和“测不准原理”，也揭示了关于量子客体的性质的认识，对人为的测量装置的依赖性和几率性。

以上这些谈的都是由多种元素构成的复杂认识系统，而就由主体和客体两个因素构成的简单认识系统来说，道理也是一样的。比如盐作用于我们的味觉器官产生了咸味，但不能说咸就是盐的客观特性。作为自在之物的盐，无所谓咸与不咸，只有它与人的味觉系统的相互作用中，才能有咸味的感觉出现。可见咸的感觉一方面依赖于外部刺激物，另一方面依赖于感受这种刺激物的感觉系统——包括感觉器官、传导神经和相应的中枢神经。这样，在感觉中所反映出来的既有客体的状况，又有主体的状况，是这两种状况交互作用的结果。对于同一客体，如果不同主体的感觉系统的物质构成不一样，那么他们对同一客体的主体映象也就会不一样。比如发过高烧的病人吃糖，与健康人吃糖，其味道就会不一样，前者会感到糖不那么甜，甚至还有点苦味。其原因就在于，上述两者的味觉系统的物质状况不一样。

第三，从认识对象的形成来说，在某种意义上，它也是依赖于主体的。作为人的认识对象的，一部分是天然对象，即进入人的认识，而未经人改造过的对象；另一部分是人工对象，即人的活动所产生、所创造的对象。当然，这种创造不是凭空进行的，而是在一定物质基础上，按照规律进行的。但是不管是人工对象，还是天然对象，虽然就其物质内容、本质和运动规律来说，是不依赖于主体而独立存在着的，可是这一部分事物具有客体、对象这种新属性，无疑是与主体发生实践和认识关系才产生的。因此，在这个意义上说，客体是依赖于主体的。正如马克思所指出：“甚至连最简单的可靠地感性对象也只是由于社会发展……才提供给他（人——作者）的。”[①]拿太阳来说，在远古的时候，人们只认识到它是一个发光放热体，只是随着社会实践的发展，而造成的观察手段和方式的进步，以及社会历史积累起来的是经验和理论的不断丰富，才使太阳的构成、太阳物质的运动，以及太阳的寿命，等等，作为认识客体提供给人们；太阳对人说来，也才成为具有愈来愈丰富的规定性的对象。所以，不管是人工对象，还是

① 《马克思恩格斯全集》第3卷，49页，北京：人民出版社，1960年。

天然对象，都是一种客观的具有社会历史性的存在，都在不同程度上依赖于主体。

从上面的分析中可以看出，认识是主体对客体的能动的反映这个命题，已经逻辑地包含了对主体在认识中主导地位及其主要作用的肯定。既然如此，那么对主体进行认识和规定所形成的主体观，也就必然支配着人们对认识论中的一系列问题的解决。因主体观的不同，作为一个主要方面，从而也就形成了各种不同的认识论派别。

第四，主体本身就是一个物质和精神、思维和存在、主观和客观、自然存在和社会存在相统一的有机体。人的精神依赖于人的肉体，依赖于高度组织起来的物质——人脑，自我的意识是对自我存在的意识；自我的主观精神活动依赖于自我的客观物质活动，人是自然的产物，是自然的一部分，但人又是社会的主体，是作为自觉能动的一部分和自然界其他部分相对立、并力求在实践中去求得统一的。因此可以说，人本身就是自然和社会相统一的存在物，是物质和精神、存在和思维、客观和主观等多种关系的集中体现者。因此，能否正确认识主体，能否形成正确的主体观，也就直接关系到能否正确地认识自然和社会，能否正确地认识物质和精神、存在和思维、主观和客观等多种关系，从而也就直接关系到能否形成科学的认识论的问题。

二、主体观在认识论中的巨大作用

既然主体在认识中处于主导地位，那么在哲学史上，主体观的形成及其科学化的程度，也就必然制约着认识论的形成及其科学化的程度，对主体观的不同理解，也就必然联系着不同认识论派别的对立和斗争。具体说来就是：

第一，人在认识中的主体地位的确认，这是认识论的发展趋于系统化形态的根本标志。

从流传下来的传说、神话和古代的思想史料中，可以发现，在上古时期，人类的认识，是经过了一个相当长的，把主体和客体视为同质的浑然一体的时期的。人们一方面把自然物人格化，从而产生了自然崇拜、神话传说；另一方面又把人自身纯自然化，甚至把灵魂也说成是物质的。例如，在古希腊哲学中，泰利士就把灵魂看成是水转化的一种形态，赫拉克利特则认为灵魂是火转化的一种形态，在德谟克利特那里，灵魂和肉体也只是稍有差别。他认为灵魂和物体都是由原子组合成的，不同的只是灵魂不是粗糙的而是作为最精细的原子的组合。

正因为在那时人们的认识中，认识主体还没有从被它所反映的认识客体中独立地区分出来，因而对认识主体的显著特点意识性，也只是以灵魂的形式作了合理的猜测，所以人们对认识本身的反思还是处于朦胧的状态中。在那时，认识论至多也只是作为萌芽孕育在哲学的本体论中。

到智者派出现，情况才有所变化。他们开始重视对人自身的研究。主体开始在认识者的意义上被规定。这说明人们注意的中心，开始从宇宙向人转变，从心外向心内转变。例如，普洛塔戈拉提出“人是万物的尺度”；苏格拉底提出“未经考虑的人生没有实际的价值”的思想，和“明己”的内省方法等等，已经明显地提出了作为思想和理性的人的地位问题。柏拉图则是从唯心主义出发，在理念论的基础上，区分了认识主体和认识对象。他说“给予认识对象以真理并给予认识主体以认识能力的东西，就是善的理念”。亚里士多德也已经把人规定为是具有能动性的“感觉主体”、“判断主体”等。

但是上述的转变，在古希腊罗马人那里，并没有最终完成。这固然是由于当时的社会状况决定的，但其主要原因是日耳曼人的入侵，和长期的基督教神学的禁锢，从而中断了古希腊罗马哲学发展的自然进程。因此直到欧洲文艺复兴运动以前的西方哲学，所讨论的问题仍然是围绕着哲学本体论这个中心进行的，认识论还处于从属的地位，还处于对认识的局部问题的研究中。

只是在文艺复兴运动的推动下，和随之发生的社会经济的巨大变革以及自然科学的伟大发现的影响下，人在认识中的主体地位，才在新的水平上，作为一个极为重要的问题，十分清楚地重新获得了确认。英国近代唯物论的始祖培根，在其著作中指出：“人是自然的……解释者”，又说发现事物的形式或规律，“乃是人的力量的工作和目的”。[①]把培根的唯物主义系统化了的霍布斯，则进一步指出：“哲学是

① 北京大学哲学系外国哲学教研室编译：《十六——十八世纪西欧各国哲学》，46、8页，北京：商务印书馆，1975年。

人的自然理性”，“知觉所附存着的主体……是感觉者”。[①]

他们把关于人是认识主体作为一个重要思想，如此鲜明地提出来，这在认识论发展史上是有重要意义的。它标志着欧洲人从基督教中世纪的长期冬眠中觉醒以后，原先被认为是实际主体的神的地位，在认识中已经从根本上发生动摇，而具有实在内容的主体的人的地位，已经在根本上被确立起来。正是在这个基础上，认识论在近代欧洲哲学史上，也才逐渐具有了完整的系统的形态，认识论问题也才上升到哲学研究的中心地位。

第二，不同的主体观是形成各种认识论派别的主要理论根据。

人在认识中的主体地位获得确认以后，后起的哲学家们一般都把这个思想作为自己认识论的前提。但由于对主体本质的理解不同，作为主要原因，因而也就形成了各种不同的认识论派别。因此，这些哲学家们在认识论上的得失，往往都是跟他们的主体观有着必然联系的。

在培根以后的17世纪英国唯物主义和18世纪法国唯物主义哲学家们，虽然正确地认为，认识是对客观存在的反映，但他们中的绝大多数人都把进行这种反映的主体看成是服从机械法则的物体。有人认为“人是一面镜子”，还有人直称“人是机器”。于是，在他们眼中，人的能动性不见了，人只是被动的物体。这样的主体观也就决定了他们的认识论必然是机械唯物主义的。

在霍布斯看来“人的一切情欲都是正在结束或正在开始的机械运动”。[②]霍尔巴赫也认为，人的“感觉、观念、感情、意志、行动……都是惯性力、自我引力、吸力和斥力以及自保倾向的结果”，都是身体的“链条牵引着”的产物。[③]

和机械唯物论的认识论相反，主观唯心主义者贝克莱认为：“能感知的主动实体，就是我所谓的心灵、精神、灵魂或自我。”[④]在贝克莱看来，主体不是物质的实体，只是自我精神的实体。所以贝克莱的主体观也就决定了他的认识论是主观唯心主义的。他认为感觉无须外

① 北京大学哲学系外国哲学教研室编译：《十六——十八世纪西欧各国哲学》，59、93页，北京：商务印书馆，1975年。

② 转引自《马克思恩格斯全集》第2卷，164页，北京：人民出版社，1957年。

③ 《西方哲学原著选读》（下卷），219、223页，北京：商务印书馆，1982年。

④ 《西方哲学原著选读》（上卷），503页，北京：商务印书馆，1981年。

求，它只“是任意在自己心中刺激起来的”。[①]又说：“存在就是被感知”，“对象和感觉是同一个东西”。[②]

和贝克莱相比，黑格尔的主体观也是唯心主义的，但黑格尔认为主体不是贝克莱所说的自我精神，而是绝对精神。因此，黑格尔的主体观是客观唯心主义的主体观，这从而也就决定了他的认识论是客观唯心主义的认识论。

但黑格尔的认识论又是富有内容的唯心主义认识论。其主要表现是，他把实践作为沟通思维和存在、主观和客观的现实桥梁。对于黑格尔认识论的这一积极成果，也必须联系他的主体观才能获得说明。

黑格尔把思辨的精神看做人的真正本质，但是他把“绝对精神”了解为内部的过程，即了解为精神外化、异化为现实世界，精神又通过人的劳动，扬弃这种异化，重新占有自己的对象化了的本质的过程。在黑格尔者来，这个辩证的运动过程，正是人的自我生成和发展。在这个意义上，他说：“人做什么事，他也就是什么样的人……人不是别的，正是他的一系列行动。”[③]尽管黑格尔“唯一知道并承认的劳动是抽象的精神的劳动”，但“他把劳动看作人的本质，看作人的自我确证的本质”，[④]这个思想还是很深刻的。这一点，也是黑格尔唯心主义认识论成为马克思主义认识论的一个理论来源的最根本之点。

在批判黑格尔唯心主义的斗争中，费尔巴哈恢复了唯物主义的王座。但他并不是对18世纪唯物主义的简单恢复。在认识论方面，费尔巴哈比先前唯物主义进步的地方，集中表现在他的主体观上。费尔巴哈认为，人不是机械的存在，而是自然的、肉体的、感性的存在。他认为“自我……是某种能动的东西”，[⑤]“人以宇宙为他的求知欲的对象”[⑥]的。所以恩格斯赞扬说，费尔巴哈的人本学唯物主义“不那么机械”，认为它相对于先前的唯物主义是前进了一步的，因而有着“巨大

① ［英］贝克莱：《人类知识原理》，关文运译，28页，北京：商务出版社，1973年。

② 北京大学哲学系外国哲学教研室编译：《西方哲学原著选读》（上卷），502、504页，北京：商务印书馆，1982年。

③ 转引自中国社会科学院伦理学研究室编：《现代世界伦理学》，48页，贵阳：贵州人民出版社，1983年。

④ 《马克思恩格斯全集》第42卷，163页，北京：人民出版社，1979年。

⑤ 《费尔巴哈哲学著作选集》（上卷），荣震华等译，91页，北京：商务印书馆，1984年。

⑥ 北京大学哲学系外国哲学教研室编译：《西方哲学原著选读》（下卷），456页，北京：商务印书馆，1982年。

的优越性”。[①]

但费尔巴哈所理解的人，只是生物学上的人，“而不是现实的历史的人”，[②]他所承认的能动性，也只限于人的感性直观的能动性，而没有包括人的感性活动的能动性。因此费尔巴哈的唯物主义认识论虽然含有辩证的因素，但在总体上仍然是处于形而上学束缚之下的。针对费尔巴哈对人的本质的抽象理解，恩格斯曾经指出：“对抽象的人的崇拜，即费尔巴哈的新宗教的核心，必须由关于现实的人及其历史发展的科学来代替。”[③]这个科学就是马克思主义人学。

第三，科学主体观的形成，为马克思主义认识论的创立奠定了基础。

马克思的唯物主义是“实践活动的唯物主义”。[④]马克思主义认识论是建立在实践基础上的能动的反映论与设计论的统一论。人是实践的主体。因此要建立科学的认识论，就必须建立科学的主体观，就必须研究人的本质。在对人的本质问题的研究中，马克思比历史上一切哲学家高明的地方在于，他是从人的一切社会关系、一定生活条件以及人们的实际的历史活动出发去研究人，规定人的。

早在《〈黑格尔法哲学批判〉导言》中，马克思就指出：“人不是抽象地蛰居于世界以外的存在物。人就是人的世界，就是国家，社会。”[⑤]在《关于费尔巴哈的提纲》中，马克思对人的本质做了进一步的概括，指出：“人的本质不是单个人所固有的抽象物，在其现实性上，它是一切社会关系的总和。”[⑥]马克思认为社会生活在本质上是实践的，应该把感性理解为人的实践活动。马克思和恩格斯关于人的本质的研究成果在《德意志意识形态》一书中，以相当完整的理论形态第一次做了科学的表述。针对青年黑格尔派和费尔巴哈从抽象的人出发的观点，马克思明确宣布：“我们的出发点是从事实际活动的人”，是“可以通过经验观察到的、在一定条件下进行的发展过程中的

① 参见北京大学哲学系哲学史组编：《马恩列斯论德国古典哲学》，471、476页，北京：商务印书馆，1972年。

② 《马克思恩格斯选集》第1卷，75页，北京：人民出版社，1995年。

③ 《马克思恩格斯选集》第1卷，241页，北京：人民出版社，1995年。

④ 《马克思恩格斯选集》第1卷，60页，北京：人民出版社，1995年。

⑤ 《马克思恩格斯选集》第1卷，1页，北京：人民出版社，1995年。

⑥ 《马克思恩格斯选集》第1卷，60页，北京：人民出版社，1995年。

人”。[①]从马克思的这些论述中，可以看出，马克思把作为认识主体的人，视为从事社会实践活动的人，或者说是从事实践活动的社会的人。总之，实践性和社会性是认识主体的两个最根本的特性。

首先，认识主体是在实践中形成和不断得到发展的。实践首先是生产劳动，它是人从动物分化出来的手段和标志。劳动中手的形成和整个机体的变化，劳动中物质交往的发展和语言的产生等等，促进了人的脑髓和各种感官的发展和完善，才使人成了认识的主体。随着实践的发展，在语言基础上的文字的产生，通过文字而获得的知识的积累，和一定系统性科学理论的形成，以及随着科学知识的发展，而创造的各种越来越先进的科学仪器，所有这一切都帮助人们一次又一次地突破了认识的界限，从而为认识主体的发展提供了愈来愈广阔的天地。

其次，认识主体是社会的从事实践的人。社会是人与人的结合，是人与人的关系。通过人与他人的关系，他人的经验变成了自己的经验，自己的经验也变成了他人的经验、社会的经验。通过下代人与上代人的联系，使上代人的经验变成了下代人的经验。

因此，认识主体是结成社会关系的，是通过横向和纵向的联系，而实现人与人的社会和历史的结合，从而实现了个人与人类的统一的。恩格斯说：“现代自然科学已经把全部思维内容起源于经验这一命题加以扩展……由于它承认了获得性的遗传，它便把经验的主体从个体扩大到类；每一个体都必须亲自去经验，这不再是必要的了；它的个体的经验，在某种程度上可以由它的历代祖先的经验的结果来代替。如果在我们中间，例如数学公理对每个八岁的小孩都似乎是不言而喻的，都无需用经验来证明，那末这只是‘积累起来的遗传’的结果。”[②]他又说“必然性的证明是在人类活动中”。[③]由于马克思主义坚持了个人与人类相统一的主体观，这就正确回答了旧唯物主义长期解答不了的，而在认识上使一些哲学家和思想家失足于唯心主义和不可知论的那样一系列问题。例如，认识的特殊与普遍、有限与无限相统一等的问题。

① 《马克思恩格斯选集》第1卷，73页，北京：人民出版社，1995年。
② ［德］恩格斯：《自然辩证法》，244页，北京：人民出版社，1971年。
③ ［德］恩格斯：《自然辩证法》，207页，北京：人民出版社，1971年。

这样，科学主体观的形成，就为马克思主义认识论的创立奠定了基础。

马克思认为，劳动是人获得自我肯定、自我发展的手段，“发展着自己的物质生产和物质交往的人们，在改变自己的这个现实的同时也改变着自己的思维和思维的产物”。[①]马克思主义认识论就是“始终站在现实历史的基础上，不是从观念出发来解释实践，而是从物质实践出发来解释观念的形成”。[②]认为实践是认识的来源，是认识发展的动力，是检验认识是否是真理的根本标准，是认识的目的。简言之，马克思主义认识论就是以主体人的实践为基础的能动的革命的反映论。

从上面关于认识论发展史的叙述中，我们可以看出，研究关于认识和客体存在的关系的观点，对于判别一个认识论派别的基本哲学倾向是有重要意义的。如果它认为思维依赖于外物，那它就是坚持了唯物主义认识路线；反之，如果认为外物依赖于思维，那它坚持的就是唯心主义认识路线。

但是在唯物主义和唯心主义营垒中都还存在着各式各样的认识论派别，而要进一步分清这些派别的本质区别和联系，那就还要进一步来研究它们关于认识与认识主体关系的观点，来研究这些派别的不同主体观。如前所述，唯物主义与唯心主义的认识论的区别，17、18世纪机械唯物主义与费尔巴哈唯物主义，以及辩证唯物主义的认识论的区别；主观唯心主义与客观唯心主义的认识论的区别，以及其他认识论的区别，等等，都是通过不同的主体观集中地表现出来的。

由此可见，主体观的确立，对于一个认识论派别来说是至关重要的。

三、坚持马克思主义的认识主体观

既然主体观在认识论中处于主导地位，那么不言而喻，要坚持马克思主义认识论，就必须要坚持马克思主义的主体观。这一点在当代对于认识论问题的研究，以及在与各种非马克思主义认识论派别的斗争中，显得尤为重要。

---

① 《马克思恩格斯选集》第1卷，73页，北京：人民出版社，1995年。

② 《马克思恩格斯选集》第1卷，92页，北京：人民出版社，1995年。

首先，社会文明的日益进步，对人的智力发展提出了新的更高的要求。因此，如何进一步揭示主体的内在认识机制，和如何延长人脑的功能，这就成为当代科学要研究的一个重要课题。在解决这个问题的过程中，对主体内身的认识也就自然成为一个十分重要的问题。

比如，要正确评价皮亚杰的发生认识论，就不能离开马克思主义主体观的指导。皮亚杰经过多年的实验和研究，无疑为我们提供了大量可资借鉴的思想材料。他从心理学的角度，研究个体在自己的活动基础上，知识结构的形成和发展问题，其中一些思想不无合理之处。但能否说，皮亚杰的发生认识论填补了马克思主义认识论的空白，从而可以用来作为马克思主义认识论的补充呢？这就涉及如何看待马克思主义所认为的，认识主体是个人和人类的统一这一重要思想。应该说，离开了社会因素的作用，仅靠儿童个体的自发活动，无疑是不能科学说明个体智力发展的本质机制的。

其次，随着科学技术的迅猛发展，和马克思主义认识论的广泛传播，在现代，以贝克莱或黑格尔为代表的那种古典形式出现的唯心主义认识论已经不多见了。现在西方的不少哲学流派的一个显著特点，就是打着“拒斥形而上学”的旗号，企图回避对哲学基本问题，亦即认识论逻辑前提问题的回答。但在实际上，这是谁也回避不了的。

例如，实用主义所讲的“经验现象”，唯意志论所讲的“主存意志”，生命哲学所讲的“生命的冲动”，存在主义所讲的“自我”存在，以及某些结构主义者所讲的“精神原型”等等，无非都是夸大了主体的精神或心理的某一特性，把它抽象化、绝对化，以至把这一特性与主体的客观的关系，在主观上颠倒过来，从而用这种特性来说明主体的本质，来冒充实在的主体。当代不少西方哲学流派往往就是通过其关于认识和认识主体关系的观点，特别是通过他们的主体观，来宣扬唯心主义，特别是主观唯心主义的。

这也从反面告诉我们，不仅要在认识与客体存在的关系上，而且要在认识与主体存在的关系上，特别要在主体观上，全面地坚持马克思主义关于认识论的基本问题和基本路线的理论，只有这样，才能不断挫败唯心主义在认识论领域的新的挑战，从而捍卫和发展马克思主义认识论。

认识能动性浅议*

辩证唯物主义认识论是能动的反映论与设计论的统一论。能动的反映论与设计论的根本观点，是其实践观点和辩证观点及其统一。马克思主义认识论的实践观点，是关于认识和实践的辩证关系的观点。它揭示了人的实践能动性对于认识的根本意义。马克思主义认识论的辩证观点，就是关于认识在实践基础上能动地发生、发展，和反作用于实践的观点。这一观点说明了人的认识能性在认识过程中的具体展示和表现。

对于马克思主义认识论的实践观点，多年来哲学界是做了充分研究的。对于马克思主义认识论的辩证观点，也是做了研究的，但相对来说，尚嫌不足。这种情况的存在，无疑有碍于我们全面坚持马克思主义认识论，同时在科学发展日新月异的今天，也不利于对如何促进智力开发这一课题的探究和解决。因此，深入研究认识能动性其所展示的辩证性质，是必要的，有重要意义的。下面想就此来谈三方面的问题。

一、认识能动性的形成发展

人具有认识世界的能动性，这是由古希腊哲学家赫拉克利特最早认识的。他说："人人都秉赋着认识自己的能力和思想的能力"，而动物却没有这种能力，所以，"最美丽的猴子与人类比起来也是丑陋的"。①

那么，人所具有的认识世界的能动性是怎样形成的呢？这个问题

---

* 原刊于《福建师范大学学报》（哲学社会科学版），1984（3）。

① 北京大学哲学系外国哲学史教研室编译：《古希腊罗马哲学》，27、29页，北京：商务印书馆，1961年。

曾在许多世纪中困扰着哲学家们的头脑。对此，他们虽然进行了种种探索和解释，但也只是为后人提供了一些可资借鉴的思想材料。之所以如此，一方面是因为，这一问题具有复杂性，因而对它的解答，难度太大；另一方面是由于时代和阶级的局限，使以往的思想家不可能具备相应的条件。因此，直到马克思主义产生以后，这个问题才第一次获得了科学的说明。

马克思、恩格斯在这个问题上，批判继承了前人的思想遗产，吸取了当时的科学成就，在这个基础上，他们进而明确指出，人之所以具有认识能动性，就是因为人能劳动。在劳动中，人主动地把自然界以及人与人的关系、人的社会当做自己的认识对象来研究，这就使人的认识能动性的产生成为历史的必然。劳动是人从动物分化出来的手段和标志。劳动中手的形成，为生物发展的相关律所决定的整个机体的变化。特别是感觉器官和人脑的形成，为人类认识能动性的产生提供了生理基础。

劳动中，人们从对外界事物的直观而深入到事物的内部，并在人的作用下，促进事物展开其运动、变化的过程，这样外界刺激量的增加和复杂化，从而使人的认识能动性得到了激发和发展。

特别是在人类早期共同协作的劳动过程中产生了语言。语言的产生对于人类认识能动性的形成和发展，其意义是很大的。因为语言具有既是刺激又是反映的这样两重特性。巴甫洛夫指出，“对于人类来说，语词当然是一种现实的条件刺激物，正像人类与动物所共有的其他刺激物那样”。①又说，“言语信号乃是现实的抽象化，并可借以进行概括，而这种概括创造了我们人类所特有的丰富的高级思维”。②可见，是劳动和在劳动基础上产生的语言推动了人类认识能动性的形成。作为这种能动性的发挥，即“思想、观念、意识的生产最初是直接与人们的物质活动，与人们的物质交往，与现实生活的语言交织在一起的”。③

随后，在语言基础上的文字的产生，通过文字而获得的知识的积累和广泛传播，和一定系统性科学理论的形成，以及随着科学知识的

① 《巴甫洛夫全集》第4卷，406—407页，北京：人民卫生出版社，1958年。

② 转引自《巴甫洛夫关于两种信号系统的学说》，13页，北京：科学出版社，1956年。

③ 《马克思恩格斯选集》第1卷，72页，北京：人民出版社，1995年。

发展，从望远镜、显微镜，直到今天的电子计算机等越来越先进的科学仪器的发明，所有这一切，都帮助人们一次又一次的突破了认识的界限，从而为主体的认识能动性的发展提供了愈来愈广阔的天地。

因为认识主体是进行实践活动的人，而实践又是社会实践，因此认识主体是结成社会关系的个人与人类的统一。这种统一也为人的认识能动性的发展，提出了又一方面的客观根据。恩格斯说："现代自然科学已经把全部思维内容起源于经验这一命题加以扩展……由于它承认了获得性的遗传，它便把经验的主体从个体扩大到类；每一个体都必须亲自去经验，这不再是必要的了；它的个体的经验，在某种程度上可以由它的历代祖先的经验的结果来代替。如果在我们中间，例如数学公理对每个八岁的小孩都似乎是不言而喻的，都无需用经验来证明，那末这只是'积累起来的遗传'的结果。"①

正是在实践基础上，这种"积累起来的遗传"，使每一代人的认识能动性发挥的成果得以汇集、储存，又从而使新一代人的认识能动性的发展获得了新的起点。前往者代代奠基，后来者代代居上，整个人类的认识能动性就是这样历史地、加速地发展起来的。

另外，马克思主义在肯定社会因素对于人的认识能动性的形成和发展的决定作用的同时，也是承认人的认识能动性是与一定的生理机制相联系的。这种生理机制除了上文所讲的，与人类世代活动的延续所造成的获得性遗传有关外，还与双亲的遗传因子、食品等等发生联系。恩格斯在《家庭、私有制和国家的起源》中，就谈到原始人类排除了血缘婚，对促进人的脑髓和智力发展的意义。他还说，雅利安人和闪米特人这两种人种的较好发展，或许应归功于他们丰富的肉乳食品。而差不多专以植物为食的新墨西哥普韦布洛印第安人，其脑子比处于野蛮时代低级阶段但吃肉类和鱼类较多的印第安人脑子要小些。

总之，认识能动性是社会人的本质特性。它的形成和发展，是在实践基础上产生的、以社会因素为主的多种因素结成的一个整体共同发生作用的结果。

① ［德］恩格斯：《自然辩证法》，244页，北京：人民出版社，1971年。

二、认识能动性的表现形式

过去我们讲认识能动性，一般只讲认识过程的两次飞跃，即从感性认识到理性认识的飞跃，理性认识到实践的飞跃。这样讲，大体也是对的。但应该说，是简单、粗糙了一些。实际上，认识的能动性是贯穿于认识全过程的，是贯穿于各种认识活动中的。

在感性阶段，它表现为感性的探摄作用，也表现为知觉表象的综合作用；在理性阶段，它表现为从感性阶段到理性阶段的抽象思维作用，也表现为从抽象上升到具体的辩证思维作用；从思维的形式说，它可以表现为逻辑思维的有序性，也可以表现为非逻辑思维的跳跃性，及其两者的统一；从时间上来说，它既可以表现为对过去的追溯，也可以表现为对未来的预测。最后，从对实践的关系来说，它不仅表现为超越现实的幻想，而且也表现为指导人们改造现实的“理想意图”的创造、设计。不难看出，认识能动性的表现是多种多样的。

为了对这些表现形式获得进一步的认识，下面就上述各点分别做一些说明。

（1）认识在感性阶段的探摄和综合作用。

人的认识开始于感性。但感性既不是唯心主义所认为的，是主观自生，或上帝赐予的，也不是旧唯物主义所认为的，是纯粹被动地由外物给予的，而是主体在对客体的接触中，特别是在改造中，积极进行探求的产物。人们的认识总是有目的的。主体的目的性决定了感知的选择性和专注性，从而使感觉器官定向作用于被感觉的对象上，目不转睛地注意，侧耳悉心地细听等等。主体的这种专注性或探摄性是产生认识的根本条件，是认识产生中主体积极作用的重要表现，不然就会产生“视而不见”或“听而不闻”的情况。

人体的各种感觉器官，按照对应关系产生了关于外界事物的各种感觉。比如，耳得之为声，目遇之成色，香味扑鼻而来，酸甜适宜可口等等。这些信息通过生物电流，分别传导到脑神经中枢，头脑能够把这些信息组合起来，呈现为客观事物的映象，这就是知觉。当下的知觉和记忆中的感知材料的综合，从而创造一个新的一般的形象，这就是表象。表象的综合能力是认识能动性在感性阶段的又一方面的重要表现。

（2）认识的抽象和理性的具体化作用。

从认识的过程来说，感性认识是认识的初级阶段。“感觉是意识生活的基础，是意识和外部世界的直接联系”。[①]它只是关于具体物的表面的、现象的认识。借用马克思的话来说，就是关于具体事物的整体的“浑沌表象”。所以感性认识，只能反映事物的现象，不能反映事物的本质，只能反映个别，不能反映一般，只能反映有限，不能反映无限。而要反映事物的本质、一般和无限，就必须使感性认识上升为理性认识，也就是说，必须实现认识过程的第一个飞跃。那么是什么力量推动这一飞跃过程的实现呢？毛泽东指出：“由于客观过程的反映和主观能动性的作用，使人们的认识由感性的推移到了理性。”[②]

这就是说，在对事物进行感性反映的基础上，依靠主观能动性的作用，才实现了感性认识到理性认识的飞跃。在这里，主观能动性表现为认识的抽象作用和具体化综合作用。所谓抽象思维，是对生动直观中所获得的感性材料加以分析，把它分解为个别的简单的部分或方面，以便单独地、逐一地予以把握。

但仅仅停留在这种抽象思维阶段，还不可能达到把握具体事物的目标。因为任何一个具体事物，都绝不是一些简单的规定或方面的偶然堆积，而是作为许多方面的有机联系的整体而存在的。所以，为了把握具体事物，我们就必须进一步把抽象思维中所得到的简单规定，按照它们在客观事物中本来的内在联系，如实地结合起来，统一起来，也就是在头脑中进行辩证思维，使具体事物的整体再现于头脑之中。这样，才可以说，达到了对具体事物的深刻的具体的认识。

由此可见，如果缺乏抽象思维和辩证思维能力，那么认识也就只能停留在对具体事物、具体实践的感性认识阶段，就不可能实现认识过程的第一个飞跃。科学史上也有这样著名的事例。丹麦天文学家第谷，用了30年时间观察行星运动，积累了大量感性资料，但他揭示不出行星运动的规律。以后，他的助手，天文学家开普勒在第谷已经取得的感性材料的基础上，进行科学的抽象和理论的分析，才揭示了行星运动的三大规律。

① 《列宁全集》第18卷，240页，北京：人民出版社，1988年。

② 《毛泽东选集》第1卷，293页，北京：人民出版社，1991年。

这一事实说明，具体的实践，不能代替科学的思维。认识从感性上升为理性，不是仅靠感性材料的多少来说明的。理性认识不是感性材料逐步积累的自然上升过程，而是认识主体积极发挥认识能动性，积极进行思考的过程。正如爱因斯坦所指出的，“开普勒的惊人成就，是证实下面这条真理的一个特别美妙的例子，这条真理是：知识不能单从经验中得出，而只能从理智的发明同观察到的事实两者的比较中得出”。[①]现代科学技术的发展，对世界的认识形成越来越高的抽象，仅仅要求人们去获得更多的感性材料是不行的，而必须积极地锻炼和提高理性思维能力才行。

（3）认识过程是逻辑思维有序性与非逻辑思维跳跃性的统一。

人们对客观世界本性的认识是渐进性与跳跃性相统一的能动过程。也就是说，既可以表现为逻辑思维，也可以表现为非逻辑思维。

所谓逻辑思维，就是根据事实材料，遵循逻辑规律、规则，形成概念，作出判断，和一步步进行严密推理的有序过程。

所谓非逻辑思维，就是人们在长期观察、思考的基础上，由于某种偶然因素的激发，而迅速达到对事物本质和规律的认识的一种思维形式。

数学家高斯曾经这样描写一个求证多年的问题的解决经过：“终于在两天以前我成功了……象闪电一样，谜一下解开了。我自己也说不清楚什么导线把我原先的知识与使我成功的东西连接了起来。”爱因斯坦创立相对论时，也曾有过这样的经历：“一天晚上，他躺在床上，对于那个折磨着他的谜，心里充满了毫无解答希望的感觉。没有一线光明。但，突然黑暗里透出了光亮，答案出现了。”[②]

在科学发展史上，这种通过意外的途径及偶然的细小线索，而达到“柳暗花明又一村”的事例，是不胜枚举的。日内瓦大学的一份报导说，在所调查的数学家中，有83%的人说，他们从突然的启发中和非理性思考的预感中得到某种帮助，而解决了问题的。

以上事实说明，人们在长期大量的观察、思考的基础上，通过某种偶然因素的启发，打开思路，而达到新的思想水平，这正是人的认识能动性高度积极发挥的表现。

① 《爱因斯坦文集》第1卷，278页，北京：商务印书馆，1976年。

② 〔苏〕里沃夫：《爱因斯坦传》，李蓉、吉洪译，63页，北京：商务印书馆，1963年。

当然，从总体上说，在人类认识中，逻辑思维总是渗透着非逻辑思维；同样，非逻辑思维也是以逻辑思维为基础进行的。只不过，在逻辑思维中，非逻辑思维方式是隐性地发挥作用的；而在非逻辑思维中，逻辑思维方式是隐性地发挥作用的。

（4）认识的追溯作用和预见作用。

事物是相互联系的，过去与现在，现在与未来也是相互联系的。这样，人们在掌握了事物发展的规律，掌握了事物内在联系的前提下，就可以追溯过去，预测未来。

人类的实践只有一百几十万年，但人们的认识却可以追溯到几十亿年。人们从地球上的陨星遗迹可以追溯到古代天体与地球的撞击，从北方竹类化石、象类化石可以追溯到古代气候的冷暖，从珊瑚化石的环纹可以追溯到远古时地球上的年月昼夜的长短，从胚胎史可以追溯到系统发育史，从儿童心理可以追溯到意识发展史，等等。

人类认识为什么会具有追溯作用。这是因为既往的事物虽然已经不存在了，但既往的事物作为后续事物的发展基础，它的某些方面，某些因素又以遗留的形式存在于或包含于后续事物之中。于是，现存事物作为一种后续事物，人们可以通过现存事物中存在的前承事物的遗留去追溯前承事物的存在，以获得对它的认识。

人们的认识不仅可以在一定实践基础上追溯以往，而且还可以通过逻辑思维的作用，预测未来。马克思早在一百多年前就预见到资本主义必然灭亡、社会主义必然胜利的科学规律。自然科学史上传为佳话的海王星的发现，哈雷彗星的发现，门捷列夫对镓、锗、钪三种元素的预测，都是科学预见的光辉范例。在现实生活中，诸如每天的天气预报，商业中的市场预测，农业中的虫情预测等等，也都是人类的认识超越现实事物，而预见未来的能动性的表现。现在世界上兴起的未来学就是预见未来的一门科学。

那么人类认识为什么具有预测作用？这是因为人类通过认识，掌握了事物运动的规律。规律在一定条件下，具有重复性，因而在一定条件下，被规律所支配的事物必然会产生。正是依据对规律必然性的认识，人们才能预测未来。这也就是科学预测与白日做梦的区别。

（5）认识的想象作用与创造作用。

认识的想象与创造，是认识能动性的十分重要的内容。想象是发散性思维，是指沿着各种不同的方向无拘束地去思考，重组眼前的信息和记忆系统中的信息而产生新的信息。列宁说："想象是极其可贵的素质。"[①]又说："不仅诗人、艺术家，在科学技术里，也应该有幻想，没有幻想就没有微积分。"[②]爱因斯坦也说：提出新的问题，新的可能性，从新的角度看旧的问题，都需要创造性的想象力，而且标志着科学的真正进步。

认识的想象作用是认识的创造性的基础。创造是对想象活动的综合，是以发散性思维为基础的集中性思维。日本著名心理学家恩田彰教授认为，所谓创造性思维，"是产生出符合某种目标或新的情境的解决问题的观念"。[③]这种观念也就是恩格斯早就提出的"理想的意图"的意思。[④]所谓理想意图，就是从现有的条件出发，按照自己的需要，在观念上再造对象。理想意图不是不着边际的幻想，而是需要与可能的统一、目标与步骤的统一，在观念上的表现。它是理论认识向实践转化的桥梁。我们党提出的到20世纪末实现工农业年总产值翻两番的宏伟设想，就是关于我国的社会主义建设事业在现阶段的理想意图。这是我们党从我国的实际出发，集中了十亿人民的思维创造性而提出来的。这一宏伟设想现在正日益转化为我国人民的创造性的实践力量。

三、认识能动性的巨大作用

如前所述，认识能动性依赖于实践能动性。但认识能动性在实践基础上形成和发展起来以后，又将极大地促进人脑结构的完善，精神文明的进步和物质文明的发展。

首先，脑结构的研究表明，脑细胞是不会增加的，但随着后天认识活动的渐趋复杂和多样化，树突会大量发育，使脑细胞的功能充分发挥。一个成年人的某种脑细胞，树突可多达六千个以上。保护大脑，使大脑细胞保持活力的最好办法也就是积极使用。

---

① 《列宁全集》第43卷，122页，北京：人民出版社，1987年。

② 转引自谢德铣编：《名人格言》，59页，太原：山西人民出版社，1982年。

③ 转引自许立言：《高创造型学生的心理特征》，《外国心理学》，1982（2）。

④ 《马克思恩格斯选集》第4卷，232页，北京：人民出版社，1995年。

对于个体来说，认识能动性的充分发挥，势必引起生理结构的变化。这种变化在一代人中是非常微小的，但它却可以通过种族的遗传和变异转移给下一代，并在人类世代的延续中积累起来，从而使人脑日趋完善，日趋发达。

经过几十万年的发展，人类认识能力不断凝结在认识结构的变化之中，致使现代人脑成为这样一个巨大的智力资源。据估计，现代人脑拥有几百亿个神经元，相当于一台10^{14}或一百万亿个开关的电子计算机。这个巨大的智力资源现在还有待于大力地加以开发。

其次，个体认识能动性的发挥，所获得的个体认识的发展，还可以借助于语言、文字、图表、录像等物质外壳，使认识成果得到交流、储存和积累，转变为社会认识，从而不断丰富人类的精神财富。使人类的认识水平、知识、理论、科学、智慧、道德观点等精神文明方面获得不断发展。这些凝结在科学概括、语言文字中的社会经验，使后代人能现成地接受这些经验知识，在更高的起点上来开始自己的认识活动。每一代人都从前一代人已经达到的认识水平出发，每一代人又都以自己的新的认识不断丰富人类认识的宝库。可见，人类不断进步、不断丰富的精神文明，就是在世世代代人的连续不断的努力中积累起来的，是世世代代人不断发挥认识能动性的精神成果。

再次，正因为人具有认识能动性，从而才赋予了人类活动的人的本性，认识能动性的发展才不断推动了人类的实践能动性的发展。这是因为，认识以实践为基础，但认识并不受实践的范围所限，它超越了实践的界限，认识更深刻、更广大地理解了实践，它面向的主要不是现在，而是未来。所以认识才能指导和引领实践，才能使人类从现在走向未来。

正因为有认识的指导，所以实践过程之不同于自然过程的盲目力量，而成为一种自觉力量。或者说，认识的能动性提升了实践能动性。实践活动总是“带有经过事先思考的、有计划的、以事先知道的一定目标为取向的行为的特征”。[①]所以马克思说：“最蹩脚的建筑师从一开始就比灵巧的蜜蜂高明的地方，是他在用蜂蜡建筑蜂房以前已经

① 《马克思恩格斯选集》第4卷，382页，北京：人民出版社，1995年。

在自己的头脑中把它建成了。”[①]人的认识能动性对于实践的作用，就在于它能通过规划、设计、指导和调节实践，通过实践改造客观世界以适应自己的需要。

正如普列汉诺夫所指出的，“人的理性是历史的产物，可是一旦出现这个产物，它不应该而且按天性说亦不能服从以前历史所遗留下来的现实，它必须要依照自己的式样和类型改造现实，使它更合理”。[②]可见，正因为人类具有认识能动性，所以它才能超越眼前的现实，才能进行改造世界的活动，也就是说，才促进了实践能动性的提升。

另外，人类的实践能动表现为两种力量的结合，一是人自身的体力，二是人的智力。人的体力是极为有限的，人类之所以能改造世界，主要不在于人有微小的体力，而在于人有智力。这是因为：一方面人的体力只有在人的智力的调动下，才能发挥作用；另一方面，人的实践能动性的发展依赖于智力的发展提供力量的源泉。

什么是智力？智力就是人的聪明智慧、劳动技能、技术专长、工作经验等。构成人的智力的这些因素，除了与人脑的素质有关外，主要还是与人在实践基础上认识能动性的发挥程度有密切联系。一个人如果在实践基础上，积极开动思维机器，不断总结自己在实践中获得的经验，同时又能认真地学习别人和前人在实践中所积累的经验，那么他就会增长聪明才干，就会使自己的智力获得不断提高。狄德罗说过：“知道事物应该是什么样，说明你是聪明的人；知道事物实际上是什么样，说明你是有经验的人；知道怎样使事物变得更好，说明你是有才能的人。”[③]而要做到这一切，都必须依赖于认识能动性的发挥。

总之，人类的历史，就是人类不断认识世界和改造世界的历史。就是说，人的认识能动性和实践能动性是互为前提、相互转化，共同发挥作用，从而推动人类物质文明和精神文明不断发展的历史。在承认这种相互作用的前提下，随着历史从近代走向现代，人的认识能动性的作用，愈来愈突出，愈来愈具有超前性、关键性。这已成为历史的一个趋势，一种必然的现实。

---

① 《马克思恩格斯全集》第23卷，202页，北京：人民出版社，1972年。

② ［俄］普列汉诺夫：《论一元论历史观之发展》，博古译，198页，北京：三联书店，1961年。

③ 洪松编译：《外国名言一千句》，29页，天津：新蕾出版社，1981年。

当然在承认这一点的同时，也不能离开实践能动性，孤立地讲认识能动性，夸大认识能动性的作用，也不能用实践能动性取代认识能动性，否认认识能动性在人类活动中的地位和作用。坚持认识论中实践观点与认识论中的辩证观点的统一，这正是马克思主义认识论所必然要求的。

精神在一定条件下的决定作用必须肯定*

毛泽东在《矛盾论》中，为了证明在一定条件下，矛盾双方主次地位转化的普遍性，曾特别指出："生产力、实践、经济基础，一般地表现为主要的决定的作用，谁不承认这一点，谁就不是唯物论者。然而，生产关系、理论、上层建筑这些方面，在一定条件之下，又转过来表现其为主要的决定的作用，这也是必须承认的。"①对这一段论述，在我国理论界产生了不同看法，因而引起了争论。

有一种意见认为，上述两个承认，混淆了唯物论和唯心论的界限，是二元论；还有一种意见认为，两个承认，比"简单重复物质第一性，精神第二性，精神对物质的反作用"更有意义，特别是第二个承认"起了耳目一新的作用"，否则，只提反作用，"就不能成为彻底的辩证唯物论者"。②

我认为上面这两种观点都是值得商榷的，下面仅就物质和精神的关系，谈谈我的浅见。

毛泽东的大量著作，特别是毛泽东的哲学著作集中地表明了，毛泽东是一位伟大的辩证唯物论者，这一点是无须多加证明的。承认物质第一性，精神第二性，精神对物质有反作用，这是辩证唯物主义的基本原理。我认为，毛泽东正是遵循了这一基本原理，正确地阐明了生产力与生产关系、实践与理论、经济基础与上层建筑的相互关系，从而提出了"两个承认"的思想。毛泽东在提出这一思想以后，紧接着又清楚地指出："我们这样说，是否违反了唯物论呢？没有。因为我们承认总的历史发展中是物质的东西决定精神的东西，是社会的存在决定社会的意识；但是同时又承认而且必须承认精神东西的反作用，

---

* 原刊于《唐山师专学报》，1981（4）。

① 《毛泽东选集》第1卷，325页，北京：人民出版社，1991年。

② 见金守庚，《唯物辩证法的一条重要原理》，《哲学研究》，1980（1）。

社会意识对于社会存在的反作用，上层建筑对于经济基础的反作用。这不是违反唯物论，正是避免了机械唯物论，坚持了辩证唯物论。”①对毛泽东的这样两段论述，我有以下几点体会：

第一，毛泽东说，物质的东西“一般地表现为主要的决定的作用”。“一般地”这三个字，仅从字面上来理解，可以从两个角度来说：(1) 是从多数情况来说。(2) 是从“归根到底”的意义上说，如果不仅从字面上，而且顾及上下文来看，毛泽东这里是在“归根到底”的意义上用的。正如他在第二段论述中所说的，“总的历史发展中是物质的东西决定精神的东西”。这也就是说，归根结底，是物质的东西决定精神的东西。这从而也就在哲学基本问题上坚持了唯物主义一元论，并没有留下任何可供唯心主义、二元论钻的空子。

第二，毛泽东又说，精神的东西对物质的东西，在一定条件下有“转过来”的“决定作用”。“转过来”这三个字，无论从字面上，还是联系上下文来理解，讲的这种决定作用，都只是一种反作用。

反作用有大有小。毛泽东在这里讲的“转过来”的“决定作用”，是指精神在一定条件下，对物质有特别突出的巨大反作用。然而不管反作用是大是小，是决定性的还是非决定性的，都还属于反作用的范畴。绝不能离开“反作用”这个特定范围去理解精神在一定条件下“转过来”的“决定作用”。

有人把物质对精神的决定作用，和精神在一定条件下对物质转过来的决定作用，说成是来回决定论，互相决定论，并由此认为，这是一种二元论的观点，显然是不符合毛泽东上述论述的原意的。那种把“转过来”的“决定作用”强调到不适当的程度，超出反作用的范畴去探求其所谓特殊意义，也是不符合毛泽东论述的原意的。

第三，精神在一定条件下“转过来”的决定作用，这里的一定条件有这样两层意思：(1) 精神这种转过来的决定作用是一种反作用，相对于物质对于精神的最终决定作用来说，它是有条件的，非本原的，派生的，第二性的作用。(2) 精神转过来的决定作用只是一种反作用。它是精神对于物质的反作用的一部分，相对于反作用的整体来说，它的存在是有条件的。精神作为物质发展到一定阶段的产物，一

① 《毛泽东选集》第1卷，326页，北京：人民出版社，1991年。

旦产生以后，它就具有反作用，这种反作用是经常存在的。在这个意义上说，它是无条件的，而精神转过来的决定作用是反作用的一种，它并不是经常存在的，就这一点来说，它的存在是有条件的。

毛泽东举例说："当着如同列宁所说'没有革命的理论，就不会有革命的运动'的时候，革命理论的创立和提倡就起了主要的决定的作用。当着某一件事情（任何事情都是一样）要做，但是还没有方针、方法、计划或政策的时候，确定方针、方法、计划或政策，也就是主要的决定的东西。"[①]毛泽东在这里正是正确地说明了革命理论对于革命运动，方针、方法、计划或政策等对于办事情发生决定作用的条件性。

这里所讲的条件就是唯物主义在这个原理中的具体运用。也可以说这里讲的一定条件是这个原理的基础、基石。当革命运动的发生具备了客观可能性，当某一件事具备了办成的客观可能性，这就是精神发生决定作用的条件性，或客观根据。也就是说，只有当客观发展有了实在的可能性，并且要求把这种可能性变为现实性的时候，也正是在这时候，精神因素才能起决定作用。因为离开了精神因素，在社会生活中的可能，是无法变成现实的。

第四，精神对于物质的反作用，在一定条件下具有决定性。那种把精神转过来的决定作用排除在反作用范畴以外，我是不敢苟同的。这一点，在上文已经说及了。反过来，那种认为，既然是反作用，那在任何情况下，就都不能起决定作用的观点，我也是不能同意的。

列宁说："当然，就是物质和意识的对立，也只是在非常有限的范围内才有绝对的意义，在这里，仅仅在承认什么是第一性的和什么是第二性的这个认识论的基本问题的范围内才有绝对的意义。超出这个范围，这种对立无疑是相对的。"[②]列宁的这一段话指明，在终极因果联系的意义上，即物质和精神何者是终极原因，因而归根结底起着决定作用，这是绝对的。唯物主义认为物质第一性，精神第二性，物质是终极原因，因而归根结底起着决定作用，意识是物质派生的，是对物质的反映，归根到底只起非决定的作用，这是绝对的。

但是超出这个范围，它们之间的对立就是相对的。也就是说，在

① 《毛泽东选集》第1卷，326页，北京：人民出版社，1991年。
② 《列宁选集》第2卷，108—109页，北京：人民出版社，2012年。

一般因果联系的意义上，原因和结果可以互相交换其位置。有时物质是原因，精神是结果；有时精神是原因，物质是结果。比如，有一块可以做一把椅子的木料，加以有关的制作工具，引起了某人做一把椅子的设想。继而在这种设想的指导下，借助于工具对这块木料进行加工，做成了一把椅子。截取这一过程的前半段来说，木料及其木工工具的存在是原因，做一把椅子的设想是结果。如果截取这一过程的后半段来说，那么做一把椅子的设想是原因，这块木料的被利用，并做成了一把椅子，这就是结果。原因相对于结果来说，是决定性的。在上述过程的后半段中，应该说，精神的东西成了决定性的了，而物质的东西成了被决定性的了。

由此可见，"反作用"在一定条件之下，也是具有决定性的。马克思在《资本论》中论述劳动地租问题时，就明确地把政治对于经济的一种反作用，叫做"决定性的反作用"。他说："从直接生产者身上榨取无酬剩余劳动的独特经济形式，决定了统治和从属的关系，这种关系是直接从生产本身生长出来的，并且又对生产发生决定性的反作用。"①

列宁在1919年写的《伟大的创举》一文中也说："为了消灭饥饿现象，必须提高农业、运输业和工业中的劳动生产率，结果就形成了这样一个循环，要提高生产率，就得消除饥饿，而要消除饥饿，又得提高劳动生产率。""这类矛盾在实践上是靠打破这种循环、靠群众情绪的转变，靠一些集团的英勇首创精神来解决的，而首创精神在群众情绪转变的背景下往往起着决定的作用。"②

这样的例证，不用多举了。这已足以说明，"决定"一词的涵义，不能用于反作用的观点，是没有任何根据的。

第五，承认精神在一定条件下的决定作用与承认物质的最终决定作用，矛盾不矛盾呢？是不矛盾的。这是因为：

（1）承认精神在一定条件下的决定作用，是撇开物质和精神的因素序列的总联系，而孤立地就其中某些特定环节而言的。承认物质的最终决定作用，是就物质与精神整个因果序列的终极原因而言的。或者说，是就整个因果序列的原初环节而言的。所以这两种承认，其所

① 《马克思恩格斯文集》第7卷，894页，北京：人民出版社，2009年。

② 《列宁选集》第4卷，16页，北京：人民出版社，2012年。

指的范围是不一样。

（2）精神在一个具体环节中的决定作用，如果撇开这个具体环节，而放到整个因果链条上来考察，则是被更有力量、最原始、最有决定性的物质力量所决定。在这种情况下，精神原先在一个环节上所具有的决定作用就转化为整个链条上的非决定作用了。

（3）精神在特定环节上所表现出来的决定作用，也是相对的，不是绝对的。也就是说，在这种决定作用发生的时候，也免不了要受物质的最终决定作用所影响和“纠缠”。还拿上面的例子来说，做一把椅子的设想，对一把椅子的做成，是起了决定作用的。但这种决定作用绝不是完全独立、完全自由的（精神从产生的那一刻起，它就不是完全独立，完全自由的），离开了必需的木料和必备的工具等等客观条件，桌子无论如何是做不出来的，也就是说，精神在这里发生的决定作用是有条件的。

从上面的分析可知，《矛盾论》中承认物质的最终决定作用，和同时又承认精神在一定条件下转过来的决定作用，这和马克思主义哲学所主张的，物质第一性，精神第二性，精神对物质有反作用的基本原理在根本上是一致的。所不同的是，毛泽东在坚持上述原理的前提下，充分肯定并突出地提出了作为一种反作用的决定性的反作用。这无疑是对马克思主义哲学的一个重要发展。

诚然，这一理论上的发展，也绝不是偶然的。它也是对中国革命经验的总结。试想，如果没有党的正确路线、方针和政策，没有革命人民的积极性、主动性、创造性以及他们的意志、毅力这种革命精神，没有领袖的敢于斗争、敢于胜利的革命胆略，要取得革命的胜利是不可能的。毛泽东把精神因素提到在一定条件下决定作用的高度，正是充分肯定了人民的主观力量和伟大智慧。

所以，把精神在一定条件下转过来的决定作用，理解为是精神本原论，或者把它理解为是超出反作用范畴的一种特殊作用，都是不正确的。

做出无愧于时代的理论贡献*

《高校理论战线》作为我国高校的哲学社会科学综合性理论刊物，以其鲜明的社会政治导向和较高的学术水平，赢得了人们的赞许。在贵刊创立5周年之际，我祝愿它为繁荣我国高校的哲学社会科学研究做出新的贡献。

为了实现我国现代化的第二步和第三步战略设想。我们不仅要大力发展自然科学和技术，同时也要大力发展哲学社会科学。这不仅因为自然科学和哲学社会科学一样，在社会主义现代化事业中有它们各自的地位和作用，因而都是重要的；还在于，哲学社会科学在某种意义上说，比起自然科学来，还有它特殊的重要意义。

各国的现代化，在技术层面上并没有太多差异，但在管理方法、制度方面则有不同，至于意识形态方面的差异则更大。我国的现代化相对于美国、日本、德国的现代化就存在着两个根本区别：一是社会主义，二是中国特色。

如何从理论的高度，科学回答在中国这样一个经济文化比较落后的国家建设社会主义现代化的一系列基本问题，也就成为哲学社会科学研究的义不容辞的责任。为此，就要研究马列主义、毛泽东思想。特别是要用邓小平建设中国特色社会主义理论武装全党和全国人民。还要研究其他各种理论，包括研究那些非科学的理论。为了能从中国的具体国情出发，不仅要研究中国的现状和未来，还要研究中国的历史。为了吸取人类所创造的一切优秀文化成果，还必须研究外国。特别是随着改革开放的深入，市场经济的发展还要研究许多更新、更复杂的矛盾问题。比如，改革与发展、放开搞活与宏观调控、速度与效益、效率与公平、市场经济机制和社会主义方向、市场经济和精神文

---

* 原刊于《高校理论战线》，1993（4）。

明建设、商品经济与道德进步，等等。发展商品经济的双重效应是显而易见的。如何既充分发挥商品经济对社会和人们的积极影响，又限制其消极影响，防止和减少各种丑恶现象的发生，这是我们所面临的一个重要问题。

研究这些问题，为解决这些问题提供科学依据，就要求哲学社会科学工作者表现出开拓马克思主义新境界的理论勇气，进行艰苦的创造性劳动，做出无愧于我们时代的理论贡献。《高校理论战线》作为我国高校的一块理论园地，希望它在上述方面更加有所作为，更加朝气蓬勃。

关于艺术形式本体性作用之辨析
——与徐碧辉先生商榷

徐碧辉先生在《哲学研究》2015年第9期发表了《形式：一种艺术的“本体”》一文（以下简称徐文）。其所表现的求异求新品格，令人感佩；文中所论，亦不乏亮点；然而其所表达的核心观点，即“艺术形式对内容具有本体性作用”的观点，实难苟同。

诚然，徐文对这一观点进行了多方论证。不过，细加推究，便不难发现，这些论证大体是建立在概念不明和片面归结基础上的，因而是牵强的，难以成立。下面就此从四个方面来谈谈自己的一些看法，借以求教于徐先生及学界同仁。

一、结构对要素的决定性不能论证形式对内容的本体性

徐文对艺术形式是对其内容加以表现的观点，是认可的。它说：“艺术形式……是艺术内容的表达方式和存在方式。”又说：“艺术形式本身就是一种情感和生命意义的符号。”徐文的这种认可，在逻辑上，也就意味着，在内容与形式之间，是对内容的根本决定性的肯定。因为肯定艺术形式是对内容的表现，也就肯定了作为被表现者的艺术内容，相对于作为表现者的艺术形式所具有的根据性。我认为，徐文的这一认识是对的，是正确反映了形式与内容关系的本质的。

然而徐文在承认艺术形式作为其内容的表现方式的同时，又认为艺术形式也是内容的结构形式，或组织形式。于是，在它看来，艺术形式作为对内容的组织形式，其对内容也就具有了根本决定性。并进而据此认为，形式对内容具有本体性作用。

那么徐文所理解的相对于艺术结构形式而言的所谓内容，所指为何呢？应该说，徐文没有明确提出和解答这个问题。但从其行文来看，它确实又是把构成事物的质料视作内容的。或者说，是在与“内

容”相同的意义上，来使用“质料”这一概念的。比如它说：“质料和形式之间，质料只是一种潜在，形式才是决定的因素，正是凭借形式，质料才成为某种确定的东西。”另外，在用“内容”指代“质料”的意义上，它又说：“形式在艺术中……就是内容的组织形式，是内在于艺术结构之中的内形式，这种形式对于内容来说具有本体性。”于是，在徐文看来，确认了结构形式对于事物质料的根本决定性，也就等于论证了艺术形式对于其内容的根本决定性。

这里的论证能成立吗？我认为，不能。其理由有三。

一是，事物要素不同于事物内容。

事物的要素，是事物的构成部分，或环节。要素包括物质要素，也就是上文所言的“质料”。即构成事物的物质材料。就人工物而言，除了有其物质要素以外，还有其人为要素，即物化了的人的知识、情感、技能、技巧等。

事物的内容则是事物诸要素的总和所具有的整体性质和性能。犹如一幅画，其内容就是该画的颜料、线条、色质、技法、题材等要素的总和所蕴含的意味。即意蕴和情调。

徐文在行文中，也曾以一幅画为例来论证其观点。不过它把一幅画的要素，比如颜料、线条、色块，或题材等，视作一幅画的内容，这样，也就把二者搞混淆了。这里需要指出的是，把质料与内容作同等看待，并非始于徐文，而是早已有之。比如康德就是其中的一个代表。在他那里，内容不过是质料的另一种称呼。另外，还应指出的是，多年来，获得广泛采用的一些哲学原理教科书，也往往存在把质料与内容相混同的情况，而且至今尚未绝迹。

在哲学史上，把内容与要素作为整体与部分的关系，来加以论述的首推黑格尔。他说：“直接的关系是全体和部分的关系，内容就是全体。”[①]又说：“一事物是可能还是不可能，要取决于内容。也就是，取决于现实的各个环节的总和，而现实在发展中表明自己的必然性。”[②]这里的必然性，是指这种总和的性质和性能获得展开的必然性。列宁在对此所做的笔记中，也指出，内容是“现实的各个环节的整体、总

① ［德］黑格尔：《小逻辑》，贺麟译，281页，北京：商务印书馆，1980年。

② 参见［俄］列宁：《哲学笔记》，166页，北京：人民印书馆，1974年。

和"[①]。这说明列宁是赞同黑格尔关于内容是现实诸要素的整体、总和的观点的。

其二，事物的结构形式是事物的内容，不能混同于作为表现形式的内形式。

这里是说，事物结构相对于它的表现形式来说，已不再是原来意义上（相对于要素而言）的形式，而是转化成了实在的内容。这种转化之所以可能，是因为作为现实诸要素总体的内容，原本与事物的结构就是同一的。或者说，从系统论的观点来看，事物的结构就是一事物之作为该事物的内容。因为内容作为现实诸要素的总和所具有的性质、性能，也就是事物结构的性质、性能。关于这一点，已为现代科学所证明。例如，石墨与金刚石都是由碳原子构成，但二者的性质截然不同。石墨松软，金刚石则质地坚硬。究其原因，系二者的结构不同：石墨是层状结构，而金刚石是立体结构。

徐文之所以会把作为事物内容的结构视为表现形式中的内形式，这是与它对"内形式"和"外形式"的不正确理解，即把"结构形式"错误等同于"内形式"，和把"表现形式"错误等同于"外形式"相联系的。实际上，无论是"内形式"，还是"外形式"，都是内容的表现形式，都具有现象的外显性、可感性。二者的区别只在于：内形式与内容之间具有较多的必然联系；而外形式与内容之间则有较多的偶然联系。拿水来说，水分子之间的结构，因其引力与斥力匹配的不同，而有松散（斥力大于引力）、平衡（斥力、引力相当）、紧密（引力大于斥力）等三种性质。如果水分子之间是平衡结构，那么水以液态形式表现，这里所体现的，主要是其间的必然联系，其形式是内形式。如果把水放于河床中，以流动形式表现；或注入池塘中，以静止形式表现，那么这里所体现的，主要是其间的偶然联系，其形式是外形式。因此，徐文把结构与内形式混为一谈，是不可取的。

其三，事物结构对构成要素的决定性是相对的。

事物的结构形式对其构成要素来说，具有决定性。即形成了高于而又统摄各要素的整体性质和性能。犹如人的手，只有作为人的身体结构的一部分，才可能是人的手，才具有人的系统质。但在这里，结

① ［俄］列宁：《哲学笔记》，166页，北京：人民印书馆，1974年。

构形式的决定性，是相对的，不是绝对的。或者说，不具有本体论意义。因此，不能像亚里士多德和康德那样，把结构加以神秘化或先验化。即把它视为独立于质料之外，并对被视为消极、惰性的质料，加以整理和规制的积极能动力量。这一认识是不妥的。现代系统科学证明：结构既不神秘，也非先验，而是系统诸要素在相互作用中，通过自组织的生成。当然，一旦生成，结构也就具有了整体的统摄性。

总之，结构形式与表现形式不仅因其各自对应的对象不同，而有不同的性质，因而不能混为一谈；而且从二者的相互关系来说，前者与后者是内容与形式的关系，因而不能把二者作为两种形式平列看待；更为重要的是，不能在把二者混同的意义上，进而把结构形式对要素而言的决定性加以绝对化、本体化，并以此为据，来证明形式对内容的本体性作用。这种论证是不妥的，是站不住脚的。

二、艺术创作不能归功于艺术普遍形式法则的建构性

为了论证艺术形式对于艺术内容的本体性作用，徐文在肯定和引申了亚里士多德形式说的基础上，把艺术创作说成是单纯的“赋形”活动，并进而把这种赋形活动归功于艺术普遍形式法则的造型功能。认为正是这种功能的发挥，创作了艺术，创造了美。

诚然，徐文对艺术形式，特别是艺术普遍形式法则造型功能的强调，与亚里士多德的形式说还是有区别的。这表现在：在艺术普遍形式规则的起源问题上，亚氏所持的是一种“神圣论”，而徐文所主张的则是“实践论”。

亚氏的形式说认为，世界的构成最后可以归结为两因：一是作为物质对象因素的质料因；二是作为主体因素表征的形式因。形式作为主体的表征，必然有其目的向往，并内涵其追求目的的内在动力，进而凭借这种动力，就可以给质料以形式赋予，从而实现其目的追求。那么这个主体所指为谁呢，在亚氏看来，真正的主体或最高的主体是神。因此，亚氏所谓的形式能动性，实际是作为最高主体的神的能动性，或者说，来源于神的能动性。

诚然，碍于行文所需，徐文没有去点击和直接批判亚氏的这种神圣论，但它还是在行文中与之划清了界限。即它指明了：艺术普遍形

式规则的发现源于人类的实践。它说："人类在长期的社会实践操作活动中，发现、掌握了这些形式规则，并且能运用这些形式规则。"我认为，徐文在这里的论述是正确的，是体现了辩证唯物主义认识论的实践源泉观的。

但是在如何运用和评价这些普遍形式法则的问题上，徐文并没有继续贯彻他所赞同的上述实践原则，因而造成了不小的缺憾。徐文认为，"客观世界普遍存在的形式法则成为被主体掌握的形式力量"，"这种为人所掌握的'形式力量'成为一种主体性造型力量，并且由于主体对度的自由运用而成为美"。又说："艺术家们模仿世间普遍存在的形式法则而创作艺术……给人带来美感。"

徐文在这里的意思是说，人们一旦从实践中发现和掌握了艺术的普遍形式法则，便拥有一种形式力量，或造型力量。于是凭借这种"主体性造型力量"，就能进行艺术创作，从而给人带来美感。这就好比一辆汽车，一旦获得最初的"点火启动"，就会在引擎的作用下，飞奔起来。

然而这是徐文的一厢情愿。因为在现实生活中，那种一旦获得启动，就不再需要能源供给的永动汽车是没有，也是不可能有的。徐文在这里关于艺术普遍形式法则在艺术创作中造型功能的说明，显然是简单化、抽象化的，是与艺术创作的实际情况不符的。

具体说来，它遮蔽了两个方面的关系：一是艺术创作中，艺术的普遍形式法则与具体形式的关系；二是艺术创作中，立意与赋形的关系。

艺术的普遍形式法则，即艺术达于形式美的普遍规则。比如音乐的普遍形式法则，就表现在旋律、节奏、和声、音色、曲式等多个方面。在艺术创作中，掌握艺术的普遍形式法则是重要的。因为它能为艺术内容的赋形提供大致的方向，使创作者少走弯路。但不能夸大这种作用。因为普遍形式法则只是一种抽象，只是一种潜在的力量。它只有通过创造性转化，变为与艺术具体内容相契合的具体形式，才能显得鲜活和生动，才能获得生命和力量，从而走进人的心中，给人带来美感。不然就会把普遍形式法则封闭于阴影王国之中，成为僵死的，了无生气、令人生厌的东西。

艺术中的形式主义遭世人诟病，不在于它运用了艺术的普遍形式法则，而是因为它抽象、空洞地运用了这些形式法则，把它变成了一种老套、程式化的东西。这样做的结果，不仅会使这些普遍形式法则本身遭到伤害，而且这也是对艺术的一种糟蹋。艺术的形式主义如此有害，遭到批判，该是当然之事，可徐文却对此表示反感。这是不可思议，完全没有必要的。

为了摒弃艺术的形式主义，一切有作为的艺术家，除了要掌握艺术的普遍形式法则以外，最根本的，还应扎根人民，扎根生活，要从人民群众的生活实践中获得启示和灵感。这里的启示和灵感包括两个方面：一是作品具体内容或意味方面的；二是作品具体形式或意象方面的。

从创作者的角度说，艺术的意味通过立意而形成，艺术的意象通过赋形来呈现。立意和赋形，都是在长期的实践中，通过观察、思考、体验、意会，并在作者头脑中进行抽离、想象、综合，进而加以定格化、外在化的，一个极为艰辛、复杂的过程。

另外，艺术创作，总是立意在先，赋形在后，并在相互促进中达于更加契合、更加完美的过程。如同思想与语言，思想的形成在先，语言的表达在后，在这个前提下，思想的趋于精密，促进了语言表达的清晰；同时，语言的恰当表达，也有助于触发思想的深化。当然，在这里，立意在先，赋形在后，只在根据与派生、被表现与表现的范围内，才有绝对的意义，超出这个范围就是相对的。

也就是说，在根据与派生、被表现与表现这个终极因果联系的意义上，内容是根据，形式是派生，因而内容决定形式，形式表现内容，这是绝对的。而在一般因果联系的意义上，内容与形式的对立，就是相对的。或者说，在一般因果联系上，内容和形式可以互换其位置。有时内容是原因，形式是结果；有时形式是原因，内容是结果。二者在一定条件下，可以互为因果、交互作用、相互转化。比如，一种适当的艺术形式的采用，会极大地促进艺术内容的表现、发展和美誉度的提升。从诗歌到小说，从戏剧到影视的艺术发展史，充分表明了艺术形式对内容的重大推动作用。同样，注入新鲜的、具体的内容，也会使濒临僵化的某些艺术形式起死回生，重放光彩，从而提高了观赏性和接受度。中国的许多古老剧种正是沿着这条道路，而重新占领舞台，重新赢得观众的。这里充分表现了艺术内容对艺术形式的巨大推动作用。

因此，既不能用一般因果联系意义上的互为因果，去否认终极因果联系意义上的“内容决定形式”的绝对性，而走向相对主义，或折中主义；也不能用终极因果联系意义上的“内容决定形式”的绝对性，去否认一般因果联系意义上的内容与形式的互为因果性，而走向内容独断主义或形式虚无主义。由此可见，不能离开上述前提，也不能离开上述前提下的互为因果作用，去孤立强调“赋形”在艺术创作中的作用。不能认为，作为艺术内容的“生命意味”是“艺术形式所构造出来”的观点，是正确的。

总之，艺术创作归根到底是以实践为源泉，是在实践基础上，以艺术的普遍形式法则为指导，通过具体意味创新，并使具体形式创新与之契合的过程。因此，徐文那种把艺术创作归功于单纯的赋形过程，进而归功于普遍形式法则造型功能的观点，是不妥的。徐文据此来证明形式对内容具有本体性作用的观点，也是没有说服力的。

三、艺术观赏中的多义生成不能归结为对象形式的不确定性

徐文认为，艺术观赏是观赏者与作为观赏对象的艺术作品之间的互动过程。我认为，这一认识是对的。但是它把这种互动仅仅理解为观赏者与艺术作品的形式之间的互动，这是偏颇的。因为艺术观赏中的互动，既可能是观赏者侧重于与作品形式的互动。比如，诗歌朗诵者通过气息调节与诗歌韵律的互动。也可能是观赏者侧重于与作品内容的互动。比如，诗词讲解者通过理解所实现的与诗词意味的互动。然而就通常而言，在审美活动中，观赏者总是以全身心投入，而与艺术品作整体互动的。这种互动，从对象角度说，不仅有其指向的不同，而且就同一指向而言，可能还有深浅层次的区分。因此，在这里，不能以偏概全，以至一叶障目。

徐文不仅认为，艺术观赏是一种互动，而且它还从观赏者的角度指明：由于观赏主体的不同，即“对于有着不同文化背景、生活境遇和性格的艺术鉴赏者来说，他们能从这些作品所领悟到的意义和感受到的情感，也是很不相同的”。徐文的这一认识，也是对的。

不过，对于此种不同，徐文又有与上述解读相悖的另一种说辞。

即它不是从主客体的互动，特别从主体去说明，而是从客体，进而从客体的形式，特别是从客体形式的不确定性来加以说明。它认为，艺术“符号与其所指内容之间，一方面有着相对确定的含义，另一方面却又充满了不确定的因素，因而它包含了多种解释的可能性”。在徐文看来，“正是由于艺术符号作为有意味的形式的相对不确定性、模糊性以及多种解释的可能性，导致了观者得到的不同的结果”。

那么徐文在行文中，为什么会造成这种明显的逻辑矛盾呢？这是因为为了服从于所论观点的需要，它不得不把客观逻辑，强行纳入人为设置的主观框架之中，所以也就必然会造成矛盾，并造成对艺术观赏过程的遮蔽。

这里所说的，人为设置的主观框架，是指徐文对“形式不确定性”所赋予的那种本根化、能动化的理解框架。应该承认，相对于某一内容的形式的确定性而言，说形式在不同场合的具体运用具有不确定性，是可以的。但是不能像徐文那样，把形式的不确定性理解为独立于内容的、是其自身固有的，并对内容具有多样生发的根源性特性。实际上，所谓形式的不确定性，不过是从属于内容变化的形式变化的丰富性。即服务于内容变化的需要，从而使形式系统在其部分的替换、增减和重组中所表现的丰富性。因此，形式的不确定性，或形式变化的丰富性，服从于和服务于内容变化的丰富性，而不是相反。另外，内容变化的丰富性，只能从内容的发生地，即主客体的相互作用去求得说明。就艺术观赏来说，其中多义的生成，也必须从观赏主客体的互动来求得说明。

艺术观赏，实际上是观赏主体以自己的知识、情趣，包括意识、潜意识等内在主体要素，与作为客体要素的外在艺术品进行互动，借助想象、移情，向客体投射，重塑外在对象，并加以观赏的过程。有论者把艺术观赏称之为“二度创作”（一度创作指艺术品的生产），这是有道理的。黄山上有一处景点，名曰“猴子观月”。在这里，作为观赏客体的，不是作为自然物的那几块石头，而是通过审美活动所创造的人化物。即通过拟人化，赋予人性人情，从而使其成为人的观赏对象的那样一种虚拟物。又比如，“情人眼里出西施”，这里的“西施”，不是指谓“情人”所爱的那位姑娘与西施一样美丽，而是说，其美虽不及西施，但在情人眼中，她也有如同西施那般的美丽。不难设想，如果那位姑娘不美，甚至较丑，或者那位欣赏者不是“情人”，而是普通人，那么也就不会有所谓西施之“出”。可见，这里所出之“西施”，是作为欣赏主体的“情人”与作为欣赏客体的那位姑娘，在对之求爱中的互动的生成。

既然在艺术观赏中，作为观赏结果的新义的生成根源于主客体的共同作用，那么观赏中多义的生成，自然也应该从主客体的不同，以及由此产生的二者相互作用的不同，去求得原因的说明。因此，不能像徐文那样出尔反尔，把观赏中多义的生成，单纯归结为客体，进而归结为客体形式，甚至归结为所谓客体形式的不确定性。这是偏颇的，很为不妥的。徐文以此为据，来论证形式对内容的本体性作用，也是根本靠不住的。

四、艺术形式反转过来的决定作用不能误读为本体性作用

就内容与形式的辩证关系来说，二者互为条件、相互制约。在这一点上，我与徐文是没有分歧的。问题在于，能不能把这种相互制约，看作是本体论意义上的相互决定呢？对此，徐文持一种肯定的观点。

本体，在我国理论界，对其涵义所指，见仁见智。但徐文在把“本体”作为一个关键概念运用时，并未加以具体说明。另外，他在运用本体概念时，还加上了一个引号，这就更增加了对其把握的难度。不过从徐文的行文来看，其对本体的指谓，大体还是可以揣度的。即指根本决定作用的存在。

那么在艺术内容与形式之间，什么是根本的决定作用的存在呢？在徐文看来，内容和形式都是根本决定作用的存在，都是本体。只不过，相对于那种只承认内容是本体的观点，作为一种纠正和补充，徐文则是重点强调：形式也是艺术的一种本体。正是在双重本体的意义上，徐文认为，“不但内容决定形式，形式也决定艺术的意蕴、意味和意义”。于是在徐文看来，以往所流行的“内容决定形式，形式反作用于内容”的观点是“似是而非”的，或是“机械唯物主义”的一种表现。

如何看待徐文的上述观点呢？在我看来，这里涉及如下几个层次

的问题：一是相互作用；二是相互决定作用；三是相互的根本决定作用，即互为本体作用。

从马克思主义的观点来看，世界上一切存在着差异且相互联系的事物，都是相互作用的。内容与形式作为有差异的、相互联系的两个方面，也是相互作用的。

然而由于事物之间差异与联系的性质不同，因而由此所决定的相互作用的性质也不同。矛盾作为一种两极对立的差异，特别是作为基本矛盾的两极对立的差异，从而也就决定了其相互作用的性质特殊性。

就基本矛盾而言，它是贯穿事物运动过程始终的、起基本作用的矛盾。比如，物质与意识的矛盾，是通过哲学所概括的人类生活的基本矛盾；生产力与生产关系、经济基础与上层建筑的矛盾，是唯物史观所揭示的人类社会的基本矛盾；而作为事物本质总体（本质是有层次的）的内容，与作为事物现象总体（现象是多方面的）的形式的矛盾，则是事物作为总体存在的基本矛盾。

凡基本矛盾都有一个共同点，即基本矛盾之作为基本矛盾，就在于：这个矛盾中作为根据的一方，在这个矛盾运动没有结束以前，它总是处于根据的地位，这是不可动摇的。也就是说，作为根据的一方，总是对派生的一方起决定作用，同时被派生的一方，也总是对根据一方起着反作用。可见，在基本矛盾中，矛盾双方作用的性质是不同的，是决定作用与反作用的关系。如是，内容与形式作为事物总体存在的基本矛盾，如果确认内容作为这对矛盾的根据方面，那么承认“内容决定形式，形式反作用于内容”，就不能认为是“似是而非”，而倒是无可非议的。

至于“内容决定形式，形式反作用于内容”是否是“机械唯物主义”的一种表现，恐怕要具体分析。说它是机械论，这没有根据。因为它承认基于矛盾分析的辩证运动，而非单纯外力推动下的位置移动。说它是唯物主义，这似乎有些武断。“内容决定形式”，这原是唯心主义者黑格尔提出来的一个理论观点。徐文对此加以否认，是没有根据的。在黑格尔美学中，内容有时候和理念是等同的。理念具有逻辑上的先在性，它经过许多环节的辩证发展，而成为了艺术的内容理念。这一理念，“它本身就已包含它采取什么显现方式为自由形象的过程”。[①]很显然，这个作为具体理念的艺术内容，也就对形式具有了决定作用。可见，“内容决定形式”这个命题，在黑格尔那里，不仅是唯心主义的，而且还是他的整个哲学体系的必然会有的逻辑推演。后来，马克思变革了黑格尔的这个哲学体系，批判了他“本末倒置”的唯心主义。在美学理论上，把艺术的内容和形式都置于实践的基础之上，即认为，实践是艺术内容与形式的共同源泉。在这个前提下，就被表现者与表现者的关系来说，内容是决定形式的。正如列宁所言：“形式是本质的。本质是有形式的。不论怎样也还是以本质为转移。”[②]可见，在马克思主义那里，上述命题也就具有了唯物主义性质。因此，对“内容决定形式”的哲学性质，不能径直认为，就属唯物主义，而必须联系一定的哲学解释体系，加以具体说明。然而有一点，也是不容置疑的。即承认“内容决定形式”，这是黑格尔主义和马克思主义的共同之点。

诚然，在反作用的意义上，马克思主义也承认在基本矛盾中，派生的一方对根据的一方具有在一定条件下的决定性。这在马克思那里被称之为“决定性的反作用”。[③]在毛泽东那里则被表述为：“在一定条件之下，又转过来表现其为主要的决定的作用。”[④]或简曰：“反转过来的决定作用。”

然而，不管如何称谓，是“决定性的反作用”，还是“反转过来的决定作用”，它相对于根据性的决定作用，总是一种派生性的决定作用。因此，在这里，二者不可相提并论，同日而语。如是，徐文既然已经承认，在艺术中，内容对形式的根据性决定作用，那么也就不能再去承认形式对内容的本体性作用。

不错，人工物，特别是艺术品的形式及其作用，与自然物的形式及其作用有着本质的区别。其区别在于：自然物的形式是其内容的自在呈现，其特点是本然性；而人工物，特别是艺术品，因有人的思考、情趣等因素的参与，其形式对内容则是一种能动呈现，其特点是雕饰性。与此相联系，就其对内容的表现功效来说，也就具有了性质

① ［德］黑格尔：《美学》第1卷，朱光潜译，93—94页，北京：商务印书馆，1979年。
② ［俄］列宁：《哲学笔记》，151页，北京，人民出版社，1974年。
③ 《马克思恩格斯文集》第7卷，894页，北京，人民出版社，2009年。
④ 《毛泽东选集》第1卷，325页，北京，人民出版社，1991年。

的差异性。

关于形式功效性质的差异性，就一般人工物而言，其形式存在着对内容的从适合到不适合的性质多层次差异。除此以外，就艺术品而言，其形式还有对内容的从美好到丑陋的观赏性多层次差异。这种差异在很大程度上，决定着艺术形式对其内容的表现力之强弱，从而也决定着艺术作品的观赏效果之大小。应该承认，徐文肯定这一点，并着力加以强调，这是正确的，有益的。但它做过了头，即徐文在肯定艺术形式的这种决定作用的同时，又把它夸大为根本的决定作用。而这是没有根据的。因为艺术形式的这种决定性，并不是在要不要表现内容意义上的决定性（在此意义上，艺术形式无可选择，它只能是表现内容，并从属于内容的），而只是在如何表现内容意义上的决定性。因而这种决定性无论如何巨大，如何重要，在归根到底的意义上，它仍然是一种为内容服务的、反作用意义上的决定性。

另外，更为根本的是，在艺术本体论问题上，徐文既承认内容决定形式，又承认形式决定内容，从表面上看，似乎很全面、很辩证，然而，在实际上，这是一条走不通的路。或者说，其陷入困境是必然的。

如前所说，在基本矛盾中，作为根据的一方，或本体的一方，其本体的地位是不可剥夺、不可分享的。如果设想，作为本体的一方，其所拥有的本体地位可以被另一方所剥夺、所分享，那么这样的一方还是作为基本矛盾的根据的一方吗？与此相联系，这个矛盾还是基本矛盾吗？回答是否定的。因此，在基本矛盾的本体论问题上，只有一元论才能在逻辑上自圆其说（即符合逻辑同一律。诚然，符合逻辑性并非符合科学性），二元论必然走向破产。即从趋势上说，它不是趋向基本矛盾这一方的一元论，就是走向另一方的一元论。这是历史上二元论的厄运所一再昭示的。

徐文在艺术形式与内容之间，主张二元决定论，意欲不偏不倚，左右逢源。然而在实际上，它必然会被其中所内涵的二律背反所困扰，到头来，也只能是顾此失彼，南辕北辙。比如，它在论述艺术形式是内容的表现，即肯定内容一元决定论时，分明是以牺牲内容形式二元论和形式一元决定论为代价的；同样，他在论述形式对内容的本体作用时，也就不得不以拒斥内容形式二元决定论和内容一元决定论为前提。当然，如此颠来倒去、自生其乱、自我否定，并不是徐文有意为之，而是不由自主。准确而言，实乃其理论观点的内在困难所使然。

总之，在艺术本体论问题上，只有在坚持“内容决定形式，形式反作用于内容”的前提下，承认和强调艺术形式对内容在一定条件下具有反转过来的决定作用，才有合法性，才是正确的。徐文的失足正在于，离开了这个前提，把形式在一定条件下转过来的决定作用误读为本体性作用。因而这种误读也就不可能获得基于确凿论据的可靠论证。它以上述误读为支撑，进而主张艺术内容与形式的二元决定论，则更是错上加错。其陷入二律背反的窠臼，是其必然的归属。这个教训启示我们：求异求新的良好理论初衷，弄不好，也会使求索者迷失于前人的不归之路。这是需要警惕的！

哲学对自然科学研究的指导作用*

方励之先生，在前些年，到处讲演，多次撰文，公然否定马克思主义哲学对自然科学研究的指导作用。1981年，他在为周林等主编的《科学家论方法》第二辑所写的序言中说："哲学与科学研究的关系是指导与被指导的关系，我是不同意的，如果进而认为存在着指导科学研究的'最高'哲学原则，那就更是不恰当的。"①1986年11月18日方励之在同济大学的讲话中，更加明确地宣称："我一直反对马克思主义哲学要指导科学。"②方励之摆出一副科学捍卫者的面孔，颇有些迷惑性。如果撇开政治目的不谈，仅从学术而言，哲学对于自然科学研究具有指导作用，是哲学的一项基本功能，也是自然科学发展的必然要求，特别是现代自然科学研究，离开马克思主义哲学的指导就会事倍功半，甚至误入歧途，这是科学史上无数事实所证明了的。下面就此谈谈自己的一些看法。

一、哲学的一项基本功能

自然科学的发展主要取决于社会生产的发展，同时又受被社会生产所决定的社会制度、阶级关系、教育状况以及同时代哲学水平的影响和制约。在考察自然科学与哲学的关系时，决不能离开这个总的认识框架。因为社会生产实践是自然科学和哲学的共同基础，而自然又是自然科学和哲学共同关注的对象，所以才有它们相互作用的内在依据。这种相互作用的关系表现在：自然科学的发展影响着人们对自然的哲学理性把握；哲学的发展影响着人们对自然的实证科学把握。

* 原刊于《安徽教育学院学报》，1990（1）。

① 方励之：《写在〈科学家论方法〉第二辑出版》，呼和浩特：内蒙古人民出版社，1981年。

② 转引自人民大学复印报刊资料：《自然辩证法》，37页，1987（5）。

哲学上唯物主义和唯心主义两大阵营的对立，就其原生形态说，正如恩格斯在概括哲学基本问题时所指出的，集中地表现为如何回答精神与自然界的关系问题。自然科学的发展不仅为人们对于自然的哲学把握提供了进行概括的经验材料；提供了可以上升、移植到哲学中来的某些概念；提供了可以移用于哲学研究的某些科学方法；而且，这也是主要的，即自然科学的观念变革对哲学有着重大影响。

比如，哥白尼的《天体运行论》敲响了中世纪以来神学的第一声丧钟，它不仅是自然科学开始从神学中解放出来的独立宣言，而且开始改变了哲学被迫充当的神学婢女的地位。生物进化论的提出，以物种进化观点代替物种不变观点，这其中所体现的进化发展思想，不仅为生物学奠定了科学基础，并对所有各门自然科学产生了巨大的辐射作用，而且为辩证唯物主义哲学的形成奠定了一块科学基石，同时也为科学地认识人类社会起到了启迪作用。比如，马克思就是把达尔文的《根据自然选择的物种起源》这部著作“当做历史上的阶级斗争的自然科学根据”。①

由于人类社会是以自然界为前提发展起来的，由此一些社会科学家和哲学家在自然科学关于自然界发展的自然规律和自然过程的观念的启发和影响下，力求去揭示社会的客观规律和客观过程。比如，威廉、配第等人力求去寻找资本主义的“自然规律”，提出了关于资本主义生产关系的内部联系的学说；斯宾诺莎则提出自然法的概念，并把它理解为一切事物据以成立的自然规律和法则。随着自然科学观念在社会研究中进一步发展，马克思揭示了社会经济形态的发展是一个自然历史过程的本质规定，从而为唯物史观奠起了科学的基础。

正因为自然是哲学和自然科学共同关注的对象，又因为哲学概括和总结了包括自然科学在内的一切具体科学的发展成果，所以才产生了既联系着又高于自然科学和其他具体科学的人类理性的最普遍形式——哲学。哲学所研究的是世界的整体、世界的一般，包括自然科学在内的各门具体科学，所研究的则是世界的局部和特殊。部分构成整体，整体又统帅部分；一般来自特殊，又指导特殊。从认识论角度说，人们认识总体，认识一般，其目的之一就在于：为更好地认识局

① 《马克思恩格斯全集》第30卷，574页，北京：人民出版社，1975年。

部、认识特殊提供服务。

康德在谈到哲学思维的特点时指出："哲学的知识，唯在普遍中考虑特殊。"[①]黑格尔也说过："认识矛盾并且认识对象的这种矛盾特性就是哲学思考的本质。"[②]在哲学与自然科学的联系中，自然观起着中介作用。自然观属于哲学，它是哲学的一部分。它的范畴和规律是自然界之物质和运动的本质规定性和普遍规律的反映。自然观理论直接从各门自然科学中概括出这些规律和范畴；同时又运用它所得到的范畴和规律对自然界作更深入的考察。

由此可见，对于自然科学研究的指导作用，是哲学内在固有的一项基本功能。方励之想否定哲学的这一功能，不仅没有丝毫理论根据，而且也不符合自然科学本身发展的要求。

二、自然科学发展的必然要求

哲学对自然科学研究的指导作用，不是回答和解决自然科学的实际问题，也不是对自然科学的研究成果给予哲学的裁决，而是给自然科学研究提供信念的支持、哲学的导向、思维能力的训练和方法论的启示。

1. 科学的哲学为自然科学研究提供根本的信念

在人的有意识的活动中，坚持正确的信念，对自然科学研究以及其他一切活动，都是必不可少的巨大精神力量。而最根本的科学信念则来源于正确的哲学世界观。比如，客观世界的可知性这一正确的哲学命题，就曾鼓舞了无数自然科学家不避艰辛，满怀信心地去探索自然奥秘。我国明末清初的天文学家王锡阐，在天文观测中，坚信"测愈久则数愈密，思愈精则理愈出"。在三十多年间，只要天气晴朗，他总是从黄昏到黎明，坚持观测天象，从而积累了大量的第一手资料，在天文学方面做出不少卓越的建树。

伟大的英国物理学家、化学家迈克尔·法拉第，一生对科学的贡献甚多，其中，最重要的是在电磁学的实验研究方面。法拉第取得如此众多的科学成就的一个重要原因，是哲学给予了他一个坚定的信

① ［德］康德：《纯粹理性批判》，蓝公武译，499页，北京：商务印书馆，1982年。

② ［德］黑格尔：《小逻辑》，贺麟译，132页，北京：商务印书馆，1980年。

念。他说："我长期以来坚持一种看法，几乎可以说是确信……物质的力借以表现出来的各种形式，都有一个共同的起源，或者换句话说，它们如此地直接关联和相互依赖，以致好像可以从一种形式转换成另一种形式。并在它们的作用中具有相等的能力。"正是这一哲学信念，使他在战略上藐视一切困难，以惊人的毅力朝着揭示自然力的统一性的目标前进。他说，在科学实验中，那些"徒劳无益的努力和许多其他从未发表过的失败的工作，动摇不了我从哲学考虑得出的坚定信念"。[①]在这一信念的支持下，他的关于电、磁与光的联系的实验研究，经过23年的漫漫长途，最终获得了成功。

关于哲学信念与科学研究的这种关系，爱因斯坦也指出："相信世界在本质上是有秩序的和可认识的这一信念，是一切科学工作的基础。"[②]

2. 科学的哲学为自然科学研究提供前进的导向

自然科学研究除了需要正确的信念支持外，还必须沿着正确的方向、道路，方能获得成功。在这一点上，哲学也能为自然科学提供重要帮助。爱因斯坦曾经指出："哲学的推广一经建立并广泛地被人们接受以后，它们又常常促使科学思想的进一步发展，因为它们能指示科学从许多可能着手的路线中选择一条路线。"[③]量子力学的创始人海森伯也说过："哲学，不管自觉不自觉，总是支配着基本粒子物理学的发展方向。"[④]

那么，哲学何以能决定自然科学发展的方向并能指示科学选择发展道路呢？这是因为，任何科学研究，说到底，都是从结果去探求原因，从偶然去寻找必然。自然科学研究从自然界有限的事物出发，去探求自然现象背后的原因，探求其本质的必然性，去解答各种各样的为什么。而每一个为什么后面都还可以再提一个为什么，每一级本质的背后还有更深一级的本质。这样也就构成了一个无穷的序列。这个序列的不断延伸就是自然科学不断发展、不断深化的过程，同时这也是自然科学不断走向哲学，不断借助哲学为之导向的过程。因为从一

① 转引自姚慧华、刘元亮：《谈谈哲学思维在法拉第科学研究中的作用》，《清华大学学报》哲社版，1987（1）。

② 《爱因斯坦文集》第1卷，284页，北京：商务印书馆，1976年。

③ 《爱因斯坦文集》第1卷，374页，北京：商务印书馆，1976年。

④ 参见［德］海森伯：《物理学和哲学》，范岱年译，195页，北京：商务印书馆，1981年。

般原因到“终极原因”的追求，从初级本质到最深刻本质的探索，也就自然而然地把思维的局部性、表层性，引向思维的整体性、深层性，即达于哲学思维的境界。所以，任何一位自然科学家要把对自然的思维贯彻到底，都必然要借助哲学思维为他指示前进的方向。

3. 学习哲学是增强理论思维能力的根本途径

自然科学研究作为人类的一项认识活动，它一刻也不能没有理论思维。俄国科学家门捷列夫指出：“观察和实践是科学的躯身……概括学说、假设和理论是科学的灵魂。”20世纪著名科学家怀特海认为，近代科学正是始于这两方面的结合。他说：“对于详细事实的强烈兴趣，和对于抽象概括的同样的热忱，这两者的结合，形成了我们现代社会的新气象。”①

那么科学家如何才能锻炼和提高自己的理论思维能力呢？恩格斯指出：“为了进行这种锻炼，除了学习以往的哲学，直到现在还没有别的手段。”②之所以如此，这是和哲学的根本特点相联系的。

这一特点就是，哲学是“对于事物的思维着的考察”。③在哲学史上，从古代哲学开始，思维问题就成为哲学研究的重要对象，后来随着哲学和各门具体科学的发展，原来混入哲学中的实证知识逐渐从哲学中分离出去，这样认识问题在哲学中的地位日益凸现出来。关于这一点，恩格斯明确指出，随着辩证唯物主义的产生，“于是，在以往的全部哲学中仍然独立存在的，就只有关于思维及其规律的学说——形式逻辑和辩证法。其他一切都归到关于自然和历史的实证科学中去”。④

这就是说，哲学所提供的不是一般的知识，而是关于思维的知识，但又不是如思维科学那样关于思维的具体知识，而是关于思维的方法和原则，即探索科学知识如何产生，何以能够产生，探索认识、思想的普遍规律，是那种使人聪明的智慧。所以，亚里士多德称哲学追求的是“头等智慧”，康德认为哲学家是“智慧的导师”，马克思把“真正的哲学”誉为“自己时代精神的精华”，都是有道理的。所以，

① 转引自菲利普弗兰克：《科学的哲学》，许良英译，42页，上海：上海人民出版社，1985年。

② ［德］恩格斯：《自然辩证法》，27页，北京：人民出版社，1971年。

③ ［德］黑格尔：《小逻辑》，贺麟译，38页，北京：商务印书馆，1980年。

④ 《马克思恩格斯选集》第3卷，364页，北京：人民出版社，1995年。

学习哲学对于启迪思维、解放思想、激发智能具有重大推动作用。

4. 科学的哲学为自然科学研究提供正确的方法论指导

哲学世界观作为对整个世界的总图景和最一般规律的系统的理性反映，又是指导人们认识和改造世界的根本方法论。方法论是哲学的重要组成部分。不同的哲学具有不同的方法论。唯物主义方法论的根本要求，就是坚持一切从实际出发，实事求是。辩证方法论的根本要求则是坚持普遍联系的、运动发展的、系统整体的、矛盾分析的观点。

哲学作为最一般的方法论，对于各门自然科学研究的思维方法都可以提供指导和启示。比如自然科学研究中常用的类比方法、归纳与演绎方法、分析与综合等的方法，都是以世界的多样性统一原理为基础的；又如系统的方法、历史的方法、追溯的方法、预测的方法等，都是以世界的普遍联系原理为基础的。用这些科学方法所取得的每一个重大科学发现的背后，都会赫然闪耀着客观世界的统一性和辩证性原理的光辉。

正如科学家玻恩所指出的："每个科学阶段都和当时的哲学体系有着相互影响，科学给哲学体系提供观察事实，同时从哲学中接受思想方法。"①从上面的分析可知，方励之否认哲学对自然科学研究的指导作用，是和自然科学本身发展的要求相违背的。正是基于对哲学指导作用的充分肯定，大哲学家费尔巴哈和大科学家爱因斯坦得出了相同的结论。费尔巴哈说："哲学是科学的母亲。不管是古代还是现代，头等的科学家都是哲学家。"②爱因斯坦说："哲学……是全部科学研究之母。"③费尔巴哈和爱因斯坦的这一共同结论，对于当代自然科学家，坚持用马克思主义哲学指导现代自然科学研究，也是有重大启迪意义的。

三、马克思主义哲学是指导现代自然科学研究的锐利武器

哲学是不断发展的，自然科学也是不断发展的。就二者的关系来说，哲学只有不断吸取自然科学的优秀成果，才能丰富和发展自己；

① ［德］玻恩：《我们这一代的物理学》，侯德彭等译，48页，北京：商务印书馆，1964年。

② 《费尔巴哈哲学著作选集》（上卷），荣震华等译，86页，北京：人民出版社，1984年。

③ 《爱因斯坦文集》第1卷，519页，北京：商务印书馆，1976年。

同样，自然科学只有接受科学的哲学指导，才能如虎添翼。而对于现代自然科学的研究来说，接受马克思主义哲学的指导，尤为重要。这是因为：

第一，马克思主义哲学是我们这个时代精神的精华。它是在多少世代的智慧积累的基础上，在总结新的社会实践和科学成果的基础上产生的。它是关于自然、社会和人类思维的本质和发展的最一般规律的科学。它坚持了世界的客观性和辩证性的统一；坚持了科学的自然观和历史观的统一；坚持了认识世界和改造世界的统一。在归根到底的意义上，它是关于人类彻底解放的世界观。这就决定了马克思主义哲学对于自然科学研究能发挥以往任何哲学所无法比拟的巨大指导作用。

第二，现代自然科学相对于以往的自然科学具有日益理性化、综合化、人道化的特点。这些特点迫使自然科学家要学习和运用唯物辩证法。

首先，现代自然科学日益理性化。

与古代的直观自然科学和17、18世纪以搜集材料为特征的经验自然科学不同，从19世纪末开始，自然科学进入了以整理材料为特征的理论自然科学阶段。从那以后，随着人们对自然本质的不断深入的认识，自然科学的理论愈来愈抽象，自然科学的发现和发展愈来愈要借助于理性的思维、科学的预言和逻辑的推导。现代自然科学发展的这一特点，决定了自然科学家“除了以这种或那种形式从形而上学的思维复归到辩证法的思维，在这里没有其他出路，没有达到思维清晰的任何可能”。恩格斯曾以生物学的研究为例指出：“在生物学中，如果理论自然科学家愿意从历史地存在的形态中仔细研究辩证哲学，那么这一过程就可以大大地缩短。”①

其次，现代自然科学日益综合化。

人类对自然的认识经历了原始综合阶段（古希腊到中世纪）、分析阶段（文艺复兴到20世纪前期）和现代综合阶段（20世纪中期以来）的发展。现代自然科学日益综合化的表现有三：一是边缘科学大量涌现；二是一系列横断科学相继产生；三是一系列综合科学如雨后春

① ［德］恩格斯：《自然辩证法》，29页，北京：人民出版社，1971年。

笋。这些学科以特定的自然客体为对象，运用多学科的理论、知识、方法进行研究。而要进行宏大的综合研究，也就不能没有辩证哲学的指导。恩格斯说："无论如何，自然科学现在已发展到如此程度，以致它再不能逃避辩证的综合了。"否则，"就会连两件自然的事实也联系不起来，或者二者之间所存在的联系都无法了解"，[①]当然也就更谈不上加以综合了。何况，当今自然科学的综合化趋势，相对于恩格斯时代，已经是大踏步地向前发展了。

再次，现代自然科学日益人道化。

自然科学就其本性来说，是与自然界打交道，它的目标旨在揭示自然的奥秘。但就它的功用来说，归根到底，是为推动社会的发展，推动人自身的发展服务的。特别是现代科学技术的进步，对于人类的物质文明和精神文明的迅速提高，发挥着愈来愈大的作用。但是，由于自然科学本身发展的局限性、人们在应用方面的失误，以及剥削阶级自私的干扰，也会使科学给人类带来某些负作用。比如核污染、核战争、生态失衡等的威胁。于是就产生了自然科学与社会生活如何协调同步发展，与人的价值——情感如何协调一致的问题，也就是自然科学发展的人道主义问题。这个问题已经在越来越大的程度上，成为各门科学发展在理论研究上和实际应用上所要解决的一个中心问题，而且它逐渐成为各门科学发展的基线。自然科学的发展要在这个问题上求得解决，也必须有马克思主义哲学的指导。因为马克思主义哲学不仅从根本原则上指明了自由与必然、科学与人道之间的辩证统一关系，而且为实现这种辩证统一指明了现实道路，即人的解放的道路。

马克思主义哲学对于现代自然科学的巨大指导作用，现在已被越来越多的人所认识，并且日益显示出它的巨大威力。法国著名物理学家朗之万在科学活动中，从自发的唯物主义逐渐发展到辩证唯物主义，成为把辩证唯物主义应用于科学研究的一位杰出代表。他说："我体会到，只有在我认识了辩证唯物主义的基本观点后，才能够彻底地了解物理学的历史"，"只有辩证唯物主义才可以作为引导我们的准绳。"[②]

日本著名物理学家坂田昌一，在谈到恩格斯的《自然辩证法》一

① ［德］恩格斯：《自然辩证法》，43—44页，北京：人民出版社，1971年。

② 见安徽省自然辩证法研究会：《科学史的启示》，173页。

书时指出："恩格斯的这部著作，在我四十余年的科学研究生活中，始终为我的研究工作不断投射出瑰宝一样的光彩。"①

一般系统论的创始人贝塔朗菲也承认，辩证唯物主义曾经给他极大的启发。他说："一般系统论的原理和唯物辩证法的雷同是显而易见的。"②因提出"信息社会"理论而著称的贝尔，尽管在许多方面并不赞成马克思，但他还是客观公正地承认，信息化这一发展的许多方面，早已被马克思所预见。③

我国许多科学家如李四光、童第周、戴文赛、竺可桢、钱学森等也都是自觉运用唯物辩证法指导自己的科学研究，从而做出了突出的贡献。竺可桢深有体会地指出："只有辩证唯物主义才能够引导自然科学家正确地去认识自然，正确地掌握它的规律，然后改造它。"④

由此可见，不管在东方，还是西方，关于马克思主义哲学对于自然科学研究的重大指导作用，已经成为许多做出杰出贡献的、严肃的科学家们的共识。方励之公然反对这一点，是浅薄的，不明智的。

① ［日］坂田昌一：《我的经典——恩格斯的〈自然辩证法〉》，《自然科学哲学问题丛刊》，1984（2）。

② 转引自查汝强：《自然科学哲学问题丛刊》，25—26页，南宁：广西人民出版社，1980年。

③ 参见《人民日报》，1984—8—24（3）。

④ 《竺可桢科普创作选集》，189页，北京：科学普及版社，1981年。

历史地看待民族传统文化*

一个时期以来，鼓吹资产阶级自由化的“精英”们，以“挖祖坟”为荣，攻击中国传统文明是“衰落的黄种人的文明”、中国传统文化是“亡文化”，“是一堆发出腐烂气味、使人窒息的垃圾”。他们散布的这种种谬论，只能导致民族失落感和民族自卑感的滋长，导致崇洋媚外思想的泛滥。为了从理论上批驳他们所散布的种种谬论，也为了使我们对民族传统文化的反思，有一个真正科学的态度，我们必须坚持用历史主义的观点来看待民族传统文化。这里谈以下三点体会。

一、传统文化的历史正当性

任何民族都有它的历史，任何民族都有它的传统。中华民族曾经历了两千多年的充分发展的封建社会，封建社会相对于资本主义社会和社会主义社会无疑是低级的、不发达的社会。但能否由此认为，中国长期的封建社会只是造成了中华民族沉重的历史包袱，而毫无积极意义可言呢？不能这样认识。

即使是今人斥责不已的封建剥削、封建专制集权、封建纲常名教，“君君臣臣”之类，也具有一定范围的历史正当性、进步性。关于阶级剥削，恩格斯曾经指出：“马克思了解古代奴隶主，中世纪封建主等等的历史必然性，因而了解他们的历史正当性，承认他们在一定限度的历史时期内是人类发展的杠杆；因而马克思也承认剥削，即占有他人劳动产品的暂时的历史正当性。”[①]这里的正当性、进步性，是指这些有利于促进生产力的发展，有利于促进社会的进步。

当然，马克思在承认阶级剥削的暂时的历史正当性的同时，又指

---

* 原刊于《安徽日报》，1989—10—26（4）。

① 《马克思恩格斯全集》第21卷，557、558页，北京：人民出版社，1965年。

出："这种历史的正当性现代不仅消失了，而且剥削不论以什么形式继续保存下去，已经日益愈来愈妨碍而不是促进社会的发展，并且使之卷入愈来愈激烈的冲突中。"[①]因此，最终消灭阶级剥削又成为社会发展的必然性。在这里，马克思和恩格斯为我们树立了用历史的观点分析问题的典范。

对于中国封建社会所实行的专制集权和纲常名教，用今人的眼光看来，无疑是封建主义的糟粕，是必须加以舍弃的东西。然而从历史的观点看，也应该承认它们在一定范围内的合理性和正当性。在中国，秦始皇开始建立的统一的中央集权的封建国家，相对于东周的礼坏乐崩，战国纷争的局面来说，便是一种历史的进步。而且是历史的一种巨大进步。它对于我国这样一个版图广大的多民族国家的形成，居功至伟！古人称秦始皇为"千古一帝"确非虚言。早在秦始皇统一中国以前，孔子就已提出了关于恢复统一和秩序的思想，即所谓"君君、臣臣、父父、子子"等等。在某种意义上说，秦始皇是在客观上充当了孔子的遗嘱执行人。这也是儒学成为后来封建社会统治思想的一个重要原因。可见，无论是封建专制集权，还是封建纲常名教，都是先人智慧的结晶，是伟大的历史创造，在中华民族的历史上都曾发挥过一定的进步作用。当然随着封建社会走向没落，封建专制集权和封建纲常名教也就愈来愈失去了历史的合理性和正当性，成为被历史所否定的东西。

由此可见，脱离一定的历史条件，脱离一定的历史范围，不加分析地看待传统文化，这是违背马克思主义历史主义的起码要求的。当然对于传统文化在一定范围内的合理性、正当性做这种静态的考察，并不否认对传统文化进行动态的研究。因为，传统本身除了意味着稳定性的一面以外，还意味着具有流动性的一面。

二、传统文化的历史流动性

黑格尔说过："传统并不是一尊不动的石像，而是生命洋溢的，有如一道洪流，离开它的源头愈远，它就膨胀得愈大。"[②]传统既是历史

① 《马克思恩格斯全集》第21卷，558页，北京：人民出版社，1965年。

② 北京大学哲学系外国哲学史教研室编译：《十八世纪末——十九世纪初德国哲学》，349页，北京：商务印书馆，1960年。

的不断积淀，又是历史的不断选择，既没有不受传统影响的历史，也没有不被历史选择的绝对不变的传统。传统有其正面，也有其负面，有其保守性，也有其前进性。

比如，儒家主张“贵义”，这没有什么不好，讲理想、重人格、严操守，在这种思想的陶冶下，中国历史上出现了像文天祥、海瑞、林则徐等许多精神高尚的人物。但儒家主张“贱利”这就不怎么好，因为不讲效用，流于空谈，也会误国。时代变了，义和利的内容也随之改变了。对于无产阶级来说，讲义就是要坚持共产主义的理想道德，讲利就是要坚持无产阶级和广大人民为主体的公众利益。维护公众利益，就是有道德；追求公众利益，就是有理想。在这里，义和利达到了高度的统一。

从历史发展的宏观角度来说，中华民族不仅有着悠久、灿烂的古代文化传统，而且在近代中国，还有以孙中山为代表的先进的资产阶级文化传统和革命传统，特别自“五四”以来，更有以中国共产党为代表的、以马克思主义为指导的人民大众的文化传统和革命传统。后两者都是对中华民族文化传统和革命传统的继承、发扬和光大。

总之，传统是流动的。它连接着过去和现在，并且孕育着未来。对于传统文化，不能一“反思”就一律反掉，一“现代”就必要罪古，那是形而上学。民族虚无主义者搞的就是形而上学。有的人骂倒一切，不仅全盘否定对中华民族发生过巨大影响的儒家文化，而且甚至连黄河、长城、“中国的人种”都“否定”掉了，真可谓“十分彻底”。

然而这种虚无主义的否定，恩格斯早有批判，指出这是“一种恶劣的没有结果的否定”、“是纯粹主观的、个人的否定，它不是事物本身的一个发展阶段，而是由外部硬加进去的意见……所以作这种否定的人就必然与世界不和，必然要放肆地非难现存的和以往的一切、非难整个历史发展”。①

毛泽东也说过：“今天的中国是历史的中国的一个发展；我们是马克思主义的历史主义者，我们不应当割断历史。从孔夫子到孙中山，我们应当给以总结，继承这一份珍贵的遗产。这对于指导当前的伟大

① 《马克思恩格斯全集》第20卷，673—674页，北京：人民出版社，1971年。

的运动，是有重要的帮助的。”[①]鉴古可以知今，毛泽东这段论述不仅对于人民革命的胜利，而且对于现代化建设的成功，都是千真万确的真理。

三、传统文化的现实价值性

英国历史学家科尔提出“一切历史都是现代与古代的对话”。在这个意义上说，传统既是历史，也是现实，所谓现代化非他，正是传统本身的现代化，或曰传统的重新塑造。在传统与现代化的关系问题上，以古非今是错误的，但走到另一个极端，以今非古也决没有什么好。中外的许多事实说明，无条件地否定传统文化，毫无选择地抛弃传统文化，实际上是在否定自已立身的基础，是在否定自身。“文化大革命”中，批判所谓封资修，把民族传统文化一律说成是封建主义的“四旧”，大加挞伐，横加扫除，结果使中国陷入了文化的沙漠之中，人们的道德观念一下倒退了许多年。由此可见，离开了对传统文化的学习、继承、批判和借鉴，不仅谈不上文化的创新和发展，而且还势必要向野蛮倒退。这可谓是十年动乱给我们留下的一大教训。

反对全盘否定传统文化，绝不是无条件地维护它、崇拜它。传统文化中确有不少消极的东西，至今还在影响人们的思想和行为，也确有相当一部分东西，已不适应当代人的需要，因而对其被淘汰也无需怀惋惜之情。在马克思主义看来，对传统的批判和继承是辩证统一的，是破坏中的建设，舍弃中的保留，弃旧中的图新。继承则是按“人事有代谢，往来成古今”，这一历史的客观进程，基于主体的自觉，对历史上形成的传统去进行筛选和评判，由此发现先驱者开拓的足迹，接过他们点燃的火炬，探索新旧文化代谢发展的历史条件和根据，从而找到传统与现代文化创造的历史接合点。

因此，这里的关键不在于传统文化如何，而在于现代人对于传统文化的自觉与主动的择善调整做得如何。对一代人来说，传统是既有事实，不可无视，但对传统的态度可以选择。因此这里需要的是，一种现实的科学的态度、一种自我反省的精神、一种现实担当的意识。

① 《毛泽东选集》第2卷，534页，北京：人民出版社，1991年。

任何苛求先人，虚张传统的惰性，危言传统与现代化相冲突，而无视、回避今人责任的种种做法，都是要不得的。有些人喜欢拿传统说事，一说到当今的一些不足，就把板子打到秦始皇那里去，甚至打到孔夫子那里去，让死人为活人受罪，这实在是一种浅薄之举。既无助于科学理解历史，也无助于解决今人的问题。因为从根本说，这是找错了方向。

诚然，死人可以拖住活人，传统具有一定的惰性力，但活人也可以利用死人，使传统变成一种能动力。传统作为一种惰性力，它往往成为社会发展的一种缓冲器。这种作用有消极的一面，即它可以延缓事物的发展。但也不完全是消极的。它是社会有机体的一种免疫防御系统，它能使社会免于不利变异的作用而误入歧途。

比如上文论及的“贵义贱利”这一传统道德，在“义”和“利”的理解上，除有阶级性的不同外，也确有其片面性，一般说来已不符合社会主义道德，但适当的肯定，对“见利忘义”也不失为一种抵制。又比如，“知足”会使人不思进取，但“贪婪”对社会危害更大，因此，适当肯定“知足”，也会有利于抑制“贪婪”。

当然，传统作为一种能动力量，它的作用有积极的一面，它可以促进新事物成长壮大，但也有破坏的一面，它可以使新事物变形、扭曲。因此，对于传统必须持谨慎的分析的态度，如何实现传统与现代化的合理嫁接，如何对待才能充分发挥传统的积极作用，而又能最大限度地避免它的消极作用，对传统的批判如何做到恰如其分，对传统的继承又如何做到恰到好处，凡此种种，这完全取决于我们这些炎黄后代的适应性、灵活性和创造性的发挥。古语说“运用之妙，存乎一心”，其道理就在这里。

中华民族是一个有着灿烂传统文化的伟大民族，它的力量和智慧是不可穷尽的，它的前程是无可限量的。任何全盘否定民族传统文化，妄图抹杀中华民族伟大力量的企图，都是没有根据的，错误的。

《论语》部分记述别解
——以《论语译注》为参照

《论语》是一部最早、且影响广泛的儒家经典，也是世代中国人涵养、陶冶民族精神的一个重要文化资源。在汉初，《论语》有今、古文本之别。汉景帝时，出孔子旧宅壁中的《古论语》，属古文本，世已不传。《齐论语》和《鲁论语》属今文本。古、今文本《论语》因文字有所不同，在汉代各有师承渊源，且解释各异。《论语》一书，自汉代何晏《论语集解》至清代，传世注释者，计有两千家之多。对《论语》的注解，从历史顺序来说，大体有经学家解、玄学家解、理学家解和考据家解等。这些注家各有所长，亦各有所短。杨伯峻先生的《论语译注》[①]（后文简称注本），较好地吸收了以往各家之长，并纠其所短。因而从总体上说，它是当代研习和发掘《论语》思想智慧的一个耐人寻味的读本。但也不能由此认为，《论语》的阐释空间已经穷尽。不是的。《论语》的魅力之一就在于，随着时代变迁，会使之常解常新。正是秉持这一信念，笔者在借鉴《论语译注》的基础上，试着对《论语》部分记述，提出了自己的一些不成熟的理解，以求得到指正。

1. 学而篇1·7，子夏曰："贤贤易色；事父母，能竭其力；事君，能致其身；与朋友交，言而有信。虽曰未学，吾必谓之学矣。"

注本把上文中的"虽曰未学，吾必谓之学矣"，解读为，"这种人，虽说没学习过，我一定说他已经学习过了。"

注本作这样的解读有些不好理解。既说没有学过，又怎么可以说已学过了。这在逻辑上难以说通。不仅如此，这里还涉及一个重要问题。即孔子儒学如何看待和成就学问的问题。结合孔子的有关言行，我以为，可以把此语解读为，**"这种人，虽说没有读过书，但我一定要**

① 杨伯峻：《论语译注》，北京：中华书局，1980年繁体本，2006年简体本。

说，他是有学问的”。

作这样的解读，不仅在逻辑上比较顺，好理解，而且这也体现了孔子学说的一个重要思想：生活中处处有学问。在孔子看来，学问，特别是作为人之根本的做人、做事的学问，主要不是来自书本的学习，而是来自向别人请教，或如孔子所坚持的“每事问”（《论语·八佾》）；特别是来自生活习练，身体力行。或如孔子所提倡的，要做一个“躬行君子”（《论语·述而》）。

由是，子夏才认为，如果一个人敬妻之德而不重貌，尽心竭力侍奉父母，忠君之事而不惜生命，对朋友诚实守信，那么这种人，虽说没有读过书，但我一定要说，他是有学问的。

2. 学而篇1·8，子曰：“君子不重，则不威；学则不固。主忠信。无友不如己者。过，则勿惮改。”

注本继承前说，把上文中的“无友不如己者”，解读为，“不要跟不如自己的人交朋友”。

就原文这一句的字面意义来说，这一解读并无不可。然而如果联系该句的上下文，以及作为言说者孔子的其他相关言行，那么这一解读确实令人难以赞同。为此，从古至今不知纠结了多少文人学士。为了化解这一纠结，历史上有注家提出了另外一解。即“没有朋友不如自己的”。这一解，显然比上述解读要好。因为后解才比较符合孔子那原本并不傲慢，而温柔敦厚的形象。然而在我看来，此解仍不甚妥帖。因为朋友如果指个人，那么未必就好于自己。应该说，这是一个常识，是不证自明的。我认为，只有在你、我朋友相互帮衬中，所形成的合力，才是胜过一己之力的。

鉴于这种分析，不妨把此语解读为，**“没有朋友合力不及一己之力的”**。

作这样的解读，也就与前后文的内容协调、贯通了起来。在前文中，孔子说，君子做事要严肃认真，不然就没有威信；就拿读书来说，所学也不会扎实。要以忠和信这两种道德为主。于是，接下来他说，没有朋友合力不及一己之力的，（因而要善待朋友，包括善待朋友的缺点）。继而，接下来他又说，（因为谁都有长处和短处，所以，）即使有过错也不要紧，关键要不怕改正错误。

另外，作这样的解读，也才能与儒家所践行的交友之道吻合起来。儒家的交友之道，如子张所言，是“尊贤而容众，嘉善而矜不能”（《论语·子张》）。即尊敬贤人，也接纳普通人；鼓励好人，也善待能力差的人。总之，是善气迎人，以诚交友。

3. 学而篇1·13，有子曰：“信近于义，言可复也。恭近于礼，远耻辱也。因不失其亲，亦可宗也。”

注本的译文为，有子说：“所守的约言符合义，说的话就能兑现。态度容貌的庄矜合于礼，就不致遭受侮辱。依靠关系深的人，也就可靠了。”

注本把上文中的“因不失其亲，亦可宗也”，解读为，“依靠关系深的人，也就可靠了。”作这种解读，是可以的。因为孔子主张亲亲为大，而这也符合当时的“礼制”。不过，如果作如下新的解读，那么可能更适当、更合理。因为只有这样，才能使此语与前文的内容更为一致。另外，也是主要的，才能避免对孔子儒学的误解。即误以为孔子儒学是主张，通过家族关系走捷径。

所谓新的解释。即对这里的“亲”，不作名词解，指谓“关系深的人”，而作动词解，指谓“亲近”。这与《论语·学而》中的“泛爱众，而亲仁”的“亲”用法相同。也就是说，是续接前文所讲的“近于义”、“近于礼”，在这里作一个概括性的总结和提升：**“因不失其对义和礼的亲近，所以也就抓住了做人的根本。”**

4. 学而篇1·14，子曰：“君子食无求饱，居无求安，敏于事而慎于言，就有道而正焉，可谓好学也已。”

注本把上文中的“君子食无求饱，居无求安”，解读为，“君子，吃食不要求饱足，居住不要求舒适”。

我认为，作这样的解读有些机械，以至有违常理。因为食求饱，居求安，是人之常情。对此，君子也不例外。另外，也是主要的，在孔子那里，并不存在后世程朱理学所阐发的，那种把“天理”与“人欲”对立起来的思想。相反，孔子不仅不否认人应该享有正当的个人物质生活，而且还比较注意提高自己物质生活的质量。比如，在《论语·乡党》中，他就有“食不厌精，脍不厌细”之说。因此，这里的关键不在于求食饱居安，而在于，在孔子眼中，人的生理需要的满足，不是人性之善的本质，更不是君子的追求。

因此，“君子食无求饱，居无求安”，应解读为，**“君子对吃什么、住得怎样都无所谓”**，而是要把精力放在勤勉工作而不张扬，好学上进以端正行止上。可见，“食无求饱，居无求安”的本义是说，君子不要沉湎于个人吃住等物质生活的享受。

5. 为政篇2·4，子曰：“吾十有五而志于学，三十而立，四十而不惑，五十而知天命，六十而耳顺，七十而从心所欲，不逾矩。”

注本把“吾十有五而志于学”，解读为，“我十五岁，有志于学问”。

这个解读诚然不错。但如果进一步问，学什么呢？很显然，学的方面很多，但其中最主要的是“学礼”。其原因在于，“不学礼，无以立”（《论语·季氏》）。

因此，在这个意义上，可以把“吾十有五而志于学”，解读为，**“我十五岁，有志于学礼”。**

所谓“有志于”，即把学礼、知礼、好礼作为自己的自觉追求。这从而也就意味着孔子学礼经历了一个从自发到自觉的过程。《史记·孔子世家》关于孔子“为儿嬉戏，常陈俎豆，设礼容”的描述所反映的，正是孔子小时候对礼的学习所经历的自发阶段的情形。

注本把“三十而立”，解读为，“三十岁，【懂礼仪】，说话做事都有把握”。

这个解读大体可以。但我认为，还不甚到位。三十而立，是讲立人。所谓立人，不是指外在形式方面的懂礼仪，而是指内在方面的义有担当。故而此语可进一步解读为，**“三十岁，学礼有成，义有担当”。**

也就是说，到三十岁，孔子已经形成了自己的人生观、价值观，已经作为一个知礼、好礼的人挺立于世，从而得到了社会的认可。这里有两点佐证：一是孔子34岁时，有大夫孟僖子说，他早已闻知孔子精通礼仪，于是遗嘱其子，师从孔子学礼（《左传·昭公七年》）。二是36岁时，齐景公也曾向孔子问礼。这都表明孔子当时关于礼的学问已很扎实，且言行如一，因而在社会上享有盛誉。

注本把“四十而不惑”解读为，“四十岁，【掌握了各种知识，】不致迷惑。”

这个解读也能成立。但如果进一步问，主要掌握了什么知识，或形成了怎样的主见，而不致迷惑？之所以提出这个问题，是因为没有主见，或不为主见所统摄的所谓多方面知识，也就难免会失于杂、陷于惑。

因此，为了回答这个问题，不妨把“四十而不惑”，进一步解读为，**“四十岁，在学问、道德上有了自己的主见，创立了修己安人之仁学，从而不致被种种偏见和迷信所迷惑”**。

也就是说，孔子从早年继承古来的、并作为最高目标的“重礼”传统，到中年转向了作为价值手段的“重仁”的新传统。这表现在，在早年，孔子重礼，并以礼来规范仁。所谓“克己复礼，为仁”（《论语·颜渊》）。到了中年，孔子便开始了由礼到仁的重点转移。孔子35岁时，季氏当政，孔子斥责季氏八佾舞于庭，“是可忍也，孰不可忍也”。并问道：“人而不仁，如何礼？人而不仁，如何乐？”（《论语·八佾》）这说明，面对当时“礼坏乐崩”的现实，他已认识到，“礼”要得到实行，仁作为手段比作为目标的礼重要。也就是说，孔子此时已开始从以往所强调的“礼”对人的他律，即所谓“非礼勿视，非礼勿听，非礼勿言，非礼勿动”（《论语·颜渊》）。转而强调立于“仁”的自律。即所谓“我欲仁，斯仁至矣”（《论语·述而》）。或曰强调修己安人以为仁（《论语·雍也》）。在学术界曾有人提出孔子学说是以“礼”为核心，还是以“仁”为核心的疑问。产生这个疑问的原因，即在于孔子思想重心的变化。

注本对“五十而知天命”没有做出解释，可能因为比较难。

在关于孔子是否信天命的问题上，学术界有两种观点：一是认为，孔子对天命“存而不论”。就是保留它而不置可否，不论其有或无。注本作者秉持这一见解。很显然，这一见解与孔子自言“五十而知天命”很不一致。处于这一尴尬状况，注本无以应对。于是，也就只好对“五十而知天命”存而不论，不作解释。二是认为，孔子信天命。因为他强调要“畏天命”、“知天命”。甚至说，“不知命，无以为君子也”（《论语·尧曰》）。

怎样看待这两种见解呢？应该说，此二者都立论有据，但也都只有片面的真理。之所以如此，一个重要原因在于，二者都滞留于对天命的简单理解上。也就是说，孔子“存而不论”的天命，或其所信的天命，并不是这两种观点所指谓的，夏商时代那种作为政权和人类社会吉凶祸福绝对主宰的天命。实际上，经过商克夏，特别是周克商的历史变迁，上述绝对主宰的天命已被那种重民的天命所取代。即所谓“天视自我民视，天听自我民听”，“民之所欲，天必从之”（《尚书·泰誓》）。因为“民”有个体与民众之别，所以到春秋时期，这种天命也就有两种形态表现：一是个人的实用性天命；二是由孔子大其成的济众的仁德性天命。

具体说来，孔子存而不论的天命，是当时比较流行的那种个人实用性天命。即加以了人格化、情感化，以为投之以敬，就可以为我所用，从而获得实用价值的那样一种天命。与之相反，他所信的天命是一种济众的仁德性天命。即加以了人性化、道德化，认为履行其使命，就可以修己安人，“博施于民而能济众”的那样一种天命。因此，“五十而知天命”可解读为，**“五十岁，已自觉意识到要履行济众行仁之天命”**。

由此可见，孔子所信的天命是作为仁德形上化和仁德根本支撑的天命。在孔子眼中，仁德是天赋之性，所谓“天生德于予”（《论语·述而》），因而，崇德行仁是遵天之道。于是，天命或天道在中年以后的孔子那里也就上升到了一个至高的地位。

据杨义先生考证，孔子41岁时（鲁昭公三十一年，公元前511年）曾到洛阳向老子问礼，并且接触《周易》。47岁开始研习《周易》，由此他把自己的思想引向探究天人之际的道。[①]

他晚年说，他是“志于道，据于德，依于仁，游于艺”（《论语·述而》）。孔子思想从仁到天命或天道的再次重点转移，这是其思想境界的又一次提升。造成这一变化的一个重要原因，就是他对《易》的学习。孔子曾说：“加我数年，五十以学《易》，可以无大过矣”（《论语·述而》）。当然，这一学习过程不是单纯的接受，而是为其仁道提供天道的普遍性根据，同时为天道进行仁道的具体性论证，是把仁道提升为中国文化的普遍精神生命的过程。

注本把“六十而耳顺”解读为，“六十岁，一听别人言语，便可以

---

① 杨义：《诸子是怎样炼成的——先秦诸子发生学引言》，《北方论丛》，2014（6）。

分别真假，判明是非”。

我认为，作这样的解读，含有较多的夸张成分，因而并不可取。不过，在学术史上，对“六十而耳顺”这句话，向来解释不一。比如，朱熹就曾解释为：“声入心通，无所违逆，知之之至，不思而得。”（《四书集注》）我认为，这个解读有些离谱了。在我看来，孔子为人平实、低调，不会如此自誉。因此，对“六十而耳顺”，不妨回到前人已有的一种解读：**“六十岁，【了悟人生，虚怀待人，】听得进各种不同意见”**。也就是说，赞成和反对自己的话都能认真听取。

如前所说，孔子50岁以后即以天命自许，达到了人生的一个很高境界。何况早年他就主张见贤思齐，见不贤而内自省（《论语·里仁》），“躬自厚而薄责于人”（《论语·卫灵公》）。即严格要求自己，少怪罪别人。甚至认为，能被人经常关注有没有过失，这是他人生的一大幸事（《论语·述而》）。何况，到60岁，孔子心胸更加开阔、坦荡，因而对此时的他来说，听得进不同意见，已经是很自然的一件事。

注本把“七十而从心所欲，不逾矩”，解读为，“到了七十岁，便随心所欲，任何念头不越出规矩”。

这个解释，有些笼统，尚未到位。因为这里的“从心所欲，不逾矩”的“矩”，并非一般所言的规矩，也非外在的规矩，而是内在的规矩。准确地说，是指内在的遵循。这在前文已有论及。这里的遵循，一是作为理性自觉的“礼”的遵循；二是作为意志选择的“仁”的自律。“从心所欲，不逾矩”，是指超越了这两种遵循。即从理性自觉上升到了意志自愿，又进一步上升到了情感认同的自然。所谓“自然”，也就是孔子到70岁对“礼”和“仁”的尊崇和践行，不是勉强的、生硬的、有意为之的，而是氤氲的、随性的、流畅的。如是，此语不妨解读为，**“到了七十岁，自在从容，了无滞碍，拥有了心灵自由”。**

总起来说，要联系孔子思想从早年的重礼、到中年的重仁、再到晚年重道的转变过程①（孔子学说，是以礼为最高目标、仁为价值手段、道为形上根据的思想体系），以及与此相伴随的，从理性自由上升到意志自由，再上升到情感即心灵自由的修为养成过程，来把握孔子

① 周生春、明旭：《论孔子为学的历程及其思想的演变》，《哲学研究》，2003（6）。

自言的人生历程：**“我十五岁，有志于学礼；三十岁，学礼有成，义有担当；四十岁，在学问、道德上有了自己的主见，创立了修己安人之仁学，从而不致被种种偏见和迷信所迷惑；五十岁，已自觉意识到要履行济众行仁之天命；六十岁，【了悟人生，虚怀待人，】听得进各种不同意见；到了七十岁，自在从容，了无滞碍，拥有了心灵自由。”**

6. 里仁篇4·3，子曰：“唯仁者能好人，能恶人。”

注本解读为，“只有仁人才能够喜爱某人，厌恶某人。”

这个解读似乎不妥。因为仁者和不仁者都能好人（比如，不仁者在同伙中也讲哥儿们义气），能恶人。其区别只在于所秉持的原则不同。因此，上语应解读为，**“只有仁人能【按仁道原则，】善待人，得罪人”。**

7. 里仁篇4·6，子曰：“我未见好仁者，恶不仁者。好仁者，无以尚之；恶不仁者，其为仁矣，不使不仁者加乎其身。有能一日用其力于仁矣乎？我未见力不足者。盖有之矣，我未之见也。”

注本的译文为，孔子说：“我不曾见到过爱好仁德的人和厌恶不仁德的人。爱好仁德的人，那是再好也没有的了；厌恶不仁德的人，他行仁德，只是不使不仁德的东西加在自己身上。有谁能在某一天使用他的力量于仁德呢？我没见过力量不够的。大概这样的人还是有的，我不曾见到罢了。”

这段解读似可商榷。孔子在这里讲了两种人：一是好仁者，用冯友兰的话说，是“尽己为人”之人；二是恶不仁者，即拒绝做不仁之事的人。对第一种人，孔子说，未曾见过，这可以理解。第二种人，通常说来，比较多。因此，不能如注本所解读的，第二种人，孔子也没有见过。这不符合常理。这两种人行仁德，实际是同一道德要求的肯定方面和否定方面。即行仁德，要做好事，不做坏事。所以孔子赞扬第一种人是无比高尚者，也肯定第二种人是洁身自好者。但孔子发出感叹，没有见过有谁全身心投入做仁德之事的。孔子认为，这不是力量不够的问题。不过，孔子相信，这样的人还是有的

因此，这段话可解读为，**“我不曾见到尽己为人者，但我见过拒绝做不仁之事者。前者是无比高尚的；后者也是洁身自好的。不过，有**

一天到晚用其力做仁德之事这样的人吗?【有人告诉我，没有。可能因其力量不够，故而中途而废。然而,】我认为，这不是力量不够的问题。【这世上,】大概全身心做仁德之事的人还是有的，只是我不曾见到过罢了”。

8. 里仁篇4·11，子曰:“君子怀德，小人怀土；君子怀刑，小人怀惠。”

注本把文中的“君子怀德，小人怀土”解读为，“君子怀念道德，小人怀念乡土。”

这一解读，有些不好理解。难道君子就不怀念家乡的山川土地?显然不是。“怀念道德”之语，也似动宾搭配不当。另外，把这里的“怀”解为“怀念”不妥，应理解为念想，或心系。“怀土”，或应如朱熹所解，谓溺其所处之安。即今人所谓的，守着自己的一亩三分地。

由此，不妨把此语解读为，**“君子心系的是义理、家国，小人孜念不忘的是个人安逸和眼前利益”**。

9. 里仁篇4·19，子曰:“父母在，不远游，游必有方。”

注本把上文中的“游必有方”，解读为，“如果要出远门，必须有一定的去处。”

“方”，就其字面意义而言，可以作“方向”或“去处”解。但如果联系前文，作这样的解读，那么就不甚妥当。另外，在孔子时代，交通不便、信息难通，如果不是出门办事，而是旅游，那么也就很难在出门之前通过规划而确定方向，故而才有“云游”之说。因此，我认为，这里的“方”最好作“方法”解。这与《论语·雍也》中的“能近取譬，可谓仁之方”的“方”用法相同。

由是，“游必有方”可以解读为，**“如果要出远门，那么也一定要想方设法【把父母的生活安顿好】”**。

10. 公冶长篇5·2，子谓南荣，“邦有道，不废；邦无道，免于刑戮”。以其兄之子妻之。

注本把上文中的“邦有道，不废；邦无道，免于刑戮”，解读为，“国家政治清明，【总有官做,】不被废弃；国家政治黑暗，也不致被刑罚。”

这一解读大体可以，但尚不准确。因为这里的“不废”，是指才能不被埋没，不一定非指做官。这里的“刑罚”也不是指自取之祸，而是指殃及之祸。因为自取之祸不可救，殃及之祸犹可免。

因此，对此语作如下解读，可能更好。即**“国家政治清明，其才不会埋没；国家政治黑暗，有祸不致殃及”**。

11. 公冶长篇5·7，子曰：“道不行，乘桴浮于海。从我者，其由与?”子路闻之喜。子曰：“由也好勇过我，无所取材。”

注本沿用前说，把上文中的“由也好勇过我，无所取材”，解读为，“仲由这个人太好勇敢了，好勇的精神大大超过了我，这就没有什么可取的呀!”

注本的这一解读，我认为不妥，是把意思搞反了。即把孔子对仲由的肯定，说成了否定。在学术史上，还有另一种解读：“仲由的勇敢超过了我，但其他方面就无可取之处了”。我认为，这一解读，就字面意义而言，是可以的。然究其所指，既不符合仲由的为人，也不符合孔子对仲由的总体评价。

在我看来，“由也好勇过我，无所取材”，可解读为，**“仲由的勇敢精神超过了我，像有他这样勇敢精神的人，现在已经没有多少地方可以找到了”**。

从《论语》的记述来看，颜回、子路是与孔子走得最近的文武二弟子。据统计，《论语》中孔丘弟子出现次数最多的是子路，计42次。孔子对子路有批评，有诫勉，也有表扬。其批评，主要是指在语言表达上，子路有时出言不慎，甚至出言不逊，因而孔子责其鲁莽、粗野（《论语·先进·子路》）。其诫勉，主要是教导他要正确看待勇。即勇，要以义为上，以好学为助，不然就会陷于胆大妄为，勇而作乱，勇而为盗（《论语·阳货》）。其表扬，主要是指孔子肯定子路的果敢、义勇，即见义勇为。在孔子看来，“见义不为，无勇也”（《论语·为政》）。

不过，在孔子眼中，仲由的勇并非一介武夫之勇，而是认为，他不仅有勇，而且有谋。即他是一个有很强组织指挥才能的、善谋大局之人。因之，孔子才认为，子路治理政事没有什么困难（《论语·雍也》），甚至掌管千乘之国的军政大事也不在话下（《论语·公冶长》)。也正是基于对子路的充分信任，孔子才说，只有仲由能跟随他漂洋过海。子路听了这话，自然感到高兴。可能有的弟子对先生为什么只相中子路，有些不解，甚至不悦。于是问于孔子。孔子才作了上述一番解答，从而对子路给予了由衷的肯定。

注本和一些论者之所以把孔子对子路的上述肯定，解读为先表扬一下，马上又打一棒子，其原因可能有二：一是对孔子讲话的口吻和用语失辨。即把孔子对第三者讲的话，错当成了对第二者子路讲的话。即把“由也好勇过我”，混同于或当成了，“女（汝）好勇过我”；或“由乎（由呀），好勇过我”；或“由也，尔好勇过我”等的口吻和用语，因而造成了在孔子言说对象上理解的差错。另外，孔子说，只有仲由能跟随他漂洋过海，如果原文是“子路喜”，那么很显然，子路当时在场；可原文不是这样，而是“子路闻之喜”，这就是说，子路听到先生如此说，感到很高兴，这从而也说明子路当时并不在场。二是，在第一个差错的基础上，又产生了第二个差错。即把不同场合孔子对子路的批评、诫勉，作了泛化和不当联想。于是以为在这里，孔子也是当着子路的面，始扬之而后再抑之，从而教诲一番。其实，错也！

12. 雍也篇6·2，仲弓问子桑伯子。子曰：“可也简。”

仲弓曰：**“居敬而行简，以临其民，不亦可乎？居简而行简，无乃大简乎？”**子曰：**“雍之言然。”**

注本解释道，仲弓问到子桑伯子这个人。孔子道：“他简单得好。”

仲弓道：“若存心严肃认真，而以简单行之，【抓大体，不烦琐，】来治理百姓，不也可以吗？若存心简单，又以简单行之，不是太简单了吗？”孔子道：“你这番话正确。”

在我看来，作这样的解读，文意有些不顺。这里的关键在于：对“居”不应作“居心”或“存心”解，而应作“居常”或“通常”解。如是，文意也就通畅了。即：

仲弓问到子桑伯子这个人。孔子道：**“他【做事】可简单啊。”**仲弓说：**“对通常应谨严持重、动用许多人力财力对待之事，若能加以简洁明快的处理，如此体恤民情，这不好吗？但如果事情本来就简单，再加以简化的处理，那不就太过简单了吗？”**孔子说：**“你讲得对。”**

13. 雍也篇6·23，子曰：“知者乐水，仁者乐山。知者动，仁者静。知者乐，仁者寿。”

注本解读为，孔子道：“聪明人乐于水，仁人乐于山。聪明人活动，仁人沉静。聪明人快乐，仁人长寿。”

在此语中，除“仁者寿”这句外，其他各句的意思都有些令人费解。造成这种状况的原因在于：注本拘泥于文字的字面意义，并对智者仁者、山水、动静、乐寿等作了孤立的理解。于是，山水在这里被误读为游乐的所在。这样一来，也就使人无法理解，智者何以只乐于水，而仁者何以只乐于山，以及智者何以只求动，而仁者何以只求静。我认为，为了避免理解上这些困难的产生，惟有改变解读方式。即要透过其字面意义，并把这段文字连贯起来加以理解，这样才能使孔子心目中的智者仁者让山水、动静所负载的意蕴、情思，灵动地展现出来。

基于这一分析，不妨把上文解读为，**“智者喜喻善事若水，顺势而动；仁者喜喻守德如山，坚定不移。智者在通达中收获快乐；仁者在为善中延年益寿”**。

众所周知，孔子是智者，也是仁者。作为智者，他从事教学，不拘一格，因材施教。作为仁者，他曾说：“吾道一以贯之”（《论语·里仁》）。

14. 雍也篇6·26，宰我问曰：“仁者，虽告之曰：‘井有仁焉。’其从之也？”子曰：“何为其然也？君子可逝也，不可陷也；可欺也，不可罔也。”

注本解读为，宰我问道：“有仁德的人，就是告诉他：‘井里掉下一位仁人啦。’他是不是会跟着下去呢？”孔子道：“为什么你要这样做呢？君子可以叫他远远走开不再回来，却不可以陷害他；可以欺骗他，却不可以愚弄他。”

注本把其中的“君子可逝也，不可陷也”，解读为，“君子可以叫他远远走开不再回来，却不可以陷害他。”我认为，作这样的解读不妥。“逝”可以作“走开”或“离开”解，但在这里不行。原因在于，人掉井里了，不去施救，却叫君子走开，君子能走开吗？显然不能。这里的“逝”应作“消逝”或“消失”解。联系前文所说的下井救人，“君子可逝也”，不妨解读为，“君子可捨身救人”，但“不可陷”。这里的“陷”也不能作“陷害”解，而是特指宰我为考验君子所使的歪招或歪点子。

因此，此语可完整地解读为，**“君子可舍身救人，但不可使歪招耍弄”**。

15. 雍也篇 6 · 30，子贡曰：“如有博施于民而能济众，何如？可谓仁乎？”子曰：“何事于仁！必也圣乎！尧舜其犹病诸！夫仁者，己欲立而立人，己欲达而达人。能近取譬，可谓仁之方也已。”

注本的译文为，子贡道：“假若有这么一个人，广泛地给人民以好处，又能帮助大家生活得很好，怎么样？可以说是仁道了吗？”孔子道：“哪里仅是仁道！那一定是圣德了！尧舜或者都难以做到哩！仁是什么呢？自己要站得住，同时也使别人站得住；自己要事事行得通，同时也使别人事事行得通。能够就眼下的事实选择例子一步步去做，可以说是实践仁道的方法了。”

注本把“己欲立而立人，己欲达而达人”，解读为，“自己要站得住，同时也使别人站得住；自己要事事行得通，同时也使别人事事行得通”。这个解读没有体现孔子所言的精神境界。因为这一解读似乎是把孔子说成是，主张以“自我”为中心，把立人、达人，视作为“立己”、“达己”的工具。孔子的意思不是这样。在孔子眼中，立己与立人、达己与达人，讲的不是如何做事，而是如何做人。既然是做人，那么立己与立人、达己与达人之间，也就不是一种外在的联动关系，更不是那种以“自我”为中心的目的与手段的关系，而是一种“相即不离”的内在关系，是“为仁”的两个不同侧面的内在统一。打个比方来说，是“送人玫瑰”与“手有余香”的关系。

因此，“己欲立而立人，己欲达而达人”，可解读为，**“在帮别人成就时成就自我，在帮别人完美中完美自身”**。作这样的解读，也就与该句前文所说的“博施济众而成圣”，在理路和气象上，站到了同一高度。

16. 子路篇 13 · 23，子曰：“君子和而不同，小人同而不和。”

注本解读为：“君子用自己的正确意见来纠正别人的错误意见，使一切都做到恰到好处，却不肯盲从附和。小人只是盲从附和，却不肯表示自己不同意见。”

这个解读不够清晰、流畅。“君子和而不同”中的“和”是“和同”的简约表述；这里的“同”是“专同”的简约表述。“和同”和“专同”这两个概念最早见于《国语·郑语》中所记述的史伯的一段话。在此语中，史伯指出，先王“务和同”，国以兴盛；周王搞“专同”，国以衰败。所谓“和同”，是“以他平他”。即使一物在与他物的相补、相辅中，生成一个新事物。所谓“专同”，是“以同裨同”。即同类事物的简单相加。用今天的哲学语言来说，“和同”即多样性的统一与和谐；“专同”是无差别的单纯同一。

由是，“君子和而不同，小人同而不和”，或“君子要和同而不要专同，小人要专同而不要和同”，可解读为，**“君子不固执己见，而是在相异互补中达于真正的团结一致；小人则是各怀心机，貌合神离”。**

17. 微子篇 18·6 中，曰：“滔滔天下皆是也，而谁以易之？且而与其从辟人之士也，岂若从辟世之士哉？”

注本解读为，【桀溺】说：“像洪水一样的坏东西到处都是，你们同谁去改革它呢？你与其跟着【孔丘那种】逃避坏人的人，为什么不跟着【我们这些】逃避整个社会的人呢？”

我认为，这里的解读，念起来有些不顺，其意也不甚明晰。对此，不妨作如下解读。

【桀溺对子路】说：“像洪水泛滥一样，坏东西到处都是，【这种状况】还有谁能改变呢？你与其跟着【孔丘那种】洁身自好者去逃避当权的坏人，远不如跟【我们这些】山野之人一起远离这世间的黑暗政治呢？”

18. 子张篇 19·16，曾子曰：“堂堂乎张也，难与并为仁矣。”

注本解读为，曾子说：“子张的为人高得不可攀了，难以携带别人一同进入仁德。”

这个解读可能会造成对子张的误解。会以为子张自视跟别人不在一个层次上，因而难以带领他们一同进入仁德的境界。另外，“进入仁德”之语，也似动宾搭配不当。由此看来，上述解读不妥。

我认为，此语应解读为，**“子张的为人高得不可攀了，在仁德境界上，别人是很难与之比肩的”**。如是，既可以避免误解，而且也很切合曾子所言的本义。

以上所言，以《论语译注》为参照，就《论语》中有关成就学问、结交朋友、饮食起居、尊祖孝亲、简政便民、人己立达等的论述，进行了新的解读。力图进一步展现孔子儒学的人格追求和精神气象。当然，所论是否切当，自己说了不算。学术问题历来见仁见智。不过我相信，通过质疑、讨论，定能在关于《论语》的合理解读方面，取长补短，增进共识。时代在发展，认识在进步。对经典常解常新，是促使经典焕发青春之必须，也是促进文化强国建设之必要。让我们共同努力，把这一工作不断向前推进。

杰出的唯物主义哲学家*
——桓谭传略

桓谭是生活在西汉末年至东汉初年的杰出的唯物主义哲学家，一个富有战斗精神的无神论者、古文经学家，也是一位技艺精湛的宫廷音乐家。他的哲学思想，上承司马迁等人反神学迷信之传统，下启王充、范缜等人形神学说之先河。因而，桓谭在中国唯物主义发展史上，占有重要地位。

一、博学多通　宦海沉浮

桓谭（公元前23—后56年），字君山，沛国相人。相县是东汉沛国的首县，县治在今安徽省淮北市。

桓谭的父亲是一位音乐家，在汉成帝刘骜的宫廷里，曾做过掌管音乐的太乐令。桓谭受父亲影响，从小“好音律，善鼓琴”。但是桓谭进入仕途的第一个官职不是乐官方面的差事，而是“奉车郎中”，主要职责是守卫宫中小宛西门，并在皇帝出行时负责照管御车和护驾。按照汉朝的官制，“郎官”是进入仕途的第一道台阶。桓谭17岁时任奉车郎中不久，就擢升为乐府令。其后，他所典领的皇家歌舞乐队达千人之多，可谓盛况空前。桓谭对音乐有很深的研究，他在晚年曾写过《琴道》一文加以总结。桓谭出任乐府令不久，因汉成帝暴崩，继位的汉哀帝下诏撤销乐府机构。于是桓谭重任郎官原职。

此时分配给他的职务是“典漏刻”，就是掌握宫廷计时的工作。为使刻漏计时准确，须对晷影、星座进行观察校正。由此桓谭开始研究天文学，并达到当时较高水平。比如他对中国古代关于宇宙结构问题的盖天说和浑天说之争，就有自己独到的见解。

---

* 原文来源于史钧杰主编：《安徽著名历史人物》，北京：中国文史出版社，1991年。

盖天说认为，天圆地方，天像一口倒扣的大锅覆盖着大地，如“磨盘右转”。浑天说则认为，天和地都是圆形的球体。天包着地，犹如鸡蛋中包有蛋黄一样，天体运转如同车轮。桓谭对以上二说，不是随顺盲从，而是通过对天文现象的长期观察，加以验证，从而确认了浑天说。

对此，他曾和另一位著名哲学家、天文学家扬雄进行过辩论。扬雄是主张盖天说的，他还写了文章力图加以阐述。一次桓谭和扬雄有事进宫，坐在自虎殿外西廊庑下等待召见。因为天冷，两人都背朝太阳晒着。不久，太阳西沉。桓谭指着太阳对扬雄说：如果依照盖天说，天覆于地，如磨右转，那么西去太阳的影子当照此廊下而逐渐东移，现在不是这样，不正应合了浑天说的说法吗？这是说天体运行如车轮上下转动，并非像磨那样平面旋转。扬雄听后觉得很有道理，便把自己论述盖天说的文稿撕毁了。从宇宙学的发展史来看，浑天说比盖天说更接近实际一些，也更进步一些。桓谭对天文学的深入研究，与他能够在哲学上坚持唯物主义，反对神学迷信，是有一定关系的。

在此期间，桓谭还同刘歆、扬雄、王莽等这些前后郎官交谊甚厚，切磋学问。桓谭在学术上属古文经学，而非议今文经学。在汉代，古文经学和今文经学是两个针锋相对的思想派别。

所谓今文，是指汉时通行的隶书。今文经学派所传经文，皆是当时通行隶书书写的今本。今文经学派的代表人物董仲舒等人神化孔子，认为儒家经典字字珠玑，句句仁义。在研究古代经籍时常常抓住一句话、一个字，任意曲解比附，为迎合汉王朝统治者的需要胡编乱造。因而受到封建统治者的庇护和支持，成为汉王朝的正统官学。

所谓古文，据它的倡始人说，指的是周代籀文。经今人考证，他们所用的文字实际上是秦所废除的六国文字。古文经学所传经文是孔子后人得之于孔子住宅损坏的墙体中的古文经传。古文经学派主张从历史的角度，研究古代经籍，反对从中寻章摘句，加以穿凿附会。

桓谭站在古文经学派一边。他敬仰孔子，但反对加以神化。认为孔子一“匹夫”而能“卓然名著”成为“圣人”，同样，其他人只要具备条件也可以成为“圣人”。他认为，对儒家经籍，不能拘泥于章句，而应抓住根本精神，以求经世致用。

当奉行今文经学的西汉政权衰亡以后，王莽上台称帝，国号

"新"。桓谭把传播古文经学的希望寄托在"被服如儒生"的王莽身上。一是由于过去的友谊，二是由于桓谭对新朝的拥戴，桓谭的官职一再升迁，最后升到"讲乐祭酒"，官秩上卿，在大夫之上，"公"之下。然而王莽推崇古文经学只是做做样子，实际奉行的还是今文经学派所宣扬的图谶之学。且王莽复古改制的种种做法，违背了历史规律，最后招致灭亡。桓谭的政治地位也随之丧失。

及至刘秀上台建立东汉政权，桓谭作为新朝覆亡后幸存下来的历史见证人之一，他对王莽败亡的教训进行了认真的总结，上书刘秀，献治国大计，希望能一展抱负。然而由于政见不合，刘秀只给他一个"给事中"，即"议论"和"顾问应对"的虚衔，让他有出入宫廷之便，时召侍宴鼓琴罢了。不久，这个虚衔也被免去，只保留一个议郎之职，直到终年。

桓谭在政治上虽然一再受到打击，但他在学术思想上的立场，却始终坚定，不稍动摇。在后半生的二三十年中，尽管官职卑下，俸禄微薄，但桓谭安贫乐道，坚韧不拔，著书立说，探求真理，师效孔子，褒贬古今，尤重当世行事，欲为天下兴治，作书《新论》，共29篇。原书早已佚失。其文有些散见于其他著作之中，有辑本。

桓谭所为，最终不被刘秀所容。刘秀迷信谶纬，他明知桓谭一向持反对态度，却又在讨论灵台该建在什么地方时，故意加以刁难。刘秀问桓谭："我打算用谶来决定地点，你看怎么样？"以此来逼迫桓谭屈服。桓谭"默然良久"，终于毅然回答"臣不读谶。"四字千钧，掷地有声！刘秀怒起，逼问其故。"谭复极言谶之非经"，把多年来上疏陈述过的道理重又尽数道出。刘秀面对这个小小老郎官，竟倔犟如此，公然在大庭广众之中，倡言反对朝廷的统治意识，不禁勃然大怒，大喝一声"桓谭非圣无法！"叫推出斩首。对此，桓谭并不声言改变初衷，只是"叩头流血，良久乃得解"。

于是桓谭被贬黜出京，流放为六安县丞。从京师洛阳向东南去六安的大道上，沙尘迷漫，车儿摇摇，车上这个将近80岁的老翁，"虎口余生"，凄凄惶惶，心力交瘁，最后病死途中。然而桓谭对中国哲学思想发展所作的重要贡献，永载史册，不可磨灭。

二、反对谶纬　矢志不移

桓谭同谶纬迷信作了坚决的斗争，这是他对唯物主义哲学作出的主要贡献。

谶原是一种“预决吉凶”的宗教预言。从事这类迷信活动的人，事先写好谶文藏起来，然后拿出来假托天神的意旨，胡乱解释一通，以此骗人。纬原指天象。古代唯心主义者把天看成是有意志的，并用天象的变化来附会人事，或预卜吉凶，后来拿这种观点来注释儒家经典，就是所谓“纬书”。谶文纬书有图有字，故又称为“图谶”。以上种种，虽然名目繁多，但都不过是神学粗俗性的表现。

对于谶纬迷信，桓谭一直坚持与之斗争。他多次上疏刘秀，认为谶纬是“奇怪虚诞之事”，而非“仁义正道”。一些人“矫称谶记，以欺惑贪邪，诖误人主”。怎么可以不加抑制而远离之呢？①他还直接指斥刘秀不明事理，“乃欲听纳谶记，又何误也”。②

桓谭从唯物主义的反天命观点出发，认为所谓“怪异”是自然界常有的现象，任何时候都可能发生。因此不应把自然界出现的灾异现象同社会的兴衰吉凶必然联系起来。他说“灾异变怪者，天下所常有，无世而不然”。③他举例说，古代圣明的帝王太戊、武丁和周成王等虽然也遇到过怪异现象，但他们并未因此而遭殃。桓谭认为，那种所谓天神用怪异来谴责世人的说法，是不可信的。

桓谭认为“国之废兴，在于政事”。④决定社会兴亡得失的原因，在人不在天。并且告诫人们“善善而不能用，恶恶而不能去”，就必然要受到历史的惩罚。他在总结历史经验教训的基础上指出：“观先王之所记述，咸以仁义正道为本。非有奇怪虚诞之事。”⑤劝诫刘秀，“屏群小之曲说，述五经之正义”。⑥他说，如果统治者“修德、善政、省职、慎行”，即使有灾异出现，也可以消灾避殃，转祸为福；反之，如

① 《后汉书·桓谭冯衍列传》。
② 《后汉书·桓谭冯衍列传》。
③ 《新论·谴非》。
④ 《后汉书·桓谭冯衍列传》。
⑤ 《后汉书·桓谭冯衍列传》。
⑥ 《后汉书·桓谭冯衍列传》。

果统治者“淫骄失政”、“邪心恶行”，[1]那就必然会招致失败，即使求祷神灵护佑也无济于事。

他以王莽为例说，王莽当政的时候，酷爱卜筮，大兴神庙，斋戒祭祀，专一求鬼拜神。但是鬼神一点也帮不了他的忙。由于他倒行逆施，“为政不善”，因而“见叛天下”，成了孑然一身的孤家寡人。当农民暴动起来的时候，王莽毫无退兵之策，只好跑到南郊去告天求祷，号啕流涕，叩头请命，希望天神可怜他，助他一臂之力。直到农民起义军已攻入皇宫，万箭交集，大火冲天，死到临头之时，王莽仍执迷不悟，甚至还逃到平时祷告的神台下，抱着他的那些符命书和卜筮用的大铜斗不放，结果以灭亡而告终。桓谭谴责说：王莽“可谓蔽惑至甚矣!”[2]

桓谭不仅指出自然灾异与社会现象没有必然联系，而且他还力图对某些自然灾异现象作出符合实际的科学解释。

比如，当时有人根据天人感应理论，认为天生钩吻（即断肠草），人食而即死，这是天有意识的安排。桓谭反驳说：“钩吻不与人相宜，故食则死，非为杀人生也。”[3]这和巴豆、毒鱼一样，都是宇宙间的自然现象，“天非故为作也”。[4]即不是苍天有意为之。

又比如，三辅（今陕西中部地区）这个地方的人不敢捕食鹳鸟，说如果有人捕捉，就要遭到雷打。桓谭解释说，鹳鸟这种鸟到处都有，别的地方的人都敢捕食，并没有遭到雷击，为什么唯独三辅这个地方的人，怕遭雷击，不敢捕食呢？这并不是天神有意厚此薄彼，只是三辅这个地方有人在捕杀鹳鸟时，恰好遇上雷击。当地人并把这种偶然的现象加以神化了。因而从此再没有人敢捕这种鸟了。

桓谭对谶纬迷信的批判是从维护封建社会的长治久安这一根本利益出发的，因而这种批判是自觉的、坚定的。但由于其自身的局限性，他没有看到谶纬神学是一柄双刃剑，封建统治者既可以用来欺骗、麻痹人民，以维护自己的统治；同时也可以使自身麻醉、自我欺骗，以至误入迷途，失国身亡。桓谭只看到后者，而没有看到前者，

---

① 《新论·谴非》。

② 《新论·言体》。

③ 《新论·祛蔽》。

④ 《新论·祛蔽》。

因而未能认识产生谶纬迷信的阶级根源，与此相联系，他还差点牺牲了性命。

三、倡神依形存　斥灵魂不死

桓谭继承了先秦以来的形神关系学说，与当时社会上广泛流行的神仙方术迷信思想进行了坚决的斗争。

神仙方术迷信同谶纬神学一样，都是地主阶级的腐朽堕落生活在意识形态上的反映。最早的仙人史料是在《封禅书》中记述的。说燕人宋毋忌等人都是修仙得道的。他们都不要自己身体，把灵魂从身体中解脱出来，从而获得一切自由。听他们说，渤海里有三个神仙，名为蓬莱、方丈、瀛洲，山上的宫阙都是用黄金和白银建造起来的。其中住着许多仙人，又藏了一种吃了长生不老的灵药。总之，仙人的道是修炼成的；仙人的居住地在渤海；仙人的生活逍遥自在，且永享快乐。当时把鼓吹神仙说的人叫方士，想是因为他们懂得神奇的方术，或能够炼就和收藏有不死之药，所以有了这个称号。封建统治者妄图使自己长生不老，永享荣华富贵，于是就迷信神仙方术，幻想通过“寡欲养性”或“服不死之药”的途径，来实现这个奢望。

在汉代，求道学仙的风气越来越盛。上至皇帝，下至贵族、官僚，无不迷于此道。对于这种腐朽的社会风气，桓谭进行了猛烈的抨击。他高举“辨惑”的旗帜，十分明确地指出“无仙道，好奇者为之”。[①]就是说，根本没有仙道这种东西，只是那些喜欢传奇说怪的人编造出来骗人的。而这些富贵人家之所以上当受骗，也是因为他们“贪利长生”，[②]即为了永远保持豪华的生活享受而希求长生。

桓谭指出，这种妄想是根本不能实现的。他认为，生而有死，这是天地间一切生物不可变异的规律。他说，草木五谷，禽兽昆虫，皆“生之有长，长之有老，老之有死，若四时之代谢矣”。[③]人怎可例外。他说，如果认为人可以超脱生死规律的制约，长生不老，这种认识是十分糊涂的。

---

① 《新论·辨惑》。
② 《新论·祛蔽》。
③ 《新论·祛蔽》。

有人以“龟称三千岁，鹤称千岁”，来说明人也可以长生不老。桓谭反驳说：“谁当久与龟鹤同居，而知其年岁耳！”[①]这意思是说，谁也没有和龟、鹤住在一起，你说它们活三千岁、一千岁，有谁知道呢？

桓谭的朋友刘歆相信方士的谎言。他曾问桓谭，人如果真能“抑嗜欲、阖耳目”，“养神保真”，是否就可以使人长生不老呢？桓谭恰好看见庭下有一棵大榆树，因生长年代久了，树身已经剥折。他指着这棵榆树说：你看这棵榆树尽管无情无欲可忍，无耳目可阖，然而还是要枯槁朽蠹，何况是有情有欲的人呢。虽然人们想修身养性，得道成仙，长生不老又怎么可能呢？

有一次，他同郎官冷喜外出，看见一个老翁捡吃粪堆上的食物，此人蓬头垢面，极其丑陋。冷喜说“这莫非就是神仙吗？”桓谭说：“如果神仙之道必须把人搞成这个样子，那么所谓仙道也就不值得称颂了。”这表现了桓谭对神仙方术的蔑视。

桓谭对神仙方术迷信思想的批判，最重要的、也是影响最大的，是他首次提出了“以烛火喻形神”的观点。当时的方士宣称，人的精神可以离开形体而独立存在。桓谭针锋相对地指出，精神不能离开形体，而必须依赖于形体而存在。是形体决定精神，而不是精神决定形体。他说，形好比烛，神好比火，烛尽火灭，形毙神亡。他反对有脱离形体的独立的精神存在。这个观点记载于《新论·形神》中。

他说，有一回他到故陈令、同郡人杜房家里，见杜房正在读老子书。杜房问桓谭：老子采用恬淡养性的方法，活了几百岁。如果按照老子的方法去做，能够延年益寿，以至长生不老吗？桓谭回答说：同是人，可身体的素质、躯干是各不相同的，有强壮与不强壮、结实与不结实的区别。如果能加以保养爱护和适当节制，可以延年益寿，使人免于“中年夭卒”，从而达到可能活到的最高年岁。但是不能指望永远活下去，保持健康是有一定限度的，死亡对人说来是不可避免的。

桓谭看见杜房身旁有一支燃烧着的蜡烛，就拿它比喻说“精神居形体，犹火之燃烛矣”。[②]就是说，有烛才有火，有形才有神。对于燃着的蜡烛，如果好好加以保护，顺着火势转动它，就可以不至于熄

① 《新论·辨惑》。

② 《新论·形神》。

灭，一直到整支蜡烛烧完。然而，“烛无，火亦不能独行于虚空”。[①]就是说，如果蜡烛一旦烧完了，烛光也就消失了。他说，烛的残烬，好比人的衰老，牙齿掉了，头发白了，肌肉干枯了，精神决不能使它重新润泽。到了身体内外各部分都普遍干枯，那就气绝而死，就像火与烛的同归于尽一样。

桓谭关于以烛火喻形神的观点，当时就有人不表赞成，并提出了如下疑问。一天晚上，桓谭与友人刘伯师在油灯下相对而语。时间一久，灯台里的油脂烧干了，灯芯也烧得焦秃，眼看火就要熄灭。这时，桓谭指着灯火对刘伯师说，人的衰老也像这油干的灯一样。同时又对刘伯师说起关于以烛火喻形神这件事情来。刘伯师则说：“灯油和蜡烛烧完了，应该给灯里添点油，或另换上支蜡烛，这样灯烛就不会熄灭了。”

桓谭回答说：“人靠着形体存在，等于那灯烛的装置，灯里的油干了，灯自己怎能添油，烛烧完了，烛自己怎能换？添油换烛只能靠人。人的衰老在于天，如果要继续生存，也许天可以做到，而人自己是无能为力的。”

桓谭在这里的认识有些模棱两可，表现了他在形神关系问题上唯物主义观点的不彻底性。但是桓谭关于人对自己的长生不老无能为力的观点还是十分正确的。桓谭认为，尽管人同灯烛一样，处置得当也许可以延长生命，然而这毕竟是有限的。灯烛到了根本枯竭的时候再也不能燃烧了，人的机体到了根本枯竭的时候，也就只有死亡一途了。他说，明达的人知道长生不老是办不到的，所以不肯在这方面枉费心力；只有愚笨的人糊涂自欺，才想到添油换烛那样的效果。那种一股劲儿地追求长生不老，是很荒唐的。

桓谭的唯物主义形神论和他反对神仙方术迷信的斗争，在中国哲学发展史上是有重要意义的。

首先，他以烛火为例，肯定了精神对形体，即物质的依赖关系，实际上也就肯定了人的生命现象离不开它的物质基础。避免了他先前的唯物主义哲学家用“精气”来解释精神现象的局限性，对后来的王充等人有很大影响。

---

① 《新论·形神》。

其次，他以朴素的方式正确地描述了人有生必有死的生命运动规律，论证了这一规律的客观性，这对驳斥长生不死的迷信和推翻灵魂不灭的信仰是很有意义的。

第三，他从精神与形体关系的角度，揭示了神仙方术的欺骗性，并从根本上指出它的错误在于把精神形体相分离。这实际上是把反对神仙方术，上升到反对唯心主义哲学的高度。这就不仅对神学迷信是一个沉重打击，而且也使这个斗争具有更为广泛的理论意义。桓谭在当时神学迷信充斥整个社会和科学很不发达的条件下，能提出这样的思想，的确是难能可贵的。这不仅需要极大的勇气，而且也需要有足够的智慧。桓谭继承了我国古代无神论的传统，他把反对神学迷信的斗争提高到了一个新水平，对后世无神论的发展起了不可忽视的作用。

四、举纲张目　政合于时

桓谭一生经历的事情很多。西汉末年的政治腐败，王莽上台后的倒行逆施，赤眉、铜马农民大起义的革命风暴，东汉初年豪强地主的贪赃枉法，他全看到了。如何总结历史的经验教训，寻求一个长治久安之策，这是桓谭所思考的一个重大问题。

桓谭在他所著的《新论》和上书的呈文中写道，为政不能靠小聪明取胜，而必须要识大体，抓纲领。他说“大体者，皆是当之事也”。①就是具有决定意义的大事，就是全部政事的纲领。譬如“举网以纲，千目皆张；振裘持领，万毛自整；治大国者，亦当如此”。②桓谭认为，刘邦之所以能得天下，是因为刘邦能“识大体”。对一切重大事务都处理得正确、得当。桓谭列举以下四个方面的事例，说明刘邦识得“大体”。一是“见事不惑，内有度量”；二是重用“三杰”，③知人善任；三是“制事定法”，量力而行；四是侦察敌情，知己知彼。④而王莽虽有智慧、有辩才、有权术，且“其智足以饰是夺非，辩能穷诘说士，威能震惧群下”，⑤然而他不识大体，所以最终国败身亡。

① 《群书治要》。
② 《群书治要》。
③ 指张良、萧何、韩信。
④ 《新论·言体》。
⑤ 《群书治要》。

在桓谭看来，所谓治国之要，归纳起来有以下几点。

一是“举本业而抑末利”，[①]就是要发展农业生产，抑制富商大贾，使他们不能放高利贷，发横财，兼并土地。桓谭认为这些人都是一些“不耕而食”的寄生虫，主张限制他们的政治特权，不得任用为官；对他们的掠夺行动，必须严加取缔。只有这样，人民才能相率归农，“谷入多而地力尽”，[②]打下富强的基础。

二是，“制事定法”，“政合于时”。桓谭认为，制定法律虽然不能完全禁止天下的奸人恶事，但可以“别善恶，恶人诛伤，则善人蒙福”。[③]因此，法律的制定必须以符合民意，“便国利事”为标准。他赞扬刘邦有“大智略”，能根据现实需要和可能实行的程度，令“群臣制事定法”，因而“政合于时，故民臣乐悦”。他谴责王莽随便更改法律，且欲“事事效古”，“释近趋远，所尚非务”，结果招致祸乱。桓谭还指出，国家的治理必须“政统由一，政不二门”。他批评了东汉初年“法令决事，轻重不齐，或一事殊法，同罪异论”等等弊端。[④]

三是举贤任能。桓谭认为，要办好政事，一定要珍视贤才，和他们同心共事。他说“得十良马，不如得一伯乐；得十利剑，不如得一欧冶”[⑤]。在世间一切宝物中，人才是最可宝贵的。他说，君王的最大本领，就在于知人善任。但是他又认为，要做到这一点是不容易的。因为真正的人才都主张革新，而主张革新的这少数人才，又必然会受到众多保守人士的反对和排挤。他说“贾谊以才逐，而晁错以智死”，以致后来的人“虽有殊能”，想实行变法，也“莫敢谈”了。他提醒刘秀要善于发现人才，大胆加以任用。

五、不徒虚名　有益于世

桓谭一贯反对虚言夺实，主张求真益世。王充赞扬说，桓谭“作《新论》，论世间事，辩昭然否，虚妄之言，伪饰之辞，莫不证定”。[⑥]

① 《后汉书·桓谭冯衍列传》。
② 《后汉书·桓谭冯衍列传》。
③ 《后汉书·桓谭冯衍列传》。
④ 《后汉书·桓谭冯衍列传》。
⑤ 《群书治要》。
⑥ 王充：《论衡·超奇篇》。

重实轻虚，这是桓谭在认识论上的基本特点。

上文所说，桓谭赞成浑天说，反对盖天说，这并不是主观随意的，而是“昼日参以晷景，夜分参以星宿”，是以观察事实“得其正”的。[①]桓谭主张“制事定法”，“政合于时”，也表现了他的求实精神。桓谭曾经指出：“世咸尊古卑今，贵所闻、贱所见。”桓谭认为这种态度是不正确的。植谭十分强调认识的真实性。他曾经论述过这样一个故事。战国时的辩士公孙龙提出“白马非马”的命题。理由是，“白”是表示颜色的，“马”是表示形体的。“色”与“形”不是一回事。在这个命题的论述中，公孙龙看到了“马”和“白马”这两个概念的差异，即“一般”和“个别”的差异，在逻辑发展史上有一定贡献。但他过分夸大这种差异，没有认识到“一般”和“个别”的辩证关系，导致了违反客观事实的错误结论。后来有一次，公孙龙骑了一匹白马，没有携带关防证明，就想出关，声言“白马非马”。但守关的官吏不听他的，硬是不让出关。桓谭评论说“此虚言难以夺实”。[②]意思是说，不管公孙龙怎样巧辩，也无法蒙棍过关，虚假的言辞终究不能代替真实的东西。这是用事实批判诡辩。

桓谭还很重视知与不知的认识差别。他曾记载了这样一件事。洛阳有个名叫季幼宾的人收藏有一块珍贵的玉器。另外有一个叫史子伯的人一向珍爱玉器。因此他请桓谭去同季幼宾商量，愿以三万钱买这块宝玉。季幼宾告诉桓谭说：“我把这块宝玉给有经验的人看了，已有人出十万钱买去，三万钱怎么能得到这块宝玉呢。”桓谭听了大吃一惊说：“倘若是我在路上看见这块玉，哪怕只出一千钱我也不会买的。”桓谭用这件事说明，“知与不知相去甚远”。只有熟悉某一事物，才能对这一事物做出比较正确的认识。从这个观点出发，桓谭十分重视学习的作用。他引民间谚语说：“巧者不过习者之门。”以上说明植谭的认识论具有唯物主义倾向。与这一点相联系，桓谭反对徒托空名，主张有益于世。

桓谭虽然同神学唯心主义作了不倦的斗争，但由于受时代和阶级的局限，他的思想中也不免包含有错误和缺点。例如，他在反对谶纬迷信的斗争中，强调了社会兴亡、成败得失，在人不在天，在政事而

① 《新论·离事》。

② 《新论·离事》。

不在灾异的观点。但是他又说，君臣失政，衰乱之世多有灾异变怪出现，并可“令患祸得就”；反之，如果君主“德义精诚”，则可使“咎殃消亡而转祸为福”。①可见桓谭没有从根本上否定“天戒”，还没有达到天道自然无为的思想高度。这就为神学唯心主义留下了可以利用的缺口。所以他的反神学迷信的斗争还带有不彻底性。

再比如，桓谭以烛火喻形神的观点，虽然不失为一个唯物主义的说明，但也还不能完全表达精神是人体的一种属性。他用“精神居形体”来表达二者的关系，但是一个“居”字留下了漏洞，好像精神是形体的“住客”，那它就既可以居于形体，也可以脱离形体四处飘荡了。

另外，烛需要点燃才能燃烧，而人的精神却不是外力加于人的。桓谭不了解这二者的区别，所以他在回答人是否可以像灯烛那样添油换烛求得长生不老时，他不能作出明确的否定，而是诉诸于天。桓谭这个理论上的漏洞就为唯心主义留下了可乘之隙。

南北朝时期的佛教徒僧祐就利用这一点来宣扬转世轮回的思想。僧祐的理由是，薪虽尽，而火却可以从这个薪传到另一个薪上，正如佛能使人的灵魂投胎转世，从一个人的身躯转到另一个人的身躯上一样。很显然，这是僧祐对桓谭学说的歪曲，但是这与桓谭在形神问题上唯物主义观点的不彻底也是有关系的。这种不彻底，到范缜提出形质神用的学说时才得到了初步解决。

尽管桓谭的社会历史观包含着一些进步的思想因素，但也掺杂有不少的糟粕。例如他对封建的分封制的看法就是违反历史发展客观规律的。他主张为了巩固汉王朝中央集权的统治，必须“广立藩屏，以自树党”，②多封皇族子弟，以此来挟制异姓强臣。这一主张不仅和桓谭所提倡的任人唯贤思想相矛盾，而且也未必能有利于中央集权的巩固。

另外，他对汉代封建统治者所作的批评，归根到底，还是为了巩固汉王朝的统治。他把社会的兴旺强盛寄托在少数“明主贤臣智士仁人”身上，也反映了他的唯心主义哲学倾向。当然，这里的所言，只是从现代人的观点所进行的一种分析，即只是是非评价，不是以此对人物进行褒贬。对古人是不能苛求的。

---

① 《新论·谴非》。

② 《新论·谴非》。

略论消除封建主义影响*

我国人民结束了林彪、“四人帮”的十年浩劫之后，正在进行实现四个现代化的新长征。为充分调动全国人民的社会主义积极性，加快四化建设的步伐，必须坚决消除封建主义影响。

一、革命的教训和封建主义的阴魂

我国封建社会从产生、发展、兴盛到衰落，经过了2100多年的漫长岁月。皇权神授、皇帝至上、等级特权、行政专横、文化专制等封建主义特点，渗透表现于封建社会的各个方面，影响十分深远。

历史发展到近代，中国封建社会走上了它的穷途末路。从鸦片战争以来的100多年，其间发生过四次大规模的革命（太平天国革命、辛亥革命、新民主主义革命和社会主义革命）和一次改良运动（戊戌变法）。在革命洪流中，封建帝制早已灭亡了，然而封建主义的影响却还存在，还像一个幽灵一样纠缠着活人的头脑，花样翻新的加以反弹。从辛亥革命以来，封建主义被阴谋家、野心家利用来搞了三次历史的倒退。即袁世凯称帝、蒋介石的独裁、林彪和“四人帮”的倒行逆施，从而曾给我们民族造成了深重的灾难。总结历史的经验，其中一个重要原因是，上述一系列革命和变革都没有在思想文化上完成彻底的反封建主义的任务，使这些人得以钻了革命的空子，因而导致了上述的历史悲剧。

洪秀全领导的太平天国革命，虽然给清朝封建统治以沉重的打击。但是，旧式的农民革命，不可能挣脱封建主义的束缚。一家一户自给自足的小农经济，决定了农民对凌驾在自己头上的专制权力的崇

* 原刊于《玉林师范专科学校学报》，1980（4）。

拜，使他们归根到底，成为拥护封建专制的社会力量。洪秀全用“皇上帝”这个宗教神来发动群众，在本质上则是用新的迷信代替旧的迷信。依据“君权神授”和“朕即国家”的封建理论，建立起来的天朝政权，从发展的角度来说，也只不过是一个新王朝的胚胎。天京内讧在某种程度上也是历代王朝中争夺皇位的斗争，在天朝内的一种形态表现。

中国的资产阶级在思想文化上没有、也不可能完成反封建主义的任务。因为从根本上说，资本主义思想和封建主义思想都是剥削阶级意识形态，有许多共同之处，这就决定了资本主义思想不可能去彻底战胜封建主义思想。另外，中国资产阶级先天不足，特别软弱，就连西方资产阶级在反封建斗争中曾经取得的胜利，中国资产阶级也远远没有达到。

以康有为为代表的资产阶级改良派，发动了1898年的戊戌变法运动，在政治上，他们依靠一个傀儡皇帝；在思想上，还得从封建阶级的圣人圣经那里，去寻找改良的理论根据。例如，康有为就为此写了《孔子改制考》一文。所以，他们后来几乎一个个成为封建传统思想的俘虏，而走到了革命的反面，也就不奇怪了。

以孙中山为首的资产阶级革命派，主张以武装革命推翻封建专制。他们发动了1911年的辛亥革命，取得了推翻清朝帝国的重大胜利。但是这一胜利较多的是在“驱除鞑虏”这一民族革命的旗帜下，而较少是在反封建这一民主的旗帜下获得的。为了达到推翻清朝统治的目的，他们甚至在“光复旧物”的口号下，维护一切封建的旧文化、旧道德。再加上其他方面的原因，这就铸成了极大的革命隐患。后来袁世凯洪宪称帝，可以说，就是在没有经革命多少触动的旧基地上，去掉了一块“民国”招牌而已。后起的蒋介石实际上也是在这块旧的基地上，建立起蒋家王朝的。

以上事实说明，中国资产阶级是无力担当起彻底的反封建任务的。只有在1919年“五四”运动以后，中国工人阶级登上了历史舞台，中国人民找到了马克思主义，才使中国革命的面貌起了根本的变化，我们才得以取得了民主革命和社会主义革命的伟大胜利。但是经过上述两次革命，也还没有彻底完成思想文化上反封建主义的任务。这里有主观原因，也有客观原因。

第一，在反帝反封建两大任务中，因为近代帝国主义侵略所造成的民族危机，总是把中国争取民族独立的反帝斗争放在燃眉之急的地位，故而未能集中地对封建主义的意识形态给予全面的毁灭性的打击。

第二，中国革命斗争的主要形式是以农村为中心的武装斗争，而以城市为中心的文化斗争又总是以配合武装斗争而存在的。加之城市的白色恐怖又远甚于农村，故而新文化运动只能在反革命文化围剿的隙缝中滋长、发展。虽然以鲁迅为旗手的文化新军在极为艰难的条件下，进行了英勇的斗争，并取得了很大胜利。但是就这一运动所要达到的目标来说，还是相差很远的。

第三，新民主主义革命的胜利，全国土地改革的完成，摧毁了几千年古老的封建主义制度，这也为肃清封建主义影响创造了条件。然而人们曾错误地认为封建制度在我国的消灭，也就是封建主义影响的最后清除。特别是1956年所有制的社会主义改造基本胜利以后，由于对无产阶级和资产阶级之间的阶级斗争形势做了不切实际的估计，进而发动了一次又一次反对资本主义复辟的运动，甚至把社会主义的东西当成资本主义的东西加以反对，又把封建主义的某些东西当成社会主义的东西加以坚持，从而在客观上助长了封建意识形态的孳生。

这样，使革命者尚未能去彻底清洗自己身上的封建主义影响，也没有想到野心家、阴谋家会利用封建遗毒去开历史的倒车。直到十年浩劫时期，当亿万人民从痛苦中清醒过来的时候，痛定思痛，才逐步认识到，有人在中国搞资本主义复辟，封建主义可以为虎作伥。林彪、“四人帮”之所以能使光明的中国一下子陷入动乱，正是利用了人们头脑中潜在的根深蒂固的封建意识。这一尖锐的事实告诉我们：如果不进行反对封建主义影响的民主教育和民主制度的健全，历史倒退的惨剧说不定哪一天还会在中国重演。所以，要防止倒退，那就必须要彻底肃清封建主义影响。

二、林彪“四人帮”用封建主义扭曲马克思主义

林彪、“四人帮”能够在中国上台，并危害中国十年之久，其中一个重要的原因在于：林彪、“四人帮”一伙搞的封建主义，既不是袁世凯那种不加掩饰的封建主义，也不是蒋介石那种冒充三民主义的封建

主义，而是一种披着马克思主义外衣的、以革命面目出现的封建主义。封建主义对马克思主义的扭曲，早在“文化大革命”以前就有所存在。下面我们试着从以下几个主要方面，来看一看封建主义是在那些环节上使马克思主义扭曲，林彪、“四人帮”又是怎样加以利用，并使之变本加厉的。

第一，关于领袖。马克思主义认为，领袖来自人民，人民选择领袖；领袖忠于人民，人民热爱领袖。如果从上述辩证关系的表述中，抽出一句孤立地讲“人民热爱领袖”，这句话本身并没有错，但是，如果把群众和领袖的关系仅仅看成是热爱与被热爱的关系，这就错了。多年来，人们持有的就是这样一种错误认识。在这里已经离开了马克思主义的领袖观，而向封建主义的忠君思想靠近了一步，这里也就是“扭曲”的开始。有了这一步，在一定条件下就可以迈出第二步、第三步。单纯的热爱可以发展为美化，可以再发展为崇拜、迷信、神化。林彪、“四人帮”正是利用了群众对领袖的过分的欢呼和颂扬，把领袖捧到了神的高度，大搞现代迷信，鼓吹所谓“句句是真理”、“一句顶一万句”，等等。文革中的“早请示”“晚汇报”，全国城乡大跳“忠”字舞等，就是其形象的表现。他们这样做，名曰树毛泽东同志，实际是树他们自己。

当然，批判对领袖的个人迷信，不能因此而否定领袖的作用，更不能像赫鲁晓夫那样对待斯大林，以反对个人迷信为借口，攻击丑化领袖人物，并以此树立自己的个人迷信。人民创造历史作用的发挥，需要有杰出人物的指导、组织和榜样的作用。因此，不能因强调人民的作用，而否认杰出人物的作用。

第二，关于党的领导。党的领导无疑是要坚持的。动摇了党的领导，也就动摇了社会主义事业的核心，动摇了全国人民得以团结的中枢。这是不能允许的。党的领导的前提是人民民主，是为实现人民民主而加强党的领导。另外，从实质内容来说，党的领导就是党的路线、方针、政策的领导。它是通过党的各级组织的模范工作和党员的模范作用来体现的。

可是过去人们往往简单地把党员、特别是党的干部视为党的化身。这种认识上的偏差，从消极方面来说，就为家长制、一言堂等的滋长提供了适宜的环境。于是，党的领导在一个小单位则被视为支部书记的领导，再大一点的单位则被视为党委书记的领导。如此类推，在全国那就是党中央主席一人的领导。十年浩劫中，林彪、“四人帮”就是把党的一元化领导，变成了一人化领导，置领袖个人于全党之上，并要大树特树所谓绝对权威。他们搞的这一套，实际是企图书写封建主义个人专制的现代版本。这种在执政党内个人决定一切的原则是和共产党执政的民主集中制和党中央集体领导的原则根本违背的。如果林彪“四人帮”的阴谋得逞，那么他们所建立的政权，也就与蒋介石的一个政党、一个领袖的独裁统治，没有根本区别了。

第三，关于无产阶级专政。无产阶级专政，在中国称之为人民民主专政。这是中国人民对马克思主义的一个创造性的发展。从其实质来说，无产阶级专政也就是人们民主，或曰社会主义民主。对敌人实行专政，对人民实行民主，这是人民政权不可分割的两个方面。民主是一种国家形式、国家形态，是人民群众按照民主集中制的原则组织起来，进行社会主义建设，并对反动派实行专政的政权。可是多年来，片面强调了专政，忽视了社会主义民主和经济建设。林彪、“四人帮”则是利用手中握有权力，扼杀党内民主和人民民主，鼓吹“政权就是镇压之权”、要实行所谓“全面专政”，把矛头指向经过长期考验的大批老干部，指向广大知识分子，指向英雄模范人物。在全国制造动乱，搞得鸡犬不宁。

第四，关于干部权力。在有人群的地方，就有管理，就有权力的运用。在阶级社会中，统治阶级是运用国家权力谋取该阶级的私利。而在社会主义国家中，干部的权力是人民给的，人民有权选举、批评、监督、罢免干部；干部是人民的公仆，应该为人民服务。多年来，我们也讲干部的权力是人民给的，怎样给的呢？是一次授权制。人民鉴于老一辈无产阶级革命家在人民解放斗争中立下了汗马功劳，信任他们，授权给他们组织政府。可是，由于人民当时还缺乏行使国家权力的经验，加之以后又没有进一步去完善社会主义民主制度，故而，权力一经授出，似乎就没有群众的事了，干部成了实际上的终身制，并由最高领导指定自己的接班人。以下就是等级授权制，下一级机关的干部只能由上一级机关来指定。由于人民在实际上丧失了对干部进行管理的权力，等级授权制发展的必然结果就是等级特权制。特别是“文化大革命”中，林彪、“四人帮”大肆鼓吹“有权就有一切”，“念念不忘一个‘权’字”，于是官大、权大、利大，封建主义的权力观泛滥起来。林彪“四人帮”封官许愿、拉帮结派，结党营私，国家前途到了危险的边缘。

上述种种，都是大家亲身经历过的。领袖“万岁”的口号，早在新中国成立不久就出现了；1957年有些人就是因为“得罪”了某一党组织的负责人，而被视为反党，并被打成右派的（诚然，反右派运动应该肯定，但反右派扩大化则不可取，并早已进行了纠正）。早在“文化大革命”前，一讲民主，就被视为资产阶级民主；社会公仆变成社会主人、谋私利搞特权的现象也是早已存在。

这就告诉我们，在经济文化落后、封建主义传统相当浓厚的国家中，防止封建主义对马克思主义的扭曲，防止人民政权的蜕化变质，确实是一个极为严重的任务。

林彪、“四人帮”正是利用了这种“扭曲”，利用了人民共和国民主制度的不健全，对已经确立的民主制度加以践踏，而为非作歹的。他们大搞“现代迷信”，然后以“最亲密的战友”、“最可靠的接班人”自诩，给自己头上加上了一圈神圣的灵光；以领袖至上冒充党的领导，“挟天子以令诸侯”；以全面专政冒充无产阶级专政，对广大干部和群众进行残酷斗争，无情打击；以“有权就有一切”，诱以官禄、网罗党翼，组织反革命队伍。他们的这一系列罪恶行径居然能在相当时间内蒙蔽人们，从某种意义上来说，正是因为它是对上述早已存在的“扭曲”的推波助澜、恶意扩张。

因此，要肃清封建主义影响，不仅要批判林彪、“四人帮”令人发指的罪恶活动，而且更重要的是，必须从思想上、理论上消除上述扭曲，必须从制度上加强人民共和国的民主制度建设。不然还是治标不治本的。

三、根除封建主义影响，促进四化建设

根除封建主义影响，不仅是防止复辟倒退所必须，同时也是为实现四化所必须。实现社会主义现代化，是一场改革我国经济和技术落后面貌的伟大革命。这场大革命既然要大幅度地改变我国目前落后的生产力，就必然要相应地多方面地改变生产关系，改变上层建筑，改

革经济事业的管理体制和管理方式，改革国家的政治制度和领导体制，改造人们的思想。而要实现思想、政治、经济方面的一系列变革，都面临着一个肃清封建主义影响的严重任务。

首先，思想的解放，这不仅是为了适应社会主义现代化的需要，而且是实现社会主义现代化的先决条件。思想的变革从来是社会大变革的前导。在我国以实现四化为目的的这一场思想解放运动，就是要在马列主义、毛泽东思想的指导下，彻底破除林彪、“四人帮”制造的现代迷信，坚决摆脱他们所谓“句句是真理”这种宗教教义式的新蒙昧主义的束缚，把马列主义、毛泽东思想的普遍真理同在中国实现社会主义现代化这个新的革命实践，紧密结合起来。

马克思说：封建迷信把“俗人变成僧侣”，是“信神的奴役制”，是“给人的心灵套上了锁链”。[①]“神的观念永远是奴隶制（最坏的、没有出路的奴隶制）的观念”。[②]

在历时十年的造神运动中，亿万人成了神的奴隶，无休无止的“请示”、“汇报”，祈祷、忏悔、自卑自贱，人们的思想完全被禁锢了起来。这种思想牢笼不打破，这种精神状态不改变，就会寸步难行，任何一种改革现状的方案都不可能付诸实施。马克思说，人若不从自我异化的神圣形象中解放出来，人就不成其人了。所以，如果不彻底破除现代迷信，当然也就更谈不上实现四化了。

第二，思想解放的深入，必然促进政治的改革。就我国现在来说，政治的改革就是要进一步使制度民主化，民主制度化，使人民群众真正行使当家做主的权利。而要健全和完善社会主义民主制度，就必须肃清政治制度和政治生活中的封建主义影响。因为封建主义是社会主义民主的天然敌人。我国现实生活中存在的家长制、官本位、一言堂、特权等等，都是封建主义影响的反映，都是健全和完善社会主义民主的严重障碍，都是束缚劳动者主动性、积极性和革新精神的枷锁。

马克思曾说：“束缚人民最厉害的莫过于君主制”。[③]封建社会中，在地方和部门是长官至上，在全国是皇帝至上，从上至下形成了多级

① 《马克思恩格斯选集》第1卷，10页，北京：人民出版社，1995年。
② 《列宁全集》第46卷，368页，北京：人民出版社，1990年。
③ 《马克思恩格斯全集》第6卷，464页，北京：人民出版社，1961年。

的政治结构。这种政治等级是降低人格的阶梯，是“使人脱离自己的普遍本质，把人变成直接受本身的规定性所摆布的动物”。[①]

在我国，在那些封建主义影响严重的地方，也是群众最受压抑的地方。像我们这样一个大党大国，如果实行专制，听命于一人，那就必然会扼杀我们党和国家的生机，党和国家的前途就有被断送的危险。我们的社会主义民主，就是要把党和国家的命运，把四化建设的命运，真正掌握在全体人民手里。所以，不从制度上根除封建主义影响，就必然危害社会主义民主，危害四个现代化建设。

第三，思想解放和政治改革的成果，最终是通过经济改革，通过生产力的解放表现的。改革经济事业的管理体制和管理方法，是为了实现劳动者成为生产单位的主人这个社会主义的根本原则；是为了合理使用和充分发挥每一个劳动者的积极性和创造性，使之达到最高的劳动生产率；是为了科学地调节国民经济的生产过程和流通过程，使之达到最佳的经济效果。而要实现这一些，也就必须要肃清表现在经济制度和经济生活中的封建主义影响。比如官工、官商作风；拒绝学习外国好东西的闭关自守思想；排斥专家的愚昧作法；热衷于保守的“小而全”“大而全”的经济独立王国；还有经济管理工作中的官僚主义；等等。这些东西都是妨碍四个现代化建设的，都是妨碍人民群众的社会主义积极性，妨碍生产力发展的，都必须加以破除。

由此可见，只有从经济制度、政治制度和社会意识方面，驱除压抑着人们精神状态的、束缚生产力发展的、古老中国的封建主义影响，才能激发每一个人的主动精神、首创精神和革新精神。造就适应现代化建设的生气勃勃的人，这就是解放生产力，这就是实现四化的最根本的条件。

总之，回顾瞻前，有这样几点是应该记住的：

（1）落后的国家走上社会主义道路，不仅要在经济上加强建设，而且要在文化上加强建设，要克服各种旧思想的残余，这包括封建主义的残余。

（2）封建主义的残余在社会主义社会中大量存在，它是和马克思主义、社会主义制度、共产党执政等根本对立的，但是不等于说，它

① 《马克思恩格斯全集》第1卷，346页，北京：人民出版社，1956年。

不会不对马克思主义、社会主义制度、共产党执政发生影响。这种影响是肯定会发生的。家长制，一言堂，官僚主义，有人甚至想骑在人民头上作威作福，等等，就是这种影响的表现。

（3）关键在于执政的共产党人对反对封建主义的影响要有自觉的意识，要有具体的措施，要有民主的制度安排，要用社会主义民主法制来逐渐加以消除。

（4）如果我们对封建主义的影响，头脑不清醒，听任其存在和发生作用，那么就可能被野心家、阴谋家所利用，从而达到其不可告人的目的。像文革中所发生的那样。幸好，党的健康力量还占据主导地位，社会主义基本制度还在，广大人民群众对党的信任还在，才使他们的阴谋没有得逞。林彪“四人帮”打倒了，但他们所借以捣鬼的封建主义的影响还存在。我们要吸取以往的教训，为防止悲剧重演，为实现四化，我们必须肃清封建主义思想的影响。当然这是一个长期的任务，因为封建主义影响的最后根除，还是要依赖于生产力和科学技术的极大发展，和社会主义民主政治建设的大力推进。

现代西方哲学流派述评*

说起现代西方哲学流派，现在已不再是鲜为人知的事了。很多青年怀着求知之心，不断拓宽认识世界的窗口。但是，当他们开始阅读有关现代西方哲学的书籍时，看到一系列新奇的概念，一个个陌生的人名，哲学家们各树一帜、众说纷纭，哲学派别五花八门、此兴彼衰，往往感到目不暇接，茫无头绪。究竟怎样来看待形形色色的现代西方哲学流派呢？这里先向大家讲一讲现代西方哲学的总体情况，以及研究的目的和方法。

一、现代西方哲学的形成演化

什么是现代西方哲学？这个概念有多种含义：有的指19世纪末西方资本主义进入帝国主义阶段以后的哲学；有的指第一次世界大战和十月革命以后的哲学；还有的仅指第二次世界大战以后的当代哲学。我们在本书中所讲的现代西方哲学，是泛指19世纪40年代马克思主义产生以后直到目前，在西欧和北美产生和流行的以资产阶级哲学为主的各种思潮和流派。

西方资产阶级哲学随着资本主义的发展和资产阶级地位的变化，经历了一个曲折、复杂的历史过程。在19世纪中叶以前，资本主义处在上升时期，资产阶级尚属于反封建的革命的阶级。资产阶级哲学反对为封建势力服务的神学唯心主义，提出了系统的唯物主义理论和辩证法思想。从文艺复兴开始，经17世纪英国的唯物主义、18世纪法国的唯物主义，直至18世纪末19世纪初德国的古典哲学为止。当时欧洲的资产阶级哲学在总体上是进步的、革命的理论。可是，在资本主义

* 原文来源于吴钧达主编：《现代西方哲学流派述评》，北京：中国展望出版社，1989年。

制度确立，资产阶级取得统治权以后，它昔日的革命性日益丧失，资产阶级哲学也发生了变化。在英国和法国，主观唯心主义、宗教神学抬头，新的唯心主义流派滋生。特别在19世纪40年代马克思主义创立以后，西方资产阶级哲学发生了根本性的转折。它抛弃了唯物主义和辩证法，企图另辟蹊径，从而形成了各种新的哲学流派，然而万变不离其宗，仍然是唯心主义和形而上学的资产阶级世界观。

（一）现代西方哲学形成的根源

西方资产阶级哲学的重大转折，现代西方哲学的形成，有其深刻的根源。

首先，其社会根源是西方资本主义社会政治经济状况发生重大变化，社会矛盾日趋深刻。

19世纪中叶，西欧和北美各国的资产阶级已普遍取得政权。随着资本主义的发展，其固有的生产社会性和资本主义私人占有性的矛盾逐步尖锐，社会的阶级关系也趋向明朗化、尖锐化，资产阶级反封建的革命性已经失去，把主要精力用来加强对无产阶级的剥削和压迫。无产阶级的队伍日益壮大，已经作为反对资本主义制度的独立的政治力量登上历史舞台，特别是马克思主义哲学的创立，标志着无产阶级由自在的阶级已变成自为的阶级，担负着最终消灭剥削制度，解放全人类的伟大使命。哲学是一种社会意识形态，反映着一些阶级的利益和愿望，具有阶级性。资产阶级与无产阶级之间根本利益的冲突，必然要在哲学上表现出来。

20世纪开始，资本主义已进入帝国主义阶段，尤其在经历了两次世界大战以后，西方资本主义社会在政治、经济等方面的问题更加突出。不仅原有的种种社会矛盾依然存在，而且在帝国主义国家之间，帝国主义和殖民地、半殖民地之间，帝国主义国家和社会主义国家以及发展中国家之间，矛盾重重、复杂尖锐。资本主义国家经济危机频繁发生，政治局面动荡不稳，军备竞赛愈演愈烈，引起一系列的社会问题。西方各国的统治阶级为了维护资本主义制度，缓解尖锐的社会矛盾，采取各种经济的、政治的措施，以科技革命为主导，大力发展生产力，使国民经济增长，人们的消费水平有所提高，生活方式也有所改变，从而在一定程度上影响着社会的阶级关系发生某些变化。但是，西方资本主义国家出现这些新情况，没有也不可能从根本上解决其固有的各种矛盾。所以，资产阶级需要炮制新的理论工具，加强对无产阶级的思想控制，抵御马克思主义哲学的巨大影响。现代西方哲学流派，其阶级属性，大多属于资产阶级哲学范畴，因此在总体上，它们是现代西方资产阶级的哲学。

其次，其认识根源是面对突飞猛进的现代自然科学和危机深重的资本主义社会现实，哲学家们以资产阶级立场、观点，从不同角度作出形而上学和唯心主义的哲学概括。

发展资本主义经济的需要，推动着西方国家在科学技术的研究方面，不断有所发现、有所创新。例如，继19世纪中叶细胞学说、能量守恒和转化定律、生物进化论等三大发现之后，19世纪末20世纪初X射线、电子和放射性元素镭的发现，量子论和相对论的提出，不仅突破了自然科学原有的基本理论，而且也冲击着形而上学的自然观。近几十年来，现代科学发展的高度分化和高度综合相统一，导致整体化趋势加强，各门学科互相渗透、紧密联系，形成一系列的边缘学科、综合学科和横断学科，出现了控制论、信息论、系统论、未来学和科学学等新的学科，特别是产生了物质结构论、现代宇宙论和分子生物学等前沿科学。科学技术的突飞猛进使人们的认识深入到微观、宏观和高速领域，进而揭示生命的奥秘，给哲学家和自然科学家提出了一系列关于自然观和科学方法论方面的问题，需要从哲学高度来加以总结和概括。

与此同时，资本主义社会各种矛盾和弊端也反映到哲学思想中来。西方国家的科技革命带来了生产力的发展和物质财富的积聚，但是经济的发展并没有摆脱社会的矛盾和危机，也不能改变其历史发展的总趋势。生产过程的自动化强化了资本对雇佣劳动的奴役、物对人的支配。大量的物质财富被垄断资本家占有，刺激着无止境的贪欲。剥削阶级内部各种社会集团之间尔虞我诈，互相争夺。经济危机、公害泛滥、道德沦丧等等造成了变幻莫测、紧张不安的社会局势，使人们的安全没有保障，生活不得安宁，人格遭受损害，精神感到压抑。资本主义的病痛所暴露的种种社会现象，要求哲学家在社会历史观上做出解释。

面临着这一系列的问题，西方的哲学家从不同的角度、以不同的方式在世界观和方法论上进行探索，力图建立某种新的哲学理论加以论述，于是出现了各种形式的哲学流派。虽然，有的对自然科学研究提出了一些有价值的见解，有的在某个社会问题上击中了资本主义的弊端。但是，由于他们的阶级立场和种种偏见的限制，拒斥辩证唯物主义，坚持错误的哲学路线，往往抓住某个方面加以夸大，把客体与主体、个人与社会、理性与非理性、自然与历史、理想与现实等等割裂开来，绝对地对立起来，因而陷于形而上学和唯心主义。他们的自然观和社会历史观，在总体上都是错误的。

（二）现代西方哲学演化的主要线索

派系林立、名目繁多、内容庞杂、形式多变的现代西方哲学，从其思想渊源、理论性质和演变情况来看，基本上可分为四大思潮，即唯科学主义思潮、人本主义思潮、“西方马克思主义”思潮、宗教哲学思潮。

唯科学主义也称科学哲学，是现代西方社会中研究自然科学方法论或科学发展规律的哲学思潮。唯科学主义同自然科学的发展相联系，主张哲学的科学性，重视对方法论的研究，而对本体论问题，大都反对或不予重视。其哲学思想的主要渊源是贝克莱和休谟的唯心主义主观经验论、不可知论。唯科学主义思潮的主要派别有实证主义、逻辑实证主义、实用主义、批判理性主义、历史主义学派等。

人本主义或称人文主义，是以人为中心，从所谓人的先天本性出发，来研究人的本质，研究人和自然、人和人之间关系的理论。现代西方人本主义哲学思潮虽然以西方古典人本主义为理论渊源，但抛弃了其中的唯物主义思想，而站在唯心主义立场上研究和解释关于人的问题。它轻视科学，贬低理性，把人的意志、情感、欲望、直觉等夸大为决定性的东西，从而对人生、社会大都持消极和悲观态度，是一种非理性主义思潮。与资本主义制度的演变相联系，现代西方人本主义哲学思潮先后出现了唯意志主义、生命哲学、存在主义、结构主义等主要流派。

“西方马克思主义”是以“补充”、“革新”马克思主义，使马克思主义“现代化”的名义，企图把马克思主义哲学同资产阶级哲学“结合”在一起的思潮。“西方马克思主义”不是一个统一的学派，而是由具有同一倾向的各个流派构成的一股思潮。西方社会的一些共产党人和知识分子既对资本主义制度不满，又对共产主义运动中出现的问题不理解，企图寻求第三条道路。他们借口因科学技术发展和社会情况的变化，马克思主义的许多基本原理已经“过时”，并出现“危机”，公开打着“重建”、“补充”马克思主义的旗号，用资产阶级理论取代马克思主义。“西方马克思主义”的主要流派有法兰克福学派、存在主义的马克思主义、新实证主义的马克思主义、结构主义的马克思主义等。

现代西方宗教哲学是一种公开把哲学同宗教教义融合在一起，为基督教神学作论证的哲学思潮。它渊源于中世纪的经院哲学以及历史上的唯心主义理论，并歪曲地利用现代自然科学的成就，标榜对人的关心，力图给宗教神学唯心主义涂上“现代化”的色彩，以增强其欺骗作用，竭力为资本主义制度服务。现代西方宗教哲学影响较广的是新托马斯主义和人格主义等流派。

现代西方哲学演化的历史过程，包括马克思主义哲学产生前已出现的早期实证主义，可追溯到19世纪30年代。从那时开始到现在为止的一百五十多年间，大体经加了四个阶段。

第一阶段从19世纪30年代到19世纪70年代。在这个时期，西欧各国还处在自由资本主义阶段，资产阶级在经济上和政治上巩固了自己的统治地位，原有的革命性日益丧失，其意识形态发生蜕变。资产阶级哲学出现了两个影响较大的流派：在法国和英国，以孔德、穆勒和斯宾塞为代表的实证主义开现代唯科学主义思潮的先河；在德国，以叔本华及其后继者尼采为代表的唯意志主义是现代人本主义思潮最早的流派。从此开始，唯科学主义和人本主义各树一帜，形成现代西方哲学的两大主流。

第二阶段从19世纪70年代到20世纪初。西方各国由自由资本主义向私人垄断资本主义转变，成为帝国主义。第一次世界大战爆发，资本主义固有弊病充分暴露，经济、政治危机引起西方世界动荡不安。同时，自然科学一系列的新发现导致了新的科技革命，也冲击着人们的传统观念。无产阶级革命运动的兴起和马克思主义的广泛传播，引起了资产阶级的恐慌，资产阶级哲学变化多端，出现了形形色色的反马克思主义流派。在这个时期，唯科学主义思潮由实证主义演变为德国和奥地利的马赫主义（即经验批判主义）、还有美国的实用主义、英国和美国的新实在论等；人本主义思潮由唯意志主义演化为德国和法国的生命哲学，在德国还产生了现象学。在19世纪下半叶相继出现了德国的新康德主义和英国、美国的新黑格尔主义，这两个流派同实证主义和唯意志主义都有亲缘关系。此外，现代西方宗教哲学思潮也开始出现。天主教会的官方哲学新托马斯主义和基督教新教的人格主义在19世纪末产生。

第三阶段从20世纪初到50年代。俄国十月社会主义革命的胜利，标志着马克思主义发展到新的阶段。无产阶级革命和民族解放斗争风起云涌。经历第二次世界大战，西方资本主义国家所固有的各种矛盾进一步尖锐化，同时科学技术继续迅猛发展。资产阶级哲学又出现了一些公开反对无产阶级革命理论和标榜新的“科学哲学”的流派。唯科学主义思潮由马赫主义直接演化为逻辑实证主义，在30年代盛行于英、美及中欧各国。人本主义继生命哲学之后，以存在主义的形态在德国和法国产生、发展。现代宗教哲学思潮的新托马斯主义和人格主义于20世纪初活跃起来，在西方各国传播。

第四阶段从20世纪50年代到目前为止。这一时期民族解放运动蓬勃发展，许多殖民地、半殖民地国家相继独立，国际共产主义运动出现了新情况、新问题。西方资本主义国家在战后国民经济得到恢复和发展，科技革新层出不穷。在一些比较发达的资本主义国家，阶级斗争和阶级的分化表现出新的特点。随着形势的变化，现代西方哲学的各种思潮和流派剧烈分化又相互融合。唯科学主义思潮的逻辑实证主义演化为语义哲学、操作主义、指号学和逻辑实用主义等派别，并且出现了反实证主义的批判理性主义和历史主义学派等。人本主义思潮的存在主义在风靡一时之后被结构主义所取代，还出现了专门从社会领域攻击马克思主义和社会主义革命理论的“新哲学”。在50年代产生和流行起来的各种名目的“西方马克思主义”流派则表现出跟马克思主义“认同”的姿态，站在资产阶级、小资产阶级的理论立场上，误读和歪曲马克思主义。

由上面的简述可以看到，现代西方哲学的不断演变，反映着西方资本主义社会经济、政治和意识形态领域尖锐的矛盾、深刻的危机以及动荡不安的局势。同时，在自然科学和技术革命迅猛发展的形势下，资产阶级哲学理论从不同角度利用科学，技术的新成果，演化为各种“现代化”的新形态。

二、现代西方哲学的基本特征

现代西方哲学，派别庞杂，学说纷纭，各具特色。在一些重要问题上，不仅不同的哲学派别之间观点各异，而且在同一派别之中，各个哲学家的思想认识也不尽相同。但是这些哲学派别，作为现代西方发达工业化社会的思想产物和时代表征，相对于马克思主义哲学来说，它们又有着一些共同的基本特征。

第一，在本体论上，取消哲学基本问题，标榜中立的“新”哲学，但实质上坚持的是唯心主义哲学路线。

现代西方哲学在回答世界是什么，即物质和意识何者为第一性的问题上，基本上是站在唯心主义一边。然而它们的表达方式则具有新的特点。它们不像古典唯心主义，如贝克莱哲学和黑格尔哲学那样，毫不掩饰地肯定精神第一性，物质第二性，公然站在唯心主义立场上来反对唯物主义，而是竭力回避对哲学基本问题作出明确回答，认为本体论是应当取消的，物质和精神何者为第一性的问题，“是超出人的认识范围和认识能力的形而上学”，根本不可能在经验中得到证实，因而是没有任何意义的。于是，它们标榜自己既不站在唯物主义立场上，也不站在唯心主义立场上，而是站在“中立”立场上来研究哲学。

这种所谓“中立哲学”拒斥研究哲学基本问题，那它们研究什么呢？具有唯科学主义倾向的哲学家认为应当研究“经验”、“事实”、“事件”、“语言”、“符号”、“结构”等，而具有人本主义倾向的哲学家则主张哲学应当研究“生命”、“纯粹意识”、“人格”、“人的自由意志”、“人的存在”等等。然而，如果人们进一步问，这些东西究竟是什么？它们只是从哪里来的？现代西方哲学各主要派别的代表往往会异口同声地否认这些东西被客观物质世界所决定，而把它们直接或间接地、公开或隐蔽地归结为人的精神活动。这样，也就自觉或不自觉地暴露出他们的唯心主义立场。

不可否认，少数现代西方哲学派别中有某些唯物主义因素，但它们也往往是作为整个唯心主义体系中暂时的、局部的或个别的东西而存在的。所以，归根到底，他们对世界本原问题的回答是唯心主义的，他们的哲学是唯心主义哲学。

第二，在认识论上，以唯心主义反对唯物主义，特别是反对马克思主义的能动的反映论。

由于受到自然科学发展状况的影响，现代西方哲学较之古代哲学和近代哲学更加侧重于认识论的研究。但它们大多具有强烈的反理性主义、怀疑主义和不可知主义，以及信仰主义的倾向。资产阶级在反封建的革命时期，曾经以理性主义反对中世纪经院哲学的蒙昧主义和神学教条，相信人的理性可以认识自然和社会。但是，现代西方哲学各派别，往往对人的理性能力表示怀疑，有时甚至干脆否认人的理性能认识事物的本质和规律，否认人的认识是对存在的反映。

一般说来，人本主义哲学是从反理性主义出发，来否定反映论的，它认为人的认识不是对存在的反映，而是凭非理性的直觉直接地把握。人本主义只看到直觉这种认识形式的作用，而否认从感性到理性这种认识形式的作用，这是片面的；另外，离开反映论来理解直觉，最终使它陷入了不可知论和蒙昧主义。

唯科学主义则往往是从先验主义或经验主义出发来反对唯物主义反映论。它们有的声称自己的哲学肯定一切科学知识起源于经验，是“彻底的”、“纯粹的经验”。然而它们根本否认经验的客观内容，错误地把它归结为主观自生的东西。有的虽然在一定程度上肯定理性认识的作用，但又认为科学理论不是客观世界规律性的反映，而只是人们主观虚构的一些有用的“假设”，是人们为了达到自己的某种目的而任意制造出来的“工具”。这在实质上仍然没有逃出先验论的范围。还有的则公开宣扬人的认识来自上帝的启示。

第三，在发展观上，以庸俗进化论和诡辩论反对辩证法，特别是反对马克思主义辩证法。

在对辩证法的态度上，现代西方哲学流派，有的全盘否定辩证法，攻击辩证法“肤浅”、“没有意义”；有的加以歪曲，或是只讲主观辩证法而否定客观辩证法，或是把辩证法神秘化，认为靠“神”的“干预”，才能使辩证法规律发生作用。

现代西方哲学家反对辩证法，其集中表现是反对唯物辩证法的核心——对立统一规律。其理论表现有二：庸俗进化论和诡辩论。

庸俗进化论歪曲地利用了达尔文的进化论，认为进化论证明了一切事物的运动只有量的变化，而无质的变化。并认为，社会领域也是如此，只能有一点一滴的改良，而不可能实现革命的飞跃。早期的实证主义、实用主义、结构主义等流派，往往都是以庸俗进化论反对辩证法的。

至于逻辑实证主义、语义学唯心主义、存在主义、法兰克福学派等则是在不同程度上表现出诡辩论倾向。它们歪曲利用了相对论原理和量子力学中的测不准关系原理，只承认运动、质变、相对性，而否认静止、量变、绝对性，认为一切都是变化无常、不可捉摸的。而且，它们还把相对性等同于主观性，认为没有客观规律和客观真理可言。

例如，逻辑实证主义者断言微观客体不是客观存在，而是依赖观察者而存在；存在主义者海德格尔说，没有客观真理，所有的真理都是“我自己的真理”。其实，相对论和量子论等现代自然科学的重大发现，不是证明了诡辩论，而是进一步证明了唯物辩证论。

第四，在历史观上，宣扬历史唯心主义，反对历史唯物主义。

现代西方哲学反对历史唯物主义集中表现在否认社会发展的客观规律性和如何解决人的问题上。

它们宣扬社会发展的无序性和无规律性，认为，社会历史永远只能是一些单个的、特殊的事件，因而认为任何一种思想、情感、事件、个人等等，都可以随便变更历史进程，社会的发展完全是以人的意志为转移的。另有一些人，虽然表面上承认社会历史有规律性，但他们所说的规律是按照自己的哲学体系杜撰出来的，或者是把自然界的某一领域的规律生搬硬套在社会历史上，如社会达尔文主义所做的那样。这样，他们实际上还是否定了社会规律的客观性。他们认为，如果承认了社会规律的作用，也就否认了人的绝对自由，也就否定了人。

现代西方哲学中的大部分流派都以各自独特的方式鼓吹主体自身是绝对自由的，认为人具有不受任何外部条件制约的创造性，甚至把一切物质客体都归结为主体的创造。其实，现代西方哲学家对于社会和人的理解，在总体上都是错误的，是唯心主义的。

马克思主义历史唯物主义认为，在历史观上，如果只讲社会规律的作用，不讲人的能动作用，那么就会陷入历史的机械论、历史的宿命；反之，如果只讲人的自由与创造，不讲社会规律的作用，那么也会陷入唯意志主义、盲动主义。这两种倾向都是历史唯物主义所反对的。

上述几个基本特征表明，现代西方哲学在本质上是与马克思主义哲学相对立的。当然，这些基本特征不是均等地表现在每一流派中，因而在研究它们的时候，要注意具体分析。

三、研究现代西方哲学的目的与方法

（一）研究的根本目的是为了建设社会主义精神文明

当前，我们伟大的祖国正在为实现社会主义现代化而奋斗。社会主义现代化不仅要有高度的物质文明，而且要有高度的精神文明。批判地吸取中外历史上一切有价值的精神成果，这是建设社会主义精神文明所必需的。何况，随着中外关系的发展，文化交流日益频繁，现代西方哲学已经成为我国人民，特别是广大青年关注的对象。因此，开展对于现代西方哲学的研究是十分必要的。具体说来，它有以下几个方面的意义。

第一，有助于丰富和发展马克思主义哲学。

马克思主义哲学是一门开放性的、革命性的科学，它要吸取人类历史上所创造的一切优秀成果，要在与各种非马克思主义哲学思潮的斗争中，求得自己的发展。在这样两个方面，开展对现代西方哲学的研究，都有不可忽视的作用。就总体而言，现代西方哲学是对现实自然界和社会的片面的、歪曲的反映，但其中某些方面比如对逻辑思维、认识论、科学方法论以及社会政治问题的研究中，都不乏有价值的、合理的因素。这些合理因素对于丰富和充实马克思主义哲学，是有启发和参考价值的。另外，现代西方哲学从不同方面对马克思主义哲学提出了挑战，在正确回答它们提出的各类问题中，在与对立面的批判斗争中，马克思主义哲学也会得到发展。

第二，有助于培养和训练理论思维能力。

近几十年来，由西方兴起的世界范围的新技术革命，带来了生产方式、生活方式和思维方式的巨大变化。可以说，现代西方哲学就是现代西方社会人们的思维方式、思维知识的概括和总结。它广泛引进、提取了当代数学、实证科学、数理逻辑和科学史的研究成果，对于分析研究自然科学、社会科学的逻辑方法和逻辑体系，以及发展规律和发展模式等方面都取得了一定的思想成果。批判地借鉴这些成果，对于我们开阔眼界，解放思想，促进观念现代化和思维方式的现代化，对于我们提高理论思维能力，学会正确思维，都是有意义的。

第三，有利于培养新型人才。

实现现代化需要培养有理想、有道德、有文化、有纪律，适合现代社会要求的开拓型、创造型人才。研究现代西方哲学，可以引导青年从侧面和反面进行分析比较，从中认识马克思主义的科学性。这样才能真正树立起对于马克思主义的信仰；这样也才能培养青年一代对于落后、颓废、甚至腐朽思想意识的鉴别和抵制能力。另外，通过研究现代西方哲学，批判地吸收其中合理的东西，对于青年一代建立合理的知识结构和获得现代思维方式的训练，也是有意义的。

（二）研究的根本方法是实事求是

实事求是是我们研究现代西方哲学的科学态度和正确方法。因此就要摒弃那种简单扣帽子、贴标签、不加具体分析的一概否定的做法，也要反对那种盲目崇拜，照抄照搬的全盘肯定的做法，而应该像列宁所教导的那样：睁开眼睛来看待资产阶级哲学，注意它，利用它，批判地对待它，不放弃自己完整的确定的世界观。为了能做到实事求是地研究现代西方哲学，应该贯彻以下的方法论原则。

第一，坚持哲学的党性原则。

马克思主义哲学把划清唯物主义和唯心主义的界限，称之为哲学的党性原则。在对现代西方哲学的研究中坚持哲学的党性原则，就必须在哲学的基本问题，即思维与存在的关系问题上，对现代西方哲学家的理论体系进行深入细致的分析，考察它所坚持的是什么样的哲学路线。只有抓住了某一哲学派别的基本观点和基本倾向，然后进一步去分析某一理论观点所包含的丰富内容，这样才能准确地理解和把握这些具体理论、观点的实质，并作出合乎实际的分析和评价。否则，就会是如堕烟海，茫无头绪。现代西方哲学大多竭力回避哲学基本问题，力图模糊唯物主义和唯心主义的界限，因此，坚持哲学的党性原则尤为重要。

第二，坚持阶级和阶层分析的方法。

所谓阶级分析，就是用阶级和阶级斗争的观点对阶级社会中的事物进行分析。对于现代西方哲学坚持用阶级分析的方法，就是要联系现代西方社会阶级关系的现实，来考察、分析这些现代西方哲学流派的阶级属性，其所反映的阶级要求，从而揭示它的阶级意义和社会政治意义。

在现代西方社会不仅存在垄断资产阶级和无产阶级，而且还存在中、小资产阶级，另外，在各个阶级中也还分为不同的阶层和社会集团。因此，对于现代西方哲学的各个流派所代表的阶级、阶层必须进行具体分析。此外，即使是同一哲学流派的不同分支，在社会政治倾向上也可能会有所不同。这里也来不得半点简单化。例如存在主义的三个代表人物，他们的阶级立场和政治态度就不尽相同。海德格尔是垄断资产阶级的思想家，雅斯贝尔斯在政治上与自由资产阶级比较接近，萨特尔则是站在小资产阶级立场上，有一定的进步表现。

第三，坚持历史分析和逻辑分析的统一。

对现代西方哲学坚持历史分析，就是要对现代西方哲学各流派的产生和传播的历史条件；它自身的演化过程；与其他流派的彼此联系与渗透；它在发展各阶段中所起作用的变化等等进行考察分析。对现代西方哲学坚持逻辑分析，就是要对现代西方哲学各流派的思想渊源和理论背景；其哲学探讨的出发点；它对人类思想文化的独特理解和概括；它的逻辑推演的范畴体系等等进行研究和分析。

总之，坚持历史分析和逻辑分析的统一，就是既要考察这些哲学流派的社会历史背景，又要考察其思想理论背景；既要研究它们的具体历史发展行程，又要研究它们的理论体系展开的逻辑顺序；既要研究它们的社会政治意义，又要揭示它们在认识论上的意义和哲学发展史上的作用。在对现代西方哲学的研究中，只有把这两种方法有机地结合起来，才能从中揭示出哲学与社会需要、阶级利益，以及哲学家的政治立场之间的内在联系；才能从它们在某些认识环节上成功或失足的经验教训中，进一步研究和掌握认识发展的规律。

尼采的哲学与人生*

德国哲学家尼采（1844—1900）在现代西方思想史上，是一位颇有争议的人物。尽管人们对他或毁或誉，持有各种不同的理由，但下列事实是不容置疑的。即，德国的纳粹分子曾经把他奉为自己的思想先驱；另有一些人，其中包括资本主义社会的某些激进的批判者和反法西斯人士，则又把他尊为20世纪新时代的“预言者”。在我国，新文化运动时期的先进知识分子，如鲁迅、郭沫若、茅盾等人曾经把尼采看作“时代的叛逆者”、“偶像的破坏者”。可是在三四十年代，蒋介石也曾竭力推崇尼采，鼓吹所谓“力行哲学”。事实就是如此的矛盾。

另外，20世纪风靡欧洲的人本主义思潮，如“生命哲学”、“弗洛伊德主义”、“存在主义”等等，就理论渊源而言，我们都可以从其中看到尼采的思想痕迹。在我国实现开放政策以后，这些思潮一下子涌进国门，尼采在我国部分青年中也确实热了一阵。

以上事实说明，尼采的思想对于当今社会仍然有着直接的现实影响。因此，这就需要对尼采进行认真的全面的研究。下面择其要者谈五个问题。

一、“重新评价一切”：对传统文化的叛逆

“重新评价一切”，这是尼采的著名口号和终身奉行的原则。对于这个口号必须联系整个欧洲的文化背景来进行分析和理解。

欧洲中世纪，是基督教神权统治的时代。当资本主义生产关系在封建社会内部孕育并发展起来的时候，在意识形态领域中，宗教神学也就成为主要的讨伐对象。因之，在欧洲先后掀起了三次大的思想运

* 原刊于《芜湖师专学报》，1990（1）。

动。这就是意大利的文艺复兴运动、法国的启蒙运动和德国的思想怀疑运动。

15世纪下半叶，以意大利为中心的欧洲文艺复兴运动，是驱除中世纪黑暗的曙光，它是欧洲新兴资产阶级继承、借鉴和利用古希腊、罗马的古典科学文化，在意识形态领域对封建主义和宗教神学的一次思想革命。这次革命的影响，随着资本主义的发展，由南欧向中欧、北欧不断扩展。

如果说，在意大利文艺复兴时期，资产阶级还不得不穿着古代服装来演出现代话剧的话，那么到了18世纪法国的启蒙运动，资产阶级则是公开打出理性的旗帜，用理性反对信仰，用人权反对神权，要求建立"自由、平等、博爱"的理想社会。在近代历史上，相对于法国来说，德国资本主义的发展较为迟缓。因此，文艺复兴运动和启蒙运动，在当时对德国的影响甚微。

直到19世纪中叶基督教神学在德国仍然是封建统治的支柱。因而在德国，反对封建主义的任务被积压下来，与此同时，资本主义的矛盾却又在欧洲广大地区日益暴露出来，原来"自由、平等、博爱"的理性王国只是一个虚幻，人性在资本主义制度下，非但没有得到张扬，而且又陷入了新的异化。

在这种背景下，一些人对欧洲文化的怀疑产生了，发展了，于是产生了马克思（1818—1883）、基尔凯郭尔（1813—1855）、尼采（1844—1900）等19世纪的三大叛逆思想家。不满现状，要批判审视过去的欧洲文化，这是他们的共同特点。

在这个批判中，马克思和尼采走着各自不同的路线。

马克思从对宗教异化的批判，深入到政治异化的批判，进一步发展到劳动异化的批判，从而揭示了生产力和生产关系的矛盾及其发展的规律，得出了如下的结论：人的解放，必须通过无产阶级领导的社会革命，创造使人解放的条件——社会的解放。于是马克思成了无产阶级和广大人民利益的代表者。

尼采的批判路线，基本上局限于思想文化领域。他否定信仰，批判理性，提倡非理性。尼采认为，非理性就是意志，要高扬人的意志，才能产生超人，从而拯救和维护剥削阶级统治的世界。尼采的思想实际反映了资产阶级从进步走向反动的过程中，垄断资产阶级的利益。

他认为，欧洲文明正在走下坡路，已经面临着大崩溃，原因是基督教的道德意识——禁欲主义使人丧失了人的本能、欲望与自我肯定，使人一降到尘世就背上了沉重的精神“十字架”，在不断的忏悔和高度的克制中，走完自己的一生。他指出，基督教是对现实生活的仇恨和否定，它诅咒这个世界，害怕美、爱情和物质享受，它用天国的幻想要人不去正视人间的现实苦难，这是多么虚伪。所以尼采将批判的矛头直指基督教，并喊出“上帝死了”的口号。这个口句号虽然在人们的心灵上会产生很大的震撼力，然而，对上帝的信仰并不会因一句口号而消灭的。

尼采在批判宗教信仰的同时，也批判理性。有一种说法，说人是知、情、意三结合的动物。知，就是知识、理性；情，就是感情、欲望；意，就是意志、意愿。知是人身上的理性内容，情、意是指非理性的部分。

从古希腊哲学家到德国古典哲学家，主要是从理性的角度来规定人的本质，说人是理性的动物。尼采认为，人类不能靠理性认识真理。他曾在《一种愉快的科学》一书中写道：“人类终极的真理是什么呢？——那就是人类种种无法辩解的谬误。”[①]关于人的命运，他写道：“凡认真深入思考的人都知道，不论他如何判断，如何行动，他总是错的，这就是人的命运。”

在尼采看来，永远谬误，这就是人间唯一的真理。这样，尼采就把西方从古希腊罗马时代以来3000年文化连同以理性探求真理的理性主义传统一笔勾销了。这就是尼采所说的：“不能以事物的无理性，来反对它的存在，毋宁说，事物的无理性正是事物存在的条件。”[②]

尼采认为，西方传统文化都死了，“新的类型的哲学家正在出现”。[③]这种新哲学家都要“创造新价值”，“要为自己创造自由，包

① 转引自赵复三：《卢森堡公园漫步——对现代西方文化某些方面的历史考察札记》，《中国社会科学》，1988（2）。

② 转引自赵复三：《卢森堡公园漫步——对现代西方文化某些方面的历史考察札记》，《中国社会科学》，1988（2）。

③ 转引自赵复三：《卢森堡公园漫步——对现代西方文化某些方面的历史考察札记》，《中国社会科学》，1988（2）。

括宣布拒不接受责任的神圣自由”。[①]他说：“一个人有最大的生存感觉时，就会认为自己最自由。”[②]在尼采眼中，他要创造的“新价值就是要否定理性”，要以“生存的感觉”作为价值。他说，“新哲学家身上……没有一点不是个人的东西”。[③]

尼采认为理性对人是一种束缚，因而他夸大、膨胀了非理性的一面。认为人就是意志的客观化。不仅人是意志的客观化，而且动物、植物、无机物都是意志的产物和表现。只不过，人的意志是自觉的，其他事物的意志是不自觉的。由此，尼采高扬非理性，提倡“唯意志论”。

这种理论，从时代条件来说，是对上帝的否定和资产阶级的理性原则，即自由、平等、博爱的否定，是从右的方面所表现出来的一种偏颇形式，是对欧洲传统文化进行批判的片面的理论表现。这种批判在形式上气吞山河，激烈得很，然而由于它不是建立在科学分析的基础上，更多的是对社会不满的情绪性的宣泄，因而就其实际作用来说十分有限。

尼采以特有的敏感预察到西方社会中，正在孕育着深刻的社会危机、精神危机和文化危机，他预见到现代西方人由于信仰崩溃，而生活在价值真空中的苦恼处境和自我失落感，竭力要求从平庸猥琐、扼杀个性发展的生活中挣脱出来。但他不是站在改造社会的革命立场上，而是站在极端个人主义立场上，提出对一切价值进行重估，主张在不断创造中，求得自我实现和自我超越。

尼采的这些观点，对于现代资本主义社会里不满现状的、从左到右的各种不同观点的知识分子，都有强烈的吸引力。他们都从尼采那里获得启示，唱出了各自的音调。这也是我国新文化运动时期的先进知识分子，在尚未接受马克思主义以前，推崇尼采的一个原因。20世纪80年代在中国部分青年知识分子中一度出现的尼采热，说到底，也是在十一届三中全会以后思想解放的背景下，从个人主义角度对“左

① 转引自赵复三:《卢森堡公园漫步——对现代西方文化某些方面的历史考察札记》,《中国社会科学》,1988 (2)。

② 转引自赵复三:《卢森堡公园漫步——对现代西方文化某些方面的历史考察札记》,《中国社会科学》,1988 (2)。

③ 转引自赵复三:《卢森堡公园漫步——对现代西方文化某些方面的历史考察札记》,《中国社会科学》,1988 (2)。

倾”教条主义进行批判的一种思想表现。

那么，为什么上述理论的提出是通过尼采这个人来实现的呢，这除了有上面讲的客观原因以外，还有其主观的原因。

二、忧郁多愁孤独：没有爱的一生

1844年10月25日弗里德里希·尼采出身于一个牧师的家庭。其祖父是波兰贵族，他常以此自耀。他父亲的社会地位虽不高，但因与普鲁士国王弗里德里希·威廉有故交，得后者恩宠，因而有着贵族特权阶层的体面。可是尼采五岁时父亲去世，不久他的两岁的弟弟又夭折。这对其家庭是一个沉重的打击。生活断绝了来源，在父亲死后不久，母亲不得不带着他和妹妹，投奔祖母和两个未出嫁的姑姑，过着寄人篱下的生活。可以说，尼采从小时起，就尝到了人间的辛酸。

后来，尼采凭着天资聪颖和自己的努力，进入大学学习语言学，并在24岁时，受聘于巴塞尔大学，担任古典文献学的额外教授。然而他的兴趣不在语言学，而是哲学。他认为真正的哲学才关乎人生之根本。但当1872年尼采的第一部哲学著作《悲剧的诞生》问世的时候，除了他的一位朋友洛德表示赞许外，整个语言学界全部反对他。从而使他威信扫地，学生纷纷离开教室，不听他的课。最少时只有两名学生听他的课。精神上的刺激，使他本来不好的身体状况迅速恶化。1880年，尼采辞去了教授职务，永远退出了大学讲坛，开始了那孤独漂泊的生涯。他只身一人，带着笔记本和一把绿色的小阳伞，辗转于南欧各地。从1880年到1889年，这是他一生中最痛苦的十年。

漂泊中的孤独，曾经使他发出绝望的悲叹：“我期待一个人，我寻找一个人，我找到的始终是我自己，而我不再期待我自己了！”“现在再没有人爱我了，我如何还能爱这生命！”“向我传来的友好的声音如此之少。如今我孤单极了，不可思议的孤单……成年累月没有振奋人心的事，没有一丝人间气息，没有一丁点儿爱”。①

尼采终身未婚，曾经有过三次恋爱的机会，但因他过分拘谨，未能及时抓住，而滑了过去。另外，这也与他的思想片面性有关。他认

① 转引自［德］伊沃·弗兰泽尔：《尼采传》，张载扬译，91页，北京：商务印书馆，1988年。

为，“作为一个哲学家，我必须摆脱职业、女人、孩子、祖国、信仰等等而获得自由”。然而作为一个活着的人，他又感到“缺乏这一切”，需要这一切。[①]这就引起了难以克服的矛盾。

爱情远离了他，友谊也舍他而去。由于他的孤傲，他与朋友瓦格纳决裂了，与洛德疏远了，与他志趣相投、心心相印的朋友最后一个也没有了。他处于孤独之中，内心的矛盾达到了难以找到自慰的程度。尼采的精神崩溃了，发疯了。1889年，他入精神病院治疗，1900年离开了人世，从而结束了他那悲苦孤独的一生。

如此辛酸的人生经历，加之有一个善于思索的敏捷头脑，使尼采深切认识到宗教神圣灵光下隐藏着的虚伪，资本主义发展中孕育着的败落。一种痛苦被思索、咀嚼，会愈感痛苦，由此折射出一个由忧虑、苦闷、愤慨和力抗世俗等诸种深层心理交织起来的主观世界。

人的内心在孤独痛苦的时候，是需要求得解脱的。从历史上来看，这种解脱方法大体可以归纳为七种：①肉体消灭法（痛不欲生，一死了之）；②来世安慰法（宗教式的）；③精神胜利法（阿Q式的）；④山水寄情法（中国古代隐士式的）；⑤狂逸放任法（西晋竹林七贤式的）；⑥理性导向法（通过理性分析，化解痛苦）；⑦自我扩张法（从心理学的角度来说，就是听任非理性因素的作用，在心灵上自我膨胀，以求得一丝安慰），当然，这种方法最终只能引起心灵上更大的痛苦。

对于尼采来说，他主张积极的人生，自然反对自我毁灭；他反对宗教，认为来世是欺骗；他具有高层次文化，也不会像阿Q那样浅薄；山水寄情法，对他也不适用，他不能不关心社会，而且他声明自己是以关心人生意义为根本的哲学家；另外，他也反对理性的束缚。对于尼采来说，客观上，贵族体面的扫地以尽，心灵上，贵族荣耀的强烈欲望，这种巨大反差要达于心理平衡只有这样一途，即自我扩张法。他的自我扩张，就是唯意志论。

三、摆脱人生苦难：需要“权力意志”

说到唯意志论，必须联系叔本华的“生存意志”与尼采的“权力

① 转引自［德］伊沃·弗兰泽尔：《尼采传》，张载扬译，37页，北京：商务印书馆，1988年。

意志”的联系和区别来考察。

叔本华（1788—1860）认为，意志就是欲望、冲动。这种意志充斥天地之间，一切事物都是意志的表现，到了人这里，达到了高级的程度。正因为如此，个人受这种冲动的驱使，不断产生欲望。欲望意味着欠缺，欠缺意味着痛苦。所以，一切生命“在本质上即是痛苦”。当欲望休止又会产生无聊。人生就摇摆在痛苦和无聊之间。由此演绎出悲观主义的人生观。叔本华又从对人生的悲剧、虚无的解释，进入禁欲主义的解脱理论，就是舍弃欲求，否定生命意志。人生的悲哀无药可救，放弃生命吧！听天由命吧！有的学者认为，叔本华的禁欲主义是一部死亡之歌，这个评价倒是颇有意味的。

尼采在21岁时转到莱比锡大学进修古典语言学的时候，一次偶然的机会，他从旧书摊上买到叔本华的《作为意志和表象的世界》这本书，深深地震撼了他的心灵，并影响了他的一生。在得到这本书的那些日子里，他废寝忘食地读，心中充满神经质的激动，真是相识恨晚。后来他回忆说，当时他从叔本华的书中“看到一面硕大无比的镜子，它映照出了世界、生命和我的心境”。[①]可以说，叔本华的哲学为尼采哲学提供了理论上的渊源。但是对人生的态度上，尼采不同于叔本华。

叔本华认为，人在苦难面前无所作为。尼采认为，就算生命本无意义，他也要为他创造出一种意义来。尼采说，生命的意义并不在于叔本华所认为的生存，不自傲与生命的延续，而在于生命的高涨，在于活得伟大、活得高贵、活得有气魄。为要这样，就需要“权力意志”，或者叫“求强大力量的意志”。

尼采说，“世界上除了权利意志以外，什么精神、什么物质，完全是虚构的”，“在有生物的地方便有求权力的意志，生存就是意志的外观，权力意志是生命的最高体现、最高价值、最高目的”。[②]

这里，不能把权力和权势、权术，乃至强权政治完全等同起来。“权力意志”无疑包含有这样一层意思，另外，它还有坚强的意志这一层含义。尼采认为只有“权力意志”才能在弱肉强食的社会关系下保存自己并得到发展，他要人以坚强的意志去战胜人生的苦难和悲痛。

① 转引自［德］伊沃·弗兰策尔：《尼采传》，张载扬译，28页，北京：商务印书馆，1988年。

② 洪谦主编：《西方现代资产阶级哲学论著选辑》，15、16页，北京：商务印书馆，1964年。

他说，没有痛苦，人只有卑微的幸福。伟大的幸福正是战胜巨大痛苦所产生的生命的崇高感。与痛苦相对抗，是人生最有趣味的事情。

尼采在哲学上力图摆脱其前辈的思想影响，不再讨论观念、理性等抽象概念，只讨论意志，作为一种直接支配着人的比较稳定而持久的精神力量，而且紧紧联系着人类社会中的各种很有影响的精神现象来探索怎样提高个人的地位、作用及价值。因此，他在现代西方哲学中很有影响。但是，他的超理性的唯意志主义，又为野心勃勃的强权人物征服世界，践踏人性，作了某种理论上的论证。

四、关于“超人”的呼唤

上帝不是人的主宰，人应该是自己的主宰，人必须使自己发展成为“超人”。尼采坚信：“人是要被超越的一种东西。”[①]人应该坚决砸碎生活中妨碍自己超越一切的哲学、宗教、道德、文化、政治制度、社会秩序、风俗习惯，一刻不停地创造自己最新的价值，向着更高的境界前进。

尼采认为，超人就是最能体现权力意志的人，这种人具有旺盛的创造力，是生活中的强者。“超人”比起只知趋利避害、乐安天命的平庸之辈来，就显得高大和完美。他说：“猿猴于人类是可笑的对象或痛苦的羞辱，人于超人亦复如此。”[②]尼采的“超人”哲学，最初是从反对基督对人的个性压抑和摧残这个正确的角度提出来的。可是由于其个人主义和民族沙文主义的立场，却使他走到了自己出发点的反面。这表现在：

第一，他认为要成为“超人”，就必须凌驾于群众之上。因此，他赞扬超人对民众的统治。他说，“超人”负有特殊使命，是高一等的人，他对群众进行统治。超人要完成历史使命，要准备牺牲无数的人，“对群众的宣战”是必要的。[③]

第二，尼采鼓吹日耳曼种族优越论。他认为超人代表一种世界精神，这种精神就是日耳曼精神。尼采认为，德意志民族肩负着统治其

① ［德］尼采：《查拉斯图特拉如是说》，高寒译，5页，贵阳：文通书局，1949年。

② ［德］尼采：《查拉斯图特拉如是说》，高寒译，5页，贵阳：文通书局，1949年。

③ 《尼采全集》第12卷，279页，莱比锡，1905年。

他民族的历史使命，是高贵的民族。日耳曼文化过去是被基督教文化所压抑，现在应当复兴，应该用德意志文化取代基督教文化，进而发展成为一种世界文化。①

第三，侈谈生存斗争。怎样使德意志文化发展成为一种世界文化呢？他写道：在自然界中，“大大小小的竞争到处都是为了争优越、争生存和扩张”。②“人类的竞争就是坚强的意志指挥软弱的意志。”③他说，“人类是不平等的”，“人类也不应当平等”，④“弱肉强食”，强者对弱者的支配是毋庸置疑的。

第四，鼓吹战争，反对和平。尼采认为，20世纪必然发生一场争夺世界统治权的战争，将会提出“谁将成为地球主人”的时代问题。⑤尼采认为战争是存在的本质，是培养权力意志的必要手段。因此，他大声呼喊：“我劝告你们不要工作，要去作战，我劝告你们不要和平，而要胜利……只有战争才使一切事业变得神圣。战争和勇敢比博爱做着更伟大的事情。”⑥

尼采反对和平，肯定侵略战争。至此他的哲学表现了强烈的贵族主义倾向，具有极大的反动性和疯狂性，结果被希特勒和墨索里尼所利用。当然，绝不能由此认为尼采是法西斯主义的先驱，不能把尼采思想和法西斯主义等同起来，否则，则是过分强调了哲学所起的作用。同时，历史的实践证明，反动的、反人道的哲学思想与血腥的恐怖统治和滔天罪行之间存在着重要区别。但同时也必须承认，尼采的思想是纳粹主义的渊源之一，它对纳粹主义和第三帝国产生的影响不容忽视。

五、几点结语

第一，尼采高扬意志，贬低理性。诚然，没有意志的人生是没有

---

① 《尼采全集》第5卷，1631页，莱比锡，1905年。

② 《尼采全集》第1卷，623页，莱比锡，1905年。

③ 参见汪子嵩、张世英、任华等编著：《欧洲哲学史简编》，202页，北京：人民出版社，1972年。

④ ［德］尼采：《查拉斯图特拉如是说》，高寒译，106页，贵阳：文通书局，1949年。

⑤ 《尼采全集》，156页，莱比锡，1905年。

⑥ ［德］尼采：《查拉斯图特拉如是说》，高寒译，32页，贵阳：文通书局，1949年。

色彩的人生，但没有理性指导的意志也是盲目的意志。夸大理性的作用，走向极端，会导致把人贬为理性的工具（例如在黑格尔那里）；相反，夸大意志作用，走向绝对，也会使人变成盲目性的奴隶。理性是对盲目意志的一种束缚，但正确的理性，又能使人的自觉意志更加坚定。

第二，尼采只讲怀疑，不讲分析。对于传统文化，没有怀疑、批判，就没有发展、进步，但怀疑只是手段，不是目的。只讲怀疑，不讲分析，只会从一种片面，走向另一种片面。把传统说得一无是处，把自我标榜为完美无瑕，这种僵硬的对立并不能维持长久。历史的经验证明，这种人不是放弃自己的所谓“完美”，投入先前他所绝对否定的传统中，玩世不恭，随波逐流；就是执着于自我扩张，陷于悲观绝望，甚至走上自我毁灭的道路。所以，否定一切的人，走向极端，也会否定自我。

第三，尼采歌颂“超人”，反对群众。然而历史毕竟是群众的历史，个体只有汇入群体，才能有所作为。不要离开群体去追求个体的永恒。如果说，“死亡”剥夺了人生的价值创造，那么“永生”也剥夺了人生的一切魅力。只有个体与群体相互促进，短暂的人生与永恒的人类相互沟通，个体和群体、短暂和永恒，也才都有了魅力。

第四，尼采只讲竞争，不讲和谐。没有竞争的和谐，好比没有波澜的一潭死水，而没有和谐的竞争，也就如同没有堤防的泛滥横流。所以没有竞争，人类就没有生气，没有和谐，社会就没有安定。人类既需要生气勃勃的发展，也需要安定宁静的生活。对于涉世不深的青年，既不要完全相信“人生就是战场”的警语，而却步不前；也不要昧于“人间充满爱”的甜言，而气躁心浮。人类发展的总趋势，就是在竞争与和谐的统一中前进的。

第五，人不能消极无为，而应积极进取。只有积极进取，人才能生存、发展，人生才有色彩，才有价值，才有乐趣。但这种进取，必须脚踏实地，不可好高蹈空，那是没有好结果的。人应该在积极进取和适可而止之间找到某种平衡，找到人生的充实、快乐、祥和。

总之，尼采的人生是悲苦、暗淡的人生，尼采的哲学是由主观唯心主义的世界观、英雄主义的历史观、极端个人主义的人生观所构架的哲学。

价值论及马克思主义价值论*

哲学既是对人与世界总体关系的终极解释，同时也是对人的终极关怀。哲学的终极关怀通过其价值观获得集中的体现。于是，价值论作为关于价值观的学说，也就成为处于哲学高端层次的一个分支学科。在哲学史上，作为价值论逻辑起点的“价值”范畴，其形成经过了一个从日常观念到经济学概念再到哲学概念的提升过程。改革开放以来，马克思主义价值论的研究在我国获得了极大的推动，并取得了令人欣喜的成就。然而毋庸讳言，在一些基本理论问题上仍众说纷纭，因而有待通过深入地研究和讨论，进一步统一认识。下面就价值本质、价值评价、价值创造，以及普世价值等问题，来谈自己的一些理解，以求得到指教。

一、价值论及中国马克思主义价值论的形成

（一）价值论的哲学定位

价值问题是人类活动中的一个基本问题。不过，把它作为一个对象来加以研究，并形成以价值为对象的理论，即价值论，则是很晚的事。

这是因为价值论在哲学的分支学科中，属高端的较复杂的层次。就人类认识从低到高、从简到繁的顺序来说，价值论形成较晚是有其必然性的。

在哲学史上，哲学形成了三大分支学科：一是存在论（亦说本体论，即关于世界真实体现的理论。其分支有自然存在论、社会存在

* 原刊于《理论建设》，2015（3）。

论、人的生存论）；二是意识论（包括认识论和知识论。认识论是关于认识形成的哲学理论，知识论是关于既有认识成果的哲学理论）；三是价值论。这三大分支学科正式获得命名的时间，分别是17、18、19世纪。

存在论、意识论和价值论的根本区别在于，研究对象的不同。或曰研究的问题不同。

存在论研究的主要问题：什么是存在与非存在；以及存在者怎样存在着。这里的存在是指根本的存在，而非存在则是指非根本的存在。比如在柏拉图那里，理念是根本的存在，具体事物是理念的影子，是非根本的存在。在释家看来，佛法是根本的存在，而色相（相当于物质现象）是非根本的存在。释家讲四大皆空，这里的四大是指地、水、火、风等。唯物主义讲物质是根本的存在，精神是非根本的存在。关于世界的存在与非存在的不同理解，也就形成了唯物主义和唯心主义两大基本派别。唯物主义认为，物质第一性，意识第二性，物质决定意识，意识是物质的反映。唯心主义则用主观臆造的客观精神或主观精神作为第一性的东西，而物质则被视为第二性的东西。关于存在者如何存在，则有辩证法和形而上学两种理解。

意识论研究的主要问题：人的意识来源于何处；人的意识能否把握存在；人的意识如何把握存在。也就是要回答这样三个问题：一是世界是否可知；二是人们从现象的可知如何达于本质的可知；三是认识是内在的，对象是外在的，外在对象作为认识的内容如何进入内在的人的认识。

价值论研究的主要问题是：世界的存在、人的存在及其认识，对于人的意义如何。这是一个总问题，其中还涉及许多具体问题。这些问题本文将在后面加以论述。

日常经验告诉人们，对存在论问题、意识论问题及价值论问题的追问与反思，是相互联系的。就通常情况而言，一物总是先存在，接着人们才可能通过认识去加以把握，同时这也是对其存在的认识论证明。接下来，是去了解它对人的意义。这一认识的大体顺序，对个人来说是如此，对人类认识的发展来说，也是如此。

另外，存在论、意识论、价值论的问题，其所涉及的，虽然都是主客体的关系问题，但其中，主体的地位和作用呈现不断增强的趋势。与主体的多样性相联系，这也就造成了在上述问题上，共识的形成呈愈来愈难的趋势。因此，价值论的晚出，是与人类认识的发展顺序和问题本身的难度较大相联系的。

当然，这一切都离不开人的生活、实践活动。人通过生活、实践活动去发现和证明某物存在；通过生活、实践来显示某物的属性，从而获得关于某物的认知；并通过生活和实践来显示和了解它的意义。因此，从哲学上说，人们是以生活、实践为基础，才形成了存在论、意识论和价值论。

另外，在哲学分支学科意义上，人们是以存在论、意识论的形成为前提，才形成了价值论，并通过价值论的形成，丰富了存在论和意识论。对存在论而言，这种丰富表现在，存在论不仅要一般地研究存在和非存在，研究什么存在，怎样存在，而且要注重研究对人有意义的存在。对意识论来说，这种丰富表现在，不仅要一般地研究如何把握存在，而且要研究如何把握存在的意义，即不仅要形成认知观念，而且要形成价值观念和审美观念。

如此，把握了价值论的哲学定位，也就为研究价值论及其逻辑起点，提供了所依据的思维框架。价值论逻辑起点的获得，也就是哲学“价值”概念的形成。

（二）“价值”范畴的哲学提升

人们意识中的价值观念和价值概念，经历了一个从日常的“价值”观念，到经济学的“价值”概念，再到哲学的“价值”概念的提升过程。

1. 日常效用“价值”观念的形成

在原始社会末期，生产力获得了初步发展。与此相联系，人们的认识也获得了初步发展。与剩余产品和实物交换的出现相伴随，也就形成了最早的价值观念。比如，在那时的实物交换中，一个人用一只绵羊来换另一个人的两把石斧。在这个过程中，交易的双方都会在心中算计，这样的交换是否值得，是否合算。算什么呢？也就是一只绵羊对自己的效用，是否跟两把石斧的效用相当。这种衡量所交换的物品的效用观念，就是最早的尚较模糊的价值观念。

后来，随着商品交换的发展和货币的出现，人们的价值观念也就愈加丰富和清晰。这表现在，人们逐渐能够把商品的“价”与“值”区别开来，并进而加以统一的把握。即力求在商品交换中实现商品的“价”与“值”的相当。在中国古代汉语中有“价”与“值”这两个字。根据黄立勋的考证，《说文解字》对“价”与“值”的解释有多义。其中有一义是说，“价”是指通贾，即买卖。转伸的意义是行市、行情。“值”有相当的意思。价值这个概念，由此逐渐产生。人们用这个概念来反映和标示经济领域中，商品对于人的效用，并据效用之大小来评判商品的价是否“值”，从而来进行交易。

2. 经济学商品交换“价值”概念的产生

到了资本主义社会，经济学家们进一步对商品进行分析研究，形成了关于商品的“价值概念”。正如马克思所指出的，“商业形成的第一个范畴是价值”。[①]英国古典政治经济学不但引进了价值范畴，而且在斯密那里提出了劳动价值论。即关于商品的价值是由劳动创造和决定的理论。到了李嘉图那里，劳动价值论原理已被置于其政治经济学理论的中心位置。也就是说，从他开始，建立了以劳动价值论为中心的政治经济学理论体系。马克思在批判和继承了英国古典政治经济学的基础上，进一步区分了价值和使用价值，揭示了劳动和商品的二重性，提出了剩余价值理论，揭示了资本主义剥削的秘密。于是，价值范畴也就成了马克思主义政治经济学理论的基本范畴。

需要指明的是，劳动创造商品的价值，并非劳动创造一切价值。正如马克思在《哥达纲领批判》中所指出的，“自然界同劳动一样也是使用价值……的源泉”。这是其一。其二，劳动创造商品的价值，也只是在劳动条件具备的时候才是可能的。即只有“在劳动具备相应的对象和资料的前提下是正确的”。[②]其三，劳动创造商品的价值，即通常所说的体现和物化在商品中的社会劳动，表现形式是交换价值，而交换价值是以使用价值为支撑和载体的。一件衣服不能满足人的需要，也就没有人买，就不能实现其交换价值。由此可见，在经济学范围内，商品的交换价值只是价值的一种特殊表现。

3. 哲学一般“价值”概念的提出

头脑发达的人类，具有高超的联想能力和抽象概括能力。由商品

① 《马克思恩格斯全集》第3卷，449页，北京：人民出版社，2002年。

② 《马克思恩格斯选集》第3卷，298页，北京：人民出版社，1995年。

这种人造物对于人们的效用，也会联想到许多自然物对于人们也各有一定的效用。比如，空气可供人呼吸；水可供人饮用和洗浴；阳光可以给人温暖，并使农作物生长。并且由这些人造的和自然的物质客体对人的效应，进一步联想到精神客体也可以对人具有一定的效应。比如知识可以使人正确认识和改造世界，科学技术有满足人们发展生产力的效用。另外，知识还可以拓宽人的眼界、陶冶人的情操、愉悦人的情感。这里所体现的是知识对人的精神效应。

于是人们通过一步一步地抽象和再抽象，概括出包括人工物、自然物和人类精神在内的客体对人而言的效应，即一般的价值。经过这一系列的联想和抽象概括，人们的价值观念和价值概念的涵盖面，也就逐渐扩展开来，扩展到相关的一切领域，从而其意蕴也就上升到了一般、普遍的高度，成为哲学意义上的价值概念。需要指明的是，“价值”概念从经济学概念向哲学概念的提升，其所标示的，已经不仅是经济学意义上的“使用价值”或“交换价值”，而是带有哲学意义的效应价值。

将“价值”范畴引入哲学，并把它作为哲学的基本范畴，这是从德国哲学家洛采开始的。生活于19世纪中叶的洛采第一次提高了价值观的地位，甚至将它置于逻辑学和形而上学以及伦理学的顶端，从而在那时激起了许多关于“价值论”（哲学中一个新基础科学）的种种倡议。[①]作为洛采学生的文德尔班在继承洛采思想的基础上，第一个提出了建立价值哲学的使命，并把价值作为哲学的核心概念。正如文德尔班所说：“哲学只有作为普遍有效的价值的科学才能继续存在。哲学再也不能跻身于特殊科学的活动中。……哲学有自己的领域，有自己关于永恒的、本身有效的那些价值问题，那些价值的一切文化职能和一切特殊生活价值的组织原则。”[②]

我国20世纪30年代，就有学者开始研究价值哲学。1934年张东荪出版了我国第一本价值哲学著作——《价值哲学》。在这本著作中，张东荪不仅对西方的价值理论和价值哲学进行了介绍，而且通过对西方哲学发展趋势的把握，得出了“现代哲学研究的趋向大体是集中于价

① ［德］文德尔班：《哲学史教程》（下卷），罗达仁译，927页，北京：商务印书馆，1993年。

② ［德］文德尔班：《哲学史教程》（下卷），罗达仁译，927页，北京：商务印书馆，1993年。

值论的研究，尤其是以价值论来吸收伦理学”的结论。[①]在他看来，西方哲学在经历了古代的本体论、近代的认识论之后，其现代趋势大体集中于价值论的研究。但是，张东荪的这个结论，由于当时种种现实问题的存在，在国内并未引起人们的重视，响应者寥寥，以至价值哲学这一现代哲学的主要趋向，竟成了无人开采的荒芜之地，更遑论对马克思主义价值哲学的研究。

（三）中国马克思主义价值论的形成

1. 中国马克思主义价值论形成的背景

中国思想界开展价值问题的研究，以及中国马克思主义价值论的形成，首先是同中国进入社会主义现代化建设的新时期相联系的。在此之前，由于把价值论看做是“新康德主义”等资产阶级唯心主义的理论专利以及其他原因，在我国哲学和理论的正式园地中，“价值论”曾是一块空白。传统哲学教科书没有给价值论留下一席之地。到20世纪70年代以后，特别是改革开放以后，价值论研究在我国才被提上研究日程，并成为一个热点问题。为什么会成为热点问题呢？这是因为：

（1）改革开放的时代要求。改革开放的首要目的是发展生产力，提高劳动效益，而所谓效益就是价值问题。改革的终极目的是满足人民群众不断增长的物质文化需要，而能否满足人们的需要这本身就是一个价值问题。改革的关键是经济体制改革，实质是重新调整和正确处理国家、集体和个人之间的利益关系，而利益关系仍然是价值问题。改革必然伴随着观念变革，而观念变革的核心是价值观念变革。同时改革也要有正确的价值观作为指导。所有这些都呼唤着对价值观的研究。这是20世纪80年代起，我国马克思主义价值论研究兴起的最根本原因。

（2）新时期思想解放运动的必然产物。20世纪70年代以来，以“真理标准”这一具有重大历史意义的大讨论为逻辑开端，以中国共产党十一届三中全会提出的“解放思想，实事求是”的方针和改革开放的路线为政治基础，中国社会进入了一个新的历史时期。在从理论上总结以往的经验教训，并为现代化建设探索新的思想观念的过程中，

① 张东荪：《价值哲学》，上海：上海世界书局1934年版，“序”第3页。转引自王玉樑：《当代中国价值哲学》，36页，北京：人民出版社，2004年。

关于实践是检验真理的唯一标准的讨论的深入，进而提出了检验实践正确与否的标准是什么这样一个问题。这里不仅涉及科学标准，而且涉及价值尺度问题。问题的进一步深入，又提出了现代化建设的目的是什么，衡量我们的一切工作成败得失的标准是什么等一系列重大理论和现实问题。这是马克思主义价值论研究在中国20世纪80年代初兴起的最重要、最直接的原因。

（3）中外交流的强大推动。党的十一届三中全会以后，我国实行对外开放政策，使我国学者开阔了视野，开始关注全球化、现代化所引起的价值困境，发现了当今世界学术的新动向，从而使广大学者对结合本国实际研究价值问题的意义，逐步有了更为深刻的理解。这里有两个方面，一是经济全球化所引发的全球化陷阱；二是现代化所引发的现代性危机，都引发了人们从价值角度的反思。生产与生态、科技与人文、南北差距扩大、经济发展与社会公正、物质富裕与精神贫乏，等等，这些问题使人类对自己的生存状况、对人本身的价值产生了普遍的忧虑，迫使有良心的思想家从人、从主体、从价值的角度去重新认识自然、认识社会和人自身。这是我国马克思主义价值论讨论的强大动力。

（4）马克思主义发展的内在需要。马克思主义本身的发展必然要把20世纪初正式兴起于西方，至今已充分显示其重要性的价值论问题，作为自己的重要理论问题，给予正面的研究和回答。如前所说，价值问题是一个具有普遍理论意义和现实意义的重大问题，马克思主义不可能对它保持沉默。对此，前苏联、东欧和日本以及其他一些国家的马克思主义者曾做过努力，力图探索和建立马克思主义的价值学说，并取得了不少成果。马克思主义哲学的这一发展进程，以及随着我国对外开放而发现的当代世界哲学动向，使不少学者对价值问题的意义有了深刻的理解。他们积极投入到对这一领域的开拓。

一般认为，1980年杜汝辑在《学术月刊》第10期上发表的《马克思主义论事实的认识和价值的认识及其联系》的文章，是这次研究兴起的第一个信号。这篇文章的重要意义在于，它从著名的价值与事实的分离出发，考察了社会实践在马克思主义哲学中的地位，认为社会实践作为社会事物的标准，不仅是真实性（事实的真理）的标准，而且也是合理性（价值的真理）的标准。这个结论不仅拓展了实践是检验真理的唯一标准的含义，而且为建立一门独立的价值哲学开辟了道路。刘奔、李连科于1982年8月18日在《光明日报》上发表的《略论真理观和价值观的统一》，则对整个研究的兴起产生了重要的推动作用。自那时以来，国内各种报刊发表的有关作品不计其数，一些学术专著也相继问世。

2. 我国马克思主义价值论研究的特点

当代中国的价值论研究，为什么要冠以“马克思主义”，这是因为，从其主流来说，它一开始就是在马克思主义世界观和方法论基础上展开的。这从而使它在以下两个方面有自己的鲜明个性。

首先，在马克思主义世界观、历史观指导下的我国价值论研究，形成了一套有自己风格的概念范畴体系，力求去解决现代西方哲学争论不休的一些问题。例如，价值的客体性与主体性的关系问题（在西方，有这样两种片面的观点：一是价值的客体属性论，二是价值的主体属性论）；价值绝对性与相对性的关系问题（与上述两种观点相联系，客体属性论主张价值的绝对性，主体属性论主张价值的相对性），以及价值的多元与统一、人的自我价值与社会价值、工具价值与目的价值、价值与评价、价值的选择与创造等多方面的关系问题。其中，包括对中国特色社会主义核心价值体系建构的研究等，都做出了当代中国马克思主义的、创造性的理论说明。

其次，中国马克思主义价值论的研究，从根本上更新了对马克思主义哲学理解的传统框架，重新挖掘和整理了马克思主义创始人的许多未曾注意的思想，从而不仅大大丰富了哲学的领域，而且提出了具有重大意义的新问题。在我看来，自觉地实现唯物主义原则与实践原则的辩证统一、主体原则与客体原则的辩证统一、真理原则与价值原则的辩证统一，就是改革开放30多年来我国哲学界所取得的最大的成果。

二、马克思主义以现实人为本的价值立场

价值论研究兴起以后，常常有人提出这样的问题：马克思哲学有其价值思想吗？有些西方和东欧学者认为，马克思讲的是物质决定论，经济决定论，是反对谈人，反对谈价值的，因而马克思哲学同价

值论不能相容。另有些论者认为，马克思哲学确实没有其价值思想，但并不反对从外部引入这种思想，因而主张用价值论来“补充”马克思主义。其实，马克思主义哲学既不是片面的物质决定论，也不是单纯的经济决定论。马克思主义哲学坚持物质对于精神、经济对政治的最终决定作用，但并不否认精神对物质、政治对经济的反作用，并不否认这种反作用在一定条件下的决定性。精神的反作用、政治的反作用，从根本上说，都是人的能动作用的表现，都是通过人追求某种价值的活动来实现的。因此，那种认为马克思哲学与价值论不相容的观点，是没有根据的，是不正确的。诚然，马克思恩格斯并没有对价值问题进行专门研究，没有形成系统的价值理论，这是必须承认的。但是又必须看到，马克思哲学有一系列关于价值的论述，和贯穿其中的独特的价值立场。这就又为马克思主义价值论的建构提供了基础和指明了方向。

从马克思所开创的哲学革命出发，从马克思哲学的历史性、现实性与理想性相结合的角度来考察，马克思哲学是实事求是、以人为本、实践主导的辩证唯物主义。

马克思主义的以人为本，是以现实的人为本。也就是说，以现实人为本就是马克思主义的价值立场。这里包括以下互相连贯的一系列理论观点。

（一）从现实的人出发

从现实的人出发，这是马克思历史唯物主义区别于唯心主义历史观的首要之点。①

所谓现实的人，就是在一定的人与自然、人与人的关系中进行实践的，不断自我生成、历史发展的人。

阶级社会中现实的人就是在生产力有所发展又不甚发展的基础上，形成的一定阶级关系中从事实践的人。

马克思主义主张从现实的人出发，在阶级社会中，就是从人的阶级存在出发，或曰从阶级的人，特别是从代表未来的无产阶级和广大人民群众的现实处境和根本利益出发。因为现实不等于现存。现实意

① 《马克思恩格斯文集》第1卷，525页，北京：人民出版社，2009年。

味着必然性的存在，意味着代表未来的存在。在马克思看来，无产阶级和人民群众就是这样的现实存在。在资本主义社会中，无产阶级和广大人民群众的现实处境，就是在资产阶级剥削压迫下的贫困和无权的境地。他们的根本利益，就是阶级解放的利益、夺取政权的利益，和最终消灭阶级的利益。

无产阶级和广大人民群众靠什么实现自己的根本利益呢？既不能靠上天的垂怜，也不能靠别人的恩赐，而只能靠人民自己解放自己。

（二）人民自己解放自己

这里的人民，不是一般意义上的人民，不是指奴隶社会的奴隶和自由民；也不是指封建社会的农民和手工业者，而是指资本主义社会中，由觉悟的无产阶级所领导的人民。只有这样的人民，才能自己解放自己，并最终解放全人类。这是因为相对于以往的一切阶级，“无产阶级”是一个“能够而且必须自己解放自己”的阶级，[①]并且是一个领导全人类解放走向彻底胜利的、有着远大前途的阶级。

无产阶级的远大前途，其根源在于，它是先进生产力的代表者。这里的先进生产力，是相对于以往的奴隶、平民、农民和手工业者所从事的，与简单科技相联系的小生产而言的，是无产阶级所从事的是与先进科技相联系的大生产。这种大生产是现代文明的支柱。它所创造的巨大财富，足以保障人们过上丰裕、富足的生活。因而它所提供的生产力一旦挣脱资本主义私有制的束缚而得到充分发展，从而也就为最终消灭阶级提供了物质保障。

无产阶级的远大前途，其力量不仅在于它人数众多，而且主要还在于，它能组织、联合和团结起来，形成集体的力量。马克思强调用先进的思想把人民群众联合起来，列宁强调通过无产阶级政党的宣传，特别是组织，把广大人民群众团结起来。发达的交通工具和先进的通讯设备也为工人阶级和广大群众的组织、联合和团结提供了物质条件。

无产阶级的远大前途，其素质在于，它相对于历史上其他被剥削阶级受到更多的教育，有着更好的教养。不仅如此，它还处于社会的

① 《马克思恩格斯文集》第1卷，261页，北京：人民出版社，2009年。

最底层，受剥削压迫最深，除了自己的双手，一无所有，所以它最渴望改变自己的处境，最具有革命性。

无产阶级解放的首要任务是推翻资产阶级的统治，夺取政权，实现人民当家做主。

（三）人民当家做主

人民当家做主，就是人民成为国家和社会的主人。人民当家做主，不仅是一个口号，而且要通过经济、政治、文化的制度安排来保障，要通过人民群众实实在在的获得来体现。

人民在经济上当家做主，即要消灭私有制，建立公有制，并实现公有制为主体。要在大力发展生产力的基础上，广大人民群众共享自己的劳动成果，不断使自己的物质生活获得改善和提高。

人民在政治上当家做主，即要建立人民主权和人民民主制。所谓人民主权，即国家权力属于人民，人民是国家权力的主体。所谓人民民主制，即通过代表人民利益的民主制度的设立，来规范和监督权力的运行，从而确保人民当家做主的权利。

人民在文化上当家做主，即要不断发展教育科学文化事业，使人民群众享有受教育权，学习科学文化的权利，享有文化成果的权利，不断提高科学文化水平，逐渐过上道德的、内容丰富的、高雅的精神生活。

人民当家做主，以人为本是其核心内涵。在当今的中国，坚持以人为本，在经济发展上，就要坚持以人为本的科学发展观。在政治上，要坚持作为人民意志体现的法律至上原则，全面推进依法治国，建设服务型政府。在文化上要坚持社会主义核心价值观，提高全民族的科学文化素质。在社会层面上，要推进社会主义和谐社会建设，提高人民的幸福指数。在生态层面上，要建设生态文明，打造环境友好型社会。所有这一切工作的最终目的，都是为了促进人的全面自由发展。

（四）促进人的全面自由发展

这里的人的全面发展是相对于人的片面发展而言的。在以往的阶级社会中，体力劳动和脑力劳动的分化与对立，是其片面性之一；劳动者的职业分工所造成的人的主要精力长期用于从事某一项工作，是其片面性之二；人为了谋生，不得不去从事某一工作，不得不去从事自己所不愿意从事的工作，是其片面性之三。针对这三种片面性，马克思指出了人的全面自由发展的概念。一是指在未来社会，人应该是体力和脑力全面发展的人。二是指超越职业分工的局限，人的能力得到多方面发展。当然，这里不是指劳动没有分工。在未来社会，劳动分工还会不断发展，但由于生产率的极大提高，人们在劳动分工中所用的时间逐渐减少，自由时间逐渐增多。所谓自由时间，是指能自由支配的、多方面发展发挥自己能力和兴趣的时间。因此，自由时间的增多，意味着人的发展空间的扩展。三是人不再为生计去从事不情愿的工作，而是为着自己的兴趣和爱好，为着自我实现，去从事自己所喜欢的工作，去不断尝试自己感兴趣的工作，去从事使自己的能力得到更好锻炼和发挥的工作。

在以往的剥削阶级社会中，绝大多数人的片面发展，创造了少数人，特别是社会上层的，比较多的发展机会，或相对而言的比较全面的发展。马克思的社会理想，是反对这种多数人发展残缺，而少数人拥有多方面发展机会的社会。马克思所追求的是社会中每个人的全面发展，是一切人的全面发展。这是马克思人的全面发展思想与人本主义思想家人的全面发展思想的一个重大区别。

人本主义者人的全面发展思想，所关注的是个人，因而它所提供的，只是一种个人理想。马克思人的全面发展思想，和一切社会主义者包括空想社会主义者人的全面发展思想，所提供的，就不仅是一种个人理想，而且也是一种社会理想，或曰个人自由与社会自由统一之理想。这个理想，在马克思那里，就是自由人联合体。在这个联合体中，每个人的全面发展是其他一切人的全面发展的条件。这个理想社会就是马克思和一切社会主义者为之追求和向往的共产主义社会。用马克思的话说，共产主义社会是以每个人的全面发展为基本原则的社会。

怎样才能实现共产主义社会呢，空想社会主义者诉诸道德、良心，因而陷于空想，所以他们被称之为空想社会主义者。他们的理想社会，被称之为不能实现的“乌托邦”。与之相反，马克思立足对社会的经济分析，从社会内部来说明这个理想社会实现的根据、条件，从而揭示其客观必然性。

在马克思看来，共产主义理想不是基于人为的想象，而是通过解放那些由旧的正在崩溃的资本主义社会所孕育的新社会因素而实现的。资本主义社会所孕育的新的社会因素大体有三个方面：一是资本主义市场经济所创造的巨大生产力；二是资本主义所造就的剥削对象：工人阶级；三是与社会化大生产相适应的，虽不能从根本上改变工人阶级被剥削被奴役的地位，但有助工人阶级提高政治地位和改善生活的一些改良调节的措施。如发达资本主义国家所实施的就业、福利、工人参与和股票分散（即工人持有本企业部分股票）等的制度。

马克思指出，在超越了人的依赖关系而进入物的依赖关系的资本主义市场经济社会中，形成了普遍的物质交换，全面的关系，多方面的需求以及全面的能力的体系，这就为人的全面发展提供了物质基础和根本需求。然而资本主义社会劳动者和劳动条件的分离趋于极端，导致了无产阶级和资产阶级的根本对立。这种分离和对立严重阻碍生产力的发展和人本身的发展。这一矛盾，只有通过工人阶级的社会革命，才可能根本解决。然而为了阻碍革命的发生，资产阶级不得不采取一些改良措施，以缓和无产阶级和资产阶级的冲突。在资本主义框架内的这些改良措施必将起到从根本上推翻资本主义制度的量的积累作用。

世界上一些落后国家先于发达国家走上社会主义道路。它们面临着繁重的经济政治文化社会和生态文明建设的任务。因而在一个相当长的历史时期中，这些国家还得适应生产力水平低、发展不平衡等的情况，坚持以公有制为主体的多元经济，大力发展社会主义市场经济，大力发展社会主义民主政治，大力发展社会主义先进文化，推进社会主义和谐社会和生态文明建设，为人的全面发展创造条件。在这个意义上说，促进人的全面发展是社会主义的本质要求。

到共产主义社会，主要的生产，已不是物质生产，而是人的本身的生产，是人的多方面能力的生产。与此相联系，社会财富主要也不是物质财富，而是自由时间。在马克思看来，物质生产是永远需要的，共产主义社会也不例外。但在共产主义社会中的物质生产只能是：在社会化和联合劳动的基础上，将合理地调节和共同控制人与自然之间的物质变换，以最节约、最符合需要、最有利于人全面发展的方式进行这种物质变换。这时候，尽管交换价值消灭了，但劳动时间始终是财富的创造实体和生产财富所需要的费用的尺度，始终是发展人类头脑的这种一般能力的条件。在这个前提条件下，真正的财富就是个人发展自身的生产力，而财富的尺度也不再是劳动时间，而是可以自由支配的时间。

总之，马克思主义是关于人的彻底解放的科学，或者说，是关于现实的人及其历史发展的科学。坚持马克思主义以科学性和实践性为基础的人本性，就是坚持马克思主义的价值立场。这是一个根本的立场。只有坚持这个根本立场，才能对马克思主义价值论中的一系列基本理论问题给予科学的说明。

三、马克思主义视域中的价值论问题解析

这些问题包括价值本质、价值评价、价值选择和价值创造等。下面就此分别来加以说明。

（一）关于价值的本质

在马克思主义经典作家的著作中，并没有直接对价值的本质作出规定。但确实又为作出这种规定指明了方向，奠定了基础。对此，马克思曾经指出：“‘价值’这个普遍的概念是从人们对待满足他们需要的外界物的关系中产生的。”[①]这段论述指明了，价值是一个关系范畴，不是实体范畴。因而不能单纯用主体范畴或客体范畴来加以说明，而必须从主体与客体的关系来说明。这是第一。第二，价值作为主体与客体的关系范畴，那么所标示的是一种什么关系呢？是客体对主体需要的满足关系。

但是，近二十多年来，在关于价值本质的问题上，发生了诸多争论。

1. 何者能充当价值主体

在这个问题上，生态中心主义者认为，人有人的权利，自然物有“自然的权利”。因而主张“自然与人是平等的主体”。也就是说，在价

① 《马克思恩格斯全集》第19卷，406页,北京：人民出版社，2002年。

值关系中，自然物和人一样，都可以充当价值主体。

怎样看待上述观点呢？

那种关于自然物可以充当价值主体的观点，是不对的。

如上所说，科学性和实践性基础上的人本性，是马克思主义的价值立场。人本性，说到底，就是坚持人类生存和发展的利益。在人与自然的关系上，要坚持“人是主体，自然是客体。”[①]从而在价值观上，应坚持人是价值主体，自然是价值客体。因为在人类和人类社会诞生以前，整个宇宙只是一片混沌，自然只是一种自在的存在，因而无所谓主客之分。只是到人与人类社会诞生以后，有了人的生活、实践活动，才有了人从现实世界中作为主体的提升，也才有了作为人的活动对象的客体，这时才有了主客体的分化。

在生活、实践基础上，也才有了主客体的三种关系，即改造关系、认识关系、价值关系，包括审美关系。就价值关系而言，人作为价值主体，不仅指人是价值的享用者，而且主要还是指，人通过活动而成为价值对象的生成者。当然，这里的生成是一个广义的概念。即不仅单指人的物质生产和物质消费等物质活动中的价值对象的生成，而且还包括人的精神活动中的价值对象的生成。例如，黄山上的那几块石头，是纯粹的自然物，通过人与之的沟通与契合，即通过审美活动，也就造成了“猴子观月”那样一种审美意向的生成。如果像生态中心主义所主张的那样，人与自然是平等的主体，那么人就不仅不能吃肉，而且连青菜，粮食都不能吃。这样一来，不仅剥夺了人作为人的生存和发展的权利，而且把人降到了连猪、牛都不如的地步。因为猪、牛要吃草，它们才不管所谓草的权利不权利呢！可见，“自然与人是同等主体论”，实际是一种漠视人的、反人类的自然主义主体论。因而是不能令人赞同的。

2. 价值生成于何处

这个问题的回答，涉及价值本质的理解。在这个问题上存在如下三种观点。

（1）唯主体价值论。这种观点把价值生成归结为主体，认为客体是否有意义，有多大意义，完全取决于主体对客体之意义的给予过

① 《马克思恩格斯文集》第7卷，919页，北京：人民出版社，2009年。

程。比如，在我国，有论者认为："所谓价值不过是人所追求的那个目的物"，而这个目的物就是"人的自身本质"，"人本身也就是价值本身，人的存在就是价值存在。"①如何理解人本身，在哲学史上，情感主义认为人本身是人的情感；理性主义认为，人本身是人的理性。与此相联系，情感主义者认为价值仅仅是情感之表达；理性主义者则认为价值仅仅是理性之判断。哈奇森、休谟和亚当·斯密等人是早期情感主义的代表。休谟认为，价值源于情感。价值"就在你的心中，而不在对象之内。"②罗素也说："当我们断言这个或那个具有'价值'时，我们是在表达我们自己的情感，而不是在表达一个即使我们个人的情感各不相同但却仍然是可靠的事实。"③康德属于理性主义价值论者。他认为，价值"既不能在人类本性中寻找，也不能在他处的世界环境中寻找，而是完全要先天地在纯粹理性的概念中去寻找。"④

这种关于人是价值的设定者，又是价值本身的观点，或价值是人的观点，有某种合理性。即它看到了价值的生成离不开主体。青菜之所以有价值就在于被人消费，没有人去消费，或不被人消费，青菜就没有价值。但是在肯定主体在价值生成中作用的同时，不能走向极端。即不能把价值生成归结为主体，更不能把价值与人等同，说什么价值是人。这样会导致混乱。混乱之一是，现实的人是各式各样的，有恶人，有善人，善人有价值，恶人破坏价值。如果说，价值是人，那么其必然的结论就是：现实的人都是善的。而这并不符合社会生活的现实。混乱之二是，如果说人就是价值本身，就无法解释人的价值追求。因为人本身就是价值，还有什么必要去追求价值呢？这不仅在逻辑上是混乱的，而且也无助于人对自身的超越。混乱之三是，这种观点只能解释人可以给青菜以吃的价值，而不能解释人何以不能给青草以吃的价值。至于把人理解为情感，或理解为理性，这种理解不仅把人片面化了，而且把人主观化了。从这种片面化、主观化视角所理解的价值，也就更无多少可取之处了。

（2）唯客体价值论。这种观点把价值生成归结为客体。认为价值

① 高清海：《哲学与人》，《长白学刊》，1995（6）。韩东屏：《人·无价值·价值》，湖北大学学报（社科版），2003（3）

② ［英］休谟：《人性论》，关文运译，509页，北京：商务印书馆，1980年。

③ ［英］罗素：《宗教与科学》，徐奕春等译，123页，北京：商务印书馆，1982年。

④ ［德］康德：《道德形而上学原理》，苗力田译，3页，上海：上海人民出版社，2002年。

是事物本身所固有的属性，完全不取决于人是否需要、追求和消费。人的消费只是使事物的价值获得表现。美国学者罗尔斯顿是这一观点的代表。他说："进入人们视野的那些自然属性，是在人类出现之前就已客观的存在大自然中的。"它"被观赏者的知觉记录下来，并被翻译成实实在在的价值"。[①]英国哲学家摩尔也持有这一观点。我国有学者在这个问题上的观点与上述论者相类似，认为价值是客体满足人需要的属性。这种观点的合理之处在于，它看到了价值的生成离不开价值客体。青菜之能被人吃，青草之不能被人吃，是因为二者作为客体，其属性不一样。但是他们在肯定这一点的同时，也不能走向另一个极端，即不能把价值完全归结为客体。这种观点并不能解释，为什么同样一碗青菜，对极度饥饿之人可以救人一命，而对酒足饭饱之人可以说毫无价值。

（3）主客体关系价值论。这种观点认为，价值存在于主客体的关系之中，是主体和客体之间的需要与满足的关系。也就是说，价值既不是主体的单纯设定，也不是客体的某种固有属性；它既不单纯来源于主体，也不单纯来源于客体，而是来源于客体的属性或功能与主体属性的一致性关系之中。离开了构成价值关系的两极；主体或客体任何一极，都形不成价值关系，都不会有价值。这里有一个思想方法的问题。即事物之间的关系同事物的属性是不同的。事物的属性为事物自身所具有，丧失了属性，事物就全部或部分地丧失了自己的存在。属性与事物是同一的。关系则不然。关系总是作为两个或几个事物之间的关系而存在，单个事物无所谓关系。因而关系是不能归属于其中某一事物的。马克思说得很明白："一物和另一物的关系，是二物的关系，不能说它是属于哪一物的。"[②]当然，也离不开哪一物。既然如此，那么作为自然价值客体的空气也是这样吗？也是这样。因为空气是多种气体的混合物，只有通过人的离析、取舍即呼吸，才产生价值。

价值作为主客体之间的一种效应关系，那么它就必然具有属人性和客观性两重属性。

价值的属人性，即价值的主体规定性。这表现在：第一，价值是

① ［美］罗尔斯顿：《环境伦理学》，杨通进译，156—57页，北京：中国社会科学出版社，2002年。

② ［德］马克思：《剩余价值学说史》第3卷，郭大力译，154页，北京：人民出版社，1978年。

主体生命活动中形成的，即通过人的生命活动才形成价值。第二，价值以主体为尺度的。第三，价值具有因主体而异的相对性和时效性。

价值的客体性，即价值的客体规定性。这表现在：第一，客体的性质和功能是价值产生的客观前提（比如衣服只能用来穿，而石头不能用来穿，但衣服也不能用来吃）；第二，客体是形成价值稳定性和绝对性的客观基础（价值的变动性和相对性中会有稳定性和绝对性。比如煤可以用来取暖、烧饭，可以提高大棚温度，防止冻害等，但这些都是以煤的可燃性为基础的）；第三，客体属性和功能的多样性及发展无限性，是价值多样性、发展无限性的可能性基础。

3. 什么是价值

在这个问题上，有以下一些分歧。

（1）“满足”论与“效应”论。关于什么是价值，满足论认为，价值是客体对主体合理需要的满足；效应论认为，价值是客体对主体的效应。

怎样看待这两种观点呢？我认为，这两种观点是从两个不同的角度给价值所下的定义。前者是狭义的，后者是广义的。作为广义理解的价值定义，价值是客体对主体的效应。这里的效应，可能是零效应，即客体对主体无价值；也可能是负效应，即客体对主体有消极作用；也可能是正效应，即客体对主体有积极作用。所谓积极作用，也就是客体能满足主体的合理需要。人们通常所说的价值，往往是正价值。因此，在狭义上，价值就是客体对主体合理需要的满足。

什么叫效应？效应是在事物的相互作用中，一事物的作用对另一事物引起的变化过程和结果。有一块石头存在，我们称之为“自存事物”，而一块石头在地面上砸了一个大坑，属于效应事物。

（2）“主体客体化”论与“客体主体化”论。价值是主体与客体相互作用的产物。主客体相互作用是价值的基础。又因为主客体相互作用，是在主体活动中实现的。所以又可以说，主体的活动是价值的基础。在主体活动中，主体作用于客体，使主体本质力量对象化或主体客体化。即生成新的价值客体，这是价值客体创造的过程；在主体作用于客体的同时，客体也反作用于主体，使客体主体化，即客体对主体产生一定的作用和影响，对主体产生一定的效应，使客体为主体服务，这是价值实现的过程。所以价值的本质在于客体主体化。而客体对主体的积极效应则是客体主体化的体现。

有学者认为，价值的本质是主体客体化，即主体本质力量对象化。这种观点在美学界中很流行。但此说难以成立。因为主体客体化，即主体本质力量对象化，这只是价值客体的产生过程。但价值客体不同于价值。只有价值客体作用于主体，对主体产生一定作用和影响，才产生价值。客体对主体产生一定作用和影响，就是客体主体化。所以价值的本质是客体主体化，而不是主体客体化。

(3) 关于价值的主要和根本效应。价值是客体对主体的积极效应。这种积极效应是多方面的，有对生存的效应，有对发展、完善的效应。要发展必须生存，发展包含生存，而且是更好的生存。但生存并非都是发展。生存有多种情况，有倒退的生存、停滞的生存、发展的生存。物竞天择，优胜劣汰。历史经验证明，只有发展、创新，才能有更大的生存空间。停滞、倒退，就会落后，落后就要挨打，就有灭亡的危险，就会被淘汰。要生存就必须发展，不发展就难以立足，就不能保证生存。所以，客体对主体的积极效应，主要是对主体发展、完善的效应。

主体可分为个体主体、群体主体、社会主体。客体对主体的积极效应，包括对个体主体、群体主体、社会主体的积极效应。社会主体由众多个体主体和群体主体所构成。个体主体是社会主体的细胞，群体主体是社会主体的有机成分。社会主体的利益体现了众多个体主体和群体主体的根本利益。所以，客体对主体的积极效应，最根本的是对社会主体的积极效应，即促进社会主体的发展进步。而要使人类社会发展进步，又必须以广大个体主体自由全面的发展为支撑。因此，在这个意义上可以说，价值的根本效应在于促进社会进步和每个人自由全面的发展。

(二) 价值观念与价值评价

1. 关于价值观念

前面所论的价值本质，所要解答的是元价值问题。所谓元价值问题，用日常语言来讲就是“好坏”问题。亦所谓“善恶、美丑、得失、利弊、祸福、荣辱、应当不应当、值得不值得”等。对这类问题的判断，表现了人们的价值观念。

价值观念是人们在长期的社会生活实践中所形成的，关于价值关系的主观认识或表达，是人们关于价值的总观点、总看法。从具体内涵来说，它是关于价值信念、价值信仰和价值理想，以及价值标准和价值取向等的相对稳定的认识。

其中，价值信念、价值信仰和价值理想是最根本的方面，它是价值标准和价值取向的依据。

（1）价值信念。它是人们在生活实践中关于事物一定会按照某种未来状态发展变化的观念，是人们对某种现实或观念抱有深刻信任感的精神状态。价值信念所揭示的内容总是同人们应当持有的态度和应当采取的行动有关。例如："真理终将战胜谬误"，"乌云遮不住太阳的光辉"，"要想富，先修路"，"善有善报，恶有恶报"等。信念可能正确，也可能不正确。凡反映了客观规律和历史必然性的价值信念才是正确的信念，才是能够实现的信念，也才是人们值得为之奋斗的信念。

（2）价值信仰。它是价值信念的进一步总体提升和强化，是人们价值信念的一种对象化表现。价值信仰具有明确的对象化指向。这种对象可能是人格化的神或某种观念体系。这表现在，或是信仰仁爱的上帝，或是信仰威力无比的皇权，或是信仰以自由相标榜的资本主义，或是信仰以公平为首要价值的社会主义、共产主义。这里的上帝、皇权、资本主义、共产主义就是承载相关价值信念的信仰对象。

价值信仰使人的整个精神活动以它为核心，形成一种完整的精神导向，并调动各种精神、心理因素为它服务。价值信仰是人生的"主心骨"，在人的精神活动中居于统摄地位，是人的价值意识活动的调节中枢。人生不能没有信仰，一个人和一个社会，信仰的缺失，就如同没有灵魂一样；而个人信仰和社会信仰的差偏，则会造成人生道路和社会发展的方向性错误。也就是说，价值信仰也有自觉与不自觉、科学与不科学、先进与落后的区别。要形成自觉科学先进的信仰，就需要以先进的世界观和方法论为指导，经过长期的实践探索和主体体验，加以总结、提升，进而去把握和反省人类自身的本质力量和生存发展的方向。

（3）价值理想。它是以一定的价值信念和信仰为基础的价值目标体系。这种目标体系以关于个人或社会的未来形象为标志，为人们的价值追求提供自觉的典范或"样板"。价值理想可以分为人生理想和社会理想。有人把做一个有爱心的人作为价值理想，有人把做一个有钱人作为价值理想，有人把成为对社会有用的人作为价值理想。至于社会理想，封建社会的进步思想家把人民安居乐业的治世、盛世作为社会理想。资产阶级启蒙思想家把自由、平等、博爱作为社会理想。马克思主义则以自由人联合体作为社会理想。

对崇高社会理想的追求和实现，则是人的生命的最高价值。古往今来，一切仁人志士正是在为崇高理想而奋斗的过程中，成就了人生的伟业，也为社会做出了杰出贡献。社会理想与人生理想是可以统一的，价值的社会实现与自我实现也是可以统一的。

2. 关于价值评价

所谓价值评价，就是主体以一定的价值标准，对人事、行为、关系和现象等所做出的，以肯定或否定、赞成或反对、接受或拒斥为取向的表达。它表现了主体对被评价对象所持的主观态度。价值理想的现实化就成为价值准则。用价值准则去评价价值对象就是价值评价。价值准则是价值理想加上“环境分析”的产物。价值理想转化价值准则是要“变通”、“打折”的。

在理论界有人把评价与价值评价作同样的理解，这是不对的。

（1）要区分事实评价与价值评价。评价是在评价主体真切认知评价对象的前提下，运用特定的标准，评判认识对象，以衡量对象为目的的目的型认识。评价对象可以分为两类：一是事实；二是价值。与此相联系，评价也有两类：一是事实评价；二是价值评价。比如，一篇论文的学术水平如何，这种评价就是事实评价。这里涉及论点是否正确，论据是否充分，论证是否严密，以及表达的清晰性、条理性、逻辑性如何等；一篇论文的意义如何，包括理论意义和现实意义，这里的评价就是价值评价。

总之，一切以某种标准而展开的认识都是评价。只有以价值标准而展开的价值认识，才是价值评价。另外，价值评价所关注的主要是公共生活领域。

（2）坚持价值评价对象的公共性。价值评价要区分两个不同领域：一是私人生活领域；二是公共生活领域。

私人生活领域与公共生活领域是相对而言的。私人生活领域的主体是个体自我。因而在私人生活领域，是以我高兴、我快乐、我习惯、我愿意为评价标准。有人喜欢吃甜，在烧菜时，他要放一点糖，他认为这符合他的口味。有人喜欢辣，在烧菜时喜欢加一点辣，不然，吃起来就没有味道。有人休闲时喜欢穿这种衣服，有人喜欢穿那种衣服。这叫萝卜白菜，各有所爱。在私人生活领域，价值评价是以自我为主，自己认为好便好，自己认为不好便不好。别人不要评头论足，说三道四。

公共生活领域的主体不是一个人，而是众多个人和组织。因而对人们的行为、关系进行价值评价就是十分重要的。什么是好，什么是坏，什么应该做，什么不应该做，都必须有明确认识和规定。在公共生活领域，对价值评价标准是否有明确的认识，并自觉用这些标准来约束自己的行为，这是一个人作为这个公共生活领域的一个成员，是否够格，是否成熟的一个标志。对于公共生活来说，这也是社会群体或组织的黏合剂，是其健康发展的必然要求。

（3）公共生活领域的价值评价应提倡理性务实。在公共生活领域中的价值评价有四种类型。

一是个体评价。即生活于这个领域的个体从个人的角度，基于个体有限接触面和掌握有限信息基础上的价值评价。个体评价是以个体主体的好恶为取向的直接表达，也是个体的境遇、工作和生活状况、文化水准、兴趣爱好、审美取向的直接反映。因此，个体评价需要认真听取，但要具体分析。

二是民众评价。民众评价是指社会中相当一部分群众的评价共识。民众评价可以通过社会舆论、谣言、民谣来表现。它具有自发性、非反思性的特点。即社会感性的特点。这是凭借社会心理、主观感觉、民众情绪所进行的评价。容易被偶发事件所左右。社会舆论是群众表达意见的一种自发形式。社会谣言是无根据的信息，是捏造的事实。社会谣言的流传是有社会基础的，它反映民众的情绪。民谣是以艺术形式，比如顺口溜、笑话的形式，所表现的民众情感。

三是专门机构的评价。专门机构的评价，是由相关专业的专家所组成的评价小组，依据专业标准，遵循一定的评价程序，运用相关方法所进行的评价。这种评价一般说来，具有专业性、可靠性、独立性等特点。

四是政府评价。是政府以可靠数据为基础按照理性形式，即宪法、法律、规章制度和国家政策所进行的评价。这种评价应以真实性和科学性为前提，以权威性为特征。不然就失去公信力，丧失权威性。政府评价具有双重功能。一是对民众评价具有整合和范导作用；二是对政府行为和官员具有考核规约和监督作用。

（4）坚持社会价值评价标准的系统性。社会价值评价不能采取静态的单一标准，而必须采取动态的系统标准。因为这里涉及正当利益与非正当利益，物质利益与政治、文化、生态等的利益，个人利益与群体利益，眼前利益与长远利益，局部利益与整体利益，等等。这里还涉及，革命战争年代与和平建设年代，改革开放前与改革开放后，贫困阶段与温饱阶段以及小康阶段，城市与农村，东部、中部与西部，以及其他的不同社会群体等的情况。因而社会价值评价的标准，不能一刀切。也就是说，评价侧重点的选择，平衡点的掌握，量化指标的设置，都应该具体情况具体分析，不可一概而论。

（三）价值差异与价值引领

在人类社会中存在着多样化的文化传统、多样化的生存条件、多样化的利益差别、多样化的角色分工，因而必然会造成主体多元化。主体的多元，必然造成价值的多元。比如，在足球比赛中，一个球踢进门去，是好是坏，对进攻一方和防守一方来说，就有不同的价值评价。对进攻一方来说是胜利，对防守一方来说是失败。由于价值多元，也就形成了价值观念的多元。即所谓“仁者见仁，智者见智”。之所以如此，就是因为一个人自己是仁者，他总是用仁的眼光去看事物，看到的都是与仁相关的方面；而智者总是用智的眼光去看事物，看到的都是与智相关的方面。这就是价值观念的多元。

当然，这里仅是一般的分析。而就当代世界与当代中国的现实来说，价值的多元还有着特殊的背景。一是全球化背景。在全球化背景下，不同国家、不同地区的经济联系，政治交往和文化交流日益紧密，不同的文化价值观相互碰撞、相互激荡、相互影响。在这样的文化氛围中，人们必然会面对多种价值选择，这样也就使价值不可避免的多样化。二是中国社会转型背景。中国所处的社会转型是传统社会向现代社会转型。传统社会是指“人的依赖性关系”为特征的社会；所谓现代社会，主要是指“以物的依赖性关系为基础的人的独立性”

社会。当然，现代社会中也包含着和不断生长着“自由个性”的因素。社会转型从经济形态来说，是从计划经济向市场经济转变，是从一只手作用到两只手共同作用，社会生产资源配置是从单一的计划，到以市场为主。从政治形态来说，是从权威管制型向政治民主型转变。从社会关系来说，是从以各种身份为特征的依赖关系转向以个人独立自主的契约关系的转变。社会转型时期说到底是利益关系的大变动时期，在这过程中，价值迷茫，价值失范，价值取向混乱在所难免，因而价值矛盾和冲突会呈现出十分复杂的情况。

不同价值取向的差异，归纳起来，有这样两种类型：一是性质差异；二是阶位差异。

所谓性质差异，是指价值取向上根本性质不同甚至对立。比如消极、没落、腐朽的价值取向，如拜金主义、享乐主义、极端个人主义的价值取向，社会破坏分子和恐怖分子的价值取向。与之对立的是，积极的、进取的、健康的价值取向。对于后者应该提倡、鼓励，对于前者则必须加以抵制和批判，化解它的负面影响。如果不从个体维度，而从社会思潮的维度来说，当今中国存在着三种价值取向：一是以中国特色社会主义的发展和繁荣为价值取向；二是以民主社会主义为价值取向；三是以新自由主义为价值取向。对于价值多元中的性质差异和对立，不能听之任之。所谓包容多样，在这里不适合。在根本价值取向上，不能借口包容多样，为不健康、不合理，以至没落、腐朽的价值取向留下余地。

所谓阶位差异，是指在性质上同属于积极、进取、健康的价值观在追求层次上，或追求境界上有差异。从世俗到崇高，从低端到高端的区间中，分布着各种梯次的价值元。这里所说的积极、进取、健康的价值观，其底线是什么？这里的底线就是不偷、不抢、不盗、不贪，凭劳动吃饭。至于是为自己填满肚子去劳动，是为自己家人的幸福而劳动，是为改变家乡面貌而劳动，是为国家富强而劳动，是为人类解放而劳动等，这些只有阶位上的差异。这种阶位上的差异和多样，应该尊重、包容，加以正确引导。

面对价值多元的性质差异和阶位差异，如何在精神上用主流价值观去加以引领，这是一个老课题，也是一个新课题。历史上任何一个社会的转型时期，价值多元、价值评价标准的混乱，作为一个重要原因，会导致人心涣散和秩序紊乱。孔子当年讲，天下大乱，人心不古，君不君，臣不臣，父不父，子不子，因而提出要“正名”，为此，孔子提出了“一同天下之义”的主张。但是这一理念到汉武帝时才得以实现，即罢黜百家，独尊儒术。但是对多元简单拒斥、强求一律，这种做法束缚思想，使文化发展失去了生机。中国共产党针对这种历史的教训，在思想文化领域提倡百家争鸣，百花齐放。但是有一段时间，在“左”的思想指导下，把百家争鸣，说成只有两家，即无产阶级一家，资产阶级一家。另外，把资产阶级等同于反动、落后、腐朽。后来我们吸取了教训，认为历史上的剥削阶级文化，除了有保守、腐朽的部分以外，还有文明的部分。我们要吸取历史上一切文明成果。对于文化也不再仅从阶级来划分，更多的是从文化本身的性质，文化对社会和人的意义角度去划分（比如先进文化、娱乐文化、休闲文化……腐朽文化）。价值观作为一种思想文化观念，不能压抑，不能强制，而只能引领，在于“润物细无声”，在于理解的对话，理性的沟通。接受引导，是一种“心悦诚服”的思想自觉、道德自觉和文化自觉。

靠什么去引导，靠社会的主导价值观或核心价值观去引导。主导价值观或核心价值观的形成可能吗？是可能的。因为作为价值观产生根基的社会生活，不仅具有多样性，而且具有整体关联性。社会生活的这种整体关联性是社会主导价值观产生的根据，也是性质差异的非主导价值观被人们抛弃、阶位差异的非主导价值观得以提升的根据。如前所说，在球类比赛中，攻守双方对一个球的攻入会有不同的价值评价，这是价值相对于不同的主体而言的多元性。但攻守双方之作为攻守双方，又具有整体关联性。这种关联性就是共同遵守的比赛规则，违背规则就是受罚。在遵守规则的前提下，双方争夺越激烈，比赛也就越精彩，球员和观众也就越能从中享受到快乐。这就是比赛双方的主导价值观。

我国现阶段的主导价值观是处于初级阶段的社会主义的基本价值观。其具体内容：

①以社会物质财富增长和人民物质生活水平提高为特征的生产力发展观念、科技创新观点、市场经济观念等。

②以政治文明和政治素质提高为特征的民主法制观念、权益维护

观念、政治参与观念、民主监督观念等。

③以精神文明和文化素质提高为特征的社会公德观念、职业道德观念、家庭美德观念等。

④以提高社会公平正义为核心的人际和谐、身心和谐和天人和谐观念等。

把这些共同价值和基本价值内容，加以概括提升，给予简洁、通俗的说明，实现先进性与广泛性、多样性与统一性的结合，这就是我国各族人民在现阶段的价值信念、信仰和理想。这个理想就是要把我国建设成为富强、民主、文明、和谐的社会主义现代化国家，把我国社会建设成文明、平等、公正、法制的社会；把我国公民培养成爱国、敬业、诚信、友爱的公民。这就是我国现阶段各族人民的核心价值，它代表了最广大人民的利益，反映了最广大人民的心声。

世界上每一个国家都有其核心价值。依社会类型划分，其核心价值的根本区别在于：以农业生产方式和自然经济形式为基础的传统社会，把尊仁守礼的整体主义价值作为标志性价值，借以维护社会秩序和协调统治者和人民的利益关系，以达到长治久安的目的。以工业生产方式、后工业生产方式和市场经济形式为基础的现代资本主义社会以个人自由作为标志性价值。社会主义社会则是以社会公平为核心的整体和谐作为标志性价值。

自文艺复兴以来，人类追求的美好价值目标，曾经概括为三个词：自由、平等、博爱。它虽然是由资产阶级最初倡导的，但是资本主义却不能真正完全地实现它。后来的实践表明，这三个词的意义和分量是不同的。首先被淘汰的是“博爱”，它在资本主义价值观中越来越显得不那么重要了，现在没有哪个国家的制度和意识形态是以“博爱”为原则，只有红十字会这样的组织还强调这个观念。

这样，就剩下自由和平等。自由是就个人而言的，讲的是个人自由，平等讲的是两个人以上的一种关系，指平等享受权利和履行义务。资本主义虽然承认自由与平等不冲突，有时可以兼得，但二者相权衡，资本主义更重视个人自由。因为，在以自由主义为导向的资本主义社会中，人剥削人，人压迫人，贫富差距拉大，两极分化，激化为阶级对立和冲突，这样也就无真正的平等可言。

社会主义给人们最大的价值承诺，就是社会公平。公平更能说明社会主义的本质。邓小平指出，社会主义的本质是解放和发展生产力，消灭剥削，消除两极分化，实现全体人民共同富裕。这里突出的价值就是公平。从社会主义价值体系的内涵来看，就是要从制度、体制和机制等方面来促进和保障公平的实现。在尊重和保障自由的基础上进一步实现以平等为特征的公平正义，这就是社会主义优于资本主义，高于资本主义的价值追求。

（四）价值创造与价值享受

价值创造是指增加价值的活动。

价值创造的活动是多种多样的。物质生产、精神生产、人的生产、社会交往、社会管理，它们相互作用，相互交错，共同构成了实际生活的过程。这个过程同时也就是价值创造的过程。

物质生产创造物质价值客体，精神生产创造精神价值客体，人的生产，不仅是自然人的生产，而且是把自然人培育成社会文化的人的过程。人是生产主体，也是消费主体，既是价值客体也是价值主体。

人创造价值，都是耗费一定的材料，都要付出一定的体力和脑力，需要花费一定的时间。任何收益都需要投入一定的成本，付出一定的代价。代价是失，收益是得。这个收益与成本之比，就是我们平时所说的效益，而一定的收益与时间之比，则是通常所讲的效率。效率是效益的基础，效率低的活动，其效益一定较差。

讲究效率，追求效益，在现代社会成为一种必然要求。劳动生产率原本就是创造价值的效率问题，是社会发展速度和程度的一种必然要求。因此，不仅要自觉地肯定价值创造，而且要追求价值创造的效率。中国社会主义改革开放，可以讲很多理由，但根本的一条，就是要克服原先计划经济条件下的低效率。这里涉及经济体制即计划与市场的关系问题，还涉及国有与非国有、管理与自由、垄断与竞争等的关系问题。

经过30年的改革，市场机制已成为我国资源配置的基本方式。市场价格已成为调节生产和供求的决定性因素。同时要加强和完善宏观调控。

尽管国有企业的根本性改革还没有完成，但坚持公有制为主体，多种所有制经济共同发展的基本经济制度已经形成。

有社会就有管理，如何确立管理的合理界限和程度是一个重要问题。这里涉及政府与所辖个人与群体的关系。政府管理得越多，越广，越细，就意味着个人和群体的自主性、自由度越小，对其创造价值的限制越多，效率就会受到影响。但也不能走向另一极端，即不要管理，放任自由。如果放任自由，个人和单位也有丧失了自身发展的客观环境。在经济发展中贯彻和落实科学发展观，节约资源和土地，保护生态环境，维护劳动者权益，这就是一种管理规范。

除了管理与自由的问题以外，还有一个机制上的“垄断与竞争”的关系问题。从根本上说，市场经济的生命活力来自竞争。没有竞争就没有市场经济。垄断是阻碍市场经济公平竞争的严重不良因素，但又是市场经济本身无法完全消除的现象。计划经济体制下是完全的国家垄断，没有竞争。向市场经济转轨后，竞争越来越替代垄断成为产业组织的存在形式。但是，自然垄断、产业垄断，特别是行政性垄断现象，在我国经济领域中仍严重存在。而且，随着企业收购兼并活动的增加，又产生了新的企业垄断行为的可能。因此，消除垄断，包括国有、民营和外资企业的垄断，将成为中国经济改革的一个方面的内容。

价值和高效价值的创造都是人的劳动创造。创造价值的高效率说到底是人的劳动的高效率，这里取决于许多客观条件，但更取决于主体条件，这里包括主体的体力、智力和积极性。体力、智力的提升和积极性的调动涉及价值创造、价值享受的公平问题。

以往社会的不公平，说到底，是多数人创造价值，少数人享受价值。因此，自从社会划分阶级以来，追求公平一直是人们的理想追求。价值享受的前提是价值分配，其作为过程是价值消费。这里涉及生活的幸福指数，还涉及消费的合理与不合理等等问题。中国的社会主义和谐社会建设，从根本上说，就是要解决全社会广大成员公平地享受社会主义发展成果的问题。

总之，价值问题广泛存在，且极为重要。因而价值论研究须不断扩展，不断深化。

四、普世价值与价值的普遍特殊

近几年，普世价值的争论很激烈。其中所争论的首要问题是，什么是普世价值，有没有普世价值，如果否认了普世价值，会不会导致对人类普遍价值的否定，当代的普遍价值的内涵有哪些？下面就这些问题，来做一些说明。

什么是普世价值？“普世价值”概念是借用了基督教术语中使用的“普世”加上“价值”而形成的一个复合概念。其所指谓的是，超越人类历史时空的绝对价值。或者说，它是贯穿于人类社会发展始终，适用于所有时代、所有社会，并通行于所有国家、所有民族的价值。

这样的普世价值存在吗？从马克思主义的观点来看，并不存在。价值具有历史性、时代性、民族性和阶级性。因而价值具有相对性的一面。但无论时代如何变迁，民族如何相异，追求自己民族、自己国家的生存和发展的价值总是一致的、共同的，因而价值具有绝对性的一面，当然，是寓于相对中的绝对。在这个意义上，我们说，存在着与价值特殊性联系的价值的普遍性，或普遍价值；但不存在脱离价值特殊的那种所谓的绝对价值，或曰普世价值。

那么为什么会有一些论者认为，存在所谓普世价值呢？从认识角度说，可能有这样几个方面的原因。一是把价值的普遍性混同于作为绝对价值的普世价值。以为承认普遍价值，也就意味着承认普世价值。其实二者是不能混为一谈的。二是把普世的需要混同于了普世价值。比如，有论者认为，人人需要吃，这是普世的，因而吃就是人类的普世价值。其实，人人需要吃，这只是价值构成的一个前提，并非价值的现实构成。除此以外，还得有可吃的东西。在具备了这两个条件的前提下，通过实际的享用，才形成了价值存在。然而在现实世界中，正因为人人需要吃，而由于食物短缺，或分配不公，造成了有人有得吃，有人没得吃；有人吃得多，有人吃得少，才导致了吃的问题上的价值矛盾和冲突。由此可见，是不能用普世需要的存在去证明普世价值存在的。恰恰相反，普世需要的存在，作为一个方面的前提，才造成了价值矛盾和冲突产生的可能。三是把人类的文明大道混同于普世价值。于是，有论者忧虑，否定了普世价值是否会导致对人类文明大道的偏离。其实，这跟承认不承认普世价值没有关系。人类的文明大道不是按照所谓超时空、超民族的所谓普世价值走出来的，而是世界各民族在各自的实践中，在相互学习借鉴的过程中，共同走出来的。因此，我中华民族只要勇于实践，不断总结，并善于学习借鉴世界其他各民族的文明成果，我国的文明建设道路就会愈走愈宽，对世界文明的贡献也会愈来愈大。

既然普世价值不以特殊价值为前提、为来源，即不是从对特殊价值的一般提升而来，那么它来源于何处呢？在神道主义那里，认为来源于“至善”的神。在古希腊，这个神名之曰“努斯”，在中世纪被称之为“上帝”。在人道主义那里，普世价值来源于先天人性。先天人性即人生来具有的人性。人性既然有先天的，也就是一切人所共有的，因而也就是普世的。

然而神与上帝并不存在。对此，费尔巴哈早就指明，是人创造了神。先天人性也并不存在。对此，马克思主义早就指明，人性是人的实践活动的产物，是社会历史的产物。由此看来，普世价值的所谓来源，不过是人为的虚设，因而普世价值的存在，也只能是一种幻想。

可是在很长的历史时期中，这种虚幻并没有被普通民众所识破。以至直到现在，还得继续做这一方面的启蒙工作。在历史和现实中，一些权势者，或一些霸权国家，他们把自己的特殊价值穿上普世价值的外衣，希图说成普世价值，加以推行，以获得其特殊价值的最大化，以获得所谓合法性。这也是当今美国，把西方的“民主、自由、人权”等特殊价值说成是普世价值的用心所在。也就是说，美国宣扬普世价值，说到底，是为其在全球推行霸权主义，对别国发动侵略战争和在一些国家挑起“颜色革命”，寻找借口，或制造所谓正当理由。对于这一点，我们要有清醒的认识，决不可上当受骗。

当然，否认普世价值，也不能像价值多元主义那样，走向另一个极端，去提倡所谓价值相对主义。在这种观点看来，价值只有多元，没有通约，只有特殊，没有普遍。这种价值相对主义不仅在理论上站不住，也是有违于人类生活实际的。

从理论上来说，特殊与一般、共性与个性、绝对与相对等，都是相联系而存在的。就价值而言，没有离开特殊价值而孤立存在的普遍价值，或所谓普世价值；同样，也没有离开普遍价值而孤立存在的特殊价值。应该说，这是辩证法的常识。而主张普世价值的价值绝对主义和主张价值多元孤立的价值相对主义，其在理论上的共同失误就在于，它们都违反了这一辩证法的常识。

在人类现实生活中，相对不同层次的价值特殊性，也就必然存在相应的价值普遍性。

比如，有相对个人价值特殊性而言的价值普遍性；有相对于民族价值特殊性而言的价值普遍性；在当代，还有相对社会主义和资本主义价值特殊性而言的价值普遍性。

在个人层次上，每个人都有其价值特殊性，但作为人类的一员，与社会其他成员相比较，又有其价值普遍性。比如，生命的价值、生存的价值，对世界每一个人来说都具有普遍性；对社会来说，“有生命的个人的存在”是“全部人类历史的第一个前提”。[①]因此，在人类社会中，只有在为了保护更多人生命的前提下，牺牲或消灭一些人的生命才是允许的。

生存的价值，人为了维持生命就要生存，就要吃、住、衣、行。于是有了“民以食为天”之说，解决老百姓的吃饭问题是天大的事。尽管有的地方的人是以吃米为主，有的地方的人是以吃面为主，有的地方的人是以吃鱼为主，有的地方的人是以吃牛羊肉为主，但谁都得吃和有得吃。

作为普遍价值的人的生命价值和人的生存价值是人的底线价值，触犯了这样的价值，就会遭到拼死的抵抗和世人的普遍谴责。

在民族层次上，作为其构成部分都有其价值特殊性，但同时作为这些部分所构成的整体，又有其价值普遍性。比如，有民族生存的价值、民族独立的价值、民族发展的价值等。也就是说，该民族的各阶级、阶层和社会集团都要为争取本民族的生存、独立和发展而奋斗。这是普遍的，无一例外的。这也是民族价值的底线价值。因此，异族入侵者就会遭受拼死的抵抗，民族背叛者就会遭到世人的唾弃。

在当今世界，存在着社会主义和资本主义两种社会制度的国家。在经济全球化加速推进和全球性问题日益凸显的时代背景下，和平、发展、合作、共赢是历史的大趋势，也是两种社会制度国家的普遍

① 《马克思恩格斯选集》第1卷，67页，北京：人民出版社，1995年。

价值。

诚然，一个国家在理论上认知了它与其他国家的普遍价值之所在，并不等于享有了这种价值。理论认知是一回事，现实享有是另一回事。要真正享有这种普遍价值，该国必须从本国国情出发，走出一条适合本国的特殊道路，去解决本国所面临的相对于普遍价值的特殊价值问题。这些特殊价值问题获得解决之日，也就是该国通过其特殊形式现实享受普遍价值之时。这也就是当代中国，在追求现代化这一世界普遍价值的过程中，坚持走中国特色社会主义道路的根据所在。

从上面的分析可知，①普遍价值是相对的，是相对于特殊价值而言的。没有离开特殊价值且不受其制约的普世价值。②相对于不同层次的价值特殊性，其价值普遍性的内涵是不同的。③相对于一定层次价值特殊性的普遍价值是客观存在的，是底线价值，是不能触犯的，否则就会受到惩罚。因此，价值多元主义是不对的，是有很大危害的。④任何层次的普遍价值，其形成的根据在于：该层次上各种价值主体的整体关联性。不过，任何层次的普遍价值的形成都有一个历史过程。这个过程大体是，在社会实践中提出社会的价值理想→形成社会的价值共识→变成普遍的价值活动→创造出社会的价值事实。比如人与自然的和谐相待，这是古代思想家已经提出的价值理想。但直到工业社会所造成的环境问题成为全球性问题的背景下，环境保护才开始成为当代人的价值共识，才逐渐成为越来越多的人的自觉行动。应该说，到目前为止，尚没有变成普遍的价值事实。但终有一天会实现的。因为这关系人类生存和发展的普遍利益。如是，我国加强社会主义核心价值观建设，要养成一种社会风尚，要成为一种普遍的价值事实，就既要坚定必胜的信心，同时又要坚持长期不懈的努力。

关于马克思生存论的几个问题*

一个时期以来，在生存论研究中，马克思生存论成为一个引人注目的话题。围绕这个话题，哲学界有这样两种观点的分歧。

一种观点认为，马克思生存论是结合当代哲学生存论转向问题的研究，特别是结合对海德格尔生存本体论的研究，从马克思哲学中解读出来，因而得以彰显的马克思哲学的深层理论结构。这个结构支撑和统摄着马克思实践的唯物主义与历史的唯物主义。不仅如此，马克思还是现代西方生存论范式或生存论转向的重要开拓者和奠基者。

另一种观点认为，现代西方生存论与马克思哲学是性质完全不同的。用现代西方生存论来解读马克思哲学，就会把马克思主义哲学粉饰成当代西方最为流行的哲学。借用解释学的说法，这是脱离文本语境的非法的、“过度的诠释”行为。

梳理这样两种观点，我认为，这里涉及如下四个方面的问题：第一，马克思是否有其生存论？这是关系解读进行的前提；第二，马克思如果有自己的生存论，那么其本质内涵如何？这涉及解读合法的依据；第三，马克思生存论在马克思哲学中的地位如何？这有关解读路向的把握；第四，马克思生存论与包括海德格尔生存论在内的西方生存论的关系如何？这是澄清上述理论是非必须破解的一个谜底。

下面就这些问题谈谈自己的一些体会，以求得到指教。

一、马克思有自己的生存论

对马克思生存论这一指称，不少人不表赞同。估计有这样三个方面的原因。

---

* 原刊于《马克思主义研究》，2008（5）。

一是，通过长期的马克思主义哲学的学习和宣传，人们对马克思主义哲学的一些基础理论，如唯物论、辩证论、历史唯物论、认识论、价值论等已经相当了解，以至耳熟能详。而对马克思生存论这一提法，人们则比较陌生，因而难免会产生疑虑。

二是，在马克思主义经典作家那里，还从没有就其某些思想内容作马克思生存论这一概念表述。至少到目前为止，人们还未能从他们的著作中找到一段文字可以直接引用来对此加以明白无误的说明。在我们这样一个比较重视文本，尤重马克思主义文本的国度中，没有直接的文本依据，其合法性显然会受到质疑。

三是，“生存论”一词在国内哲学界的最初运用是由于海德格尔思想的译介。就其表达的具体内容来说，必然体现了现代西方哲学的特定背景和海德格尔哲学的理论个性。如果对此不加分析，而用海德格尔的生存论来解读马克思的有关思想，也就难免会发生对马克思的某种误读。而这种误读的发生，也就必然会加重人们对冠以马克思名字的生存论的疑惧。

但是，在我看来，如果不囿于关于马克思哲学的某种思维视角，不拘泥经典文本概念表述的有无，不废于因生存论研究中对马克思某些思想误读的反感，坚持从马克思哲学中有关思想内容的实际出发，那么就不难发现：马克思有自己的生存论。

什么是生存论，为了说明这个问题，在这里必须区分两种涵义的生存论。

涵义之一是，以海德格尔为代表的生存本体论涵义的生存论。这是一种试图用人的存在或人的生存来解释人的世界，解释语言、真理基础的世界观学说或思潮。这种思潮在我国已经产生了某些影响，有的论者所主张的马克思哲学本体论乃是“生存本体论”，就是这种影响的一种表现。我认为，作这种理解的生存论或生存本体论，在马克思哲学中确实是没有的。在这一点上，我赞同上述第二种见解。

涵义之二是，人观意义上的生存论。即关于人的生存的哲学理论，或以人的生存为哲学对象的理论。这种涵义的生存论，在马克思文本中虽然没有这种指谓，但其思想内容还是丰富的。

马克思早期哲学思想的发展是从黑格尔哲学开始，经过费尔巴哈哲学，最后形成了自己的历史（和辩证）唯物主义。在这一过程中，马克思关于人的存在的理解也经历了一个从黑格尔的思辨理解，到费尔巴哈的感性理解，再到自己的感性活动理解的转变。由此，马克思恩格斯提出了“现实的人”，即“现实存在着的、活动的人”[①]的概念。并把他们建立的人的哲学称之为“关于现实的人及其历史发展的科学”[②]。

什么是现实存在的人，或人的现实存在，联系马克思的有关论述，其内容可以概括为以下几点。

第一，“是有生命的个人的存在”。[③]这是形成现实存在的人的自然基础，也是“全部人类历史的第一个前提”。对此，马克思曾多次强调指出：“人直接地是自然存在物”，是“自然的、肉体的、感性的、对象性的存在物”。[④]并且认为，人相对于动物，有“人们自身的生理特性”。[⑤]

第二，“是从事活动的，进行物质生产的”存在。[⑥]这是它特有的存在方式。作为活动动物也有，人的行为活动与动物行为活动的根本区别在于：“全部人的活动迄今都是劳动”，即是以生产劳动为基础的活动。马克思恩格斯指出：“这种活动的基本形式当然是物质活动，一切其他的活动，如精神活动、政治活动、宗教活动等取决于它。”[⑦]这是人得以生存和创造历史所每日每时都必须不停顿地进行的“第一个历史活动”。[⑧]

第三，是在一定的物质生活条件下进行物质生产的存在。一定的物质生活条件是人赖以生存和进行活动的物质前提，“包括他们已有的和由他们自己的活动创造出来的物质生活条件”。[⑨]其中既有原始的自然资源和环境，又有人为满足自己的需要所发明和制造的各种工具、再生资源、产品以及改变了的自然和社会环境。

第四，是进行社会活动的社会的存在。人的活动是人们彼此结成

① 《马克思恩格斯选集》第1卷，78页，北京：人民出版社，1995年。
② 《马克思恩格斯选集》第4卷，241页，北京：人民出版社，1995年。
③ 《马克思恩格斯选集》第1卷，67页，北京：人民出版社，1995年。
④ ［德］马克思：《1844年经济学哲学手稿》，105页，北京：人民出版社，2000年。
⑤ 《马克思恩格斯选集》第1卷，67页，北京：人民出版社，1995年。
⑥ 《马克思恩格斯选集》第1卷，71页，北京：人民出版社，1995年。
⑦ 《马克思恩格斯选集》第1卷，123页，北京：人民出版社，1995年。
⑧ 《马克思恩格斯选集》第1卷，79页，北京：人民出版社，1995年。
⑨ 《马克思恩格斯选集》第1卷，67页，北京：人民出版社，1995年。

一定的社会关系，分工协作共同进行的社会活动。马克思指出："应当避免重新把'社会'当做抽象的东西同个体对立起来。个体是社会存在物……他的生命表现即使不采取共同的、同他人一切完成的生命表现这种直接形式，也是社会生活的表现和确证。"[①]

以上四个要素具有内在不可分割的联系，它体现了作为整体的人的现实存在。其作为思想内容也就构成了马克思生存论关于人的现实存在的系统理解。这个关于现实的人的理解可以表述为：现实的人是在一定的人与自然、人与人的关系中，从事活动的、历史地生成着的人。

二、马克思的社会实践生存论

马克思有自己的生存论，那么其本质特点是什么呢？关于这一点，可以通过与黑格尔和费尔巴哈的生存论的比较来求得说明。

如前所说，黑格尔生存论是思辨生存论。黑格尔认为，人"作为一个有自我意识的存在，区别于外部的自然界"。[②]"人的本质，人，在黑格尔看来是和自我意识等同的"。[③]但黑格尔在关于人的存在的思辨叙述中，包含着现实的深刻的内容。就其主要点来说，他发现了劳动，并试图在劳动中阐释人的自我生成。他说："人的真正的存在是他的行为"，即劳动。[④]马克思认为，这是黑格尔的伟大之处。当然黑格尔所理解的劳动还是"抽象的精神的劳动"。[⑤]

在批判黑格尔思辨生存论的过程中，费尔巴哈提出了自己的感性生存论。他说："精神上的生存，如果同时也是现实的，那末，这就是指有着脑袋的生存了。有精神，也就意味着有脑袋。"[⑥]因此，费尔巴哈认为："我是一个实在的感觉的本质，肉体总体就是我的'自我'，我的实体本身。"[⑦]在费尔巴哈看来，"不思想的人当然不是人"，但思

① ［德］马克思：《1844年经济学哲学手稿》，84页，北京：人民出版社，2000年。
② ［德］黑格尔：《小逻辑》，贺麟译，92页，北京：商务印书馆，1980年。
③ ［德］马克思：《1844年经济学哲学手稿》，102页，北京：人民出版社，2000年。
④ ［德］黑格尔：《精神现象学》（上卷），贺麟译，213页，北京：商务印书馆，1979年。
⑤ ［德］马克思：《1844年经济学哲学手稿》，101页，北京：人民出版社，1979年。
⑥ 《费尔巴哈哲学著作选集》（上卷），荣震华等译，291页，北京：商务印书馆，1984年。
⑦ 《费尔巴哈哲学著作选集》（上卷），荣震华等译，169页，北京：商务印书馆，1984年。

想不能脱离人的感性存在。

马克思在批判继承黑格尔和费尔巴哈的生存论的过程中，汲取了其中有价值的某些方面，但在总体上或根本点上是持否定态度的。在马克思看来，人存在的根据，既不是黑格尔所说的精神，也不是费尔巴哈所说的肉体感性，而是人的感性活动，即社会实践。

在《德意志意识形态》中，马克思指出："可以根据意识、宗教或随便别的什么来区别人和动物。一当人开始生产自己的生活资料的时候，这一步是由他们的肉体组织所决定的，人本身就开始把自己和动物区别开来。"[①]马克思恩格斯还说："人们的存在就是他们的现实生活过程。"[②]而"全部社会生活在本质上是实践的"。[③]因此，社会实践作为人生存的根据也就成为马克思生存论的一个本质规定。

社会实践之所以能成为马克思生存论的一个本质规定，其理由在于：

第一，劳动是人类得以形成的决定性因素。从古猿转变为人的过程，不仅是生物进化的一般规律作用的结果，而且是劳动的产物。正如恩格斯所指出的，"以致我们在某种意义上不得不说：劳动创造了人本身"。[④]劳动，特别是工具的制造使手脚真正分开。劳动和劳动基础上产生的语言，促进了人脑的形成。人类祖先在不断的劳动中，在改造外部自然的同时，也改造自身自然而成为人。

第二，劳动是维持人的肉体生存需要的手段。人要生存，"首先就需要吃喝住穿以及其他一些东西。因此，第一个历史活动就是生产满足这些需要的资料，即生产物质生活本身"。[⑤]只有持续不断、世世代代传承的生产活动，才为人类的生存和发展提供了愈来愈坚实的物质基础。

第三，劳动创造了人生存的社会。马克思说："为了进行生产，人们相互之间便发生一定的联系或关系；只有在这些社会联系和社会关系的范围内，才会有他们对自然界的影响，才会有生产。"[⑥]因此，"随

① 《马克思恩格斯选集》第1卷，67页，北京：人民出版社，1995年。
② 《马克思恩格斯选集》第1卷，72页，北京：人民出版社，1995年。
③ 《马克思恩格斯选集》第1卷，56页，北京：人民出版社，1995年。
④ 《马克思恩格斯选集》第4卷，373—374页，北京：人民出版社，1995年。
⑤ 《马克思恩格斯选集》第1卷，79页，北京：人民出版社，1995年。
⑥ 《马克思恩格斯选集》第1卷，344页，北京：人民出版社，1995年。

着完全形成的人的出现又增添了新的因素——社会”。[①]社会“不过是处于相互关系中的个人”，[②]“社会本身，即处于社会关系中的人本身”。[③]

第四，劳动造成了人的历史发展。劳动作为社会活动具有社会性。劳动的社会性使劳动成果通过社会形式得以保存，得以进行历史的积累。因而新一代人在既有成果的基础上又总是比前一代人在更高的起点上进行劳动。生产发展着，“生产者改变着，炼出新的品质……造就新的力量和新的观念，造成新的交往方式，新的需要和新的语言”。[④]正是人的实践活动的不断发展，使人“不是力求停留在某种已经变成的东西上，而是处在变易的绝对运动之中”。[⑤]

通过上面的分析可知，生产活动对人本身的形成，对人的生存和适合于人生存的世界的形成，对人本身的发展具有无可辩驳的基础性、根据性。因此，从人的生产条件、生产活动来考察人的生存，来考察人与世界的关系，这是马克思社会实践生存论的一个必然要求。正如马克思所指出的：“他们是什么样的，这同他们的生产是一致的——既和他们生产什么一致，又和他们怎样生产一致。因而，个人是什么样的，这取决于他们进行生产的物质条件。”[⑥]因此，离开生产的自然前提，离开一定历史阶段的生产方式，离开人与环境相互创造的实践来谈人的所谓生存都是抽象的议论，是与马克思的社会实践生存论格格不入的。以海德格尔为代表的一些现代西方作者的生存论就是这种抽象的议论。对这种抽象的议论我国有些论者给予了过甚其词的肯定，实在是不可取的。

三、马克思哲学不能归结为生存论

马克思的社会实践生存论在马克思哲学中的地位如何，能否如有的论者所认为的，生存论在马克思哲学中是起着支撑和统摄作用的深

① 《马克思恩格斯选集》第4卷，378页，北京：人民出版社，1995年。
② 《马克思恩格斯全集》第46卷（下册），226页，北京：人民出版社，1980年。
③ 《马克思恩格斯全集》第46卷（下册），226页，北京：人民出版社，1980年。
④ 《马克思恩格斯全集》第46卷（上册），494页，北京：人民出版社，1979年。
⑤ 《马克思恩格斯全集》第46卷（上册），486页，北京：人民出版社，1979年。
⑥ 《马克思恩格斯选集》第1卷，68页，北京：人民出版社，1995年。

层结构。因而可以把马克思哲学规定为生存论，可以从生存论来解读整个马克思哲学。我认为，不能。

什么是马克思哲学，这在目前我国哲学界还是一个众说纷纭的问题。在我看来，马克思哲学，就是实践唯物主义，即在实践基础上理解和改造对象的唯物主义。这个对象如果指的是整个世界，那么其最高成果就是世界观意义上的辩证唯物主义。这个对象如果指的是社会历史，那么其成果就是历史观上的历史唯物主义，或共产主义唯物主义，即以共产主义为目标的唯物主义，亦即科学社会主义。如果这个对象是指人，那么其成果就是“现实的人及其历史发展的科学”，即科学的的人观，或在实践基础上来理解和塑造人的科学。如果这个对象仅指人的存在，那么在生存论上的成果就是上文所说的马克思社会实践生存论。由此可见，马克思生存论只是在马克思的世界观、历史观、人观统属下的哲学的一个分支、一个组成部分。它并不能包括和涵盖马克思主义哲学的丰富内容。所以，如果把马克思哲学规定为生存论，那就犯了以偏概全的错误。

有的论者可能会反问，既然感性世界是人的实践活动所创造的，而实践活动是人所从事的并为着人的活动，那么为什么就不能把感性世界归结为人的实践活动，并进而把人的实践活动归结为人的生存呢？

无疑，感性世界作为人生活于其中的世界，是人的实践活动所创造的，实践是感性世界的基础。但是并不能由此把感性世界归结为人的活动。这是因为，实践并不是感性世界的唯一基础。感性世界的形成除了有实践这个基础以外，还有其自然基础，是这两个基础的统一。即是说，感性世界不是人类实践凭空创造的，而是在一定自然基础上创造的。关于这一点，马克思指出：“没有自然界，没有感性的外部世界，工人什么也不能创造。”[①]当然，离开了人类实践，感性世界也不能靠自然界自在生成。因此，对于感性世界的产生，自然基础与实践基础是缺一不可的。用马克思的话说：“全部所谓世界史不外是人通过人的劳动的诞生，是自然界对人说来的生成。”[②]前一些年，有一些论者鼓吹实践本体论，其论据之一就是实践是感性世界的唯一基础，这条论据实际是不能成立的。

① ［德］马克思：《1844年经济学哲学手稿》，53页，北京：人民出版社，2000年。

② ［德］马克思：《1844年经济学哲学手稿》，92页，北京：人民出版社，2000年。

不能把感性世界归结为实践，那么能否把实践归结为人或人的生存呢？也不能。其理由有三。

第一，就人与实践的始源关系来说，人的存在是自己活动的产物，而不是先天人性的展示。

关于这一点，马克思曾经做过一个总体的说明。他说："人的存在是有机生命所经历的前一个过程的结果。只是在这个过程的一定发展阶段上，人才成为人。但是一旦人已经存在，人，作为人类历史的经常前提，也是人类历史的经常的产物和结果，而人只有作为自己本身的产物和结果才成为前提。"[①]这段论述揭示了一个很重要的真理，即人作为自己活动的产物才成为自己活动的前提。因此，只能从他所从事的活动来说明他是一个什么人，而不是从他是一个什么人来说明他所从事的活动。

举例来说，一个人只有学会打家具，他才是木工；只有学会开汽车，他才成为汽车司机。不能倒过来认为，他是木工才会打家具；他是汽车司机才会开汽车。如果在人与实践的始源关系上作这种颠倒的理解，那么，人何以能成为人，一个人何以能成为木工，或何以能成为汽车司机，就不能得到科学的说明，就可能像以往的神本主义或人本主义那样，或是把它归结为命运的安排，或是把它归结为先天人性的展示。在海德格尔那里，这种先天人性的展示就表现为与操心、畏惧等情绪相联系的良知激发和能在的绽出。

第二，就人与实践的统属关系来说，实践是活动系统，人是活动要素。

实践是人与环境、主体与客体互动的场域，是一个活动系统。在这个系统中，人是实践主体，是活动的发出者，没有人固然无实践可言，但如果没有对象及其作用，或没有主客体相互作用的手段和条件，那么也同样没有实践。而且这里的人是指共同活动的人们，而非单纯活动的个人。

因此，不能把作为一个活动系统的实践归结为这个系统中一个活动要素的人，更不能归结为个人。这是显而易见的。实践作为系统对其中的任何一个要素都具有统摄性和支配性，于是人作为其中的一个

① 《马克思恩格斯全集》第26卷（Ⅱ），545页，北京：人民出版社，1974年。

要素也就具有了实践的系统质和系统功能。因而人才有了与其从事活动的一致性。这里的一致性是系统要素与系统整体的一致性，是系统对其要素的统摄和支配作用所形成的一致性。在这里，一致性的前项与后项并不是对等的，其位置是不能互换的。也就是说，不能因为人与其活动是一致的，就把人与活动作等同的理解，并进而把活动归结为人。这样做是不妥的。

第三，就人与实践的矢关系来说，实践作为手段服从于作为目的的人的生存，但手段也制约目的。

人是人的活动的出发点和归宿点，这是没有疑义的。也就是说，人是为了自己的生存或更好的生存而从事实践活动的。在这里，人的生存是目的，人的活动是实现目的的手段。就目的与手段的关系来说，手段之作为手段，是由目的所规定的，是按一定的目的加以选择和创造，并服务于一定目的的。但是并不能因此把手段归结为目的。这是因为确立目的只是提出任务，选择手段才能实现任务。因此，目的的现实性取决于手段的现实性。如果手段无效，则目标就会落空。而有效手段的选择，除了要以目的为导向外，则必须严格依据客观条件。

也就是说，作为现实手段的实践不仅要体现满足人的生存需要这一价值性原则，还要体现真理性原则，要体现合规律性与合目的性相统一的原则。在这里，不能把实践的合规律性加以消解，从而把实践归结为人的生存。不能认为，在马克思哲学中，“生存论的阐释与建构”“支撑和统摄实践的唯物主义与历史的唯物主义”。

实际上，支撑和统摄马克思哲学的是实事求是、人类解放、实践改造等三个基本原则的辩证统一。实事求是是全部马克思主义世界观和方法论的凝结和体现。人类解放是马克思主义哲学的社会立场和价值取向的集中体现。实践改造是马克思主义哲学的主导原则和理想实现的根本途径。在这三者中，如果丢掉任何一个原则，把这个统一体加以肢解，那么也就完全背离了马克思主义哲学，而陷入唯心主义和形而上学。

四、马克思生存论异质于海德格尔生存论

在马克思生存论与包括海德格尔生存论在内的现代西方生存论的关系问题上，有的论者认为，马克思是现代西方生存论范式或生存论转向的“重要开拓者和奠基者”。在我看来，这一观点并不是关于此问题的真知灼见，恰恰相反，它是把性质不同的两种理论混为一谈了。下面就马克思生存论与海德格尔生存论的异质性来加以具体说明。

我认为马克思生存论与海德格尔生存论的本质差异主要表现在这样几个方面。

第一，马克思生存论是关于人的生存的理论，而海德格尔生存论则是把作为过程的存在归结为人的生存的一种生存本体论。

把世界作为过程来理解，这是马克思与海德格尔共同的观点。早于海德格尔100多年以前，恩格斯在谈到马克思和他批判继承黑格尔辩证法，创立唯物辩证法时就曾指出：“世界不是既成事物的集合体，而是过程的集合体，其中各个似乎稳定的事物同它们在我们头脑中的思想映象即概念一样都处在生成和灭亡的不断变化中。”[①]在这个问题上，海德格尔与马克思是一致的，他批评以往的实体论形而上学从实体即存在物的角度，而不是从存在即过程的角度来理解事物。海德格尔的这一批评是对的。

分歧在于万事万物的过程是如何获得展示的。在马克思看来，事物的过程是在一事物与其关涉物相互联系、相互作用的运动过程中表现出来的。运动是一切事物的根本属性，既不是上帝的推动，也不是人为的赋予。而海德格尔则认为，其他存在物是“现成存在”，是既成的。它们的过程只有通过此在，即生存着的人才能获得展示。因此在“在它的存在中是通过生成得到规定的”。[②]在这里，海德格尔把其他存在物的存在在人的生存中的展示实际理解成了存在的原始发生，这是很不妥当的。科学已经证明，人以外的其他存在物虽然不具有此在的能动性，但并不能因此而否认其有运动、变化和发展性。不然就无法

① 《马克思恩格斯选集》第4卷，244页，北京：人民出版社，1995年。

② ［德］海德格尔：《存在与时间》，陈嘉映、王庆节译，16页，北京：生活·读书·新知三联书店，2006年。

说明天体的形成和演变、生物的产生与进化，无法说明森林古猿怎么会变成人。很显然，海德格尔这种与科学对立的生存本体论是不能令人信服的。

第二，马克思生存论认为人的在世是通过社会实践对矛盾的解决实现的，而海德格尔则认为人的在世是作为“能在”的人的无矛盾建构。

承认人的在世，或人在世界中生存，这也是马克思与海德格尔共有的观点。马克思在其早期著作《〈黑格尔法哲学批判〉导言》中就曾说过：“人不是抽象的蛰居于世界之外的存在物。人就是人的世界，就是国家，社会。”[①]海德格尔也认为，人“依寓世界而存在”，世界作为此在如此这般的“熟悉”之所而成为此在建构自身的不可或缺的依靠。

那么如何理解人的在世呢？在马克思看来，人一旦作为本能的人提升为能动的人，即通过实践对世界进行改造的人，也就同时产生了人与世界的对立。这种对立说到底是人希望按照自己的意志改造世界，让世界适应于人，与世界按其固有的本性运动变化的矛盾。这个矛盾在实践中产生，又通过实践而获得解决。这个解决的过程也就是通过实践使主体客体化和客体主体化，从而达于主体与客体的统一。正是在这个矛盾不断产生又不断解决的过程中，才为人的生存创造了一个愈来愈广阔的世界。所以在马克思看来，对人的世界应当“从它的矛盾中去理解，并在实践中使之革命化”。[②]

与马克思相反，海德格尔认为，在生存论意义上，人与世界是浑然一体的，人的在世就是人的能在的无矛盾的建构。人的存在方式就是这样一种“在世之在”。正是在人的这种存在方式中，通过人与其他事物打交道，其他存在物才作为与人相联系的事物向人显示出来。这样一来，所有与人的生存和环境联系在一起的事物，在人看来也就都变成了人的“器具”（用具），变成了人得心应手的“上手之物”。通过运用上手事物，把所有人的和世界直接或间接地联系起来，指导和决定着世界之物成人的世界的东西。

海德格尔肯定人的能动性，肯定工具的制造和使用在人的活动

① 《马克思恩格斯选集》第1卷，1页，北京：人民出版社，1995年。

② 《马克思恩格斯选集》第1卷，55页，北京：人民出版社，1995年。

中、在人的世界形成中的作用，这是对的。但是他忽视了人与世界的矛盾，忽视了其他事物的客观性和规律性对人的能动性的制约作用。实际上，如果否认了人与世界的矛盾，那么也就从根本上否认了人通过实践改造世界的客观必要性和根据；而否认了客观对象对人的活动的制约性，那么这样的活动也就成了唯心主义所理解的抽象能动性。

第三，马克思生存论所理解的人的能动性是社会实践的生成，而不是海德格尔所理解的先验人性的绽出。

承认人具有能动性，是一个能动的存在物，这也是马克思与海德格尔共有的观点。

那么人的能动性来自何处，在马克思看来，这是社会实践的生成，是后天的教育和训练的结果。人是最名副其实的社会动物。每个人生下来时，只是一个赤裸裸的动物机体。但当他来到人间以后，于是就浸润在一个文化的环境中，通过耳濡目染、教育训练、生活消费、实践交往，也就逐渐变成了一个人，变成了一个具有文化素质和各种能力的人。而且随着社会实践的发展，人的各种能力也就愈来愈自由而全面地得到发展。因此，马克思特别重视对人的教育和训练。他说："要改变一般人的本性，使它获得一定劳动部门的技能和技巧，成为发达和专门的劳动力，就要有一定的教育和训练"。①

在这个问题上，海德格尔的观点如何呢？在海德格尔看来，人是被抛于世的，这使人"充满操心"。"此在的存在规定为操心"。②操心表现为操劳。此在的操劳一方面建构了人的在世；另一方面操劳使人沉沦、异化到操劳之事上去，使人以非本真呈现，使人陷于失落根据的"有罪恶感"的状态，由此产生了"畏"，产生了负罪感，并因此而激发了良知。正是通过良知的呼唤使此在自由地展开自己最本真的能在。不难看出，海德格尔的人的能在，即人的能动性、能动力量并不是在人的操劳活动中得到培养和锻炼的，而是先天固有的，是被操心（操劳）所遮蔽，经由畏惧情绪所激发的良知的呼唤而得以绽出的。可见，海德格尔关于人的能在的说明是牵强的、造作的，是一种先验人性论的表现。

① 《马克思恩格斯选集》第2卷，174页，北京：人民出版社，1995年。

② ［德］海德格尔：《存在与时间》，陈嘉映、王庆节译，230、414页，北京：生活·读书·新知三联书店，2006年。

总之，马克思有自己的生存论，可名之曰社会实践生存论。它是马克思实践唯物主义关于人的现实存在的理论。它与海德格尔先验人性论的生存本体论在性质上是根本不同的。不能在生存论上把马克思与海德格尔混为一谈。

海德格尔生存论批判*

马丁·海德格尔（1898—1976）以其生存论哲学树起了一面反叛西方传统哲学的旗帜。然而，在其哲学内部亦存在着重重困难。可是国内有些论者却对这一哲学给予了过甚其词的肯定，而且还在"对话"和"解读"的名义下，把海德格尔与马克思混为一谈，甚至认为马克思是现代西方生存论范式或生存论转向的"重要开拓者和奠基者"。

在我们看来，这里存在着双重误读：既误读了海德格尔，更误读了马克思。本文的写作就是力图在马克思哲学指导下对海德格尔生存论进行剖析，以求澄清上述误读，辨明其间是非。

海德格尔生存论是一种生存本体论。其基本思路大体是：在世界观上，它把作为过程的存在从万事万物中游离出来，作为一切存在者的根据，由此它提出了"存在优先于存在者"的观点；继而认为，存在是以此在即人之在或人的生存为基础而获得显现的，于是它主张，在者是其所是的过程，也就是人对其在的领悟过程；人之生存即人的在世，而人的在世是与操心、畏惧等情绪相联系的人的"能在"建构。因而必须从人的"能在"建构去说明其他存在物的存在。不难看出，在这个逻辑行程中，"存在优先于存在者"是其生存论哲学的一个前提性观点。下面就从对这个观点的分析入手。

一、存在并非优先于存在者

在海德格尔看来，存在与存在者是有区别的。在二者的关系上，存在优先于存在者，"存在"是存在者的最后根据。因此，应该从存在

* 原刊于《高校理论战线》，2010（4）。

去说明存在者，而不能像以往的形而上学家那样，把存在与存在者混为一谈，并以存在者代替存在，这样也就造成了存在的遗忘。海德格尔认为："只要在的真理没有被思，一切本体论就都仍旧没有根基。"[①]即是一种无根的本体论。

那么，什么是海德格尔所指谓的存在呢？在他看来，存在不是指存在着的具体事物，即是说，不是指某一具体事物的存在或不存在，"'存在'是'最普遍的'概念"。[②]但存在所标示的普遍性，不是抽去了一切特殊规定性的共相或一般，不是相对于多样性的族类上的概念的普遍性，而是使一切存在者得以存在着的那样一种过程的普遍性。也就是说，在词性上，存在作为概念是"存在着"的动词（tobe）的含义，而非作为"实体"的存在物的名词的含义。

海德格尔批评以往的形而上学家从主观设定的作为实体的存在者角度出发去说明世界，而不是从作为过程的"存在着"的角度去说明世界，应该说，海德格尔的这一批评是正确的。诚如恩格斯所言："世界不是既成事物的集合体，而是过程的集合体。"[③]但是，恩格斯与海德格尔在这里的区别也是明显的。即恩格斯所理解的过程是事物的过程，是集合体的过程，而不是海德格尔所理解的那种"超越"了一切存在者之外并决定一切存在者的抽象的过程。

从事物与过程，或存在者与存在的关系来说，二者是不可分割的。具体说来就是，事物总是展现为过程的事物；而过程也总是事物展开自己的过程。由此可见，以往形而上学家的错误并不是如海德格尔所批评的，是混淆了存在与存在者的区别，也不是对存在的所谓遗忘，而是对存在者作了恩格斯所说的"既成"的理解，而非"过程"的理解。因此，那种脱离存在即过程来解释存在者的观点是错误的。同样，如海德格尔所主张的，脱离存在者来理解存在，并进而认为存在优先于存在者的观点，也是不正确的。正如阿多诺所指出的，海德格尔哲学中的"存在"是没有"存在者"的"存在着"，这犹如"没有发光体的光"，是不可思议的。

---

① ［德］海德格尔：《存在主义哲学》，熊伟译，127页，北京：商务印书馆，1963年。

② ［德］海德格尔：《存在与时间》，陈嘉映、王庆节译，4页，北京：生活·读书·新知三联书店，2006年。

③ 《马克思恩格斯选集》第3卷，244页，北京：人民出版社，1995年。

海德格尔脱离存在者讲存在，或脱离事物讲过程，那么他所谓的过程，只能是形而上学改了装的过程。也就是说，海德格尔虽然没有陷入西方的实体论形而上学，但仍然因袭了西方形而上学所追求的“先验性”、“绝对性”与“永恒性”的哲学传统。在这个意义上，海德格尔哲学并未超越以往的形而上学，而是一种新版本的形而上学，即存在论形而上学。

那么，海德格尔是如何证明“存在”优先于存在者的呢？他说：“无论我们怎样讨论存在者，存在者总已经是在存在已被领会的基础上才得到领会的。”[①]海德格尔这里的领会者是人，所谓领会是指人凭心理体验去把握对象。

仅就“领会”过程而言，海德格尔所说的情况是存在的。也就是说，在领会的顺序上，人们可能先领会存在，继而去把握什么东西存在。比如，夜间走路，听到路边草丛中有响动。这里的“响动”是某个存在者对夜行人而言的一种显示，至于这个存在者是什么，尚不得知，于是打开携带的手电筒，拨开草丛一看，原来存在者是一条蛇。当然，在有的时候，人们也可能先领会存在者，然后再领会存在者如何存在。比如，人们在草原上捕捉到一种从未见过的蝴蝶，至于这种蝴蝶新在何处，人们必须通过对它的活动习性的了解，才能进一步加以把握。

由此可见，上述领会过程的先后，只是相对于领会者的特定情境而言的，在本体论意义上，存在与存在者是一体的，并无先后之别。可见，海德格尔在这里的不妥之处有二：一是他把人们领会过程的上述第一种顺序，即先领会存在，然后再领会存在者的顺序唯一论、绝对化了。二是在作了这种绝对化的处理以后，他又用这种领会过程上的先后去证明存在论上的“存在优先于存在者”的观点，那就更为不妥了。

为了能在隐去存在者的意义上，孤立地讲存在，海德格尔还玩起了一个文字游戏。他说，存在不是指存在者是什么，而是追问“存在何以是”或“是何以是”。在这里，海德格尔把“存在”或“是”主词化了。实际上，“存在”或“是”是一个绝对的谓词，它是说明主词，

① ［德］海德格尔：《存在与时间》，陈嘉映、王庆节译，8页，北京：生活·读书·新知三联书店，2006年。

从属于主词的，不是自为的，而是为他的。我们可以追问“存在者何以是”或“是者何以是”，而不能去追问“存在何以是”或“是何以是”。正如同可以追问“花何以开”，“门何以开”，而不能一般地追问“开何以开”。这不仅因为这样提出的问题无从回答，而且还因为这种提问方式本身就是错误的。换句话说，这是海德格尔用语言虚构出来的一个伪问题。由于这是一个伪问题，所以提出这个问题的海德格尔也不可能说清楚“存在”的运动机制是什么，当然他也无法说明这种动态过程的发出者，因而海德格尔不得不救助于神秘的天命、命运来加以搪塞、回避。

如上所说，任何存在者总是存在着，不然就是虚无；同样，任何存在着也总是存在者存在着，不然就是虚妄。用海德格尔的话说，实体论形而上学离开存在讲存在者是一种无根的本体论。同样也可以说，海德格尔哲学离开存在者讲存在是另一种无根的本体论。在哲学史上，为了克服实体论形而上学的这种无根性，黑格尔提出了实体即主体的思想，给予原本静止的精神实体，即“绝对观念”以“能动”的理解，使之变成了具有无限潜质和生命活力的世界始基，从而在其客观理性主义形式中实现了关于存在者与存在着的统一说明。海德格尔要克服其“基础本体论”的无根性，也必须寻找出路。这个出路就是海德格尔要为存在设立一个存在者：“此在”，即生存着的人。换句话说，海德格尔力图以生存论方式来实现存在者与存在着的统一。

然而，要抬出“此在”充当主词，必须进行论证。为此，海德格尔提出了这样一个观点，即此在是存在的唯一显示者。通过这个观点的论证，海德格尔的生存论哲学也就登场亮相了。因此，“此在是存在的唯一显示者”是海德格尔生存论哲学的一个最基本的观点。在我们看来，仅就存在在人的存在中的显示而言，也不能单纯把它归结为此在的生存。

二、存在的显示不能归结为此在的生存

海德格尔虽然也承认“存在总是某种存在者的存在”。[①]但在他看

① ［德］海德格尔：《存在与时间》，陈嘉映、王庆节译，11页，北京：生活·读书·新知三联书店，2006年。

来，从存在者追问存在，并非什么存在者都行。必须找到这样一种存在者，在它那里存在不是被关闭着，而是已经以某种方式展开了，只有经过这样的存在者才能通达存在。这样的存在者只能是我们人本身，即“此在”。

那么，为什么只有人才能充当存在的显示者呢？海德格尔认为，相对于非此在的存在者，作为此在的人具有优先地位。这表现在三个方面：(1) 其他存在者是“现成存在”的，即已经规定好的、一种实体性的东西。而此在“这种存在者在它的存在中是通过生成得到规定的”，[①]因而是一种可能性的存在者。(2) 其他存在者不能领悟和追问自己，而此在是能领悟、追问自己的存在者。(3) 此在不仅对其自身进行领悟和追问，而且还能对其他存在者进行领悟和追问。也就是说，此在是研究其他存在者的基础。因此，应该从此在的生存状态中，从此在的“生存论建构中发展出它的存在问题”。[②]

怎样看待海德格尔的上述论证呢？在我们看来，这里的论证在总体上是牵强的，武断的，不能成立的。

第一，存在作为过程在人的存在中的显示并非是存在本身的源始发生。

如上所说，存在者与存在不可分割，事物与过程不可分割。世界上一切事物都是相互联系、相互作用的。任何一个存在者都是在与其他关涉物的相互作用中通过运动而存在的。这种相互联系在无生物之间表现为因果联系；在生物与环境之间表现的感应与适应的联系；在人与环境之间主要表现为在实践中相互创造的联系。因此，不能把其他存在者通过运动的存在加以遮蔽和虚置。从根本上说，在人的存在中所显示的存在，也只是关于存在的显示，而并非是存在本身的源始发生。

既然其他存在物都有其运动性和作为其表现的变化和发展性，那么其中也就必然体现了多种可能性。这已经是被科学所揭示了的。因此，并非如海德格尔所认为的，其他存在物只是“现成存在”，只具有

① ［德］海德格尔：《存在与时间》，陈嘉映、王庆节译，16页，北京：生活·读书·新知三联书店，2006年。

② ［德］海德格尔：《存在与时间》，陈嘉映、王庆节译，51页，北京：生活·读书·新知三联书店，2006年。

现实性，而不具有可能性。如果真是那样，那么也就无法说明无生命物质的多样性，也无从解释无机物怎么会变成有机物，低等生物怎么会变成高等生物，森林古猿又怎么会变成为人。很显然，海德格尔这种与科学对立的哲学观点是不能令人信服的。

同样，如果像海德格尔所认为的那样，“此在”只具有性质变易的可能性，而不具有性质稳定的现实性，那么把人称之为人，似乎也就不可能了。其实，任何事物的发展都是变与不变的统一，作为此在的人也不例外。人固然没有固定不变的本质，但不能因此而否认人在绝对的历史生成中有相对稳定的本质。人要生存，首先就必须进行物质生产，这一明显的事实从人类诞生起一直到现在始终没有因时间的变迁而变更。正是它铸成了人与动物的根本区别。在这个不变事实的基础上，才形成了变化而又连贯的人类实践发展史，以及以此为基础的社会发展史和人自身的发展史。

由上可见，像海德格尔那样，把现实性与可能性割裂开来，对立起来，认为现实性专属于其他存在物，而可能性专属于此在，这样的观点是难以令人赞同的。应该说，在这里，海德格尔对此在和其他存在物的理解都是片面的，在总体上都是错误的。

第二，存在作为过程在人的存在中的显示不能归结为人的生存。

就存在在人的存在中的显示而言，有被动和主动两种类型。

所谓被动显示，是指其他存在物通过对人的作用，在人的生存中显示、展现自身。例如，自然界中的地震、火山爆发、海啸等灾害事件，就是通过对人而言的被动显示，而表现其对人的生命、财产的巨大破坏的。当然，这种被动显示并不局限于这些，而是多种多样、经常发生的。其对人的生存价值有正面、负面、中性等三种情形。

所谓主动显示，即实践显示。是指人通过实践，在改造对象的存在形式和内部结构的过程中，在促进事物运动、变化、发展的过程中，在服务于人的价值实现的过程中，提高对象的开放度，从而使对象的内部状况和特征向人暴露、显示出来。

从古到今，在人类发展的任何阶段上，对人的生存而言，上述被动显示和主动显示都是存在的。当然，在不同的历史阶段上，其构成的比例会有所不同。大体而言，愈往古追溯，被动显示的比重愈大；愈往今来，主动显示的比重愈大。就二者的关系来说，被动显示可以在一定条件下转化为主动显示。当然，在主动显示中也会遭遇到新的被动显示，需要人们去进一步加以捕捉。

存在在人的存在中的被动显示不能归结为作为能动存在的此在本身，这是显而易见的。因为被动之为被动，就意味着不期而遇，不召自来，是与人的能动性无关的。当然，就其对人的生存的意义而言，人可以通过发挥能动性把其正面价值扩大到最大；反之，也可以把其负面价值减少到最小。

存在在人的存在中的主动显示，跟作为能动存在的此在相关联，这是无疑的。因为主动之作为主动，本身就体现着人的能动。但是，并不能把这种主动显示归结为能动的存在，即人的生存。如上所说，主动显示是实践显示，是人与环境、主体与客体在相互创造活动中的显示。没有人固然没有实践，但没有对象，或没有主客相互作用的方式和条件，也同样没有实践。因此，作为主体与客体相互作用场域的实践活动系统，不能归结为这个系统中的一个活动要素：人，更不能归结为个人的能动存在。因为仅就实践中的人来说，不是单纯活动的个人，而是共同活动的人们；另外人也并非仅是能动的存在，而是受动中的能动存在。

第三，不能把对存在的领悟和追问归结为对人的生存的领悟和追问。

如上所说，不能把在人的存在中显示的存在归结为人的生存，那么也就不能把对这种显示的领悟和追问归结为对人的生存的领悟和追问。海德格尔认为，此在能够领悟和追问自身以及其他存在物。应该承认，这一观点是对的。从认识论角度说，人作为认识主体，能通过认识揭示事物的本质和运动规律。但这种领悟和追问，是以存在在人的生存中的被动显示或主动显示为前提和基础的，换句话说，是以外物作用于人和人改造外物的实践为基础的，是对这种显示的领悟和追问，而不能如海德格尔所认为的，把人领悟和追问的基础归结为能动的存在，即人的生存。当然被动显示与主动显示作为认识的基础，在人类认识形成中的地位是不一样的。从总体上说，前者是一个不可缺少的基础，后者则是主要的、根本的基础。所以马克思批评旧唯物主义，“对对象、现实、感性，只是从客体或者直观的形式去理解，而不是把它们当作感性的人的活动，当作实践去理解”。[1]或如恩格斯所言：“自然界作用于人”是人的认识的基础，而“人的思维的最本质的和最切近的基础，正是人所引起的自然界的变化”。[2]

总之，存在作为过程在人的存在中的显示并非是存在本身的源始发生，就这种显示而言，也不能归结为人的生存。因此，不能把对存在的领悟和追问归结为对人的生存或人的生存结构的领悟和追问。

三、人的在世并非人单纯的“能在”建构

按照海德格尔生存论的逻辑，此在优先于其他存在物，此在是其他存在物的唯一显现和领悟者，那么这种领悟何以可能呢？

在海德格尔看来，这是此在生存的基础结构使然。这个结构就是人在世界之中，或在世。所谓人在世界之中，是标明此在不是孤立存在的，而是处于世界之中的存在，即和世界不可分割。这里的所谓人在世界之中，绝不是诸如“水在杯子之中”、“衣服在柜子之中”的这种外在现成的空间组合，而是指世界作为此在如此这般的“熟悉”之所而成为此在建构自身的不可或缺的依靠。或者说，世界就是此在在世的生存环节。基于此，海德格尔批判了主客二分的思维方式。他认为，传统哲学的认识论首先设立一个孤立的主体，然后去论证并认识独立存在着的客体（世界）。这样，主体如何超越自身而通达或切中客体便成为认识论的一大难题。对此，海德格尔指出，人与世界的关系不能归结为“主体”与“客体”那般并列存在，而是人“依寓世界而存在”，“消融于世界之中”，人与世界原本是浑然一体的。因此，人对自身和世界的认识，实质上就是人对自身在世的生存建构的领悟。

怎样看待海德格尔的上述观点呢？在我们看来，海德格尔虽然击中了以往知识论哲学的要害，但也没有真正解决问题，而只是回避了问题。

主体何以能认识客体，或用海德格尔的话说，此在何以能领悟和追问其他存在物，对这个问题，不少哲学家都曾做过努力，但都没有能成功解决。究其原因并不在于主客二分的思维方式，而在于没有能

① 《马克思恩格斯选集》第1卷，54页，北京：人民出版社，1995年。
② 《马克思恩格斯选集》第4卷，329页，北京：人民出版社，1995年。

真正揭示主体与客体、人与世界相分又相合的基础。

拿黑格尔来说，为了说明世界的可知性，他把人和世界归结为最高的存在：绝对观念，认为人与世界都是绝对观念的分有，绝对观念是人与世界相统一的基础，因此，作为思维主体的人与作为思维对象的外物在本质上具有同一性，因而主体能够认识客体，人能够认识世界。在批判黑格尔思辨哲学的过程中，费尔巴哈建立了自己的人本哲学。在对人的理解上，费尔巴哈虽然也谈到了人的类本质、人的精神本质，但在归根到底的意义上，他认为人是一种自然存在，自然是人的本质，因而人的各种感官能够认识自然。

不难看出，无论是把人与世界归结为绝对观念的黑格尔，还是把人与世界归结为自然的费尔巴哈，都是通过各自的归结从而取消或否定了人与世界的矛盾，这样一来，当然也就不可能真正找到两者通达的桥梁。主体如何超越自身而切入和认识客体的问题，也就不可能得到科学说明。

为了避免知识论哲学的错误和避免由此引起的麻烦，海德格尔干脆排除主体与客体、人与世界的划分。他认为，在生存论意义上，人与世界是浑然一体的，即所谓人的在世。

承认人的在世，或人在世界中生存，这是毫无疑义的。但是能否把人的在世理解为人与世界的浑然一体呢？不能。人与世界的浑然一体，这种状态曾经存在过。那时，人还处于蒙昧、野蛮的阶段上，人作为本能的人，还没有从自然界中完全提升出来，基本上还是依靠和适应自然而生存，也就是说，基本上还处于人物不分、天人合一的状态。

当然，海德格尔把人的在世，理解为人与世界的浑然一体，并不是如有的论者所认为的，这表现了海德格尔的一种崇古意识，是对古朴的天人合一的还原。在我们看来，不是这样，而是性质迥异的另一个极端。如果说古代的天人合一论是一种多少排除了人的能动性的自然霸权主义的话，那么海德格尔的人与世界的浑然一体论，则是一种排除了其他存在物的独立性和规律性，使其被此在所消解、消融的此在霸权主义。

不难看出，在人与世界的关系问题上，海德格尔的这种归结相对于黑格尔和费尔巴哈所作的归结，虽然在具体内容上有所不同，但本质上是一致的，都是用抽象的归结回避了人与世界的矛盾，而不是真正的正视矛盾和解决矛盾。马克思在这里的高明之处，正在于他科学地解决了这个矛盾，关于这一点，留待后文作详细的说明。

海德格尔把此在何以能对存在进行领悟和追问的根据归结为此在的在世结构，那么人的在世结构是何以建构的呢？在海德格尔看来，人的被抛于世，使人“充满操心”。[①]“此在的存在……为操心”。[②]“在操心中奠定了此在的整个展开状态”。[③]操心表现为操劳。此在通过操劳，通过制造和使用工具（上手事物）直接或间接联系着所有的人和世界，指导和决定着世界之构成为人的世界的东西。另外，操劳也使人沉沦、异化到操劳之事上去，使人以非本真呈现，使人陷于失落根据的“有罪恶感”的状态，由此产生了畏，产生了负罪感，并因此而激发了良知。正是通过良知的呼唤使此在自由地展开自己最本真的“能在”。

人活在世上总会有些事令人操心，这是无疑的。但操心作为一种心理表现只是第二性的，不是第一性的。其内容也会因时间、地点、条件的不同而不同的。因此，不能像海德格尔那样把操心绝对化、本体化，认为人生就是操心。这是其一。

其二，操劳对人生的意义，也应作辩证分析。操劳过度，虽不可取，但无所用心，无所事事，也会使人难以为生、难以安身。海德格尔论述了与操劳相联系的上手事物的制造和运用在建构人与世界关系中的作用，这是海德格尔哲学中的可圈可点之处。然而他又对操劳作了根本负面的理解。这样一来，也就完全降低了操劳在改变人生处境和实现人生价值中的作用。

其三，人的能在的能，即人的能动性、能动力量是在社会实践中得到培养和锻炼的，是后天形成而不是先天固有的，也不是靠所谓抽象的良知呼唤所展开出来的。因此，海德格尔关于人的能在的说明是牵强的、造作的，是一种先验人性论的表现。

---

① ［德］海德格尔：《存在与时间》，陈嘉映、王庆节译，230页，北京：生活·读书·新知三联书店，2006年。

② ［德］海德格尔：《存在与时间》，陈嘉映、王庆节译，414页，北京：生活·读书·新知三联书店，2006年。

③ ［德］海德格尔：《存在与时间》，陈嘉映、王庆节译，399页，北京：生活·读书·新知三联书店，2006年。

至此，海德格尔生存论哲学的致思行程是基本结束了。从总体上说，海德格尔对人的生存问题进行哲学反思，这在经过世界大战的浩劫和传统工业化负面作用日益增大的时代背景下，是很有意义的。海德格尔以其生存论哲学对以往理性主义的实体论形而上学和知识论哲学所进行的批判也是富有启发价值的。但对上述意义和价值不可评价过高，不可做无批判的肯定。这是因为海德格尔的生存论是与非理性的情绪相联系的抽象能动论，是一种主观唯心主义的生存本体论哲学。以非理性主义批判理性主义，不过是从一个极端批判另一个极端，二者在总体上都是片面的，错误的。以主观唯心主义为工具来分析人的生存问题，如海德格尔那样，把人的生存问题的解决归结为良知呼唤和抽象能在本性的复归，那么，这对人的生存问题的认识和解决，也只能起着遮蔽和误导作用。

四、把马克思与海德格尔混为一谈是错误的

既然海德格尔的生存论是一种主观唯心主义哲学，那么这一理论为什么会被国内某些论者所看重，甚至把马克思生存论与海德格尔生存论混为一谈呢？我们认为，这里的原因是多方面的，从理论上来说，是因为这些论者脱离马克思和海德格尔各自的哲学体系，把海德格尔所理解的局限于个人生存的日常生活活动抽象出来，误读为马克思所认为的改造现实状况的社会实践活动，又把马克思所指谓的在一定客观条件制约下的人类实践活动抽象出来，误读为海德格尔所阐述的人的“能在”，即人的单纯的能动活动。这样一来，把二者混为一谈，也就难以避免了。

在生存论上，马克思与海德格尔的分歧，不在于谁更关注人的生存问题，也不在于有谁否认人在世界中生存，而是在于如何理解人的在世，如何看待和解决人与世界的矛盾，归根到底是如何才能使人过上美好的生活。

在马克思看来，人通过实践一旦从本能的人提升为能动的人，也就产生了人与世界的分裂和对立。人作为能动的人，也就是通过实践对世界进行改造的人。改造本身就意味着人与世界的对立。这种对立首先表现为人与自然的对立，即通过劳动改造自然，就是“人本身作

为一种自然力与自然物质相对立”。[1]这种对立说到底是人希望按自己的意志改造世界，让世界适应于人，与世界按照其固有的本性运动和变化的矛盾。这个矛盾在实践中产生，又通过实践而获得解决。这个解决的过程也就是通过实践使主体客体化和客体主体化，从而达于主体与客体的统一。正是在这个矛盾不断产生又不断解决的过程中，才为人的生存和发展开辟了愈来愈广阔的道路。

因此，在马克思主义看来，人之所以能在世界中生存，并不是像海德格尔所说的，通过此在的生存论建构，达于想象中的无矛盾的人与世界的浑然一体，而是因为人能学会按照合规律性与合目的性相统一的原则，进行生产活动和其他实践活动，改造世界以适应自己的生存。可见，生产活动，对于人的生存，对于适合于人生存的世界的形成来说，具有无可辩驳的基础性、根据性。因此从人的生产条件、生产活动来考察人的生存，来考察人与世界的关系，这是马克思主义社会实践生存论的一个根本观点。用马克思的话说：“人们的存在就是他们的现实生活过程。”[2]而“全部社会生活在本质是实践的”。[3]“因此，他们是什么样的，这同他们的生产是一致的——既和他们生产什么一致，又和他们怎样生产一致。因而，个人是什么样的，这取决于他们进行生产的物质条件”。[4]可见，离开生产的自然前提，离开一定历史阶段的生产方式，离开人与环境相互创造的社会实践场域，来谈人的能动活动，来谈人的生存都是抽象的议论，是与马克思的社会实践生存论格格不入的。

近一些年来，在我国哲学界有一些论者，根本否认自在自然对人的作用、对人生存的意义。为了获得理论上的支持，他们错误引证马克思在《1844年经济学哲学手稿》中的话，[5]把马克思关于对自然作脱离人的抽象理解对人来说无意义，误读为马克思主张自在自然无意义；把马克思对黑格尔唯心主义自然观的批判，说成是马克思对自在自然的排斥。这种移花接木式的引证自然遭到了许多学者的批评。很显然，如果否认了自在自然的意义，那么也就否认了人类实践得以进

① 《马克思恩格斯全集》第23卷，202页，北京：人民出版社，1972年。
② 《马克思恩格斯选集》第1卷，72页，北京：人民出版社，1995年。
③ 《马克思恩格斯选集》第1卷，56页，北京：人民出版社，1995年。
④ 《马克思恩格斯选集》第1卷，68页，北京：人民出版社，1995年。
⑤ ［德］马克思：《1844年经济学哲学手稿》，116页，北京：人民出版社，2000年。

行的自然前提和自然基础。

另外，有的论者在讲人创造世界时，只讲人的实践能动性，只讲人的世界在人的实践中生成，而有意无意地忽视了人类实践的自然制约性和社会制约性。殊不知，如果脱离自然条件和社会条件的制约来谈论实践，那么也就必然会把人类实践抽象化、绝对化、神圣化。很显然，作这样误读的所谓马克思的实践观，也就与海德格尔所理解的人的“能在”趋同了。

海德格尔所讲的“能在”是指作为在世生存的人所固有的一种抽象的行为力量。在这个意义上，海德格尔也讲人的实践，讲的人的操劳，讲与外物打交道，尽管用词不同，但讲的都是人对外物的单方面的能动作用。而且海德格尔所讲的这一切，基本上是局限于个人生存的日常生活领域，即个人的“日常操劳活动”，[①]或“日常事务经营”。[②]另外，他对日常操劳活动对人生的意义基本上是持一种否定态度的。海德格尔生存论哲学的代表作《存在与时间》一书，内容晦涩难懂，在所举例子中，基本上是日常生活的事例，很少涉及改造人类生存的现存状况的社会实践。这种情况的存在绝不是偶然的。正如海德格尔所坦然承认的：“我全不知道任何直接改变现今世界状况的道路，即使说这种改变根本就是人可能做到的我也不知道。”[③]可是国内有些论者全然体察不到这一点，他们在自己的论著中，不加分析地把海德格尔的所使用的操劳、筹划、实践等有关论述与马克思所理解的“人的感性活动”、“革命的、实践批判的活动”等论述相提并论，穿插引用，互为论证，这样一来，也就模糊了马克思的社会实践生存论与海德格尔主观唯心主义生存论的界限。这种状况是到了该结束的时候了。

---

① ［德］海德格尔：《存在与时间》，陈嘉映、王庆节译，474页，北京：生活·读书·新知三联书店，2006年。

② ［德］海德格尔：《存在与时间》，陈嘉映、王庆节译，384页，北京：生活·读书·新知三联书店，2006年。

③ 《海德格尔选集》，孙周兴编选，1310页，北京：生活·读书·新知三联书店，1996年。

怎样看待民主社会主义*

经过30年来的探索与实践，中国特色社会主义已取得巨大成就，且日益深入人心。与此相反，各种非马克思主义思潮则“人气”下降，“市场”萎缩。然而它们并没有放弃阵地，而是变换手法，按各自的面貌歪曲中国特色社会主义，以图影响中国发展的方向。在这类举动中，把中国特色社会主义歪曲为中国特色资本主义者有之；曲解为儒家社会主义者有之；误读为民主社会主义者亦有之。特别需要指出的是，近一个时期以来，上述第三种表现显得尤有锋芒。于是，这里也就提出一个问题，即怎样看待民主社会主义。

民主社会主义，乍一听这个名称，并不令人反感，因为它不仅标榜“社会主义”，而且强调“民主”。然而，这种对民主社会主义所作的纯粹字面理解，或据其标识所形成的第一印象，既带有几分天真，也含有几多猜测，因而是靠不住的。众所周知，在现实生活中，那种名不副实的情况并不少见。如果从本质上看问题，那么应该说，民主社会主义并非真正的社会主义，即科学社会主义，而是西方国家中带有社会主义色彩的、以改良资本主义为目的的社会民主主义思潮在演变过程中的一种阶段性的理论表现和实践模式。因此，关于民主社会主义理论归属问题的解答，应当联系改良的社会民主主义的演变过程来加以说明。

一、民主社会主义的理论归属

在社会主义文献中，民主社会主义曾经在两种意义上被使用。一是作为社会民主主义的同义语。在这个意义上，民主社会主义，即社

* 原刊于《安徽商贸职业技术学院学报》，2009（2）。

会民主主义；二是作为改良的社会民主主义在演变过程中的一种变通形态或替代形态。前者可视为广义理解的民主社会主义，后者可视为狭义理解的民主社会主义。本文所论述的是狭义理解的民主社会主义。也就是说，作狭义理解的民主社会主义在理论上归属于改良的社会民主主义。为了理清其间的脉络，这里先从民主主义说起。

（一）民主主义是以普遍形式表现的资产阶级政治思潮

民主主义的提出者是以孟德斯鸠、卢梭等为代表的18世纪法国启蒙思想家。为了反对封建阶级和教会的黑暗统治，他们提出了如下观点：第一，天赋人权。即认为，我是人，因而生来就有做人的权利。第二，私有财产神圣不可侵犯。在他们看来，人权的首要内容是财产私有权，因而维护私有财产天经地义，并以此抨击封建阶级和教会对资产阶级的横征暴敛。第三，主权在民。这种观点主张，国家主权来自人民，而非君权神授，政府首脑只是作为主权者的人民的受雇者。因此，反抗暴政是人民不可剥夺的一项权利。第四，法律面前一律平等。他们认为，法律是人民“公意”的集中体现，因而法律至上，由此必须剥夺贵族所享有的凌驾法律之上的特权。启蒙学者提出的民主主义对促进人的思想解放和催生资产阶级革命，曾发挥过不可磨灭的巨大进步作用。

但启蒙学者的民主主义在理论上又是以普遍形式来表现的。即是说，在理论上，它所代表的不只是资产阶级利益，而似乎是一切人的利益。启蒙学者所抱有的也不是资产阶级的偏私心态，而是拯救人类的高尚情怀。然而正如恩格斯所指出的：“十八世纪的伟大思想家们，也和他们的一切先驱者们一样，没有能够超出他们自己的时代所给予他们的限制。”①即是说，他们以普遍形式所提出的民主主义，在实践中只能表现为资产阶级民主主义。为了与这种传统的民主主义相区别，到19世纪中叶，一种新的民主主义即社会民主主义也就历史地产生并传播开来。

① 《马克思恩格斯选集》第3卷，405页，北京：人民出版社，1995年。

（二）社会民主主义是对民主主义的继承和更新

从“社会民主主义”一词的构成来说，是“社会”加“民主主义”。那么，如何理解这一概念中的“社会”呢？这里的“社会”并非指作为人类生活的社会共同体，而是相对于人压迫人、人剥削人的关系而言的那样一种具有平等伙伴意味的共有、共享关系。也就是说，社会民主主义相对于传统民主主义不仅在形式上承认人人享有政治民主，而且关注这种政治民主得以实现的经济前提，即社会的平等。因此，社会民主主义更多地关注中下层群众的利益，以及如何解决由社会的不公分配所带来的经济剥削。

但是在如何实现社会公平、如何解决贫富两极分化的问题上，中下层群众中的无产阶级及其代表和小资产阶级及其代表提出了各自不同的主张。于是，对社会民主主义也就有了无产阶级和小资产阶级两种不同理解。前一种理解，被称之为革命的社会民主主义。在这种理解中，社会民主主义等同于科学社会主义；后一种理解被称之为改良的社会民主主义。在这种理解中，社会民主主义等同于社会改良主义。用马克思的话说，这种改良主义“不是为了消灭两极——资本和雇佣劳动，而是为了缓和资本和雇佣劳动之间的对抗并使之变得协调起来”。[①]而在马克思主义看来，“问题不在于改变私有制，而只在于消灭私有制，不在于掩盖阶级对立，而在于消灭阶级，不在于改良现存社会，而在于建立新社会”。[②]

不难看出，在对待资本主义的态度上，革命的社会民主主义与改良的社会民主主义是存在原则分歧的。然而在现实的历史进程中，这种分歧的形成和激化有一个过程；它们分别作为社会民主主义的左翼和右翼在地位消长上也有一个变化过程。另外，随着世界无产阶级和资产阶级、社会主义和资本主义斗争情势的变化，为这种变化所制约，改良的社会民主主义也经历了一个演变过程。民主社会主义就是改良的社会民主主义在演变过程中的一种特殊形态。

① 《马克思恩格斯选集》第1卷，614页，北京：人民出版社，1995年。
② 《马克思恩格斯选集》第1卷，368页，北京：人民出版社，1995年。

（三）民主社会主义是改良的社会民主主义的一种特殊形态

改良的社会民主主义的演变过程到目前为止大体包含四个阶段：一是小资产阶级社会主义阶段；二是伯恩斯坦主义阶段；三是民主社会主义阶段；四是当代社会民主主义阶段。

1. 小资产阶级社会主义阶段（19世纪中叶到19世纪末）

在这个阶段中，对社会民主主义的马克思主义理解和改良主义的理解同时存在。这种改良主义理解在当时的表现就是小资产阶级社会主义。其具体形态在19世纪中期在法国有路易·勃朗为代表的小资产阶级社会主义；19世纪60年代以后，在德国有拉萨尔主义，在法国有蒲鲁东主义，在英国有工联主义。在当时国际工人运动中，这种小资产阶级社会主义的影响在总体上不占上风。

由于小资产阶级在许多方面与无产阶级有共同利益，因此，马克思恩格斯曾经指出，"共产主义者在行动的时候"，只要小资产阶级社会主义者"不为占统治地位的资产阶级效劳和不攻击共产主义者，就应当和这些社会主义者达成协议，这时尽可能和他们采取共同的政策。当然，共同行动并不排除讨论存在于他们和共产主义者之间的分歧意见"。[①]并进一步指出，只有这样才能防止他们"用多少是经过掩饰的施舍来笼络人心，用暂时使工人生活大体过得去的方法来摧毁工人的革命力量"。[②]

然而马克思恩格斯的这一担忧不幸被言中。到19世纪末，以伯恩斯坦为代表的改良主义在第二国际所属的各国社会民主党中流行开来。并逐渐占据统治地位。于是，改良的社会民主主义也就进入其演变过程的第二个阶段，即伯恩斯坦主义阶段。

2. 伯恩斯坦主义阶段（19世纪末至20世纪40年代）

为了平息社会的不满，为了达到从内部瓦解工人运动的目的，1890年德国首相俾斯麦废除了"反社会党人法"。德国社会民主工党由此成为合法政党，并在接下来的议会选举中获得巨大成功。于是，党内的改良主义乘机抬头。1895年恩格斯逝世以后不久，伯恩斯坦于1899就抛出了《社会主义的前提和社会民主党的任务》一文，系统地

---

① 《马克思恩格斯选集》第1卷，245页，北京：人民出版社，1995年。

② 《马克思恩格斯选集》第1卷，368页，北京：人民出版社，1995年。

提出了他的社会改良主义理论，或曰伯恩斯坦主义。

其主张主要有两点：第一，社会民主党应从过去的工人阶级政党转变为代表社会利益的“全民党”。第二，社会民主党应放弃暴力革命，而通过议会道路和平长入社会主义。第二国际分裂后，伯恩斯坦主义也就成为社会民主党意识形态的标志，而与共产党人的“共产主义”信仰和意识形态相区别。

社会民主党从革命党向改良党转型，也就为其从体制外批判资本主义转到在体制内改良资本主义扫清了道路。如果说伯恩斯坦主义基本上还只是一种改良主义的理论纲领的话，那么到20世纪40年代中期以后，随着一些国家的社会党成为执政党或参政党，这种原先作为理论纲领的改良主义也就更多地表现为一种实践模式。改良的社会民主主义也就从伯恩斯坦主义阶段演变到了民主社会主义阶段。

3. 民主社会主义阶段（20世纪40年代中期至90年代）

二战结束后，形成了社会主义阵营与资本主义阵营对抗的态势。在西欧一些主要国家中，由于共产党人在二战中的杰出表现，从而使他们在人民群众中威信大增。针对这一形势，西方一些国家的资产阶级为了能与世界社会主义力量和共产党的力量相抗衡，于是对社会党人也就采取了拉拢和支持的策略。西欧各国社会党因此而活跃起来，其中有不少国家的社会党曾经先后成为该国的执政党或参政党。

在英国工党和德国社会民主党的推动下，“社会党国际”于1951年6月30日召开的德国美因河畔法兰克福国际社会党代表大会上获得重建。大会通过的《民主社会主义的目的和任务》的宣言，正式将社会党的思想体系的名称由“社会民主主义”变换为“民主社会主义”。这一变换表明社会党人把“民主”置于优先地位。这里有两层意思：一是社会党通过议会民主上台执政或参政，作为执政党或参政党通过程序民主，实施社会政策，改良资本主义，对中下层群众的利益予以照顾，以缩小贫富差距，缓解劳资矛盾。他们认为，这就是和平长入社会主义。二是社会党以“民主”相标榜，借以区别和反对通过暴力革命取代资本主义，并以无产阶级专政来保障的社会主义。于是，它也就充当了西方垄断资产阶级和平演变社会主义国家及反对国际工人运动的同盟军。

然而到20世纪90年代，苏东巨变的发生，也就意味着作为和平演变手段的民主社会主义的某种贬值。另外，更为主要的是，社会党人的民主社会主义政策在其国内基本失灵，于是，民主社会主义也就被当代社会民主主义所取代。

4. 当代社会民主主义阶段（20世纪90年代以来）

20世纪90年代，在苏联解体、东欧剧变以后，社会党人把其思想体系的名称从“民主社会主义”改为“社会民主主义”。意在表明，它不是一种“民主”的社会主义，而是一种“社会”的“民主主义”。因为在他们看来，东欧剧变后，不仅标明无产阶级专政的社会主义的失败，而且也是社会主义制度本身的失败。于是，他们放弃了作为制度目标的社会主义追求，而去实现所谓人道目标的社会主义追求，即把社会主义视为通过对现存社会的不断调整所实现的平等与互助价值。这里的平等与互助是指发扬人类的友爱精神，倡导不同的利益集团之间的合作。

社会党人在其指导思想的名称上之所以做上述改变，这主要是因为90年代以来，奉行民主社会主义的社会党人遭遇到了政治上的严冬。由于其承诺不能兑现，因而其威信骤降，党员人数大幅减少，国内选举连连失利，2001年以前欧盟15国中曾有13个国家的政府是社会党人领导，而现今执政的社会党只剩下这个数字的零头。面临如此危机，社会党人认识到原先奉行的民主社会主义道路已走到尽头，已经失败，必须向后退却，去开辟所谓介于民主社会主义和新自由主义之间的“第三条道路”，也就走一条新形态的资本主义道路。

二、民主社会主义的实践模式

如前所说，民主社会主义是西方国家社会党所提出的一种思想体系，同时也是一种实践模式。作为一种实践模式，这是民主社会主义与伯恩斯坦主义的一个区别，同时，这也是民主社会主义与科学社会主义相区别的一个所在。从一般意义上说，脱离民主的社会主义不是真正的社会主义，同样脱离社会主义的民主，也不可能是真正的民主。因此，强调社会主义与民主的根本一致性并没有错。但问题在于，民主社会主义把民主与无产阶级革命和无产阶级专政对立起来，企图在资本主义框架内，把民主作为实现社会主义的根本手段，因而这种实践模式也就具有了改良主义、空想主义的性质。社会党人在自己的纲领中把实现民主社会主义社会的民主手段划分为政治民主、经济民主、社会民主、国际民主等四个方面。下面分别来做一些具体分析。

(一) 关于政治民主

民主社会主义者把实现社会主义的理想寄托于对资本主义社会民主制的运用上。即认为运用西方国家的多党制、议会制和三权分立制就可以充分保障社会主义政治民主的实现。在他们看来，这些制度具有超阶级性，能够为各阶级的利益提供均等的服务，因而可以用这些制度作为改造资本主义和实现社会主义的工具。在这种制度下，将发生从资本主义向社会主义过渡的历史性变化。

社会党在上台执政或参政以后，一般都是按照自己的主张和信奉的理论进行实践的。第一，坚持多党制或多元政体；第二，尊重多数人的决定，保持少数人的政见；第三，坚持实行横向和纵向的分权；第四，保障民主平等的人权。这些都在一定范围和层次上活跃了社会的政治气氛，扩大了人民的民主权利，提高了人民的政治地位，客观上逼迫资产阶级做了一些调整和改善，形成了这些资本主义国家较为民主的状况。

但是人民群众作为被统治阶级的地位并没有能从根本上得到改变，人民群众并没有成为国家的主人。这些国家的社会党虽然上台执政过或长或短的时间，但也没有能使这些国家从资本主义过渡到社会主义。这是因为资本主义社会的民主制和其他一切国家制度一样，既有公共性的一面，又有阶级性的一面，前者通过其社会职能得以体现，后者则是通过阶级职能来获得体现。不仅如此，二者还是密切联系、不可分离的。

对此，恩格斯曾指出："政治统治到处都是以执行某种社会职能为基础，而且政治统治只有在它执行了它的这种社会职能时才能持续下去。"①很显然，民主社会主义这种凭借资本主义民主制向社会主义过渡的战略，过高地估计了资本主义国家的民主性、公共性，过分依赖于统治阶级的和解精神。殊不知掌握着经济和政治控制权的资产阶

① 《马克思恩格斯选集》第3卷，523页，北京：人民出版社，1995年。

级，最终是不能容忍社会主义的。如果真的出现了社会主义通过议会民主而获得支配地位的情势时，那么它就会以疯狂的报复性来阻止社会主义的实现。因此，想借助资本主义国家的民主制来实现社会主义，只能是缘木求鱼。

诚然，马克思主义不拒绝利用和平手段来实现社会主义，但如果没有相应的武装力量作后盾，这是绝不能成功的。相反，当危机来临的时候，反动统治阶级往往首先要把刺刀提到议事日程上来。这就迫使无产阶级不得不走上武装革命的道路。这是马克思主义对巴黎公社经验的总结，也是被后来俄国十月革命和中国革命所证明了的真理。当然，这样说，并不否认在某种特殊情况下，这种和平过渡的可能性。

（二）关于经济民主

民主社会主义认为，最重要的不是谁掌握生产资料，而是人们在社会中生活得如何。那么，如何才能使私有制不是服务于少数私有者的利益而服务于人民生活的改善呢？在社会党人看来，依靠经济的民主监督，或曰经济民主。

所谓经济民主，就是在社会党人掌权的一些国家中，通过实施一些举措，推行“工人参与制”，即让工人或工人代表参加讨论关于企业经营、生活待遇、劳动条件、低层管理和高层决策等方面的问题。其做法多种多样，大体可以分为三类：

一是职工讨论建议制度。该制度规定，在一起工作的工人实行定期聚会，就企业生产和职工利益方面的问题进行讨论，提出解决办法。职工提出的建议，厂方视情况给予一定的奖励。

二是职工参与管理制度。该制度规定工人或他们的代表有参与组织、指挥、协调或控制生产的权利。

三是职工参与决策制度。即通过制度保障，工人及其代表有参加公司一般决策或最高决策的权利。比如，在法国，劳资双方成立有“企业管理委员会”，最突出的是当时的西德所实施的“共决制度”，该制度规定2000以上职工的企业董事会劳资双方的代表名额各半。

应该承认在保存私有制不变的前提下，资本家在一定程度上允许职工参与资本主义的企业管理，这是一个有意义的创造，体现了对资本主义生产关系的一定调整，表明了劳动者在劳动中民主权利的扩大和主体地位的提高。工人参与企业的某些经营活动，既是工人运动长期斗争的结果，同时也反映了新技术革命条件下，现代大生产的客观要求。也就是说，由于在现代化生产过程中智力因素作用的增大，劳动者主体地位的加强，因而迫使资产阶级不得不重视发挥职工的积极性和主动性。由此可见，工人参与制的实行，对于提高工人的地位、改善工人的处境、维护工人的眼前利益、改善劳资关系、缓和企业内部的矛盾和冲突，都是有一定意义的。

但由于西方国家的社会民主党都是在坚持私有制的前提下推行经济民主的，因而对于经济的民主监督不可能改变生产资料私有制的性质。另外，工人参与的经济民主权也只限于企业内部，至于企业之外，乃至地方和国家的政治、经济和社会事务等均不属于参与的范围。至于企业内部的工人参与，也仅限于监事会中有一定的咨询权而已，而不是实质的决定权。企业的决定权在股东代表大会，执行权在董事会，监督权在监事会。即使在监事会中，劳资双方也是不平等的。按规定，虽然劳资双方有同等数量的代表参加，但同时又规定职工代表中必须有高级职员的代表，而高级职员的代表通常是站在企业主一方的，再加上监事会的主席是由资方出任，因此，在资本主义所有制不改变的情况下，企业内部的经济民主的作用是很有限的。

民主社会主义者企图依靠经济的民主监督来解决劳资矛盾，将资本主义改造成社会主义，这只能是一种良好的愿望，是不可能实现的。

（三）关于社会民主

社会党国际纲领指出：资本主义的指导原则是私人利润，而社会主义的指导原则是满足人类的需要。那么，如何在资本主义制度下，实现满足人类需要的社会主义原则呢？在民主社会主义者看来，不仅要保障人类基本的政治权利，而且要保障经济和社会权利。这些权利主要有：工作的权利、医疗和福利的权利、休息的权利、因年老、伤残和失业而不能工作的公民有获得经济保障的权利；儿童福利与青年依据其才能而享受教育的权利，等等。

怎样才能保障这些权利呢？民主社会主义者认为，要通过国家实行社会保障和社会福利制度。在民主社会主义者看来，自由资本主义所造成的贫富两极分化可以通过国家对市场的干预而得到缓解和克服，国家有义务提供市场无法提供的公共产品，国家干预经济和社会其他领域是正当的，可以通过福利国家创造更加平等的机会，救助贫困家庭，并且依靠累进税制度来达到削富济贫的目的。

民主社会主义的社会保障和社会福利制度的实行，在一定程度上缩小了贫富之间的差距，缓和了社会矛盾，维护了社会稳定，为资本主义的发展创造了一个比较好的环境，在战后造就了一个经济增长的黄金时代，推动了资本主义的繁荣。

但民主社会主义者也承认，这种社会保障制度说到底只是起到一种社会矛盾“缓冲器”的作用，不可能从根本上解决资本主义社会的种种痼疾。不仅如此，这种社会保障制度在解决了资本主义社会的某些问题的同时，又导致了影响资本主义发展的新的问题，产生了资本主义本身无法解决的结构性矛盾。即是说，废除保障制度，对资本主义是毁灭性的，而实施保障制度对资本主义又是破坏性的。

这是因为资本主义与社会保障制度在根本上是相抵触的。这种抵触的表现是多方面的。

其一，保障制度作为一种非商品化的运作制度也就挤压了追求利润的资本主义商品化原则所通行的空间。

其二，保障制度的实施造成了财政支出的大幅增加，而这主要靠税收的增加来解决，于是也就导致了生产者的成本增加和利润下降。

其三，资本的原则是利润最大化。在全球化背景下，资产者可以通过资本的国际转移获得丰厚的利润，而这种国际转移所导致的西方国家产业空洞化，必然会削弱资本主义国家社会保障制度的经济支撑。

其四，在资本主义民主政治的竞争体制下，增加社会保障就能讨好选民，于是竞选者过多的承诺与民众过高的期望之间就会相互推动，最终导致国家不堪重负。当执政党无法兑现自己的诺言，无法满足群众的期望时，必然造成执政党的合法性危机。20世纪90年代以来，不少西方国家的社会党就是在这种危机中丧失政权的。不难看出，社会保障制度与资本主义的矛盾，不过是资本主义社会化大生产与生产资料私人占有制这一基本矛盾的一种特殊表现形式而已。

（四）关于国际民主

民主社会主义认为，没有一个国家能孤立地解决它所有的经济和社会问题。因此，民主社会主义主张通过国际民主谋求人类的一致与团结。社会党人宣称：“社会党国际各成员党的最终目标是建立世界政府。”[①]“对社会民主党人来说，只有共处是不够的，国际合作才是我们时代的要求。”[②]

在这个思想指导下，民主社会主义者希望实现世界的和平与发展，对世界上陷于极端贫困、落后的国家予以了同情和支持，并积极参与了全球性问题的解决，如核威胁、生态失衡、南北差距扩大等。应该说，其愿望是良好的，他们所做的种种努力是具有进步意义的，是值得赞赏的。但是应该看到，在这样一个倚强凌弱、以富压贫的世界上，处于强国和富国中的西方民主社会主义者要切实迈出任何一步，都不是轻而易举的。其根本原因在于西方垄断资产阶级自私的干扰。

三、民主社会主义的总体评价

如何从总体上评价民主社会主义，这是一个有争议的问题。其中有这样几种观点，需要在这里提出来加以认真分析。这几种观点可分别概括为“西方特色社会主义说”、“成功社会主义模式说”、“资本主义改良主义说”等。

（一）“西方特色社会主义说”

这种观点认为，相对于一般社会主义，民主社会主义是西方特色的社会主义。怎样看待这一观点呢?

笔者认为，这一观点不能成立。这是因为在马克思主义看来，一般社会主义是指科学社会主义所揭示的关于社会主义一般本质和普遍规律的基本原理。毫无疑义，科学社会主义在发展过程中必须要和各国家、各民族的特点相结合，这样，它才有生命力，才能发挥作用。根据这一理解，所谓西方特色社会主义应该是指以马克思主义为指导，以坚持科学社会主义基本原理为前提的具有西方特点的社会主义。很显然，“西方特色社会主义”首先应该是社会主义。

① 殷叙彝：《社会党国际文件集》，145页，北京：人民出版社，1995年。
② 殷叙彝：《社会党国际文件集》，146页，北京：人民出版社，1995年。

然而民主社会主义并不具有这一本质属性。因为它根本否认马克思主义的指导地位，也违背了科学社会主义的基本原理。民主社会主义者在《哥德斯堡纲领》（1959）中曾公开宣称“在欧洲，民主社会主义根植于基督教、人道主义和古典哲学”。在这里，马克思主义从根本上就被排除在外。在其后通过的《纽伦堡新纲领草案》中，虽然把“马克思主义的历史和社会主义学说，工人运动的经验”等作为民主社会主义的思想根源之一加以列入，但那也只是为了装点门面，以消除工人群众的反感和在竞选中获得更多的选票，因此，并无多大实际意义。因为民主社会主义的根本主张都是与马克思主义科学社会主义的基本原理相违背的。这主要表现在以下几个方面。

第一，民主社会主义否认马克思主义关于社会主义取代资本主义的历史必然性理论，而是以抽象人性论为基础，从人的本性和尊严引申出民主社会主义的目标。它认为资本主义和社会主义都是违反人性的，只有民主社会主义才符合人性的要求。

第二，民主社会主义否认马克思主义关于无产阶级革命的理论，而主张以资产阶级民主制为手段通过改良和平长入社会主义。

第三，民主社会主义否认马克思主义关于消灭私有制的理论，而认为在保存私有制的前提下，可以通过对经济的民主监督，化解私有制的弊端。

第四，民主社会主义否认马克思主义关于在无产阶级专政的条件下，进行社会主义建设，促进人的全面发展的理论，而主张在资本主义框架下，实行社会保障和社会福利制度，缩小贫富差距，而不是消灭剥削和贫困。

总之，把民主社会主义说成是科学社会主义意义上的西方特色社会主义是没有根据的。这种观点也是民主社会主义者自己要站起来加以否认的。

（二）“成功社会主义模式说”

这种观点认为，相对于失败的苏联暴力社会主义，民主社会主义是一种成功的社会主义模式。

在笔者看来，这种观点似是而非。

苏联失败了吗？是失败了。但苏联模式的社会主义的失败，并不是社会主义本身的失败，而是社会主义在前进中的曲折。苏联模式的社会主义为什么失败？有其内部和外部的原因。而在内部原因中，关键又在于共产党，特别是它的主要领导人背离了马克思主义，搞所谓人道的、民主的社会主义。当然这样说，并不否认苏联社会主义模式存在弊端。但这种弊端主要不在于社会主义基本制度，而在于社会主义具体体制；不在于坚持无产阶级专政，而在于忽视民主和法制，以至在实践中出现了许多重大失误。

民主社会主义者在对苏联的分析中，看到了苏联模式的官僚主义倾向、过于集权化倾向，这有其合理之处。但如果攻击其为暴力社会主义，这是不能成立的。民主和专政从来都有阶级性，无产阶级民主和无产阶级专政从来不是对立的。坚持无产阶级专政就是保障广大人民群众享有民主，同时也是利用强力并辅之以教育及其他手段把少数作为专政对象的人纳入民主法治的轨道。苏联模式的社会主义在实践中没有能处理好专政与民主、民主与法制的关系，这个教训是必须记取的。

至于民主社会主义是否是成功的社会主义模式呢？也不是。如果就民主社会主义的许诺来说，民主社会主义在西方发达国家不仅不能算成功，毋宁说遭到了失败。因为到目前为止，还没有一个西方国家在社会党执政期间，通过民主手段和平过渡到社会主义。

这一客观现实在社会党国际16大通过的《阿尔布费拉宣言》也不得不加以正视。其中说："曾经有过资本主义已经得到改造的令人欣喜的幻觉，有过经济将无止境增长的田园诗……而今天则是一片混乱。"

苏联的不同政见者麦德韦杰夫在英国出版的《列宁和西方马克思主义》一书中也认为，虽然民主社会主义运动"对于社会生活的民主化做了大量工作"，但"在建设社会主义社会的实际过程中至今还没有取得什么成就"；日本学者冈崎三郎在《什么是社会主义》一文中也指出，由社会民主党执政的政府"在推进产业和金融机关的国有化，建立社会保障制度方面做出许多实际成绩，但同将生产资料资本主义私有制变成社会主义公有制，消灭阶级对立的目标相比，相差太远，英国、法国仍然是资本主义社会。"①

另外如前文所言，社会党人自己也已经从过去坚持的民主社会主

① 转引自徐崇温：《社会民主主义与民主社会主义：历史、理论和现状》，《中国特色社会主义研究》，2007（2）。

义实行退却，从而表明它难以为继。由此可见，那种把民主社会主义说成是一种成功社会主义模式的观点是一种不实之词，是不能相信的。

(三)“资本主义改良主义说”

这种观点认为民主社会主义是带有社会主义色彩的、对资本主义进行改良的、以积极意义为主的左派思潮和力量。

笔者赞同这种观点，但需要加以具体说明。

第一，民主社会主义不是科学社会主义。

任何把民主社会主义理解为科学社会主义的观点，都是对民主社会主义的误读。这在前文已有说明。

第二，民主社会主义是带有社会主义色彩的社会试验。

这里是说，民主社会主义的理论和实践不能使资本主义和平长入社会主义，但在西方发达国家无产阶级革命条件尚未成熟的情况下，民主社会主义的试验又在一定范围和程度上体现了社会主义的客观要求和发展方向。

这表现在：民主社会主义不能使人民成为国家的主人，但它又通过社会改革提高了人民群众在社会生活中的地位；民主社会主义没有创造一个平等、公平的社会，但它又采取种种措施增进了社会公平和社会平等。当然这种社会试验的价值不可高估，因为它局限于资本主义框架内，所以不具有根本的意义。

也就是说，它不是社会主义的试验，而是具有社会主义色彩的试验，但这种试验透露的信息却又是很有意义的。它表明资本主义不能照旧生活下去，它需要借助具有社会主义色彩的措施才能得以延续。然而这样做却又引起了新的矛盾，从而使这些措施的实行遭遇障碍、效用降低，这也就预示着对资本主义社会的问题非有一个根本解决不可。

第三，民主社会主义是一种资本主义的改良主义，或者说是一种改良的资本主义。

民主社会主义批判传统的资本主义，认为它有许多弊病，但它又认为这些弊病可以通过实现民主社会主义加以治疗，因此，它以“资本主义病床边的医生”自居。从实践结果来看，民主社会主义政党在执政期间所采取的许多措施虽然不能解决资本主义社会的基本矛盾，但却缓解了矛盾，这有利于生产力的发展和人民生活的改善。

第四，民主社会主义是西方国家中代表中下层群众现实利益的左派思潮和力量。

民主社会主义不主张消灭资本主义，不主张人民采取革命行动去实现自己的根本利益，但它所采取的一些措施又在一定程度上代表了包括工人阶级在内的广大中下层群众的现实利益。因而民主社会主义在西方国家中曾有过广泛的影响，也曾得到过不少群众的拥护。当然，这也就必然引发了民主社会主义与代表大资产阶级利益的新自由主义之间的矛盾。

这个矛盾在20世纪70年代以来趋于明显。在这场斗争中，民主社会主义不敌对手，因而西方社会党人不得不改弦更张，收起民主社会主义的旗帜。但是尽管如此，民主社会主义作为一种社会试验，它所提供的经验，还是值得为争取社会主义和为社会资源公平分配而斗争的人们所记取和借鉴的。

四、正确对待民主社会主义

在长期的革命、建设和改革的过程中，中国共产党人坚持把科学社会主义与中国国情和时代特征结合起来，走自己的路，逐步探索形成了中国特色社会主义。这一当代中国马克思主义理论成果的形成，既是对国内外社会主义建设经验教训的深刻总结，又是对人类文明成果的充分吸收和借鉴。这些文明成果主要有中华传统文化的优秀成果和西方文化的优秀成果，其中包括资本主义的文明成果和民主社会主义的积极成果。研究和学习这些文明成果不是为了照搬照套，而是要通过批判继承，推陈出新，为解决中国自己的问题，为形成一整套建设中国特色社会主义的理论和策略提供借鉴。

有人把借鉴了资本主义文明成果、中华传统文明成果和民主社会主义积极成果的中国特色社会主义加以肢解，抓住其中一个方面的联系，把中国特色社会主义解读为或是中国特色资本主义，或是儒家社会主义，或是民主社会主义，这样做，在认识上是片面的，在实践上也是极为有害的。

拿我们人类来说，人们吃了猪肉、鱼类、谷物等，吸收了其中有营养的东西，总不能因此而把人归结为其中任何一类吧？如果是那样，岂不荒唐！上述的几种片面归结，实际上也就是这类荒唐之举。

当然，这类曲解不仅是一个认识问题，而且还是一个政治问题。即对上述种种曲解，如果不加警惕、不加批判，任其泛滥，必然会搞乱人心，误导中国发展的方向。特别应该警惕的是，在我们国内，有人不仅把中国特色社会主义曲解为民主社会主义，而且还进而鼓吹“只有民主社会主义才能救中国”。[①]他们这样做，不管其动机如何善良，如果照着去做，那么其结果必然会使中国的发展走上邪路。因为，无论在理论上，还是实践上，中国特色社会主义与民主社会主义都是有本质区别的。这种本质区别表现在。

民主社会主义以抽象的“民主”原则为核心，在文化上鼓吹多元化。认为多元化，才能防止思想单一和精神垄断。在政治上主张两党制或多党制，认为只有如此，才能防止一党专政和独裁。在经济上主张实行包含多种私有制经济成分的“混合经济制度”。认为只有这样，才有利于竞争，从而激发动力。在社会目标上主张实施以人道主义为基础的社会保障和社会福利制度，以缩小贫富差距，缓解社会对立。

而与之相区别，中国特色社会主义在文化上则是坚持马克思主义一元主导与多样文化的和谐发展，坚持一与多、主旋律与多样性的统一。这样既能防止舆论一律、思想僵化，又能防止方向迷失、思想混乱。对社会主义中国来说，如果抛弃了马克思主义的主导地位，也就失去了灵魂，失去了自身存在的理论依据。

在政治上，中国特色社会主义坚持共产党领导的多党合作和政治协商制度。这样既有利于避免某些国家因实行一党制缺少必要的监督而造成的失误，也有利于防止一些西方国家实现两党制或多党制而造成的倾轧和混乱。对社会主义中国来说，如果否定了中国共产党的领导，那么也就失去了国家稳定和民族团结的核心力量，就会走向分裂和动乱；就不能克服我国现代化过程中的种种困难；就不能实现民族振兴、国家富强、人民幸福的目标。

在经济上，中国特色社会主义坚持以公有制为主体、多种所有制经济共同发展的基本经济制度；坚持以按劳分配为主体多种分配形式

① 谢韬：《民主社会主义模式与中国前途》，《炎黄春秋》，2007（2）。

并存的分配制度。这样既有利于克服因单一经济成分和单一分配形式所造成的活力缺乏，从而有利于调动各方面的积极性，又有利于保持经济的社会主义性质，避免两极分化。

在社会目标上，中国特色社会主义努力建设广大人民群众共建与共享相统一的和谐社会。正确处理人民的眼前利益与长远利益、部分人先富与广大人民群众共同富裕、解决民生问题与促进人的全面发展等的关系。既防止因强调长远利益而忽视现实利益的倾向，要通过满足人民的现实利益，去调动人民群众为实现长远利益而奋斗的积极性，又防止因强调眼前利益而忽视长远利益的倾向，用长远利益去激发人民群众为争取和扩大眼前利益而奋斗的积极性。

从以上的分析可知，民主社会主义与中国特色社会主义的根本区别集中表现在以下四个方面：即要不要坚持马克思主义指导思想的一元化；要不要坚持共产党的领导；要不要坚持公有制和按劳分配方式的主体地位；要不要坚持以共同富裕为根本内容的和谐社会建设。如果抛弃这四个坚持，奉行所谓民主社会主义，那么，也就必然会使中国从社会主义演变为资本主义，苏联东欧的演变就是前车之鉴，这是中国共产党和广大人民群众所不能允许的。

当然，在上述四个坚持的前提下，民主社会主义从另一方面所强调的某些东西，尽管是片面的，在总体上是不正确的，但也绝不是无的放矢，而有其部分的合理性和深刻之处。因而，它对我们正确处理上述的“一元主导”与“多样纷呈”、“执政党”与“参政党”、民主与专政、民主与法制、“主体地位”与“多样并存”以及“眼前利益”与“长远利益”等的关系，对建设中国特色社会主义，是有借鉴意义的。

总之，对古今中外的一切文明成果，包括民主社会主义的积极成果，都只能借鉴，而不能照搬。我们要坚定不移地走自己的路，把中国特色社会主义事业不断推向前进。

“新启蒙”论的虚妄和实质*

在西方，从文艺复兴开始的“启蒙主义”，作为资产阶级思想文化运动，对人类历史起过巨大的推动作用；在中国，“五四”启蒙运动作为中国新世纪的曙光，直到今天我们仍然沐浴在它的影响之中。前些年，在资产阶级自由化思潮泛滥的时候，有些人打出了“新启蒙”这个旗号。名曰“启蒙”，还冠之以“新”，确实曾经迷惑了一些人。然而其后不久，这个旗号作为原因之一，所造成的思想混乱及政治危害，随着从学潮到动乱再到暴乱不断升级，及至被最终平息，终于暴露无遗。但是它的虚妄和实质还有待进一步加以分析和批判。

“新启蒙”论的实质是什么呢？其实质就是在个人与社会的绝对对立中思维，鼓吹个人主义，要求按西方的个人主义原则，改变中国改革的社会主义方向，使之导入资本主义的轨道。

为此，有些新启蒙论者把中国社会主义污蔑为封建主义，或曰“封建社会主义”，加以讨伐。还有论者不仅对我国社会主义的现状作了失真的判断，而且还为这种失真的判断去杜撰所谓历史的根据。它把“五四”启蒙定格为个人主义的张扬。认为中国革命是在启蒙与救亡的双重变奏中，以政治救亡为目的的集体主义主题压倒了思想启蒙的个人主义主题。于是，“五四”启蒙变成历史的悲剧，由此中国革命也仅仅实现了政治上的改朝换代，而根本没有触动封建主义的命脉。

因而，要“补五四运动的课”，要进行一场新启蒙运动。用新启蒙论者的话说，就是要“解放个人”，“呼唤自我”，要“实现个体生命的自由”。为此，他们中有人主张，用多党共存的民主制代替“一党独裁”；用私有制代替公有制；用多元化言论、思想的自由来代替思想一元化。这是从根本上歪曲了中国改革的性质，同时也充分表明了“新

* 原刊于《高校理论战线》，1992（5）。

启蒙”论的政治危害。

下面就来具体分析一下，“新启蒙”论向人们兜售的这些货色，其科学性到底如何?

一、是启发理智，还是宣扬蒙昧

新启蒙论者以启蒙相标榜，其实是对启蒙的亵渎。所谓启蒙，顾名思义，就是开发蒙昧，使人摆脱外在的种种束缚，实现人的觉悟、成熟和发展。从广义来说，所谓启蒙，也就是中国人所说的解放思想。所不同的是，中国所说的解放思想，其主体主要是指我们党和我们党所领导的人民群众，其中包括作为广大群众构成因子的个人。而康德所说的启蒙或解放思想，其主体是指个人。

康德在1784年发表的《什么是启蒙》一文指出，启蒙是指人从不成熟的依附状态中挣脱出来，达到自觉与不需要外来权威指导的“自立”状态。所以在康德看来，“启蒙的口号就是：要敢于求知！拿出勇气来运用你自己的理智”。[①]康德的这段论述，深刻揭示了启蒙的基本精神。但他所理解的启蒙也有其局限性。

第一，他把启蒙，即人从蒙昧到成熟和自立的过程，仅仅理解为精神自觉，理解为求知的过程，这是不够的。因为无论是个体的自觉，还是由个体结合而成的群体的自觉，归根到底都是社会历史运动的精神折光，是社会进步要求的思想表现。即我们通常所说的，要在实践活动中，或在实践基础上解放思想。比如，在中国现代史上，是通过中国人民反帝反封建的胜利斗争，打破了帝国主义和封建主义不可战胜的神话，从而达于思想解放的。

第二，康德所指谓的蒙昧，只是封建主义和为之服务的宗教迷信，以及作为其表现的愚昧落后。如果从更高的立意来看，包括资本主义在内的一切束缚人的旧思想、旧制度等等都是蒙昧主义的种种表现，都应该在反对之列。当然，不可以这样去苛求康德。因为康德以及一切古典启蒙论者都不可能超越当时的时代条件和阶级的局限。

但我们今天对启蒙的认识，也决不可以停留在二百多年以前康德

① ［德］康德：《什么是启蒙——关于历史和哲学的论文》，55页，哥廷根，1985年德文版。

的水平上。否则，就不仅意味着认识的停滞，而且，是认识的一种倒退。从历史发展的角度说，有两种性质的启蒙：一是新兴资产阶级的启蒙，它根源于新兴资产阶级与封建阶级的矛盾和斗争，体现了新兴资产阶级的经济和政治要求；二是社会主义的启蒙，它根源于无产阶级反对资产阶级的斗争，服务于无产阶级和广大人民群众争取彻底解放的斗争的需要。

当然这两种启蒙除了在阶级性质和根本内容上有相对立的一面以外，还有在"理论形式"上相互联系的一面。关于这一点，恩格斯曾经指出，就"理论形式"来说，"现代社会主义……它起初表现为18世纪法国伟大启蒙学者所提出的各种原则的进一步的、似乎更彻底的发展"。[①]这就是说，就理论形式而言，新兴资产阶级的启蒙思想为现代社会主义的产生提供了思想材料，但同时后者又为克服前者的不彻底性开辟了前景。这里符合了这样一条辩证法原则，即历史发展的一定阶段上不可避免出现的局限性只有在更高的发展阶段上才能得到克服。因此，不管是社会主义的启蒙，还是新兴资产阶级的启蒙，相对于它们所处的时代条件来说。都具有历史的合理性、正当性和伟大意义。

那么"新启蒙"论者所鼓吹的"新启蒙"是一种什么货色呢？是社会主义的启蒙吗？不是。因为新启蒙的发缘本身就是对马克思主义和社会主义的否定。那么，相对于新兴资产阶级的启蒙而言，某些论者所宣称的所谓的"新启蒙"又是一种什么性质的启蒙呢？下面来作一点具体分析。

资产阶级在推翻封建制度和建立资本主义的时期，曾经是一个先进的革命的阶级。为新兴资产阶级大造舆论的古典启蒙主义者，其主旨是理性和自由。在他们看来，启蒙就是理性的自觉，就是教育大众，传播知识，启迪智慧，解放思想。在与反动地主阶级的斗争中，古典启蒙论者树立理性的权威来代替神学的权威，高扬人的自由，反对封建专制，表现了生气勃勃的战斗精神。他们希望建立合乎人性的理性王国，虽然带有浪漫主义的固陋性质，但新兴资产阶级的启蒙运动毕竟是以理性主义为旗帜的历史的进步运动。

---

① 《马克思恩格斯选集》第3卷，719页，北京：人民出版社，1995年。

然而历史的光环并不永远照耀在资产阶级头上。随着封建制度被推翻和资本主义制度的建立，资产阶级从上升的革命的阶级变成了统治的逐步走向反动的阶级，从需要真理走向了害怕真理。由此，理性遭到贬斥，非理性受到青睐。叔本华、尼采的“唯意志论”，柏格森的“生命冲动”，弗洛伊德的“泛性主义”，雅斯贝尔斯以及萨特的“存在主义”等等，汇成了绵绵不绝的非理性主义思潮。处于资本主义没落阶段的非理性主义者面对资本主义的社会矛盾和不可治愈的社会痼疾，陷入了悲观绝望的末日情绪之中，丧失了改造社会的勇气，躲进了“小我”，把个人和社会完全对立起来，用膨胀了的自我意志、情感、性欲来满足虚幻的自由。因此，现代非理性主义归根到底是没落资产阶级的思想表现。

从历史来看，现代非理性主义是作为古典理性主义传统的对立物而存在的。从现实来看，在马克思主义早已产生并广泛传播，已经科学揭示了资本主义社会的矛盾，指明了解决矛盾的根本途径，并展示了人类美好前景的今天，非理性主义也是作为马克思主义的对立物而存在的。它起着腐蚀人心，瓦解无产阶级斗志的作用。因而非理性主义也就成为西方资产阶级向社会主义国家进行思想渗透，实施和平演变战略的一个思想武器。

我国一些人所主张的“新启蒙”论，正是在客观上适应了西方没落资产阶级的这种政治需要。他们把社会主义骂得漆黑一团，散布对马克思主义和社会主义制度的悲观绝望情绪，捡起非理性主义的牙慧，攻击马克思主义的科学精神。他们认为，人的自由就是“个体生命的自由”。而为了实现个体生命的自由，“就得把这样一些东西强调到极点：感性、非理性、本能、肉”。他们认为个体生命的自由不能从社会中求得，而只能“转向自己，求诸于自己，自己规定自己，自己实现自己”，不能把自己“同化于理性的社会规范之中”，而应该排除理性的束缚，才能“走向独立和自由”。

其实，自由并非真的是人的本性，而是人的历史活动的产物。要实现主体的自由，必须依赖于主体在实践中对“必然”的认识。所以恩格斯指出：“自由是对必然的认识。……自由不在于幻想中摆脱自然规律而独立，而在于认识这些规律，从而能够有计划地使自然规律为一定的目的服务。”[1]对必然达到规律性的认识，就是理性的自觉。因而只有实现理性的自觉，才能获得自由。我国人民在马克思主义的科学精神指导下，在四十多年的实践中，对社会主义建设这个事物已经获得了某些规律性的认识，取得了一些自由，因而我国的社会主义建设事业取得了很大的成就。但同时也由于我们对社会主义建设的规律认识得还不够深刻，不够全面，还没有获得充分的自由，因而取得的成就还不理想。

历史的经验教训启示我们：只有按照马克思主义的实事求是原则，勤于实践，勤于总结，不断提高理性的自觉性，才能获得更大的自由。而不能像新启蒙论者所主张的那样，排除理性的束缚去实现所谓个人自由。如果是那样，不仅会使人成为盲目冲动和偶然性的奴隶，使自由最终沦为空泛和虚无，而且必然会诱使人们成为资产阶级利己主义的俘虏，而这正是西方资产阶级所梦寐以求的。

由此可见，新启蒙论者所鼓吹的“启蒙”，并不是真正意义上的启蒙，不是用科学真理去启发理智，促进社会发展，而是用非理性主义去蒙昧人们，特别是青年一代的心灵。

二、是对个体发展的终极关怀，还是设置陷阱

新启蒙论表现出一副关心人的样子，大谈“人的解放”“人的发展”，实质所鼓吹的不过是资产阶级个人主义。

资产阶级思想家把人类社会看成孤立的个人的结合，把社会历史看成某种抽象人性的展示。总之，把个人视为社会旋转的轴心，主张一切从个人出发，并以个人利益作为评判一切的标准。这就是以自我为中心的资产阶级个人主义。资产阶级个人主义是资产阶级的人生观、价值观和伦理道德原则，同时也是整个资产阶级意识形态的核心。

个人主义作为资产阶级的人生观、价值观、道德观，是资本主义私有制的产物，它反映了资本主义经济关系的要求和资产阶级唯利是图的本性。因而反过来，它又为资本主义经济制度和政治制度提供了思想基础和理论辩护，成为资产阶级政治、经济主张的根本指导原

① 《马克思恩格斯选集》第3卷，第455页，北京：人民出版社，1995年。

则。资产阶级民主、自由、人权的政治思想，私有财产神圣不可侵犯的信条，都是以个人主义的价值观和人性理论，即个人本位、个人自由、个人平等的理论为依据的。资产阶级个人主义在历史上发挥过反对封建统治和宗教压迫的积极作用，但它作为对资产阶级利益的反映，作为资产阶级意识形态的核心，是为维护资产阶级的统治服务的。它与我国的社会主义公有制和人民民主专政要求我们始终坚持的社会主义集体主义是根本对立的。

可是我国的新启蒙论者却把资产阶级个人主义捡起来大肆宣扬。尽管他们打着“人的发展”、“对人的终极关怀”等等旗号，然而他们所指谓的人，不是人类集体，而只是个人。他们中有人鼓吹：“谁想拥有整个宇宙，谁就应该拥有一个独立的自我”，“个人乃是世界的中心和基础”，“只有我才是绝对的”，“我是我的上帝”。有人提出，“要为个人主义正名”，说什么“人活着是为了自己”。他们宣扬“人性自私”，鼓吹要“煽动人们的欲火”。他们把个人和社会对立起来，提出“只要我，不要我们”。

由此，他们否定社会利益，攻击集体主义，嘲笑奉献精神。说集体主义是一个“空洞的抽象”，是对“人的个性的束缚”。说什么“奉献还是索取的问题是一个可笑的问题”。还有人污蔑“一不怕苦，二不怕死”的革命精神是违反人道。如此等等。

不难看出，新启蒙论者所鼓吹的并不是什么新东两，而是赤裸裸的资产阶级个人主义。前些年，那些坚持资产阶级自由化立场的人鼓噪和张扬个人主义，极大地毒化了我国的社会空气，造成是非善恶的极大混乱，腐蚀着人们的灵魂，致使一部分人“自我意识”“自我价值”急剧膨胀，他们把社会主义制度和社会主义集体主义视为个人自我实现的障碍，一心向往资本主义私有化和西方的民主、自由。于是这就构成了1989年春夏之交动乱的一个思想根源。另外，还有一些人在一切向钱看的个人主义思想侵蚀下，损人利己，损公肥私，干着种种挖社会主义墙脚的罪恶勾当。总之，在社会主义条件下，资产阶级个人主义是极端丑恶的东西，是资产阶级自由化的思想基础，必须坚决予以抵制和批判。

我们要用马克思主义批判资产阶级个人主义，但并不是如新启蒙论者所攻击的，马克思主义不重视人的个体存在，不重视个体的自由、发展和解放。不是的，马克思多次指出："全部人类历史的第一个前提无疑是有生命的个人的存在。"[①]人类的历史始终也只是他们的个体发展的历史。共产主义并不消灭人的个性；恰恰相反，它要使每个人"作为个性的个人确立下来"。[②]共产主义的目的就是要"把社会组织成这样：使社会的每一个成员都能完全自由地发展和发挥他的全部才能和力量"。[③]

那么怎样才能获得个人的发展和解放呢？

马克思主义与资产阶级个人主义的根本区别在于，马克思主义认为，人作为个体，不是孤立的存在，不是社会的抽象对立物，"个人是社会的存在物"。[④]人的本质"在其现实性上，它是一切社会关系的总和"。[⑤]因此，个人总是受社会制约的，个人只有在社会中才能存在和发展。同样，社会也不是个体的抽象对立物，社会也总是个人的。"社会，即联合起来的单个的人"，"社会本身即处于社会关系中的人本身"。[⑥]一切社会关系都是通过人的活动建立起来，并随着人的活动的改变而改变的。这就是说，个体和社会是统一的。个体既是社会关系的产物，又是利用这种社会关系所提供的条件，通过实践去改变旧的社会关系，建立新的社会关系的主体。既然如此，也就不能离开社会的改造和发展，去谈论个人的自由和发展。

另外，承认个体与社会的统一性，也就必然要引导到承认人的个性与人的社会性的统一。即人的社会性决定和制约着人的个性；人的个性又反过来丰富和发展着人的社会性。

所谓人的个性，也就是作为个体的他，在其内在的生理基础上，在其从事活动的社会关系总和中，所创造出来的一个人的比较稳定的生理、心理素质和社会行为特征的总和。不同的个体在各自不同的社会关系总和中，在所从事的不同的实践活动中，通过每个人不同的努力，能动地对社会生活进行"吸收""过滤"，再创造展现出来，从而也就形成了人的千差万别的个性。

---

① 《马克思恩格斯选集》第1卷，67页，北京：人民出版社，1995年。
② 《马克思恩格斯全集》第3卷，87页，北京：人民出版社，1960年。
③ 《马克思恩格斯全集》第42卷，373页，北京：人民出版社，1979年。
④ 《马克思恩格斯全集》第42卷，122页，北京：人民出版社，1979年。
⑤ 《马克思恩格斯选集》第1卷，60页，北京：人民出版社，1995年。
⑥ 《马克思恩格斯全集》第46卷（下册），226页，北京：人民出版社，1979年。

由此可见，人的个性不过是人在其社会性基础上的能动的创造，是人的社会性的具有个人特征的表现。因此，离开集体讲个体，离开社会性讲个性，并把二者对立起来，都是不对的，是形而上学的。而新启蒙论的鼓吹者却总是认为集体是对个体的消融，社会是对个性的束缚，总是离开社会集体的发展来谈个人的发展和个性的解放。

由于马克思主义与资产阶级个人主义对于个人与社会二者关系的不同认识，因而导致了两种根本不同的出发点和两种相反的结果。资产阶级个人主义主张从个体出发来寻找个人的发展，它以个体的完善为目标。当然在资产阶级个人主义者眼中，所谓个体的完善，也就是个人私利的满足。马克思主义则主张，从社会与个人相统一的基础：实践出发，在社会发展中求得个人的发展，它以包含众多个体的社会整体的完善为目标。因此，如果仅从价值选择的角度说，后者所担负的历史使命和具有的历史意义是前者所无法比拟的。这也正是马克思主义集体主义的崇高和伟大之处。而从实际操作和最终结果来看，从单纯的个人出发，追求一己的私利，必然是以侵犯别人的利益为基础，以众人的不自由为代价。因此，从单纯的个人出发，只能使人趋恶，不能使人向善，不能实现个体的完善。

在马克思看来，“只有在共同体中，个人才能获得全面发展其才能的手段，也就是说，只有在共同体中，才可能有个人自由”。①

根据马克思的观点，集体又有两种。一种是建立在生产资料私有制基础上的虚幻的集体。在这种集体中所允许的个人自由是极为有限的。因此，马克思主张，改造私有制社会，改造这个虚幻的共同体，去建立促进个人全面发展的真实的共同体，即以公有制为基础的社会集体。

马克思认为，从虚幻的共同体到真实的共同体的发展，这是历史的必然。他说：“人类的能力的发展，虽然在当初是靠牺牲大多数个人和某些人类阶级（来进行），但最终要打破这种对立，并与个人的发展归于一致。”②马克思的这一伟大预言，在社会主义中国已经得到了初步实现，并日益展现着更为灿烂的前景。这一预言将来还要在全世界实现。可见，马克思主义站在社会改造的立场上，主张在社会发展中

① 《马克思恩格斯选集》第1卷，119页，北京：人民出版社，1995年。

② ［德］马克思：《剩余价值学说史》第2卷，郭大力译，296页，北京：人民出版社，1975年。

实现个人的发展，这一理论才是对人的真正的终极关怀。新启蒙论把个人发展与社会主义事业的发展对立起来，宣扬个人主义，实际上，这是一种对个人发展设置陷阱的虚妄理论。

三、爱国主义传统是中华民族的灵魂，还是封建主义的劣根

新启蒙论者设计出上述那样一个孤立存在的、非理性的、追求私利的个人，然后用这样一个“人”的标准去评判一切，从而引出了种种奇谈怪论。

把中华民族的爱国主义文化传统说成是封建主义，就是他们的怪论之一。他们污蔑这种爱国主义传统是压抑和摧残个人发展的“皇权本位主义”，所塑造的是“封建道德化的理想人格”。他们认为，这条民族文化的劣根，从先秦一直延续到当代中国。因而他们主张，中国要实现现代化，就要拔除这条劣根。诚然，社会进步的一个必要条件，就是要以科学态度重新审视历史。但是新启蒙论者为了为“全盘西化”做论证，大搞民族虚无主义，以挖祖坟为荣，全盘否定中国传统文化，把中华民族的爱国主义文化传统贴上封建主义的标签加以反对，这是不能允许的。

我们中华民族是一个伟大的民族。在五千年大风大浪的历史兴替中，它团结奋进，生生不息，巍然屹立在世界的东方。中华民族生存、发展的强大精神力量之一，就是中华民族的爱国主义文化传统。“天下兴亡，匹夫有责”的高尚情操，“先天下之忧而忧，后天下之乐而乐”的崇高品质，“人生自古谁无死，留取丹心照汗青”的民族气节，“天下为公”的理想追求，如此等等，这种巨大的民族精神，激励了多少血性男儿、忠良志士，哺育了多少国家栋梁、民族英雄。在这种爱国主义精神鼓舞下，中华民族创造了世界上具有独特价值的物质文明和精神文明；战胜了各种分裂主义，维护了国家的统一和各民族的团结；战胜了各种外来侵略，维护了国家的独立和主权。中华民族的爱国主义文化传统是我们民族的巨大精神财富，是中华民族的不朽灵魂。

虽然在长期的封建社会中，这种文化传统不可避免地与封建国家观念和“忠君”思想相联系，但是决不能因为反对封建主义，而把中

华民族的爱国主义文化传统也当成封建主义去加以反对。中华民族的爱国主义文化传统根源于中国境内各民族对于自己赖以生存的土地山河和自己创造的文明成果的深厚感情，根源于各民族交往中形成的亲密同胞观念，也根源于对祖国的独立、自由、社会安定和繁荣进步的追求和向往。

可见，中华民族的爱国主义文化传统体现了中华民族的整体利益和为这种利益而不惜牺牲的崇高精神。这种文化传统与代表地主阶级一己私利的封建主义，不能混为一谈。对我们来说，封建主义及其残余无疑是要继续加以反对，并最终要彻底消灭的。而中华民族的爱国主义文化传统则是中华民族的传家宝，是激励华夏后代自强、自立、自信的精神力量。尽管我们所坚持社会主义的爱国主义与历史上的爱国主义相比，无论在内容还是在形式上都产生了历史的飞跃和根本性的变革，但是祖国的利益高于一切，并为之奋斗的精神，是一脉相承的。中华民族的爱国主义文化传统与社会主义的这一相通处，过去是，现在仍然是我们中华儿女把马克思主义的基本原理与中国国情相结合的有利条件，这也是马克思主义的根基在中国难以撼动的一个原因所在。

在当代中国，祖国的命运是和社会主义的命运血肉相连，不可分割的。社会主义制度的确立，巩固和发展了新民主主义革命的成果，为我国社会生产力的发展和社会进步提供了可靠的保证与光明的前景，集中体现着国家、民族、人民的根本利益。四十多年来的计会主义建设，已经使我国改变了民生凋敝、满目疮痍的面貌，成为一个初步繁荣昌盛的国家。社会主义是中国人民的历史选择，是中国走向现代化的必由之路。今天，全体社会主义劳动者、拥护社会主义的爱国者，都越来越自觉地认识到只有社会主义能够救中国，只有社会主义能够发展中国。正因为爱国主义与社会主义，本质上是统一的，所以在当今的中国，任何一个社会主义者都必然是一个以实现中华民族的安全、主权、发展和繁荣为己任的爱国主义者。同样，任何一个真诚的中华民族的爱国主义者，他的言行也必然是有利于祖国统一大业的实现和中国社会主义事业的发展。

那些新启蒙论的鼓吹者之所要攻击、丑化中华民族的爱国主义文化传统，说到底，也是因为在当代中国，爱国主义与社会主义在本质上是统一的。因此，他们要崇洋媚外，“全盘西化”，就必然要反对社会主义制度，同时也必然要贬我中华，走到民族虚无主义和卖国主义的道路上。一些鼓吹新启蒙论的“精英”人物的丑恶表演，对此已经作了最好的注解。他们骂社会主义、骂中国文化、骂长城、骂黄河、骂黄土地、骂黄种人。在他眼里，中国已经是一无是处了，于是只有“解体”，当“三百年殖民地”。无奈中国人民不答应，并坚决反对他们。于是，有一些动乱暴乱分子觉得在中国是待不下去了。他们叛逃国外，投入了敌对势力的怀抱，继续进行着危害祖国，反对人民的活动。

事实说明，坚持四项基本原则与搞资产阶级自由化的对立和斗争，既是社会主义与资本主义两条道路的激烈斗争，而且也交织着爱国主义与卖国主义的激烈斗争。如果像新启蒙论者所主张的那样，在中国实行资本主义化，那么不仅会断送一个光明的、有发展前途的中国，而且必将使中国沦为西方发达资本主义国家的附庸。

四、是推动历史前进，还是拉历史的倒车

新启蒙论者攻击、丑化中华民族的爱国主义文化传统，并以此作为垫铺，否定鸦片战争以来中国的爱国救亡运动，特别是否定“五四”以来中华民族的觉醒和历史的巨大进步。新启蒙论的一个基本观点，就是“救亡压倒启蒙”。或者说，救亡图存的爱国主义压倒和中断了“五四”启蒙的个人主义原则。然而，事实如何呢?

了解那段历史的人都清楚，“五四”运动首先是一场反帝反封建的政治运动。在进行政治斗争的同时，“五四”运动又是一场意义深远的思想启蒙运动。“五四”启蒙既是破除对封建主义之蒙昧，同时也是破除对帝国主义之蒙昧，即是说，是与反对帝国主义、与救亡图存、民族独立的要求紧密地联系在一起的。因此，反帝、反封建的历史要求，或者说，救亡图存、变革社会的目的本身，就是“五四”启蒙运动本身的要求。通过启蒙，中国人民获得了对帝国主义和封建主义更为深刻的认识，从而推动了中国救亡与社会变革运动的进一步发展和最终走向胜利，这也正是“五四”启蒙的光辉历史意义和巨大价值所在。因此，新启蒙论把救亡与启蒙对立起来，鼓吹“救亡压倒启蒙”

论，这是毫无根据的，是一种杜撰。

另外，"五四"启蒙的主旋律也不是新启蒙论所大肆渲染的所谓个人主义原则，而是爱国主义。虽然，在"五四"启蒙运动中，特别是它的前期，确有不少人是抱着个性解放、婚姻自由等的目的投入其中的。但这始终没有成为"五四"启蒙的主流。而且那些原先笃信个性解放的先进分子，除了一些颓唐落伍者以外，大部分人都在后来接受了马克思主义，相继投入民族救亡和社会革命的群众斗争。

之所以如此，是因为当时中华民族正处于生死存亡的紧急关头，要战胜帝国主义和封建主义两大敌人，如此艰巨的历史任务，绝不是任何分散的个体力量所能完成的。唯一的办法就是依靠大众的力量去解救大众的苦难，把"一切特权阶级，完全打倒"，只有这样，也"才有自由平等的个人"。①近代那么多志士仁人常常不惜抛弃个人利益甚至牺牲个人生命去投入革命，这绝不是象新启蒙论者所说的，是所谓迫于外来的强制，做出"个人自主意识"的牺牲，更不是什么"充当历史的工具"，而是出于民族大义，经过充分理性思索后作出的正确选择。

新启蒙论还认为，只有"提倡和追求个人自由、个性解放等属于资产阶级启蒙思想体系的东西"才能战胜封建主义，而中国多了一次农民革命，少了一场"资本主义的洗礼"，结果造成了"革命的后遗症"，使社会主义在中国变成了"封建社会主义"。新启蒙论在这里撒了一个弥天大谎。

第一，资本主义思想根本不可能彻底批判封建主义，就是在资本主义的上升时期也是如此。因为它们都是根源于剥削阶级私有制。

第二，随着资产阶级上升为统治阶级，在资本主义国家中，资产阶级早已和地主阶级实现了政治和解。封建主义也早已依存于资本主义而继续发挥着社会影响。

第三，随着资本主义进入帝国主义阶段以后，帝国主义也往往与殖民地、半殖民地的封建势力相勾结，谋取自己特殊的利益。在中国近代历史上，外国资本主义列强就是与中国的清朝政府和封建军阀沆瀣一气，狼狈为奸，以极其残酷、极其野蛮的手段，共同镇压中国人

① 参见《李大钊文集》(下册)，609页，北京：人民出版社，1984年。

民的。正是这种血的教训使中国人民清醒地认识到，要打倒封建主义，必须连同它的靠山帝国主义一起打倒。与此相联系，资本主义思想文化作为一种过了时的武器已经失去效用，中国人民不得不寻找新的思想武器，即马克思主义。正是在马克思主义的指导下，中国人民胜利地进行了反对内外反动势力的革命斗争，不仅推翻了帝国主义和官僚资本主义在中国的统治，而且彻底推翻了封建主义在中国的统治。不仅彻底消灭了封建主义生产方式和封建地主阶级，而且为最终消灭封建主义残余提供了基础和可能。当然这还是一个长期的过程。

第四，我国现阶段社会中，尚存在的封建主义残余已经成为腐朽的资产阶级思想的帮凶，共同对社会主义制度起着腐蚀和破坏作用，这也是有目共睹的事实。因此，从本质上说，社会主义与资本主义、与封建主义都是格格不入的。所谓“封建社会主义”云云，不过是少数新蒙论者对中国社会主义的丑化。以反对封建主义为名，行反对社会主义之实，从而宣扬资本主义，这才是他们的用心所在。

中国的社会主义制度有着无比的优越性和巨大的生命力。在经济上，我国坚持以公有制为主体和共同富裕的原则，随着社会主义建设事业的不断发展，我国人民的物质文化生活水平也得到了显著的提高。这是13亿中国人民所亲身感受到的，也是许多不带偏见的外国人所肯定和赞扬的。在政治上，我国实行人民民主专政的国家制度。这个制度对人民的敌人实行专政，在人民内部实行民主，人民是国家的主人。随着我国社会主义事业的不断发展，随着民主和法制的进一步健全和完善，我国人民享有了愈来愈充分的民主权利。这就是我国民主政治的本质和民主建设的主流。

当然我们并不满足于已经取得的这些经济建设和民主建设的成就，应该承认我国人民的生活还不很富裕，民主化的程度也还有待提高。但是，这也只有在坚持党的基本路线的前提下，依靠中国人民的团结奋斗，不断加速中国特色的社会主义现代化建设来解决。而决不能像新启蒙论者所主张的“确立私有制”和“政治多元化”，即通过资本主义复辟来解决。那样做的结果，不仅谈不上人民生活水平的提高和人民民主权利的扩大，而且还必然要造成中国历史的大倒退和民族的大灾难。东欧苏联的巨变所引起的社会危机，就是我们的一个很好的反面教员。

总之，新启蒙论是用“启蒙”、“人的发展”、“自由”、“民主”和“反对封建主义”等等漂亮词句所编织起来的一个错误理论。它是为旨在改变中国的社会主义根本制度和中国现代化基本方向的资产阶级自由化思潮所提供的一个基本理论。

诚然，反对“新启蒙”论者打着“启蒙”、“人的解放”、“自由”、“民主”和“反对封建主义”做幌子，但不能因此不敢谈“启蒙”，不敢谈“自由”、“民主”，不敢谈“反对封建主义”。不能这样，真正的共产党人，不仅要敢谈这些，而且要把这种“谈”变成行动，变成切切实实的努力，去实现人的思想解放、人的自由和人的民主。只有这样，才是真正地坚持马克思主义，坚持社会主义。

论爱国主义与社会主义的本质一致性*

爱国主义是以爱家乡为基础的高尚情感，层层扩展，达于对国家疆界内的共同体的热爱。爱国主义是中华民族的优秀传统，是我们伟大民族的精神支柱，是民族发展的强大动力。社会主义时期的爱国主义，是历史上爱国主义的继承和发展。在当今的中国，要坚持爱国主义，从根本上说，就是要坚持社会主义方向，就是要热爱社会主义的中华人民共和国。这是因为：爱国主义与社会主义的结合，是中国近代以来历史的必然；爱国主义与社会主义的统一，在我国现实生活中有着牢固的基础；弘扬社会主义时期的爱国主义，必将极大地推动中国特色的社会主义现代化建设。正如江泽民所指出的："发扬爱国主义精神，坚持独立自主、自力更生的方针，是中国革命也是中国社会主义建设取得胜利的一条根本经验。"①因此，必须毫不动摇地高举爱国主义与社会主义相统一的旗帜。

一、爱国主义与社会主义结合的历史必然

我们的民族曾经有过辉煌的过去，也曾有过屈辱的经历。封建社会末期，当中国这艘古船驶入近代历史海洋的时候，外国列强的侵略狂潮汹涌澎湃，贫弱的中国陷入了任人宰割的黑暗深渊。山河破碎风飘絮，国势危倾雨打萍。民族的不幸，人民的苦难，激起了无数有识之士的愤慨、呐喊、抗争。从龚自珍、魏源，经洪秀全、康有为，到孙中山、毛泽东，中国大地上奔腾着爱国主义的洪流。救亡图存成为中国近代历史的主题。然而，由于他们关于爱国主义的政治方向的不同选择，因而也就决定了各自实践的不同社会效果。

---

* 原刊于《学术界》，1991（1）。

① 《江泽民文选》第1卷，68页，北京：人民出版社，2006年。

龚自珍、魏源代表了中国近代史上首先从封建蒙昧主义觉醒过来的人物。龚自珍死于1841年，他看到了当时社会的深重危机，他的社会批判思想也达到了封建地主阶级知识分子可能达到的极限。怎样才能解决危机呢？他把目光转向中国古代去寻找救世良方。他说："何敢自矜医国手，药方只贩古时丹。"龚自珍推崇王安石，想做一个像11世纪王安石那样的改革家。然而时代毕竟不同了。魏源活到1857年，亲身经历了鸦片战争前后的历史，并且看到了太平天国革命的爆发。他的贡献是在于把中国放到世界范围内来考察。他主张学习西方的技艺。"师夷之长技以制夷。"他的这一主张被后来的洋务派付诸实践，虽小有成就，但仍没有逃脱失败的命运。

洪秀全领导的太平天国运动，给予清朝的封建统治以沉重打击。然而由于受农业小生产的局限，它既没有找到西方的资产阶级思想，也没有找到西方的无产阶级思想，而是找到了一种能为小生产者所接受的基督教平等思想，加以某种改造，从而作为指导农民起义的武器。即所谓"天下多男人，尽是兄弟之辈，天下多女子，尽是姊妹之群"，提出了"杀尽不平方太平"的口号。然而，由于洪秀全用"君权神授"和"朕即国家"的封建理论，建立起来的天朝政权，从历史角度看，它只不过是一个新王国的胚胎。然而，当时的中国，不仅靠旧式农民起义无法挽救，退一步说，就是让洪秀全重温先前的某些农民领袖那种黄袍加身的美梦，亦不可得。

直到19世纪中叶，中国近代史的真正主角，代表着先进生产方式的资产阶级才迟迟登场。但是他先天不足，特别软弱。以康有为为代表的资产阶级改良派，发动了1898年的戊戌变法运动，对封建专制主义展开了一次猛烈的冲击。但是他们在政治下依靠一个傀儡皇帝；在思想上还得从封建阶级的圣人圣经那里去寻找改良的理论依据。例如，康有为就为此而写了《孔子改制考》一文。所以，他们后来几乎一个个都成为封建传统思想的俘虏，而走到革命的反面也就不奇怪了。

以孙中山为首的资产阶级革命派，主张以武装革命推翻封建专制。他们发动了1911年的辛亥革命，以从西方传入的进化论，天赋人权论和民主共和国的方案作为思想武器。投身这场革命的人们长时间内充满信心，期待着"一旦我们革新中国的伟大目标得以实现，不但在我们的美丽的国家将会出现新纪元的曙光，整个人类也将得以共享更加光明的前景”。[①]在中国近代历史上，辛亥革命推翻了清朝的封建统治，其功绩是巨大的。但是这一革命并没有能多少触动旧社会的基地，从而铸成了极大的革命隐患。等到袁世凯所代表的旧势力猛扑过来的时候，连“民国”的招牌也被扔到九霄云外去了。

以上事实说明，在帝国主义和无产阶级革命的新时代，在半殖民地半封建的中国，不管是地主阶级开明派的爱国主义、农民阶级的爱国主义、资产阶级改良派的爱国主义，还是资产阶级革命派的爱国主义，在当时的历史条件下，虽然都起着反对列强的进步作用，但在外国帝国主义面前，毕竟显得软弱，没有力量。这是因为，这些爱国主义的主张和行动，有的只是企求在旧制度范围内实行一些改良，有的虽然要推翻旧制度，但缺乏坚强的领导和正确的政治纲领，因而不能动员全中国的工农大众一起起来革命。因此，上述这些阶级和进步阶层的爱国主义，都没有能挽救中国于危难。鲁迅当时指出：“见过辛亥革命，见过二次革命，见过袁世凯称帝、张勋复辟，看来看去就看得怀疑起来，于是失望，颓唐得很。”[②]

正当中国人民处于苦闷、彷徨的时候，俄国十月革命一声惊雷，拔云翳而见青天，先进的中国人由此看到了希望。李大钊认为，十月革命的胜利对于黑暗中的中国，“仿佛是曙光的一线”，或如照路的“小小的明星”。[③]瞿秋白也写道：“在中国这样黑暗悲惨的社会里，人人都想在生活的现状里开辟一条新的道路，听着俄国旧社会崩裂的声浪，真是空谷足音，不得不动心。因此大家都要来讨论研究俄国。”[④]

讨论研究的结论如何呢，那就是以马克思主义的科学社会主义为指导，走俄国人的路。毛泽东当时指出：“激烈方法的共产主义，即所谓劳农主义，用阶级专政的方法，是可以预计效果的，故最易采用。”[⑤]周恩来当时也说过：“若在吾国则积弊既深，似非效俄式之革

---

① 《孙中山全集》第1卷，255页，北京：中华书局，1981年。

② 转引自丁守和：《近代中国发展道路的选择》，《中国社会科学院研究生院学报》，5页，1990(1)。

③ 《李大钊选集》，121页，北京：人民出版社，1959年。

④ 转引自丁守和：《近代中国发展道路的选择》，《中国社会科学院研究生院学报》，6页，1990(1)。

⑤ 转引自丁守和：《近代中国发展道路的选择》，《中国社会科学院研究生院学报》，7页，1990(1)。

命，不易收改革之效。”①

由此可见，在拯救祖国的长期斗争中，在总结了无数次失败的惨痛教训之后，中国人民最终选择了社会主义。这种选择是中国近代的爱国主义运动发展的历史必然。爱国主义与科学社会主义相结合，具有了本质的进步和鲜明的时代特征。中国共产党人运用科学社会主义理论，把亿万人民群众动员起来，组织起来，投入到了推翻旧制度，建立社会主义新制度，使祖国走向繁荣昌盛的伟大爱国主义行动中去，从而取得了中国革命和社会主义建设的一个又一个辉煌的胜利。事实证明，爱国主义与社会主义相结合具有无比的威力。

二、爱国主义与社会主义统一的现实基础

在我国社会中，爱国主义与社会主义紧密结合，并发挥出巨大的威力，说到底是因为，爱国主义与社会主义具有本质上的一致性。关于这一点，江泽民指出：“在当代中国，爱国主义和社会主义本质上是统一的。”②那么，这种统一的基础是什么呢?

第一，在维护人民根本利益基础上的统一。

爱国主义是对自己祖国的忠诚和爱恋的思想和感情体系。它包括对祖国的土地、物产、悠久的历史、古老的文化和大好山河的热爱。但是更重要的是对祖国人民的热爱。正是在这样一个根本点上，表现了历史上爱国主义的局限性和不彻底性。而在社会主义社会中实现了以生产资料公有制为主体，人民群众摆脱了在旧社会那种被剥削、被奴役的地位，成了国家的主人。这就使爱人民与爱国一致起来，使社会主义与爱国主义一致起来。

社会主义国家和以往剥削阶级国家的区别，可以列出许多条。但最根本的区别就在于：社会主义国家是维护占人口绝大多数的人民群众的利益的；而以往的剥削阶级国家是维护少数剥削者的利益的。所以，社会主义时期的爱国主义，有了更为充实、更为广泛的内容。人民对社会主义祖国的热爱，理所当然地超出了历史上任何时候对祖国

① 转引自丁守和：《近代中国发展道路的选择》，《中国社会科学院研究生院学报》，7页，1990(1)。

② 《江泽民文选》第1卷，68页，北京：人民出版社，2006年。

的热爱，从而使爱国主义升华到了一个崭新的高度。

第二，在维护民族利益基础上的统一。

民族和国家是在同一社会环境中，即原始社会瓦解和阶级社会产生的过程中，同时形成的。正如，恩格斯所指出的，人类社会是“从部落发展成了民族和国家”。[①]在以后的历史运动中，民族的命运又总是同国家的命运血肉相连，密不可分的。所以，人们的民族感情和国家感情是紧密地联系在一起的。因此，民族自尊心和民族自豪感，就成为爱国主义的重要内容。为民族的自主、自强、自立而奋斗，就成为爱国主义者的神圣职责。

早在建国前夕，毛泽东就庄严地宣告“中国必须独立，中国必须解放，中国的事情必须由中国人民自己作主张，自己来处理，不容任何帝国主义国家再有一丝一毫的干涉”。[②]周恩来也指出社会主义中国坚持“一个基本的立场，即中华民族独立的立场，独立自主，自力更生的立场”。[③]

几十年来，我国抵制了来自帝国主义、霸权主义以及其他方面的侵略、威胁和控制，中国的国际威望日益提高。中国现在已成为世界多极化中重要的一极，在国际事务中起着举足轻重的作用。社会主义祖国维护民族尊严这一崇高立场，赢得了一切有爱国心的中国人的衷心拥护。

正如邓小平所指出的：“中国在世界上的地位，是在中华人民共和国成立以后才大大提高的。只有中华人民共和国的成立，才使我们这个人口占世界总人口近四分之一的大国，在世界上站起来，而且站住了。”他说：“国内的人民也罢，国外的华侨也罢，对这点都有亲身感受。”[④]所以，爱国主义和社会主义在实现民族利益的基础上统一了起来。

第三，在实现共同理想基础上的统一。

在现阶段，我国人民的共同理想就是实现现代化，振兴中华民族。一切爱国主义者都是以促进自己祖国的繁荣富强为己任的。在我

① 《马克思恩格斯选集》第4卷，381页，北京：人民出版社，1995年。
② 《毛泽东选集》第4卷，1465页，北京：人民出版社，1991年。
③ 《周恩来选集》上卷，321页，北京：人民出版社，1980年。
④ 《邓小平文选》第2卷，299页，北京：人民出版社，1983年。

国，坚持走社会主义道路，这是实现现代化的保证，实现现代化也是现阶段我国社会主义建设的根本任务。

人民共和国成立四十多年来，尽管我们党在领导社会主义建设事业的过程中，有过曲折和失误，但还是表现了社会主义的巨大生命力和无比的优越性。这表现在：

第一，我国的社会主义制度提供了高于资本主义的发展速度。我国1953—1988年国民生产总值每年增长7.1%。如以1952年为1，1988年的国民生产总值和国民收入分别为11.68和10.95，国民生产总位居世界第8位。国民生产总值年平均增长速度比一些资本主义发达国家约高20%到两倍。

第二，随着生产力的发展，我国人民的生活水平有了显著的提高。据统计，我国居民实际消费水平1952年为每人每年为76元，1988年上升到每人每年929元，扣除物价上涨因素，平均每年增长3.7%。尽管我国的人均国民生产总值，在有数据的128个国家中，只占到105位（据1985年的统计），属于低水平，但据世界银行的报告，中国的生活质量指标则相当于很多中等收入的国家。这说明，我国社会主义制度下的财富分配避免了资本主义社会的两极分化，始终注意了保障广大人民的基本需要和生活的逐步改善。

诚然，社会主义制度的优越性在我国还没有充分表现出来，但是只要我们坚持社会主义道路，坚持改革开放，必将造就一个现代化的强大的中国。为此，中国共产党中央制定了我国经济发展分三步走的战略部署。现在第一步已经基本实现，第二步正在胜利进行。如果到21世纪中期，中国成为一个社会主义的中等发达国家，那么，应该说，这一前景是极为辉煌、十分诱人的。祖国的繁荣昌盛，这是中华民族的一切爱国主义者和社会主义者的共同理想，所以，任何一个真诚的爱国主义者，都会为社会主义制度给中华民族带来的巨大变化，而由衷高兴，为社会主义道路给中华民族展示的宏伟理想，而欢欣鼓舞。

因此，实现中国现代化的共同理想，这是爱国主义与社会主义相统一的又一基础。正因为爱国主义与社会主义本质是统一的，所以，在当今的中国，任何一个社会主义者必然是一个以实现中华民族的安全、主权、发展和繁荣为己任的爱国主义者。同样，任何一个真诚的中华民族的爱国主义者，在今天，他也不可能离开社会主义的中华人民共和国，去谈论爱国主义。对于我们来说，建设社会主义，无疑就是建设中国的社会主义，同样，爱国主义也就是要热爱社会主义的中国。所以，任何有利于祖国社会主义事业发展的行为，都是爱国主义行为；同样，任何爱国主义行为，不管人们的主观上是否这样认识，但在客观上必然有利于中国社会主义事业的发展，因此，都应该给予支持和欢迎。

三、坚持爱国主义与社会主义统一的巨大意义

坚持爱国主义与社会主义在本质上的一致性，有着巨大的意义。这主要表现在以下几点。

第一，有助于提高中华民族的主体意识，增强中国人民的民族自信心和自尊心。

一个民族的主体意识，就是在民族交往实践中，所形成的关于本民族的地位，进一步生存和发展的能力，以及未来前途的自我认识和评价，借以维护自己的利益，并自立于世界民族之林的信念、信心和意志。

经过一百几十年的奋斗，当今中国，不仅是一个摆脱了帝国主义剥削和压迫的、站立起来的主权国家，而且是一个为自己的美好理想而奋斗的、日益强大的社会主义国家。我们的祖先创造了具有民族特色的灿烂文化传统，这是我们民族的骄傲，中国人民选择了社会主义，正在进行中国特色的社会主义现代化建设，这也是我们民族的光荣。

社会主义作为一种崭新的社会制度，尽管还处在完善之中，尽管还没有充分显示出它的巨大的优越性，但是它体现了广大人民群众的根本利益，代表了历史发展的方向，创造了高于资本主义的发展速度，必将使中华民族日益走向繁荣昌盛，这是毫无疑义的。

在当今国际事务中，中华人民共和国之所以受到世界上一切友好国家和人士的尊重和敬佩，并同时引起一些敌对势力的恐惧和反对，不仅因为中国是一个有着悠久文化的大国，而且主要的还因为中国是一个日益崛起的社会主义大国。他自尊、自强，主持国际公道，热爱

世界和平。从现实状况来说，社会主义中国的存在，有助于世界各种力量对比的平衡；从未来发展来说，十多亿人口的中国，社会主义现代化建设的成功，必将有助于整个世界面貌的改变。所以，中国人民团结奋斗，建设社会主义的祖国，既是崇高的爱国主义行为，同时也是中华民族对人类发展的贡献。

坚持爱国主义与社会主义在本质上的一致性，进一步认识到中华民族所发生的和正在发生的巨大历史性进步，认识到我们正在进行前无古人的伟大事业，认识到在中国共产党领导下的全民族具有无高不可攀的伟大力量和创造力量，并且正在为实现自己伟大的理想和为人类做出更大的贡献而奋斗，那么必将激发中国人民的巨大民族自豪感。因此，坚信我国社会主义制度的无比优越性，热爱社会主义，这就是中华民族的自信和自尊在今天的集中表现，是我们民族精神力量的源泉。有了这种的自信和自尊，我们就不会被任何外力所屈服，也不会为任何困难所吓倒，我们就能独立自主、自力更生地建设自己的国家。我们就能既不闭关自守，也不崇洋媚外，一方面努力学习外国的先进技术和管理经验；另一方面又抵制资产阶级腐朽思想和生活方式的侵蚀，从而在自己力量的基础上，建设中国特色社会主义。

第二，有利于调动一切积极因素，加速我国的统一大业和社会主义现代化建设。

在当代中国，爱国主义存在着两个不同层次的内容。由于我们的祖国，还没有完全统一，港、澳、台同胞和海外侨胞，他们热爱中华民族，希望祖国强大起来，独立于世界民族之林，拥护祖国的统一。这是一切热爱祖国，渴望祖国独立、完整、富强和统一的炎黄子孙都具有的民族感情。这是一个层次的爱国主义。

第二层次内容的爱国主义，是无产阶级的爱国主义，它不仅反映民族的利益，而且反映了无产阶级和劳动人民的利益。它是历史上最进步的爱国主义。这种高层次的爱国主义，即是社会主义爱国主义。因为社会主义代表了无产阶级和广大人民群众的根本利益。所以高层次的爱国主义，不仅热爱中华民族，而且还热爱社会主义。因此，这种高层次的爱国主义也必然包含第一层次的爱国主义。

另外，第一层次的爱国主义者，由于他们生活的社会环境和生活经历的差异（比如港澳台同胞和海外侨胞等），虽然并不一定赞成社会主义（这是可以理解的，当然也无须强求认识上的一致），但可以成为社会主义的可靠朋友，从发展角度看，也可能由第一层次的爱国主义者发展成为高层次的爱国主义者。关于这一点，江泽民指出："历史证明，坚定捍卫中华民族尊严、期望中国繁荣昌盛的爱国者，大都会成为忠诚的社会主义者或社会主义的可靠朋友。"①

退一步说，即使有些人对大陆的社会主义制度始终抱有成见，但只要赞成"一国两制"，促进祖国统一，也要真诚团结他们。这是因为，祖国统一是民族利益所在，而且这在客观上也有利于大陆的社会主义事业的发展。

可见，坚持爱国主义与社会主义本质上的一致性，除了能调动高层次的爱国主义者的积极性，而且能调动中华民族的一切爱国者的积极性，加强他们之间的团结，共同为祖国的统一、繁荣，为社会主义现代化的实现作贡献。

第三，有利于社会主义新人的健康成长，击破国内外阶级敌人"和平演变"的阴谋。

国际阶级斗争表明，垄断资产阶级一直把在中国实现"和平演变"的希望，寄托在中国第三代、第四代身上。美国垄断资产阶级的代言人前不久还鼓吹，美国要进行一场把"世界和平和人类自由的美好愿望带到美国国界之外的革命"，妄图使包括中国在内的社会主义国家变成"西方自由世界"的"伙伴"。所谓"世界和平"、"人类自由"等等都是饰辞，为了垄断资产阶级自身的利益，把中国变成西方发达资本主义国家的附庸，这才是事情的实质。

前些年，在西方资产阶级的价值观和人生观的影响下，在我国有一些人顽固坚持资产阶级自由化立场，鼓吹"全盘西化"。这种资产阶级自由化思潮，是西方垄断资产阶级推行"和平演变"策略的产物，是与其相呼应的。因此，坚持四项基本原则与搞资产阶级自由化的对立和斗争，既是社会主义与资本主义两条道路的激烈斗争，而且也交织着爱国主义与卖国主义的激烈斗争。他们要崇洋媚外，"全盘西化"，就必然要反对社会主义制度，同时也必然要贬我中华，走到民族虚无主义和卖国主义道路上。一些所谓"精英人物的表演"，对此已经

① 《江泽民文选》第1卷，68页，北京：人民出版社，2006年。

作了最好的注解。他们骂社会主义、骂中国文化、骂长城、骂黄河、骂黄土地、骂黄种人。在他们眼中，中国已经是一无是处了，于是只有“解体”，当“三百年殖民地”。这些人对中华民族否定得是何等彻底，同时对外国主子讨好得是何等有加。他们尽管有时也挥舞一下爱国主义旗帜，比如，在1989年春末夏初的动乱中，就是这么干的，然而那也只是为了欺骗群众，混淆视听，盖不住他们背后接受外国反动势力的号召和支持。正是在那次动乱中，不少大学生被一小撮打着爱国旗号，而搞资产阶级自由化的人所利用。当这些青年人高喊“爱国无罪”，并把资产阶级那一套当作兴国、强国的灵丹妙药的时候，却不知道，那样会断送一个光明的有发展前途的中国。这一教训是十分深刻的。

它从反面启示我们，对于人民群众，特别是广大青少年必须加强爱国主义教育，加强关于爱国主义与社会主义本质一致性的教育。只有这样，才能使人们擦亮眼睛，进一步认清资产阶级自由化思潮的反社会主义本质和卖国主义本质，从而提高辨别是非的能力，才能为爱国热情的激发，指明一个正确的方向。换句话说，在今天的中国，祖国的命运是和共产党的命运、社会主义的命运血肉相连、不可分割的。青年人要成为一个真正的爱国主义者，就必须在共产党的领导下，积极投身于祖国社会主义建设事业中去，同样，青年人要成为一个真正的社会主义者，也必须首先要把自己培养成一个爱国主义者。如果这样做了，对于青年一代的健康成长和祖国社会主义的繁荣昌盛，都是莫大的幸事。

第四，有利于防止民族主义，走和平发展的道路。

爱国主义一旦混入对他国社会共同体的歧视，即在与别的民族的交往中，为了本民族的利益而不惜损害别的民族的利益，就成为民族主义。民族主义可以有两个极端：一是外向的进攻的帝国主义、社会帝国主义，甚至法西斯主义。即在自己强大以后，往往表现为以强凌弱，以大欺小，以富压贫，甚至不惜挑起战争。世界上的许多战争都是这样发生的。虽然打的都是爱国主义的旗号，但实际上那不是真正的爱国主义，而是祸国主义。二是内向的、保守的绥靖主义。即试图以牺牲他国利益诱使侵略者转移进攻方向，通过祸水他引，实现民族利己主义的自保目标。什么样的爱国主义可能蜕变为民族主义呢？在当今世界上，与资本主义结合的爱国主义，可能成为民族主义。只有与社会主义统一的爱国主义才能避免滑向民族主义。这是因为社会主义不是地域性的，而是世界历史性的，因而在本质上，它不仅要求爱本国人民，而且要求爱世界各国人民。中国坚持对外开放，中国坚持永不称霸，坚持与世界各国和平合作共赢，正是生动体现了中国社会主义的本质精神。

我们的祖国曾经是一个令全世界注目、羡慕和尊重的国家和民族。华夏民族的浩大气象是世界史上的伟大奇观。在数千年历史的大风大浪和兴衰变化之中，中华民族锻造了自己坚强不屈的灵魂和强烈的爱国主义精神。我们的民族有值得骄傲的光荣的过去，但我们更要创造伟大的现在和未来。让我们在建设社会主义现代化建设的道路上，以自己的智慧和力量，谱写出爱国主义的更加灿烂的篇章。

论共产主义道德建设的必然性*

建设高度的社会主义精神文明，是我们面临的一项重大任务。而进行共产主义道德教育，用共产主义道德理想引导群众形成社会主义良好风尚，建立和发展人们之间的新型社会关系，则是社会主义精神文明建设的重要内容。

本文仅就共产主义道德建设的必然性作些论述。

一、共产主义道德建设的群众基础

从1921年中国共产党的成立到现在已有60多年的历史了。在这60多年中，我国社会发生了翻天覆地的伟大变革，伟大的社会主义祖国犹如巨人屹立在世界的东方，日益繁荣兴旺。在这历史的巨变中，是什么思想道德打动了千千万万中国民众的心灵，从而迸发出排山倒海的力量呢？历史已经说明，这正是共产主义思想武装起来的中国共产党人所表现出来的新精神、新道德、新风尚，带动和鼓舞着中国人民英勇奋斗的结果。

10年内乱中，共产主义道德虽然遭到林彪、江青反革命集团的严重破坏，但民心不可侮，根基犹存在。诗人海涅有这样两句诗“冬天从这里夺去的，新春会交还给你”。这在我们今天的现实生活中，又一次得到了印证。曾经被一度破坏的共产主义思想和共产主义道德又闪射出耀眼的光芒，被扼杀10年之久的雷锋精神，今天又重新得到了发扬光大；拾金不昧的故事时有所闻，助人为乐的事迹大量涌现，孙冶方、蒋筑英、罗健夫等献身科学的精神催人泪下。这大量的新人新事充分说明，人民群众就是这样以自己的行动，在切切实实地努力实践

---

* 原刊于安徽省哲学年会编1984年会文集：《社会主义精神文明建设文选》。与邹广流共同撰写。

着、捍卫着共产主义道德原则。

不难看出，共产主义道德的群众基础，是多么广泛，多么深厚。原因在哪里呢?

首先，因为共产主义道德是为全人类的解放事业服务的，它不仅反映了无产阶级的利益，同时也反映了广大人民群众的根本利益和要求，因此得到广大人民群众的拥护。特别是在社会主义社会，共产主义道德已成为广大工人、农民、知识分子和一切爱国者所敬佩、所感动的道德。

其次，共产主义道德主要是从无产阶级斗争实践中产生的，但同时它也继承和升华了历史上人民群众所创造的一切美好的道德。例如尊老爱幼、患难相扶，讲信义、尚诚实、助人为乐、大公无私等等。因此，共产主义道德是人类有史以来最高尚的道德，它和广大群众的生活实践有着某种天然的联系。

再次，从历史的角度看，随着物质文明程度的提高，人们也相应地要求精神文明程度的提高。但是在阶级社会里，这两种文明的发展往往是背离的。而且这种背离在当代发达的资本主义国家里已经到了不能容忍的程度。他们物质文明的发展程度虽然比较高，但人们的精神生活却非常贫乏、空虚和腐朽。就连美国总统里根也承认说，在美国，犯罪每年夺去二万多美国人的生命，使二分之一的美国家庭受害，一年造成的财政损失达88亿美元。可见，在资本主义制度下道德风尚沦丧到何种地步!只有在社会主义制度下，精神文明和物质文明是统一的，两者是互为目的、互为条件的。因此，我们在搞好物质文明建设的同时，搞好社会主义精神文明建设，这也是我们对人类的一大贡献。

有人对社会主义阶段提倡共产主义道德理想，不表赞同。理由是超越了历史阶段。怎样看待这一观点呢?应该说，这一观点看似有理，实际是立不住的。

因为在人类实践中，理想本来就是立足于现实，并指向未来的，但同时，它一旦创立，又成为现实走向未来的精神动力。因此，现在与未来，理想与现实从来不是僵硬对立的，而是在实践中不断产生对立，又不断达于统一的。这是其一。

其二，未来的理想，特别作为社会历史未来走向的理想，是在掌握社会发展规律的基础上形成的，达到这个层次的人们，一开始只是少数先进分子，而不可能是作为多数的民众。但少数可以变成多数。这里的条件就是少数先进分子的示范、榜样，并使这种示范、榜样作用变成了越来越多的现实存在。在这种现实的感召、启发下，多数人也就会从敬佩、感动，到自动行动起来。因此，对共产主义道德的倡导，也需要有一种辩证、历史的对待。在中国现代历史上，不要说社会主义阶段，就是新民主主义革命阶段，许多共产党人就是抱着崇高的共产主义道德理想，而投身革命的。

二、共产主义道德建设的制度保障

社会主义精神文明是社会主义的重要特征，也是保证社会主义向着未来共产主义目标不断前进的重要条件。同时社会主义制度又是社会主义精神文明建设的根本保障，当然也是共产主义道德建设的根本保障。

在全社会，处于主体地位的社会主义生产资料公有制的建立，从根本上铲除了阶级剥削的经济基础，消灭了人剥削人、人压迫人的社会制度，从而使全体人民有了共同的根本利益。而这种共同的根本利益，就为共同道德的形成奠定了基础。

比如，全心全意为人民服务的思想品质，公而忘私的共产主义风格，爱国家、爱集体、爱同胞的高尚情操，都是以共同利益为基础的。就是历史上形成的某些社会公德，也只有在社会主义制度下，才能得到发扬。拿救死扶伤这一道德行为来说吧，从古到今都是为人所称颂的。但在旧社会，人们或是出于怜悯、同情之心，或是出于宗教的积善，或是出于社会公德的约束才这样做的。只有到了社会主义社会中，它才能升华为一种共产主义道德规范，成为愈来愈多的人奉行的行为准则。

再如，宋代政治家、文学家范仲淹提出的“先天下之忧而忧，后天下之乐而乐”和清代思想家顾炎武提出的“天下兴亡，匹夫有责”等道德思想，都是我国古代道德遗产中闪光的珍宝，在历史上也曾鼓舞着一些人舍生忘死地去为民族为国家而奋斗。但由于受到当时阶级和制度的局限，真正实践这些道德思想的人毕竟只是极少数。然而在我们的社会主义社会中，情况就根本不同了，上述古代的一些嘉言懿行就成为千千万万共产党员、共青团员和人民群众的自觉行动，成为推动革命事业前进的巨大精神力量。

我国社会主义的政治制度是人民民主专政。它在人民内部实行民主。人民民主的内容之一，就是人民“在全国范围内和全体规模上，用民主的方法，教育自己和改造自己，使自己脱离反动派的影响……改造自己从旧社会得来的坏习惯和坏思想”。[①]从而树立新思想、新道德、新风尚。近年来，在全国人民中广泛开展的“五讲四美三热爱”活动，这是人民群众为树立良好的道德风尚，进行自我教育的好形式。

人民民主专政的另一方面，就是对敌人实行专政。从加强共产主义道德建设的角度来说，只有对敌人实行专政，才能有效地保卫人民有道德有纪律的生活。才能有效地防止剥削阶级利用其腐朽的道德观念蛊惑人心。正如列宁所说：“从更广的角度来看，即从巨大的历史范围的角度来看，无产阶级采取各种强制手段，从枪毙直到劳动制，不论其名称如何新奇，都不过是把资本主义时代的人改造成共产主义的人的办法。”[②]社会主义法制对维护和培养共产主义道德所起的作用也是很大的。知法守法，这本身就是一种道德表现。比如自觉地遵守劳动纪律，就是共产主义劳动态度的一个重要表现。不摧残妇女，不残害儿童，不虐待老人，则是社会主义公德的起码要求。因此健全社会主义法制同加强共产主义道德建设是相辅相成的。

三、共产主义道德建设的决定力量

共产主义道德是以共产主义思想为基础的。按照列宁主义的观点，共产主义思想是不可能从工人群众中自发产生的，而只能依靠无产阶级先锋队从外面灌输进去。[③]中国共产党是一个以共产主义思想体系为指南的党，用共产主义思想教育群众和武装群众是中国共产党的根本任务之一，也是党实现自己思想领导的基本原则。

① 《毛泽东选集》第4卷，1476页，北京：人民出版社，1991年。

② 《马恩列斯论共产主义社会》，188页，北京：人民出版社，1958年。

③ 见《列宁选集》第1卷，317页，北京：人民出版社，2012年。

多年来，正因为我们党坚持了这一基本原则，才培育了像黄继光、雷锋、张华、蒋筑英、罗健夫、雷雨顺等那样一批又一批具有伟大的共产主义理想和崇高的共产主义道德品质的新人。由此可见，坚持党的共产主义思想领导，就是坚持共产主义道德的根本保证。中国共产党从成立的那一天起，就确立了一个最终目标，那就是实现共产主义社会。

恩格斯说，共产主义社会是具有“真正人类的道德”的社会。为了实现这个美好的社会，我们党领导人民进行了一系列艰苦卓绝的斗争，终于推翻了三座大山的压迫，建立了人民民主专政，并胜利地完成了社会主义改造的任务。现在党又领导我们为全面开创社会主义现代化建设新局面而斗争。这些伟大斗争都是最终实现共产主义社会的具体步骤，也是共产主义道德形成和发扬的实践基础。列宁曾经说过，“我们的德性完全服从于无产阶级阶级斗争的利益。我们的德性是从无产阶级斗争利益中引申出来的”，因此“巩固与完成共产主义事业的斗争是共产主义道德的基础”。①

中国共产党所领导的共产主义运动，不仅是共产主义道德形成的实践基础，而且她自身还是共产主义道德的最光辉的体现者。中国共产党是全心全意为人民服务的政党。为了人民的利益，她以实事求是、理论联系实际作为自己的根本原则，勇敢地坚持真理，郑重地克服错误，密切联系群众，虚心向群众学习，热忱欢迎人民的批评监督。不怕苦，不畏难，浴血奋战、勇往直前，胸怀坦荡，顾全大局，善于团结一切可以团结的人。在党的教育下，广大党员和干部冲锋在前，退却在后，吃苦在前，享乐在后，诚实谦虚，勤劳俭朴，好学上进，廉洁奉公，时时以高标准要求，处处起模范作用。我们的党就是这样以自己的彻底革命精神和高尚道德，赢得了广大群众的信赖和拥护，并成为广大群众学习和效法的榜样。从而使共产主义道德在全国不断发扬光大。这些都是有目共睹的事实。

只是因为10年内乱，给我们党的党风造成了严重的破坏，从而影响了党在人民群众中的形象。但是，党的十一届三中全会以来，经过全党的努力，党风已有好转，这也是有目共睹的事实。为了实现党风

① 《马恩列斯论共产主义社会》，217页，北京：人民出版社，1958年。

的根本好转，党中央决定，从今年下半年开始，用3年时间分期分批地对党的作风和党的组织进行一次全面整顿。历史告诉人们，我们这样一个用共产主义思想武装起来的，有着长期领导中国共产主义运动丰富经验的党，是完全有能力用自己的光明面去克服自己的阴暗面的，是一定能够实现党风的根本好转的。中共中央认为，党的思想建设是全社会精神文明建设的支柱。随着党风的根本好转，也必然会带动整个社会风气的根本好转，必将有力地推进我国的共产主义道德建设。

总之，广大人民群众的支持，社会主义制度的保障，党的坚强领导，都是共产主义道德建设的根本条件。我们完全可以相信，随着党所领导的社会主义现代化建设事业的发展，共产主义道德风尚必将在我国发扬光大。

论集体主义的历史内涵与现实基础*

把集体主义作为公民道德建设的一项基本原则来加以坚持，是十分正确和重要的。因为这一原则规定了社会主义制度下人们道德生活应有的基本方式和基本价值取向，从伦理道德上体现了社会主义制度的性质，体现了社会主义公民应有的高尚精神追求。

然而20多年来，关于集体主义问题的争论并未停止过，一直存在着一种要以个人主义取代集体主义的观点。为了从根本上驳斥这种观点，有必要对集体主义的历史内涵和现实基础加以科学的阐明。集体主义的历史内涵是指在整个历史进程中，作为道德基本原则的集体主义所拥有的历史地位和所具有的历史必然。

集体主义的现实基础是指在社会主义社会系统中，集体主义原则所具有的作为其存在根据的现实社会经济关系。

任何一个社会都有一个由许多道德规范所构成的伦理道德体系。任何一个社会的伦理道德体系又都由一个定格为道德评价标准的核心理念所主导。这个核心理念也就是我们通常所说的道德基本原则。

一个社会的道德基本原则是该社会伦理道德体系中其他一切规范的总规范，是它们的普照之光。因此，一个社会的道德基本原则，是该社会伦理道德体系的最根本的方面，也是该社会的伦理道德体系区别于其他社会伦理道德体系的最根本之点。

大体说来，原始社会的平均主义、奴隶社会和封建社会的整体主义、资本主义社会的个人主义，以及社会主义社会的集体主义，是人类历史发展至今所依次存在的几种不同类型的道德基本原则。一个社会提倡和坚持什么样的道德基本原则，不是唯心主义所谓的个别杰出人物，一念处偶然发现的产物，也不是社会大众某种单纯的主观约

* 原刊于《皖西学院学报》，2008（1）。

定，而是该社会经济基础的反映，是与该社会占统治地位的经济关系相适应的，是被它所决定，并为之服务的。

正如恩格斯所指出的："一切以往的道德论归根到底都是当时的社会经济状况的产物。"又说，在阶级社会中，"人们自觉地或不自觉地，归根到底总是从他们阶级地位所依据的实际关系中。从他们进行生产和交往的经济关系中，获得自己的伦理观念"。所以，阶级社会的"道德始终是阶级的道德，它或者为统治阶级的统治和利益辩护，或者当被压迫阶级变得足够强大时，代表被压迫者对这个统治的反抗和他们的未来利益"。[①]因此，任何一种道德基本原则，都不是脱离一定社会及其发展阶段的抽象观念，而是对一定生产力基础上的占统治地位的社会经济关系的反映，是由该社会的根本性质决定的。

作为道德基本原则，原始社会的平均主义是对原始社会中，被十分低下的生产力所决定的共同劳动、平均分配关系的反映；奴隶社会和封建社会的整体主义，是处于小生产和自然经济生活方式中，个体对群体有极大依赖性的社会条件下，对奴隶主和封建主以社会整体的名义谋取私利的观念表现；资本主义社会的个人主义是在近代生产力发展基础上，个体的主体性、能动性得到提高的社会条件下，对资产阶级的自由竞争、发财致富，以及使其损人利己本性合理化愿望的表达；社会主义集体主义则是对现代生产力发展基础上形成的，以公有制和按劳分配为主体的社会经济关系，及作为其代表的工人阶级和广大人民群众根本利益的反映。

既然，任何道德基本原则都根源于一定生产力基础上的占统治地位的社会经济关系，那么很显然，随着生产力的发展，占统治地位的社会经济关系发生变更，随之，也就决定了道德基本原则的变更。这是一种不依人的意志为转移的历史必然。在人类历史上，作为道德基本原则的平均主义、整体主义、个人主义到集体主义的依次更替，正是这种历史必然的反映。

因此，社会主义社会的道德基本原则只能是集体主义，而不能是平均主义、整体主义，或个人主义。那种主张用个人主义取代集体主义的观点，其提出问题的方式本身就是不对的。因为个人主义和集体

① 《马克思恩格斯选集》第3卷，434—435页，北京：人民出版社，1995年。

主义作为道德基本原则本来就不是游离于根本社会制度之外的，可以按人的主观愿望随便取舍、替代，然后附加于一定社会制度的东西。其实，这样一种关于道德的理解，也并不是什么新观点，而是被马克思主义早已批判过的、唯心主义的抽象道德观。由于在现实的社会生活中，作为道德基本原则的个人主义和集体主义总是分别与资本主义和社会主义相联系而存在的，总是分别作为这两种不同社会制度的根本价值取向而发挥作用的。

因此，从客观实际来说，上述观点的实质乃是主张以资本主义的根本价值取向取代社会主义的根本价值取向。因而这种观点是极为有害的。当然这样说，并不是否认以往的道德基本原则相对于它们所由产生的社会经济关系，而具有一定的历史进步性和合理性，也不否认其中所包含的一些具有人类基本价值意义的东西，即作为人类优秀道德传统的东西，是可以被社会主义集体主义所继承的宝贵精神财富，是可以按照社会主义集体主义原则加以重塑、加以发扬的东西。比如，平均主义在保存原始社会的人口与劳力，从而战胜恶劣的自然环境方面发挥了重要作用。在今天的社会主义社会中，保障那些贫困居民享受最低生活待遇的意义上，还保留了平均主义的某种余风遗韵，而有着不可小视的价值。但是这一内容已经变成了社会主义集体主义的题中应有之意，是它的一种必然要求。强调对整体的维护，从而给予还处于稚嫩和弱小状况的个体主体以某种程度的依赖和安全，提供了成长的一定环境和条件，特别是其中所体现的关于集体比个人更根本、更有力量的价值理念，都是我们今天仍然应该坚持和发扬的东西。

但是我们所热爱的是人民当家作主的真实的集体，而不是历史上被剥削阶级所主宰的虚幻的集体；我们所坚持的集体主义也不是那种要求个人对整体无条件服从的整体主义，而是主张在兼顾个人利益和集体利益的前提下，当个人利益与集体利益发生矛盾时，个人利益服从集体利益。

再比如，个人主义作为旗帜，在西方人反对封建主义的斗争中，发挥了积极作用，它所包含的肯定个人利益正当性和个体活动自主性的思想都是具有重要现实价值的。但是社会主义集体主义所维护的是广大人民群众通过诚实劳动和合法经营所获取的个人正当利益，而不是资产阶级个人主义所主张的那种损人利己、唯利是图的所谓个人正当利益。社会主义集体主义不仅要维护广大人民群众的正当利益，而且要为扩大和发展这种正当利益提供条件、提供保障，并把提高广大人民群众的物质文化生活水平作为社会主义建设的根本宗旨。

由上可见，社会主义集体主义不仅吸取和综合了以往道德基本原则中有价值的东西，而且从总体上又是对以往道德基本原则的历史性超越。因为无论是平均主义、整体主义，还是个人主义作为道德基本原则都已经或正在成为历史的过去，相对于生产力发展所随之改变的社会经济关系，它们必然都会先后失去历史的进步性和合理性，失去自己赖以存在的根据。

比如，原始社会的平均主义脱离生产力发展的要求，只讲财富的均分，所以它早已被奴隶社会和封建社会的整体主义所取代。这种整体主义对还处于稚嫩和弱小状况的个体主体起到了某种保护作用，但随着生产力的发展，在个体主体的独立性、能动性日益增强的情况下，它又日益成为压抑个体，阻碍生产力发展的障碍，因而它也早已被资本主义社会的个人主义所取代。

现在重点来谈谈个人主义。个人主义作为资本主义生产方式的产物，在其发展过程中经历了极端个人主义和合理个人主义这样两个阶段。极端个人主义公开主张个人第一的原则，赤裸裸地号召人们为所欲为地去追求私利。合理个人主义与之有别，它主张人们在追求个人利益的同时，不要损害他人和社会的利益，因为只有将个人利益和社会利益结合起来，才能获得更大的个人利益，而且会更有保障。不难看出，极端个人主义和合理个人主义在本质上并没有什么不同，它们都坚持个人利益至上的原则，只是在实行这一原则的策略和手段上有所区别。

那么，资产阶级为什么要主张在追求私利的策略和手段上作这种调整呢？其原因有二：一是资产阶级的地位发生了变化，从被统治、求发展的地位，变为统治的、求巩固的地位。个人主义作为反封建的锐利武器，曾被争取统治权的资产阶级高扬到极端。然而这种趋于极端的个人主义在资产阶级争得统治以后，也对维护资本主义社会的稳定和秩序起着某种销蚀的破坏作用。另外，随着无产阶级与资产阶级矛盾的发展，这种公开、露骨的个人主义也不利于掩盖资产阶级和无产阶级在利益上的根本对立。二是资本主义私人占有制日益成为社会化生产力发展的障碍，迫使资产阶级在维护其根本利益的前提下，不得不对原先的利益关系进行某种调整，以缓和国内的阶级矛盾。合理个人主义正是为适应这样两个方面的需要而产生的。

这种对个人主义的修正，其现实意义是很有限的。因为唯利是图是资产阶级的本性，是不可能仅仅靠合理个人主义这种良好愿望而加以有效节制的。但是这种修正，也从一个方面透露出，资产阶级个人主义这种用其阶级的一己私利去损害社会整体利益的价值取向，已经日益不合时宜和难以为继。用美国加州大学教授罗伯特贝拉的话说，个人主义已经成为西方社会必须加以消除的癌症。[①]应该说，这是很有见地的。但是，从根本上说，消除作为道德基本原则的个人主义，并不是纯粹道德批判的过程，而是消灭资本主义制度的现实运动在伦理道德领域所必然引发的变革过程。

社会主义集体主义之所以能通过批判，吸收以往道德基本原则中肯定性的成果，并能从总体上实现对以往道德基本原则的历史性超越，说到底是因为，社会主义社会消灭了剥削制度和剥削阶级，整个社会生活是建立在生产资料公有制为主体的经济基础之上的，从而实现了个人利益和社会利益在根本上的一致。这就是社会主义集体主义原则的现实基础。在这个基础上，才使社会主义社会中的个人和社会的价值关系与旧社会相比发生了根本的变化，即从过去的分裂、对抗走向了相互统一，互相促进，共同发展。

换句话说，在社会主义社会中，个人和社会互为对方发展的目的和手段。人作为社会发展的手段，人是一切社会财富的创造者，人是社会发展的主体动力。社会主义社会的发展必然要发动广大群众，依靠广大群众。但人又是社会主义社会发展的目的。在社会主义社会中，大力发展经济、促进社会公平、建设和谐文化、完善社会管理、增强社会活力，说到底是为了满足人的生存发展，增进人的自由幸福。

被这一观点所决定，因而在一般情况下，个人利益和社会整体利益是双赢的。即个人积极性的调动，个人利益的实现过程，同时也是使社会整体利益获得增长和发展的过程。同样，社会财富的丰富，社会整体利益的增长和发展，又为最大限度地满足人民群众日益增长的

① 参见［美］罗伯特·贝拉：《心灵的习俗——个人主义及其在美国生活中的表现》，3页，加州大学出版社，1985英文版。

物质文化需要，为他们实现全面和自由的发展，提供了越来越充分的条件和保障。

不难看出，社会主义社会是广大人民群众共建与共享相统一的社会。社会主义事业只有动员广大群众共同参与，才能使理想变为现实，才能为共享提供前提基础，不然共享就会成为水中月、镜中花。同样，如果没有共享，人们不能从共建中得到实惠，甚至还要牺牲广大人民的利益，那么共建就会失去动力。只有以共建保共享，以共享促共建，才能使二者在互为前提、相互依存中获得良性互动。

当然在少数特殊和万不得已的情况下，也会考虑牺牲一部分人的个人利益，借以来保全集体利益。即使在这种情况下，集体利益也不是与部分人的个人利益完全脱离的，维护集体利益实际是从全局的、长远的、根本的意义上来维护包括这少部分人在内的广大人民群众的个人利益，同时只有保全这种全局的、长远的、根本的利益，也才有可能对一部分人所牺牲的个别的、局部的、一时的利益，在适当时候以适当方式给予某种必要的回报和补偿。

中国没有经过资本主义的发展阶段，中国自古以来的道德调整都没有把个人放在中心位置，即没有把个人主义作为道德基本原则的传统。这是由中国的特殊历史国情决定了的。在近代历史上，在民族民主革命的斗争中，我们党动员人民、组织人民，形成了整体的革命力量，推翻了压在人民头上的三座大山，使广大中国人民翻身得解放。进入和平建国年代，特别是改革开放以来，我们党以扩大个人生存、发展的权利，和提高公民的基本自由为价值取向，以经济建设为中心，大力发展生产力，建构民主、法治的政治、经济、文化和社会生活的机制，坚持以人为本，关注民生，提高人民的生活质量，促进人的全面发展，从而使马克思主义所揭示的关于个人与社会、个人与集体之间良性互动的哲学理念，①日益变成了现实。与此相联系，集体主义原则日益深入人心。爱国家、爱集体的先进人物和模范事迹大量涌现，在服务祖国和人民的过程中实现自身价值已成为广大青年的高尚追求，立足本职，创业贡献正逐渐成为当今中国的时代潮流。

总之，在当今的中国，坚持集体主义是社会主义制度的本质要

① ［德］马克思：《1844年经济学哲学手稿》，81页，北京：人民出版社，2000年。

求，是全面推进建设中国特色社会主义伟大事业的重要保障，代表了广大人民的利益和心声。那种用个人主义取代集体主义的观点，是和人类历史发展的总趋势，和中国所坚持的社会主义方向，和广大中国人民的利益相违背的，是完全错误的。如果那样去做，将会铸成大错。

警惕泛文化主义的影响*

20世纪以来，“文化”被更多的人所关注。然而在阅读一些涉及文化问题的论述时，让人不时感到其中隐约存在着一种泛文化主义的影响。由于这种影响隐隐约约，不易觉察，因而更应引为警惕。为此，下面就泛文化主义的唯心主义本质，其失足于唯心主义的原因，以及它在当代中国的影响等做一些说明。

一、泛文化主义的唯心主义本质

什么是泛文化主义？从理论渊源上说，泛文化主义是现代西方的一种文化理论。它指谓那种把文化看作至上的，对其他一切社会事物具有普遍涵盖性和根本推动作用的理论观点。

泛文化主义概念中的“文化”，是指观念性、精神性的存在。所谓“文化至上”，是指文化相对于其他一切社会事物，在地位和作用上最重要，因而最具决定性。这表现在它能涵盖其他一切社会事物，并且是推动其他一切社会事物发展的根本力量。这也就是泛文化主义被冠之以“泛”的意味所在。因此，在泛文化主义看来，人、人的实践，及其所创造的社会历史，都应完全置于文化的维度之下来加以把握。

泛文化主义在当代西方是文化研究的一个重要趋势。这种趋势的形成，是对马克思历史唯物主义被“正统派”误读为“经济决定论”的偏向，从另一个极端进行反拨，在文化问题上的一种唯心主义理论表现。

马克思历史唯物主义，是唯物辩证的历史观。它在坚持经济基础决定上层建筑、经济政治决定社会意识的同时，还坚持上层建筑对经

* 原刊于《中国社会科学》(内部文稿)，2013 (1)。

济基础的反作用、社会意识对经济政治的反作用。然而由于马克思恩格斯早年的工作主要是批判历史唯心论，创立历史唯物论，因而对历史辩证法，特别是对政治对经济的反作用、社会意识对经济政治的反作用，缺少应有的机会来予以系统的阐明，这一缺陷直到晚年恩格斯那里，才得以弥补。[①]

然而上述缺陷，作为一个原因，所造成的负面影响已经产生。其主要表现是：第二国际以“正统派”自居的理论家们，把马克思的历史唯物论误读为“经济决定论”。即认为经济因素是历史过程的唯一决定因素，从而片面强调历史规律的强制性和资本主义崩溃的必然性，以至忽视了无产阶级及其政党在历史过程中的主动性和创造性，忽视了社会意识对人的行动的指导性、激励性和制约性，从而使唯物史观涂上了机械论、宿命论的色彩。甚至在一个相当长时期，在不少人的心目中，唯物史观似乎就是经济决定论。

在对经济决定论进行批判和反驳的过程中，一些现代西方学者发表了不少正确的见解，但其基本倾向则是从一个极端跳到另一个极端。即把关注的重点由经济基础转向哲学和文化等上层建筑。正如英国学者佩里·安德森所说：“马克思这位历史唯物主义的创始人，不断从哲学转向政治学和经济学，以此作为他的思想的中心部分；而1920年以后涌现的这个传统的继承者们，却不断地从经济学和政治学转回哲学——放弃了直接涉及成熟马克思所极为关切的问题。”[②]在这些现代西方学者看来，西方国家的极权制度已经表现为一种文化集权，因而批判的矛头应集中指向西方社会的现代文化，于是主张要进行意识革命、文化革命。

在这样的思想理论氛围中，泛文化主义孳长起来。斯图亚特·霍尔在其《文化研究：两种范式》一文中曾明确主张，要摒弃文化的政治经济学范式，以免落入经济还原论的俗套中。吉姆·麦克盖根在《文化民粹主义》一书中也指出：文化研究从文化的政治经济学中的脱离，迄为该研究领域之最重要的特征之一。[③]“默克罗比也认为，我们

① 参见《马克思恩格斯选集》第4卷，696、698、702、726页，北京：人民出版社，1995年。

② ［英］佩里·安德森：《西方马克思主义探讨》，高铦、文冠中等译，68—69页，北京：人民出版社，1981年。

③ ［英］吉姆·麦克盖根：《文化民粹主义》，桂万先译，45页，南京：南京大学出版社，2001年。

的时代，由于文化领域不断扩大，从某种意义和层次上说，经济和政治都可以被视为在文化范围之内和通过文化而运作的。”[①]不难看出，泛文化主义是一种脱离经济政治之根，把经济政治涵盖于和运作于文化之中的唯心主义理论观点。

二、泛文化主义失足于唯心主义的原因

泛文化主义之失足于唯心主义，一个根本原因在于：它脱离文化的生成论，把文化的表现论夸大和绝对化为文化的决定论。

什么是文化的生成论？文化的生成论认为，文化作为观念性、精神性的存在，既不是上帝的赋予，也不是人脑的固有，而是生成的。以往一切唯物主义都坚持观念、精神的生成论。马克思唯物主义进一步认为，观念形态的文化是人类实践的产物，是历史的产物，是对社会经济政治的反映。正如毛泽东所指出的：“一定的文化是一定社会的政治和经济在观念形态上的反映。”[②]在这种反映论的视域中，社会政治经济是文化所反映的内容，而文化则是反映社会政治经济的形式。因而，相对于文化，经济政治是更为根本的东西，而文化则是其派生的东西。坚持这一观点，也就在文化问题上，坚持了经济基础决定上层建筑，以及经济政治决定意识形态等历史唯物主义的基本原理，同时也就坚持了关于文化的唯物主义理解。

什么是文化的表现论？文化的表现论认为，通过对经济政治的反映而在观念上形成的文化精神，作为文化的内容，都要通过一定的文化形式表现出来。这里的形式有内在和外在两个方面。文化的内在形式是文化精神的层次结构。即文化所包含的认知、情感、伦理及信仰等层次所构成的结构。文化的外在形式即文化精神的表现载体。这种载体大体可分为三类：一是器物载体。就是通过物质产品所表现出来的文化形态，它是物质产品生产者的文化修养、素质，包括审美观念的物化。二是行为载体。即通过人的生存、生产、生活的方式、规范及风俗习惯等所表现的文化形态。三是文本载体。即通过书籍、戏剧、影视、美术、音乐、舞蹈等所表现的文化形态。

---

① 陆贵山：《唯物史观和文艺思潮》，484页，北京：中国人民大学出版社，2007年。

② 《毛泽东著作选读》（上册），384页，北京：人民出版社，1986年。

在文化表现论意义上，无论是文化的文本形式，还是器物形式，或行为形式，都因渗透了作为文化内容的文化精神，所以它们才被称为文化的外在形式。因而文化精神相对这些外在形式具有根本性，或曰决定性。不过，这里的决定性，只是相对的，不是绝对的。

这是因为：第一，作为文化内容的文化精神在归根到底的意义上，是被社会实践及其所创造的经济政治成果所决定的。这在前文已经说过了。第二，文化精神采用何种外在形式来表现，以及如何表现，无疑要受文化精神的决定和制约，但更要受社会实践及经济政治的发展所决定和制约。试想，如果没有以现代工业和科学实验为基础的信息技术、互联网技术的发展，以及相关设备的研制并投入运行，那么又如何会有手机短信这种文本形式的产生！总之，无论是文化的精神内容，还是文化的外在形式，在归根到底的意义上，都是被社会实践及其所推动的经济政治的发展所决定的，这是绝对的。而文化的精神内容对于文化的外在形式的决定性，只是相对的。

如果否认上述相对性，而把文化的精神内容对文化的外在形式的决定性，说成绝对的，那么也就陷入了文化决定论。即认为文化的精神内容决定、派生了作为文化外在形式的一切社会事物。这样一种观点，也就是泛文化主义的主张。

在泛文化主义那里，唯物主义反映论被斥之为机械论，[①]而遭摒弃；“经济归根到底对社会发展起决定作用”的原理被误读为经济还原论，而被消解；渗透着文化因素的人的物质实践活动被等同于抽象的文化活动，而被肯定。如威廉斯所谓的“文化活动就是物质生产形式”，“文化就是一种整体的生活方式”；[②]人的实践所创造的体现文化精神的社会历史也被说成是文化的总体性的社会构成。用威廉斯的话说，文化“除了艺术产品、知识创造和价值理想观念以外，文化还涵盖了‘生产组织、家庭结构、代表或主宰各种社会关系的构成、社会成员用以交往的特定形式’。”[③]因而在他们看来，“通过文化的分析就可以将真实复杂的社会过程呈现出来，可以将社会历史主体的实践活

① 参见[德] 伊林·费切尔：《马克思和马克思主义》，43页，纽约：海德兄弟出版公司，1971年。

② 转引自欧阳谦：《“文化唯物主义”辨析》，《哲学研究》，2012（1）。

③ 转引自欧阳谦：《“文化唯物主义”辨析》，《哲学研究》，2012（1）。

动揭示出来”。[①]

总之，在泛文化主义看来，文化创造了一切社会事物，或者说，一切社会事物都是文化的产物。人在这一过程中只是充当了文化展现自己的一个环节，一种工具。不难看出，在泛文化主义那里，文化成了神化了的绝对。

三、泛文化主义在当代中国的影响

在当代中国，并不存在现代西方那种系统化、理论化的泛文化主义的理论观点，也不存在持这种主张的泛文化主义者。但如前所说，这种泛文化主义的影响还是存在的。产生这种影响的原因主要在于：在文化问题上，没有弄清马克思主义与泛文化主义的界限，于是有一些论者在强调文化的重要性，在说明社会主义文化建设重大意义的过程中，有失分寸，说了过头话，从而自觉不自觉地陷入了泛文化主义的误区。下面试举几例来加以说明。

事例之一：关于“人是文化”。

这一观点，在有些论者那里似乎成了一个不证自明的真理。其实不然。

一是，从文化生成论角度说，人首先是文化的创造者，其次才是文化的表现者。因而不能只从文化表现论的意义上来说明人与文化的关系。如果是那样，则是片面的。二是，从文化表现论角度说，人是文化的载体。但不能因此把“人是文化的载体”，简约化为“人是文化”。这是因为人作为文化的载体并不能被文化完全涵盖。人之作为人，总有其自然的、肉体的、本能的一面，即非文化的、动物性的一面。而且无论人类的历史有多么悠久，无论人类的文明进步到什么程度，人来自动物这一点，决定了人永远不能摆脱动物性，而只是在动物性的形式、程度上有所差别而已。可见，把“人是文化的载体”说成“人是文化”，是很不妥的。不仅如此，这一说法还会为泛文化主义提供一个方面的佐证。三是，在人与动物相区别的意义上，说“人是文化”，虽大体可以，但并不准确。因为人作为一种文化存在，总要有

① 转引自欧阳谦：《“文化唯物主义”辨析》，《哲学研究》，2012（1）。

所依托。因此，相对于动物，准确的表述应该是，人是文化的动物。

另外，“人是文化”不仅在理论上不妥，而且它在逻辑上还否定了对人施以教化的必要性。“人是文化”这一观点提出的初衷，可能是为了强调人与文化的紧密联系，强调文化对人的重要性。可在逻辑上，它恰恰又是对这一初衷的否定。因为“人是文化”，或人被文化完全涵盖，这样一来，也就意味着人已无动物性的、非文化的一面。既然如此，那么自然也就无须教化。不然，岂非多此一举。因此，“人是文化”这一观点，在实践意义上，也是不可取的。

诚然，“人是文化”，虽不可取，但还是可以从人与文化的总体关系的角度来规定人的。如是，可以形成这样一个较为全面、准确的观点，即人是以自身活动创造自身文化的动物。坚持这一观点，不仅在人与文化的关系上，对划清与泛文化主义的界限很有意义，而且在当代中国的文化建设中，对坚持以人为本的文化发展观也很有意义。即要充分尊重人作为文化主体的地位、作用和权利。

事例之二：关于“文化即人化”。

这一说法，在当今比较流行。

如果在文化生成论意义上，把“文化”与“人化”作为动词使用的意义上，即在文化过程与人化过程的意义上来言说“文化即人化”，那是完全可以，完全正确的。但人们往往是在静态意义上，即把“文化”与“人化”作为“名词”使用的意义上，来言说“文化即人化”的。即认为人类所创造和改造的一切都是文化。这种观点通常也被视为广义的文化论。对这一广义文化论，其实有文化表现论与文化决定论两种理解的分野。

在文化表现论意义上，对文化作广义理解，大体是可以的。即人所创造的一切，都是文化的载体、文化的表现。不论是文本载体，还是器物载体，或行为载体，都是人所创造的，其中都渗透着、浸润着文化精神。因而可以在这种意义上对文化作广义的理解。但“文化即人化”这个关于广义文化论的表述是有缺陷的，因为它没有标明是何种意义上的广义文化论。这从而也就为文化决定论的理解留下了可乘之机。

在文化决定论那里，并不排斥对文化作广义的理解，反倒认为那是最自然不过的事情。因为在它看来，既然文化的外在形式是被文化精神所决定，是文化精神的产物，那么这些外在形式显然也就是涵盖于文化精神之中。但这样一来，也就把文化的精神内容与文化的外在形式混为一谈，或者说，把文化的“魂”与文化的“体”混为一谈，并把文化的“体”或外在形式归结为文化的“魂”，即文化的精神内容了。

文化决定论对广义文化论的这种理解显然是不妥的。例如，一件成功的石雕作品，作为某种文化精神的外在表现形式，这是毫无疑义的。但不能因此认为，这件石雕就是这种文化精神的产物，而只能说，它是石雕师利用主客观条件进行雕塑活动的产物，是在这种活动中所实现的文化之“魂”与文化之“体”相伴而生的产物。这里的客观条件包括多个方面。其中有一点是最基本的，即找到适合雕塑的从山上开采下来的石材。很显然，如果没有适合的石材作为前提，那么所谓石塑也就无从谈起。实际上，人世间任何高级复杂东西的制造其所用的材料，不管中间是经过多少次的加工而来，但最初都要以一定的自然物质为前提。如像原子弹这种高级复杂东西的制造，也一定要以找到地层中的铀矿为前提。而这是不以任何人的意志为转移的。如果像文化决定论那样，否认人类实践的自然物质前提，把人所创造的一切都看作文化精神的产物，那么也就与主张人类社会及其历史上的一切都是人类意识的产物这一唯心史观的根本观点完全一致了。

另外，文化决定论对广义文化论的这种理解，不仅在理论上是错误的，而且在实践上也是有害的。如果像它所主张的那样，把文化的“体”归结为文化的“魂”，那么这种在理论上以牺牲“体”的独立性或作用为代价的做法，在实践上也会使人看轻或忽视“体”的建设。这样一来，“体”不强健多姿，“魂”再崇高伟大，也会因依托不力，而难以传扬，难以发挥文化的价值。如是，文化软实力，也就只剩下“软”，而无“实力”可言。试想，如果中国仅凭这样的文化瘦弱之躯去抗击西方发达国家的文化强势之体，那么其结果也就只能是“败走麦城”，根本无法与它们争夺受众对象。因此，我国的文化建设，必须要破除文化决定论的影响，既要注重加强文化之“魂”的建设，也要注重加强文化之“体”的建设，要使文化之“魂”与“体”的建设相辅相成、相得益彰。

当然，这里的“体”是从广义文化论意义上来理解的。拿一个工厂来说，其企业文化的“体”，就不仅是宣传栏、阅报栏、广播、职工学习之家之类，还应包括厂区环境的优美、人际关系的和谐、生产管理的有序，特别是以产品质量所打造的品牌、信誉等。显然，从文化软实力的维度看，一国的经济、政治、军事等的硬实力都可以作为文化的载体，或文化的“体”。同样，换一个维度，从经济、政治、军事等的硬实力维度上看，文化软实力也是这种硬实力的表现形式，或曰载体。正因为如此，所以一些历史学家才可以借助文化典籍和历史文物来研究以往时代的经济、政治、军事等硬实力的状况。总之，文化软实力与经济、政治、军事等的硬实力是相互支撑，互为表现的。

为了在广义文化论的理解上，划清文化表现论与文化决定论的界限，可以把“文化即人化”，改为“文化即人化之生成”。也就是说，文化是人化活动之生成。这里的“生成”，既包括人化活动中，从内化维度所表现的文化精神的生成。这一生成过程，是人的内在方面的人化，即从动物心理到人的精神的提升；也包括人化活动中，从外化维度所表现的文化形式的生成。这一生成过程，是人的外在环境的人化。即由自在世界到人化世界的提升。可见，坚持“文化即人化之生成”这一观点，不仅在理论上对科学表述广义文化论，从而在广义文化论的理解上，划清与文化决定论的界限有意义，而且这一表述有利于在当代中国文化建设中，统筹兼顾文化之“魂”与文化之“体”的建设，使其互相促进，不断提高。

事例之三：关于中国近代史的“文化三期说”。

如何看待中国近代史的进程，有一种观点把梁启超的“三期说”转换成了广义文化视域下的“文化三期说”，以之来说明中国近代史。

1922年，梁启超对中国近代社会变革作过这样的总结：“近50年来，中国人渐渐知道自己的不足了。……第一期，先从器物上感觉不足……于是福建船政学堂、上海制造局等渐次设立起来。……第二期，是从制度上感觉不足，所以拿变法维新做一面大旗，在社会上开始活动。……第三期，便是从文化上感觉不足……革命成功将近十年，所希望的渐渐落空，渐渐有点废然思反，觉得社会文化是整套的，要拿旧心理运用新制度，决计不可能，渐渐要求全人格的觉醒。”[①]梁启超的“三

① 梁启超：《五十年中国近代概论》，2页，北京：中华书局，1922年。

期说”大致描述了中国近代史的进程，但他关于这一进程本质的认识，则是错误的。在梁启超看来，洋务运动的失败以及戊戌变法和辛亥革命的失败，归根到底是文化的落后、心理的陈旧，因而他主张要引进西洋文化。由此可见，梁启超所秉持的是一种文化决定论的历史观。

现代有些论者沿用了梁启超的“三期说”，不过是用广义理解的文化概念，把上述的第一期改为引进西方的器物文化，第二期改为引进西方的制度文化，第三期改为引进西方的精神文化，于是，表述为“文化三期说”。在这些论者看来，引进西方的器物文化和制度文化为什么不能成功，也是因为没有抓住西方文化的根本，即西方的精神文化。由此可见，在思维套路上，这些论者与当年的梁启超是一脉相承的，都是历史观上的文化决定论。

实际上，洋务运动、戊戌变法、辛亥革命为什么失败，固然有文化上的原因，但根本的，还是因为进行上述变革的进步势力脱离民众，势单力薄，因而与得到帝国主义列强支持的封建保守势力相比，在力量上相差悬殊。而造成政治上这种力量悬殊的原因主要在于：进行变革的新生力量所依托的新式工业还刚刚起步，还不甚发展。受历史发展本身的局限和这些新生力量所属阶级的局限，这些运动的发动者不可能认识并动员民众的力量，因而洋务运动、戊戌变法、辛亥革命是没有广大民众参与的少数人的运动，其失败是不可避免的。后来孙中山总结多次失败的教训，才认识到“唤醒民众”最为重要。在共产国际的影响和中国共产党的帮助下，孙中山提出了“联俄、联共、扶助农工”三大政策，才给革命带来了转机。由此可见，梁启超的“三期说”，以及有些论者的“文化三期说”所秉持的文化决定论，是一种没有历史依据的虚妄之论。

另外，还需指出的是，1922年提出上述“三期说”的梁启超所推崇的西方文化，后来在中国人的心目中早已失去了往日的光辉。用毛泽东的话说，其原因是先生老是欺负学生。如果说，当年的梁启超尚未看清事情的本质，还情有可原的话，那么，七八十年后的今天，有些论者还在沿袭梁启超并不正确的观点，那就令人费解了。

诚然，否定历史观上的文化决定论，并不是否定文化推动历史前进的作用。但这种作用不能抽象地加以肯定和夸大。因为这种作用一开始只是潜在的，只是头脑中的想法，或纸面上的蓝图。只有当它用之于宣传民众，并在为民众掌握以后，才能变成变革世界的现实力量。因此，当代中国文化建设的一个重要任务，就是要实现社会主义文化的大众化。即要通过丰富多彩、喜闻乐见的方式，尤其是实惠的措施，使社会主义文化贴近群众、贴近生活、贴近人心，带给群众以现实利益，从而化为广大人民群众的思维方式、行为方式，成为习惯、成为传统，这样才能焕发生机勃勃和排山倒海的力量。

事例之四：关于“文明冲突论”的批判。

1993年美国《外交事务》夏季号发表了亨廷顿的《文明的冲突》，接着他于1996年又出版了《文明的冲突与世界制度的重建》一书。随后不久，亨廷顿的“文明冲突论”传到中国。

对此，我国有论者表示赞同。认为各民族的文化都有差异性，差异必然产生对立，对立必然产生冲突。并以历史和现实中所谓“文明”冲突的事实，如十字军东征，现在中东地区的巴以冲突，甚至用美国为首发动的伊拉克战争等，来证明“文明冲突论”，是一种有历史和现实依据的真知灼见。

与之相反，我国另有一些论者针对“文明冲突论”，提出了“文明共存论”或“文明共融论”。其理由是，世界上的各种文化早已共存于世；且在历史的长河中，互取优长，相得益彰。这种观点也以历史和现实中的事实，如希腊学习埃及，罗马接近希腊，中国文化吸收、融合印度佛教文化，以及当代中国正在有效地学习、借鉴世界上一切优秀文化等，来加以佐证。

应该说，到目前为止，攻辩双方各执一词，难分伯仲。其原因主要在于，都在抽象地谈论文化，都没有就文化背后的利益问题加以说明，或作深入剖析。这是很为不妥的。历史上西欧基督教国家的十字军，所发动的对伊斯兰国家的战争，虽然有宗教信仰方面的原因，但根本的，不是为上帝而战，而是打着上帝的旗号，为谋取侵略利益而战。当今的巴以冲突也不是单纯的文化冲突，而是涉及千百万人生存家园和生命财产的冲突。历史上，中国之所以能吸收、融合印度佛教文化，说到底，也是因为这种文化经过改铸，能满足当时中国社会的需要。

其实，在观念性、精神性层面上，不同文化之间通过交流，通过争论，可以相互学习，取长补短。这里的“文化争论”与“文明冲突论”所言说的“文化冲突”，在性质上截然不同。因此，此二者不能相提并论，混为一谈，更不能用前者去证明后者。

这种观念性、精神性层面的“文化争论”既不会死人，也不会损失什么利益（至多损失的只是争论者的“面子”，不过为争面子而争论，已不再是文化之争，而成了意气之争），而只会使争论双方开阔视野，深化认识，达于双赢。很显然，这种文化争论是文化进步的手段。因此，在观念性、精神性层面上，那种所谓卓然独立的文化冲突或文化共存及其二者的绝对对立，是一种人为的虚构，是根本不存在的。

但文化一旦超出观念性、精神性层面，而达于现实性层面（文化的现实性展开，即表现为文明），即不同的文化被不同的人群所掌握，并成为各自争夺利益的工具，那么这也就形成了不同文化互相冲突的景观。也就是说，文化冲突，说到底，根源于和服务于利益冲突。同样，如果不同的文化同时被用来满足某种利益，那么这也就形成了文化共存或共融的状况。其实质也在于，它们是为实现同一利益服务的。因此，不能脱离阶级、政党、国家的利益去谈论文化冲突或文化共存的问题，因为这种谈论是无根的。因为无根，所以谈不清楚，自然也难以服人。

上述两种观点的持有者虽然都在脱离利益问题讲文化冲突或文化共存，然而在实际上，他们都不可能摆脱利益的纠缠。拿亨廷顿来说，他提出“文明冲突论”，客观上是为美国在全世界争夺利益进行掩饰、加以辩护，提供论证。同样，我国有些论者提出“文化共存论”，可能也是基于为我国提出的“构建和谐世界”进行文化论证。这种论证无疑是需要的，但“构建和谐世界”并不是根源于文化诉求，即所谓文化共存的本质要求，而是根源于利益诉求。随着世界历史的发展，全球化实践的深化，世界各国家各民族愈来愈多地处于一种共在的关联之中。因此，我国政府提出构建和谐世界的主张，既体现了对世界历史发展趋势的深刻把握，同时也是对全世界绝大多数国家和人民要和平要发展要合作愿望和利益的集中体现。也就是说，为了实现这种共同利益，所以才要求构建和谐世界，也才要求世界各种文化的多元共存。可见，利益问题才是文化问题的根源，而不是相反。在这里，不能把利益问题归结为文化问题，不能搞本末倒置。

不仅如此，更为重要的是，只有立足于世界绝大多数人的共同利益这个“本”，来理解和坚持构建和谐世界的主张，才会认为这是顺世界大势而动，惟世人情怀而趋，从而也才能理直气壮、坚定不移。同样，在当代中国只有立足于人民利益这个“本”，在文化建设中，借鉴外来文化和继承中国传统文化，才会有坚实基础和客观标准。这个基础和标准就是适合当今中国的需要，有利增进当今中国人的福祉。如是，一切外来的、传统的文化，不妨拿来，加以改铸，为我所用。

总之，在文化问题上，要注意划清马克思主义与泛文化主义的界限，要提高对泛文化主义影响的警惕性、辨别力，以利于推动我国的文化研究和文化建设沿着正确的方向前进。

坚持实事求是　反对现代教条主义*

——学习列宁对待马克思主义的科学态度

历史上的杰出人物在享有盛名以后，他们的思想和学说往往被一些人当成教条崇拜，于是，科学的东西被弄到荒谬绝伦的地步。马克思主义也曾交上了这样的厄运，被人当成了包治百病的灵药、到处套用的公式。列宁曾与这种对马克思主义的迷信，做了不调和的斗争，从而捍卫和发展了马克思主义学说。

多少年来，毛泽东思想也被一些人当成教条。“句句是真理”就是教条主义的一种表现，两个“凡是”也是教条主义的一种表现；在今天仍然有人认为坚持马列主义毛泽东思想的基本原则就是坚持革命导师的语录，就是背教条。现代教条主义在我国造成了巨大危害。为了深入地清算它，以便更好地坚持马列主义毛泽东思想，认真学习列宁对待马克思主义的科学态度是极为有益的。

所谓科学态度，也就是马克思主义所要求的实事求是、具体分析的态度。下面，我们从四个方面来叙述列宁是如何反对教条主义，以科学态度对待马克思主义的。

一、敢于承认并纠正革命导师的理论失误

伟大的领袖人物是时代的产物。伟大的领袖人物产生之后，就会对历史起巨大的推动作用。但领袖人物同普通人一样，由于客观条件和主观认识的限制，不可避免地会在理论上或实践上发生某些失误。列宁就曾说过，马克思恩格斯“在估计革命时机很快到来这一点上，在希望革命（例如1848年的德国革命）获得胜利这一点上，在相信德意志共和国很快成立这一点上……有很多错误，常常犯错误。他们在

* 原刊于《邵阳师范专科学校学报》，1980（4）。

1871年也犯了错误”。[①]可见，伟大的领袖人物也是会犯错误的。

如何看待他们的错误呢？能不能因为他们是无产阶级的伟大领袖人物，而避讳这些错误，或是把错误盲目地当成正确去坚持呢？列宁认为，不能这样做，应该“公开承认错误，揭露犯错误的原因，分析产生错误的环境，仔细讨论改正错误的方法——这才是一个郑重的党的标志”。[②]只有这样才能使错误变成正确，才能发展马克思主义的真理。列宁正是从上述马恩对革命形势估计方面的错误中，吸取了教训，他在领导俄国革命的过程中，对革命时机的估计要精细得多。十月革命后，列宁还就这一点在理论上进行了科学概括，指出“‘一条革命基本规律就是：要举行革命……只有‘下层’不愿照旧生活而‘上层’也不能照旧维持下去的时候，革命才能获得胜利”。[③]列宁的这一新的理论概括无疑是对马克思主义的补充和丰富。

可见，把革命导师在理论上的失误和他们的科学理论体系相区别，并从失误中引出教训，这不仅是维护马克思主义的真理性所必需的，而且也是发展马克思主义所必需的。如果像林彪、“四人帮”那样，高喊“句句是真理”，就必然会把错误当成真理，抹杀谬误和真理的界限，从而也就否定了作为真理的马列主义毛泽东思想。

二、赋予马克思主义基本原理以新的形式

马克思主义是放之四海而皆准的普遍真理，这是指马克思主义的基本原理，包括马克思主义的立场、观点、方法而言的。列宁认为，马克思主义的基本原理是不能违背的，但它又不是“某种一成不变的和神圣不可侵犯的东西……它只是给一种科学奠定了基础，社会党人如果不愿落后于实际生活，就应当在各方面把这门科学推向前进”。[④]

怎样把基本原理推向前进呢？

基本原理总是和一定的具体形式相联系而存在的。采用何种具体形式这是由运用基本原理的具体条件决定的。具体条件不断变化，就

① 《列宁全集》第15卷，215页，北京：人民出版社，1988年。

② 《列宁全集》第39卷，37页，北京：人民出版社，1986年。

③ 《列宁选集》第4卷，193页，北京：人民出版社，2012年。

④ 《列宁选集》在1卷，274页，北京：人民出版社，2012年。

使基本原理的表现形式不断更新，基本原理的内容就是在这种具体形式的变化中，为自身的丰富和发展开辟道路的。列宁说，马克思主义正是“从公式的世界导入现实的世界，使它有血有肉，使它具体化，从而使它变了样”。[①]列宁说，这种对马克思主义的基本原理在形式上的“修正”，“不但不含有任何通常所理解的‘修正主义’的东西，相反地，这正是马克思主义所必须要求的”。[②]如果做不到这一点，就会“为死教条而牺牲活的马克思主义”。[③]

列宁在谈到无产阶级专政的原理时就曾说过，由于各国的具体情况不同，“当然不能不产生非常丰富和繁杂的政治形式，但本质必然是一个，就是无产阶级专政”。[④]列宁在十月革命中，就没有拘泥于巴黎公社这一具体的政治形式，而是结合俄国的具体特点，创造了苏维埃这种新形式。从巴黎公社到苏维埃，无产阶级专政的基本原理，不仅在形式上变化了，内容上也丰富发展了。

可见，马克思主义的基本原理是一定要坚持的，马克思主义的基本原理只有和具体情况相结合，在适合的具体形式中，才能得到坚持和发展。那种不分析研究当时当地的具体情况，把马克思主义的本本照搬一通，所谓原原本本的传达，不走样的贯彻等等，绝不是在坚持马克思主义，而是对马克思主义的糟蹋。

三、用与时俱进的新原理取代“昨天的理论”

在马克思主义的体系中，不仅有基本原理，而且还包括把基本原理运用到一定历史条件下的革命实践而产生的具体原理、具体结论。这些具体原理、具体结论在一定条件下是真理，在改变了的历史条件下，就可能不再是真理，而变成了“昨天的理论”，失去了效力。列宁说：“不应该抱住昨天的理论不放”，“必须考虑生动的实际生活，必须考虑现实的确切事实”。[⑤]从而作出新的结论。

20世纪初，列宁正是从资本主义已经发展为帝国主义这一国际环

① 《列宁选集》第3卷，26页，北京：人民出版社，2012年。

② ［俄］列宁：《唯物主义和经验批判主义》，251页，北京：人民出版社，1960年。

③ 《列宁选集》第3卷，26页，北京：人民出版社，2012年。

④ ［俄］列宁：《国家与革命》，32页，北京：人民出版社，1970年。

⑤ 《列宁选集》第3卷，26页，北京：人民出版社，2012年。

境出发，修正了马恩在19世纪40年代提出的，社会主义不能在一国胜利的旧结论，提出了社会主义可以在一国首先胜利的新结论。十月革命的胜利完全证明了这个论断的正确性。对此斯大林曾总结说，马恩的旧结论和列宁的新结论，对于他们所处的时代条件来说都是正确的，都是以实践为根据的。如果离开时代条件，把马恩的旧结论应用于帝国主义时代，那么，原来正确的结论就转化为不正确了。他说，处于帝国主义时代的列宁，如果不用上述新结论来代替马恩的旧结论，那“我们党就会陷于黑夜徘徊的地位”，就不可能有十月革命的胜利，同时“马克思主义理论就会衰颓起来”。①

由此可见，在坚持马克思主义基本原理的前提下，依据实际生活，抛弃马克思主义经典作家的过时原理和见解，而以新的结论来代替它，这不仅是无产阶级革命事业的发展所要求的，同时也是发展马克思主义的一个环节。

四、从实际生活中求得指令来发展理论

无产阶级革命事业是一个发展中的事业。在这过程中会不断出现许多新问题、新矛盾。在这许多问题中，有不少是马克思主义本本中找不到答案的。列宁在谈到新社会的组织形式时就说过：“在这样的伟大的事业中，我们决不能要求，而且无论哪个谈论未来远景的有卓见的社会主义者也从来不会想到，我们能够根据某种预先作出的指示立即构思出和一下子规定出新社会的组织形式。”②列宁在谈到社会主义制度下的国家资本主义时也说过：“没有一本书提过”这件事，“马克思也……没有留下任何明确的可供引用的文字和无可反驳的指示就去世了。”③列宁说，在这种情况下，躺在马克思主义辞句上的教条主义者“一旦遇到书中没有谈到的新情况，就束手无策”。④而真正的马克思主义者却会自己寻找出路，这出路就是从实际生活中求得指令。

列宁说，工农群众常常派代表到政府里来询问，请示一些事情怎

① 《苏联共产党（布）历史简明教程》，474页，北京：人民出版社，1954年。
② 《列宁选集》第3卷，544页，北京：人民出版社，2012年。
③ 《列宁选集》第4卷，670页，北京：人民出版社，2012年。
④ 《列宁选集》第3卷，822页，北京：人民出版社，2012年。

么办，当他看到他们还拿不定主意的时候，他自己也常常感到困难。他说，逢到这种时候，他总是鼓励他们大胆实践，“从经验中，从自己的错误中”[①]进行学习，“只有集体的经验，只有千百万人的经验，才能在这方面给我们以决定性的指示”。[②]

坚持实事求是，理论和实践的统一，是马克思主义的一个基本原则，是马克思主义的实质。教条主义是完全违背了这个基本原则的。列宁正是始终坚持了这一原则，坚持用科学的态度来看待马克思主义。生活之树常青，“理论由实践赋予活力，由实践来修正，由实践来检验”。[③]这是列宁对实践与理论关系的科学概括。斯大林说：“列宁的伟大，正在于他没有做马克思主义字句的俘虏，而善于抓住马克思主义的实质，并从这个实质出发，向前发展了马克思和恩格斯的学说。”[④]

在今天，我们要批判现代教条主义，以利于四化建设和无产阶级革命理论的发展，就必须像列宁对待马克思主义那样，坚持实事求是，以科学态度对待毛泽东思想。

① 《列宁选集》第3卷，412页，北京：人民出版社，2012年。
② 《列宁选集》第3卷，545页，北京：人民出版社，2012年。
③ 《列宁选集》第3卷，381页，北京：人民出版社，2012年。
④ 《斯大林全集》第8卷，222页，北京：人民出版社，1954年。

《共产党宣言》学习体会之一*
——西方发达国家资本形态与阶级结构的变化

《宣言》中说："我们的时代，资产阶级时代，却有一个特点：它使阶级对立简单化了。整个社会日益分裂为两大敌对的阵营，分裂为两大相互直接对立的阶级：资产阶级和无产阶级。"①

《宣言》关于资本主义国家阶级结构的概括，是指资本家阶级占有物质性资本，即生产资料，并独占剩余价值的社会发展阶段上，即简单资本形态阶段上的阶级结构。

在自由资本主义阶段，独立资本之间的竞争，导致竞争中失败的中、小资本家和小生产者不断沦为失去生产资料的无产者，生产资料越来越集中到少数垄断资本家手中。这就造成了社会的两极分化。

另外，资产阶级为了获得更多的利润，为了在与同行的竞争中立于不败之地，也就加重对工人的剥削，或压低工人工资或延长工人劳动时间。这就造成了资产阶级的富裕与工人阶级的普遍贫困化。

由此造成了无产阶级与资产阶级界限分明的紧张和对峙。西方国家这种国内的阶级矛盾，表现在国际关系上，一是资产阶级占统治地位的各西方国家之间的矛盾；二是西方国家与广大殖民地和半殖民地国家之间的矛盾。前一个矛盾的激化，导致了第一、第二次世界大战；第二个矛盾的激化，促使一些国家发生了社会主义革命和争取民族独立和解放的民族革命。

但在二次大战以后，西方国家的资本已从以往的简单形态趋于复杂形态，与此相联系的阶级结构也由简单的两极对立结构，趋于由两极主导的复杂结构。无产阶级与资产阶级之间的界限虽然依然存在，但产生了某种模糊性，阶级冲突也从总体上趋于缓和。

---

* 来源于1998年安徽省哲学学会"纪念《共产党宣言》发表150周年大会"上的发言。

① 《马克思恩格斯选集》第1卷，273页，北京：人民出版社，1995年。

一、资本形态的复杂化

从资本主体来说，从资本家私人占有资本，或少数人占有资本，到“大众资本”和“国家资本”的出现。

如前所说，资本之间的竞争压力导致各个独立资本竞相压低劳动者工资，产生了无产阶级的普遍贫困化。这必然导致社会有效需求的严重不足，从而使全社会资本失去扩张空间（工人的购买力下降），使全社会资本陷入生产过剩的“囚徒困境”，由此导致的无产阶级反抗，从而使经济危机转化为政治危机，资本家集团不得不根据实现资本扩张的“集体理性”，通过政府力量制定最低工资标准和劳工福利法，以多少限制单个资本家的竞争行为。于是工人在一定程度上分配到了部分剩余价值。这是战后资本主义分配方式的重要改变。为重新收回这些已经分配到劳动者手中的小额剩余价值来服从追求最大利润的目的，于是垄断资本设立了股市。由此形成了资本的新形态——“大众资本”。

除大众资本外，二战后，还大规模地出现了由政府财政收入出资的国家资本。国家资本有三种功能：一是赢利；二是投资公共建设，如道路、交通、电讯设施和社会安全，为资本运行创造公共设施和公共环境；三是投资社会公共福利品的生产。

从资本的形式来说，不仅有过去狭义理解的物质资本，即以生产资料形式表现的资本，还有人力资本、知识资本、文化资本等形式。

巨大的就业压力迫使劳动者不得不省吃俭用，用所分配的少量工资来培养自已及其子女，俗称教育投资，使这种投入转化为新形态的资本——人力资本（即投资于人力培训以追求增值的剩余价值），这就使白领工人比重大幅上升。另外有人凭借文化知识、发明创造，将技术成果转化为商品，在风险基金的资助下成功创业，或以技术作为股份，俗称技术股获得利润。

资本形态的复杂化导致了阶级结构的新变化。

二、阶级结构的新变化

在马克思主义经典著作中，依照对生产资料的占有关系不同，资本主义社会阶级结构可以分为两个基本阶级和一个处于不断分化中的非基本阶级。两个基本阶级，即占有生产资料并雇佣他人的资产阶级；不占有生产资料并处于雇佣地位的无产阶级。一个非基本阶级，即占有一定生产资料并以自我雇佣为主的，不断分化中的中、小资产阶级和个体劳动者。在当代西方社会的变迁中，这些阶级都出现了新的变化。

1. 当代工人阶级呈现出新的特点

（1）不占有资本股票处于雇佣地位的工人在减少，而占有一定股票处于雇佣地位的工人在增加。没有任何资本的人的比例仍然是庞大的。据美国学者埃里克·赖特的分析，在20世纪90年代美国狭义标准上的工人阶级占从业人员的40%。

（2）工人阶级内部结构发生变化。其中最为突出的就是，传统蓝领工人的相对减少，白领工人的相对增加，亦即拥有人力资本的工人相对增加。当代资本主义发展进程中，服务业兴起，并成为主导产业，因此那些从事技术工作、管理工作、服务工作的工人比例不断攀升。到1979年，美国的“白领工人”已超过“蓝领工人”13.1%。这在一些发达资本主义国家都有类似情况。白领工人按其技术等级和岗位性质的不同，也就享有比蓝领工人高得多的待遇。

（3）工人阶级的表现日趋复杂。这是因为一些工人占有数量不多的资本，这虽然不能从根本上改变其阶级属性，但总会对他们的思想产生一定程度的影响。一些工人具有多重身份，比如作为管理者，他们既有工人阶级的一面，但事实上又执行着总体资本的职能（资本运行和资本增殖），这在一定程度上影响他们的归宿。另外，还有一些工人的阶级属性较弱。比如，那些与生产资料联系比较远或较为间接的群体，就是如此。

2. 资本家阶级也有变化

随着资本形式的多样化，资本家的构成更为复杂化。当代除了直接占有生产资料的资本家外，还有只持有股票资本的食利资本家。除此以外，还有一些人借助知识和管理技能在经济上迅速致富，成为新的财富巨头。至于资本家在社会中的比例，赖特的量化研究结果是，如果将资本家定义为雇佣10个以上的劳动者，那么他们的人数在所有发达国家中都不超过2%，瑞典和挪威则少于1%。

3. 关于“中产阶级”

如前所说，马克思在19世纪曾设想，随着资本主义的发展，中间阶级也就是小资产阶级愈来愈分化，并将日趋缩小，工人阶级队伍不断壮大，社会阶级愈来愈分化为资产阶级和无产阶级。在当代西方的社会变迁中，阶级结构出现了极大的复杂性。中间阶级没有如预期的那样持续缩小和消失，而是顽强地生存并且出现了新的增长点。表现在小型服务业和零售业者，尤其是知识职业者如开业的医生和律师、中介业者，他们拥有一定的生产资料，比如办公场所和相应的设备，并且拥有相应的专业技能。在美国至少有1/4劳动力或1/3男性，是或曾经是自我雇佣者。

要理解当代西方阶级结构的变迁，应特别澄清中产阶级的概念。中产阶级的兴起被认为是现代西方阶级结构变化的最主要特点。当今的一些统计资料中，尤其是大众传媒上，都频繁使用中产阶级这一概念。中产阶级的概念在一定程度上冲击和干扰着对西方阶级结构的理解。要准确理解中产阶级必须注意两点：一是中产阶级实际上是阶层意义上的概念。英语中的“阶级”和“阶层”是同一个词，因此，这里的中产阶级实际上是中产阶层。阶级与阶层不能混淆。二是这里“中产”中的“产”不是指生产资料，不是指拥有的资本，而是指收入。因此，中产阶级实际是指中等收入阶层，它是相对高等收入阶层和低等收入阶层而言的。中等收入阶层的收入，或其大部分收入是来自工资，或主要来自工资。他们所拥有的财产，不是生产资料，而是生活资料。因此，中等收入阶层中的大多数人还是属于工人阶级。

三、阶级矛盾的趋缓化

在西方发达国家，工人运动持续走向低潮，劳动纠纷大为减少，罢工次数也呈下降趋势。原因在于。

第一，由于大众资本的出现，劳资之间的板块式冲突得到了某种消解。劳动者作为雇佣者既被卷入劳动与资本的冲突，也被卷入资本市场中垄断资本与小额资本的冲突。而后者构成了前者的一种制约。因为劳动者不仅要追求劳动的工资利益，而且要追求与垄断资本利益捆绑在一起的小额资本的股市利益。这种结构分散和弱化了社会冲突能量，为维护资本主义社会结构的稳定发挥了很大作用。

第二，国家资本的出现形成社会冲突的缓解地带。国家资本生产的公共产品，从经济上说，公共产品的生产可以消化过剩资本而缓解经济危机。从社会结构上说，它建立社会的公共领域，不仅凝聚着全社会资本的共同利益，也凝聚着全体劳动者的共同利益。另外，劳动者，特别是那些弱势的劳动者在一次分配中受到的损失，可以在政府调节的二次分配中得到补偿。那些失业者、特别困难者还可以得到社会的救助。因此，国家资本的运行和增殖也就成为社会冲突的缓解剂。

第三，人力资本的出现，使劳资之间的冲突部分转化为物质资本与人力资本之间的冲突。工人拥有的人力资本也就成为工人分享部分剩余价值的手段。这样也就改变了资本家利用占有物质资本独占剩余价值的状况。但同时人力资本只有与物质资本有效结合才能创造剩余价值。非技术工种的工人害怕资本家炒鱿鱼，而技术工种的工人，特别是高技术工种的工人也可以炒资本家的鱿鱼。在这种互炒中，也限制了资本家剥削工人的空间，客观上削弱了劳资关系中资本家的主体性、任意性，从而有助于避免矛盾的激化和对抗。

到此，能否认为马克思关于资本主义社会阶级结构的分析完全过时了呢？不能这样认为。

四、马克思“资本主义社会阶级论”的坚持和创新

首先，资本主义社会的基本阶级依然存在。马克思在《宣言》中关于资本主义社会中无产阶级和资产阶级两大基本阶级的理论，仍然是我们分析当代西方社会阶级结构的宏观理论。尽管当今工人阶级和资产阶级在数量上和构成上有一些变化，但两者依然是社会中起主导作用并且相互对立的基本阶级。

在现代西方，物质资本虽然不是资本的唯一形式，资产阶级虽然也不是资本的唯一主体，但是物质资本仍然是统摄其他资本形式的主要资本形式，资产阶级仍然是资本的主要占有者，或根本主体。美国出版的《少数人的民主》一书的作者指出：“约占美国人口总数千分之三的超级富豪，拥有美国公司财产的60%左右。约占全国人口总数1.6%的美国人占有美国股票总数的80%。”又据美国《幸福》杂志报

道，在美国只有10%左右的工人拥有股票，其拥有的股票额也少得可怜。不能认为工人拥有小额股票，就成为和资本家一样的企业主，就摆脱了雇佣地位。这是不真实的。西方还有所谓“人民资本主义”、“社会资本主义”等的说法，对这些不实之词，都要采取分析态度。

其次，资本主义社会的阶级矛盾仍然存在。资本主义的阶级矛盾既有激烈的表现形式，也有缓和的表现形式，并不都表现为罢工或革命。由于当代西方相对长期的和平发展，由于统治阶级利用历史积累的条件有意识地缓和阶级之间的矛盾，因此，总体而言，西方的阶级冲突并不总是那么激烈。但是，资产阶级总是要占有工人的剩余价值，工人总是要受到资本家的剥削，否则资产阶级也就不成其为资产阶级了。因此，从根本上说，这两个阶级之间的对立是无法克服的。另外，西方垄断资产阶级在国内缓和阶级矛盾的种种措施是以其剥削重点的向外转移，特别是向广大发展中国家转移为背景和条件的。而这种条件一旦改变，西方社会的矛盾和冲突也必然会走向激化。

其三，对当代西方社会结构的分析，有阶级理论和阶层理论两大类别。相比较而言，马克思主义的阶级理论是一种宏观的定性分析，主要依据生产资料的占有关系将社会分成剥削阶级和被剥削阶级。当然马克思主义的阶级理论在主要依据生产资料的占有关系这一主要指标的前提下，也肯定人在社会劳动组织中的作用，即权力大小和收入多寡等的意义。这就要求我们不能仅凭生产资料占有关系这一项指标，而对阶级作简单化的理解。

可以说阶层理论则微观一些，定量一些。它不仅讲生产资料的占有，还分析占有的多少，以及在劳动组织中权力的大小和收入的多寡，依照一定的指标体系将社会分为几个阶层。应该说，在阶层理论的研究方面，不少现代西方学者做了不少工作，马克思·韦伯是其中有影响的一位。

我们在坚持以生产资料占有状况为根本的阶级分析方法的同时，要积极吸纳现代阶层分析理论中的各种有用的因素，要把握当代西方社会新变化的特点，把宏观与微观、阶级分析与阶层分析结合起来，从而能更具体、也能更好地把握西方社会的变迁。

《共产党宣言》学习体会之二*
——资本主义的自我调节与局部自我否定

《宣言》指出："资产阶级除非对生产工具，从而对生产关系，从而对全部社会关系不断地进行革命，否则就不能生存下去。"[①]也就是说，资本主义社会也是一个不断进行自我调节和局部自我否定的社会。怎样看待这种调节和自我否定与社会主义的关系呢？这里，就此谈三点体会。

一、用辩证论看待资本主义的自我调节

多少年来，在对社会主义与资本主义的关系理解上存在着这样一种偏见，即资本主义与社会主义是绝对对立的。这种绝对对立论表现在资本主义的认识上，就是资本主义社会中不可能生长和积累一些社会主义的因素。事实上，这既不符合科学社会主义创始人的本来思想，也不符合当代资本主义发展的实际。

过去我们对社会主义取代资本主义必然性，比较多的是从生产关系要适应生产力发展的角度去理解的。即资本主义创造了巨大的生产力，而资本主义生产关系和社会关系又容纳不下生产力的发展，于是社会主义取代资本主义。用马克思的话说就是"无产阶级解放所必需的物质条件是在资本主义生产发展过程中自发地产生的"。[②]我们以往对资本主义必然灭亡，社会主义必然胜利的这种认识，关于这种必然性的理解仍然是正确的，仍然是具有根本性的观点。但仅仅局限于这一认识又是不够的。即是说，在资本主义社会中，社会生产力的发展为社会主义制度的建立提供了物质基础；同时，为了适应生产力的发

* 来源于1998年安徽省哲学学会"纪念《共产党宣言》发表150周年大会"上的发言。

① 《马克思恩格斯选集》第1卷，275页，北京：人民出版社，1995年。

② 《马克思恩格斯全集》第34卷，358页，北京：人民出版社，1972年。

展，资产阶级也在资本主义社会内部通过改革，孕育了一些社会主义生产关系和社会关系的因素。

在有些人看来，这是难以想象，不可思议的。因为资产阶级反对社会主义，仇恨社会主义，怎么可能通过改革，使社会主义因素在资本主义社会内部生长起来呢?

是的，资产阶级反对社会主义，仇恨社会主义，这是无疑的。但是社会主义因素在资本主义社会的生长是不以资产阶级的情绪、态度为转移的，这叫客观性、必然性。不仅不以资产阶级的意志为转移，而且资产阶级还不得不按这种必然性行事，用自己的手去开启社会主义因素生长的可能性，并使之变成现实。不然“资产阶级就不能生存下去”。

这就是说，不仅现代资本主义必然要发展到未来的社会主义，而且社会主义作为一种巨大的潜在已经存在于资本主义现实之中。这一观点集中体现在马克思这样一句话中：我们“只是希望在批判旧世界中发现新世界”。所谓批判旧世界，就是通过对旧世界的分析，揭示其内在矛盾及其运动规律；所谓发现新世界，就是通过这种分析、揭示，将资本主义现实中的“社会主义潜在”凸现出来。对此，马克思说：“工人阶级不是要实现什么理想，而只是要解放那些由旧的正在崩溃的资本主义社会本身孕育着的新社会因素。”[①]列宁更明确指出：“社会主义现在已经在现代资本主义的一切窗口中出现，在这个最新资本主义的基础上前进一步的每项重大措施中，社会主义已经直接地、实际地显现出来了。”[②]

这里是说，为了适应生产力的发展，资本主义不得不对自身的某些环节、某些部分进行调整。通过调整，容纳一些社会主义因素，即用社会主义因素补救资本主义，这一方面延长了资本主义的寿命，另一方面也使社会主义因素在资本主义社会内部的生长和壮大成为现实，这从而为最终用社会主义取代资本主义提供了生产关系和社会关系方面的条件。

文章开头所引用的《宣言》中那段话，肯定了资本主义自我调节的必然性，这是一种根本方向的指明。尽管其认识受到所处的资本主

① 《马克思恩格斯选集》第3卷，60页，北京：人民出版社，1995年。

② 《列宁选集》第3卷，第267页，北京：人民出版社，2012年。

义自由竞争阶段的限制，马克思对资本主义自我调节的作用，对这种调节作用所造成的资本主义的长期存在还缺乏充分估计。即他不曾想到，也不可能想到，资本主义经过自由资本主义到私人垄断资本主义再到国家垄断资本主义的发展。他也不可能想到，资本主义生产的无政府已经在愈来愈大的程度得到克服，经济危机作为资本主义的不治之症，虽然依然存在，但周期延长，其对生产力的破坏作用已经减弱。由于资本形态的变化，由于社会分配政策的调整，原先的生产资料少数人占有与生产社会化的矛盾已经得到某种程度的缓解。尽管马克思没有预见到这些具体变化，但他确又从整体上指明了资本主义自我调节的必然性，指明了社会主义因素在资本主义社会中生长、壮大的必然性。

二、当代资本主义社会中的社会主义因素

什么是社会主义，按我们通常的说法，是指生产力的高度发展；剥削制度的消灭；生产资料公有制为主体；按劳分配为主体；共同富裕；宏观调控的市场经济；人民民主专政；精神文明建设；等等。这些从不同方面的列举，描绘了社会主义社会的丰富本质和主要特征，都是正确的，是应该肯定的。但其缺陷也有。即缺乏对社会主义总体特征的概括。这个总体特征就是：社会主义就是建立在生产社会化基础上的全面社会化。

前资本主义社会的生产都是小生产，分散的个体生产。资本主义生产是大生产，是社会化生产，或生产的社会化。所谓生产的社会化是指把分散的个体生产转变成由社会分工和协作联结起来的大规模社会生产或共同劳动的生产。

资产阶级以自己的社会大生产消灭了先前的小生产，但资产阶级保留了与先前一样的生产资料私有制，这种私有制与生产的社会化是不一致的。正是因为伴随着生产的社会化而带来的全面社会化的必然趋势，决定了资本主义的灭亡和社会主义的诞生。

按照马克思主义的观点，资本主义社会的基本矛盾是生产社会化与生产资料资本主义私人占有制的矛盾。解决这个矛盾的内容和方向如何呢？恩格斯指出，“解决”的实质，“只能是在事实上承认现代生

产力的社会本性，因而也就是使生产、占有和交换的方式同生产资料的社会性相适应。而要实现这一点，只有由社会公开地和直接地占有已经发展到除了适于社会管理之外不适于任何其他管理的生产力”。[①]由此可见，科学社会主义理论和实践的最根本、最深刻的社会历史根据，就是建立在生产社会化基础上的全面社会化运动。

什么是全面社会化？它是指社会的各个领域和各个方面在有机联系中所呈现出来的一切活动主体的共有、共决、共享性。

这种社会化在社会主义初级阶段，在经济领域，就是公有制为主体、市场化、社会宏观调控、经济管理民主、共同富裕。在政治领域就表现为公民政治、民主政治、法治政治、平等政治、公平政治；在精神领域的表现就是教育普及化、文化大众化、选择多样化、享用自由化。由此可见，以往所描绘的社会主义各个方面的特征，不过是全面社会化的具体展开和阶段性表现。

建立在生产社会化基础上的全面社会化运动到目前为止有两种表现形式：一种是资本主义的社会化调节；一种是社会主义的社会化建设。前者是以量的、局部的形式表现的社会化；后者是质的、整体的形式表现的社会化。前者是被迫的，后者是主动的。从历史的间断性来说，这是两种不同性质的社会化，但从历史的连续性来说，前者是后者的基础、前提，是向社会主义社会化的一种过渡、一种接近。在这个意义上说，资本主义的社会化调节，生长着社会主义因素。

这些社会主义因素在现代资本主义社会中主要有以下几个方面的表现。

第一，资本的社会化趋势。

资本随生产力的发展经过单个资本（资本家个人所有制形式）到股份资本（资本的集体所有制形式）到私人垄断资本，再到国家垄断资本的发展。他们分别是资本社会化的初级、中级和迄今为止的高级形式。用马克思的话说：“这是资本主义生产方式在资本主义生产方式本身范围内的扬弃，因而是一个自行扬弃的矛盾，这个矛盾明显地表现为通向一种新的生产方式（指社会主义生产方式——引者注）的单纯过渡点。”[②]列宁在谈到私人垄断时也指出：“从资本主义中成长起来

① 《马克思恩格斯选集》第3卷，753页，北京：人民出版社，1995年。
② 《马克思恩格斯文集》第7卷，497页，北京：人民出版社，2009年。

的垄断，是它过渡到社会主义的开始”。这是由于“帝国主义造成的大规模的劳动社会化”。①

马克思逝世时，资本主义还处于自由资本主义阶段，他只看到了资本主义社会的最初形态股份资本，没有看到私人垄断资本。列宁看到了私人垄断资本的形成，但没有能看到国家垄断资本。但马克思和列宁关于资本社会化不断向社会主义接近的观点，仍然是正确的，十分有远见的。

第二，生产管理的社会化发展。

在单个资本阶段，个人是企业的出资者，也是管理者。这种企业称自然人企业（独自出资、独自经营、独自受益）。

随着生产力的发展，出现了股份无限责任公司。这里的无限是指无限责任。即股份公司不同于合伙人企业。合伙人企业，可以随时抽走资金，随时散伙。股份公司中，股东的投资不能抽走。即只有出资人入股，且不能转让。但当公司解散、资不抵债时，股东必须倾家荡产来清偿公司债务。

如何才能使资本社会化又使风险社会化，于是产生股份有限公司。在这种公司中，股东对所投资金的所有权转化为股权，且可以转让。这就造成了资本占有者与管理者的分离。在法人企业中，经营者处于主导地位（在传统自然人企业中，投资者处于主导地位），非股东也可以成为企业的最高领导者，挑选的标准不是拥有多少资产，而是人格、才识和健康。在法人企业中，财产收入原则和劳动收入原则既适合于经营者，也适合一般劳动者，谁购买的股票都可以获得财产收入，谁贡献了劳动，都可以获得工资收入。传统的自然人企业是一种封闭型企业，而法人企业是一种开放型企业，企业领导人的状况、企业的章程、企业的资产和负债、企业的损益和利润的分配，都必须完整地、迅速地和公平地向全社会公开。

第三，社会生产的计划性纳入。

在自由资本主义到垄断资本主义再到国家垄断资本主义的发展过程中，个别企业的有计划与整个社会的无政府的矛盾在国家垄断资本主义阶段已经在一定程度上得到了克服。为了解决资本主义经济发展

① 《列宁选集》第2卷，第706页，北京：人民出版社，2012年。

中出现的种种矛盾和问题，战后西方国家普遍采用了国家干预政策，而政府利用经济计划对宏观经济进行调节，是国家进行宏观调控的一种手段。其中法国和日本是政府利用计划进行宏观调控的典型。从1947年到1992年，法国共制定了10个经济计划；从1955年到1992年，日本政府的经济企划厅先后主持制定了12个中长期计划。

第四，权益分配的普惠性生长。

资本主义国家对二次分配进行调节，对收入多的人通过个人收入调节税、所得税予以限制；通过征收遗产税化私有为国有（目前遗产税最低的50%，高的80—90%）。在西方发达国家大老板的“子女无创造能力，将三代无富翁”；与此同时，对低收入者建立社会保障体系和最低生活保障制度。在美国、西欧国家和日本，国家拿出来进行二次分配的金额是巨大的。在美国二次分配金额占GDP的比重近40%，法国达46%，北欧国家甚至达到50%。

西方发达国家对工人的权力予以重视。西方发达国家大都制定了关于工会、工人工资、劳动环境、工作时间、年龄等方面的法规，这些都在一定程度上保护了工人的有关权益。

西方国家的城乡差别、工农差别、体力劳动与脑力劳动的差别，都不断趋于缩小。

资本主义所进行的社会化调整，缓和了资本主义的固有矛盾，取得了发展。正如西方资产阶级学者所坦言的：《资本论》把资本主义描绘得千疮百孔，我们正是按照“《资本论》的描绘来修补资本主义这条船，才使它没有沉没，照样在航行”。这些学者指出，资本主义是循着马克思指出的问题，参照社会主义国家的某些做法，缓解了一些矛盾，但并不能从根本上解决这一基本矛盾。对此，列宁曾经指出：垄断资本主义虽然是“社会主义入口”，“为社会主义直接打开了大门”，但是“在无产阶级的真正代表看来，这种资本主义之‘接近’社会主义，只是证明社会主义革命已经接近，已经不难实现，已经可以实现，已经不容延缓，而绝不是证明可以容忍一切改良主义者否认社会主义革命和粉饰资本主义”。①

列宁的这段论述是很重要的。它说明资本主义社会本身中所孕育

① 《列宁选集》第3卷，第171页，北京：人民出版社，2012年。

的社会主义因素，还局限在资本主义的界限之内，是不可能听凭这些因素经由部分质变，而使资本主义自行和平长入社会主义。在这里，只有经过无产阶级革命，才能冲破资本主义的外壳，而过渡到社会主义。

三、社会主义在全世界代替资本主义要经历一个历史时代

垄断资本主义在全世界灭亡，社会主义在全世界胜利，要经历一个历史时代。人类社会发展的历史表明，一种社会经济制度在全世界的灭亡，要经历一个很长的历史过程，抛开原始社会不说，奴隶制度和封建制度从产生到灭亡，都经历了几千年的历史，作为一个世界经济体系的垄断资本主义制度向社会主义转变，也必然要经历一个较长的历史时期。从资本主义发展的历史，特别是从当代资本主义发展的现状来看，其主要原因有。

第一，当代资本主义经济发展的实际情况表明，资产阶级在一定程度内有可能调节这种经济制度的某些方面，以适应生产力的发展。马克思说："无论哪一个社会形态，在它所能容纳的全部生产力发挥出来以前，是决不会灭亡的。"[①]从资本主义生产关系发展的历史过程来看，在自由竞争阶段，从个别资本到股份资本再到私人垄断资本的发展；在垄断阶段，从私人垄断资本到国家垄断资本再到国际垄断资本的发展，反映了随着生产社会化和生产国际化的发展，资本社会化程度的相应提高，因而在一定时期内和一定程度上适应了生产力发展的要求，促进了资本主义经济的相应发展。这表明，资本主义制度所容纳的生产力还没有全部发挥出来，仍然具有一定的生命力。

第二，垄断资本主义向社会主义过渡是一个逐步的、曲折的、复杂的过程。在垄断资本主义世界体系中，有已经走上国家垄断阶段的资本主义国家，有向私人垄断阶段发展的资本主义国家，还有正在走资本主义道路的某些发展中国家。这就决定了资本主义在全世界过渡到社会主义去将是一个曲折复杂的过程。

资本主义发展的历史，如果从它产生的15世纪算起，到现在已有

① 《马克思恩格斯选集》第2卷，33页，北京：人民出版社，1995年。

500年了，如果从18世纪中期产业革命开始算起，至今还只有200多年的历史；而垄断资本主义的历史，从19世纪末20世纪初到现在，仅有90年来的历史。无论从资本主义已经走过的历程，还是从上述种种原因来看，垄断资本主义在全世界的灭亡，社会主义在全世界的胜利，将是一个较长的历史过程。在这个较长的历史过程中，必不可免的会发生种种曲折，出现这种或那种趋势，产生这样或那样的现象。但是，垄断资本主义必将过渡到社会主义去，这恰是当代资本主义必然的历史走向，也是人类社会发展的总趋势。

在新的历史条件下，研究这一总趋势的新特点，从丰富和发展科学社会主义理论方面来说，正是我们研究当代资本主义的主旨所在。

资本主义生产关系的不断自我调整，为社会主义提供了物质基础和“现实的形式”，一方面增强它的生存能力，另一方面又带来了更多更强烈的自我否定因素。

学习马克思主义哲学的目的和方法*

一、学习马克思主义哲学的目的

学习马克思主义哲学，是为了完整地、准确地掌握马克思主义哲学的基本原理，运用它的立场、观点和方法，以提高改造客观世界和改造主观世界的自觉性，把我国建设成为一个富强、民主、文明、和谐的社会主义现代化国家。

（一）树立无产阶级世界观、人生观

世界观和人生观是密切联系的。世界观是人们对人与世界总体关系的根本观点和看法，人生观则是人们对于人生的目的和意义的根本观点和根本态度。它们各有特点，但又不可分离。世界观，特别是作为世界观的一个有机组成部分的历史观，对人生观发挥着巨大的影响，具有决定的意义。在这个意义上说，每种人生观都有它的世界观、历史观基础。或者说，一定的人生观总是一定的世界观、历史观的现实表现。反之，人生观也会直接影响到对整个世界、对社会历史的根本观点。人们对人生的目的和意义的认识以及所持的态度，制约着人们对整个世界和整个人类历史的态度和立场。总之，世界观与人生观是相互影响、相互作用、相互制约的辩证关系。

马克思主义哲学是理论化和系统化的无产阶级世界观，是为实现共产主义而奋斗的理论武器，它为共产主义人生观奠定了牢固的理论基石。马克思主义哲学关于世界的本质和人在自然界中地位的观点，突破了以往在人的生命意义理解上的着眼于人的生物性和人寿长短的

---

* 原文来源于陶富源：《马克思主义哲学原理》，合肥：安徽大学出版社，1999年。

局限，指出人作为自然存在物，和其他生命一样不是永恒的。人的生命的意义在于人区别于动物的创造性，在于在有限的生命中发挥创造作用为社会作贡献。人的一生虽然短暂，但由个人活动结合而成的社会却是恒久的。斯人已去，贡献长存，个体的生命也就由暂时变为恒久，由有限变为无限。

生与死的问题是人生观中最为重要的问题。对此，马克思主义哲学也从自然规律和社会规律两个方面作出了回答。从自然规律来说，人作为生命的个体必然有生有死，有始有终；而从社会意义来说，有人活得伟大、有人活得苟且，有人死得崇高、有人死得窝囊。死亡中最壮烈最感人的是为事业、为正义而献身。我们不仅要以通达的态度服从自然规律来对待自然的死亡，而且要以高尚的情怀对待为正义和真理而献身的死亡。

理想是人生观中最为重要的内容，它是人的自身价值、人生的意义和目的的集中体现。在人的各种理想中最重要的是社会理想。马克思主义哲学从宏观上揭示了人类及其社会发展的总趋势，并由此论证了共产主义的必然性。从而每个人都可以找到自己在社会发展中应有的位置和应负的使命，自觉地树立共产主义的远大理想，投身到建设社会主义和实现共产主义的崇高事业中去，真正实现人的价值。除了社会理想外，还有个人理想。但是马克思主义哲学认为，任何个人理想都不能与社会规律相违背，社会是决定个人理想能否实现的大环境。沿着历史发展的进步方向前进，而不能逆向而行，这是我们确定人生理想和目标的根本原则。

总之，要树立无产阶级世界观、人生观，就必须学习辩证唯物主义和历史唯物主义，要充分运用马克思主义哲学世界观来解决人生的问题，创造辉煌的人生。

（二）提高国民的思维能力

哲学不同于一般的知识，它是一种智慧。知识和智慧的区别在于，知识是确定的、有一定具体内容的认识成果；而智慧则是一种文化素养，是一个人接受知识、运用知识、创造财富的能力的总和。按《牛津哲学指南》的解释，智慧是“把反思的态度与实践的关切统一起来的一种理智形式”。如果说，知识就是力量，那么应该说，智慧比知识更有力量，智慧是知识力量的原动力。

哲学是人类的最高智慧，是人类理论思维能力的最高表现和产物。因而学习哲学也就成为人们吸取智慧的最佳所在，成为训练思维能力的直接途径。

纵观整部哲学史，它就像用人类智慧之珍珠串联而成的一条光彩夺目的链条。人类的理论思维能力就是在哲学的长河中不断得到表现和发展的。

理论思维能力的高低，是决定一个民族能不能在世界上居于科学高峰的重要条件之一。恩格斯说："一个民族要想站在科学的最高峰，就一刻也不能没有理论思维。"[①]在当代，要提高以科技力量和经济实力为基础的综合国力，要在综合国力的国际竞争中立于不败之地，重要的一点是要提高国民的素质，包括提高国民的理论思维能力。

为了提高国民的思维能力，特别是青年一代的思维能力，促进思维方式和活动方式的现代化，需要从各方面进行学习，其中包括社会科学和管理科学、自然科学和技术科学、各个重要问题的历史经验和国际经验。但是，具有更为直接意义的则是要学习马克思主义哲学这一科学的世界观和方法论。正如恩格斯所指出的，理论思维能力"必须加以发展和锻炼，而为了进行这种锻炼，除了学习以往的哲学，直到现在还没有别的手段"。[②]马克思主义哲学既然是全部哲学史的积极成果的总结，那么，要提高理论思维水平，就尤其要认真学习。科学的思维能力是人的智力和水平的重要标志，是掌握知识和从事其他一切活动的基本功。从这个意义上说，学习马克思主义哲学是开发智能的一条有效途径。

（三）提高执行党的正确思想路线的自觉性

树立无产阶级的世界观、人生观，提高理论思维能力，解决主观世界的问题，是为了更好地认识世界和改造世界。在当前，就是为了更好地建设中国特色社会主义。马克思主义哲学既是认识世界、也是据以改造世界的伟大认识工具。

马克思主义哲学对无产阶级革命实践的指导作用，是通过无产阶

① 《马克思恩格斯选集》第3卷，467页，北京：人民出版社，1995年。

② 《马克思恩格斯选集》第3卷，465页，北京：人民出版社，1995年。

级政党的正确的思想路线来发挥和实现的。我们党的一切从实际出发、实事求是、理论联系实际、通过实践检验真理和发展真理的思想路线，就是彻底的辩证唯物主义和历史唯物主义的认识路线，亦即辩证唯物主义和历史唯物主义的世界观和方法论的体现。

思想路线是政治路线和方针政策赖以确立的理论基础，它是否正确，直接关系到社会主义革命和建设事业的成败。150多年来国际共产主义运动曲折发展的历史，50多年来我国社会主义革命和社会主义建设事业曲折发展的历史，都反复证明了无产阶级政党只要是坚定地、创造性地把马克思主义哲学作为理论指南和行动向导，就会不断开辟胜利前进的道路；反之，如果不用唯物主义和辩证法的观点和方法去观察和处理问题，就会产生片面性和主观主义，就会使思想僵化和脱离实际，就会犯教条主义或经验主义错误，甚至会造成灾难性的后果。

中国人民在长期的斗争中，积累了正反两个方面的经验教训，使我们深刻认识到，社会主义事业离开了马克思主义哲学的指导，是断无胜利可能的。现在我们所从事的改革开放和社会主义现代化建设，是前无古人的一项伟大事业。为了在前进的道路上少走弯路，尤其需要坚定不移地贯彻执行我们党付出巨大代价而重新确立的辩证唯物主义和历史唯物主义的思想路线。只有坚持这条正确的思想路线，才能逐步认识和掌握在我们这样一个经济和文化都比较落后的国家中进行社会主义建设的规律性，不断克服唯心主义与形而上学的世界观和方法论的影响，树立和发扬正确的思想作风和工作作风。而为了深刻领会和自觉贯彻党的正确的思想路线，必须努力学习马克思主义哲学，认真掌握辩证唯物主义和历史唯物主义这一科学的世界观和方法论。

二、学习马克思主义哲学的方法

马克思主义哲学的实践性特点，决定了我们学习它的根本方法，就是理论联系实际的方法。坚持理论联系实际，必须做到下列几点。

（一）认真读书，掌握理论

这是理论联系实际的前提。马克思主义哲学是一个科学体系，其中包括许多的范畴和原理。因此，对于马克思主义哲学必须系统地进行学习，必须把其中任何一个原理与其他原理联系起来加以理解。如果把完整的哲学体系肢解为破碎的个别词句，就有可能变成面目全非的东西。因为一个理论观点，一旦从体系中孤立出来，势必可以随意加以解释，甚至可以为错误的东西作证。要避免这种情况的发生，就必须系统地学习，要掌握马克思主义哲学世界观的科学本质。

马克思主义哲学是对人类以往全部知识的科学概括和总结，因此学习马克思主义哲学，要理解和掌握它，就必须懂一点哲学史（包括中国哲学史和欧洲哲学史），了解一点现代西方哲学，还要懂一点自然科学、社会科学和人文科学。如果知识面太窄，这对学习马克思主义哲学是很不利的。

马克思主义哲学是随着实践的发展而不断发展的科学世界观。因此，对马克思主义哲学必须联系具体的历史实践，联系马克思主义哲学的具体历史发展过程来进行学习。不要忘记理论与实践的基本历史联系，要考察在这种联系中马克思主义哲学，包括它的一系列原理是怎样产生的，在发展中经历了哪些主要发展阶段，并根据它的这种发展来说明它现在是怎样的。这样来学习和理解的马克思主义哲学，就不是僵化的、凝固的东西，而是生动的、发展的东西。

总之，要学习马克思主义哲学，必须下苦功夫，勤于思考，努力钻研，不走“捷径”，不图方便。

（二）密切联系实际，注重应用

要学好马克思主义哲学，不但要学好马克思主义哲学理论，而且要坚持理论联系实际。也只有在联系实际中学习，才能真正学懂马克思主义哲学理论。学习哲学所要联系的实际是多方面：有我国现代化建设和改革开放的实际，有资本主义的现状和国际关系的实际，有自然科学最新发展的实际，有具体工作、专业学习和日常生活的实际，还有各种思潮和个人思想的实际等等。

要学好哲学，就必须把哲学理论同这些实际结合起来。另外，只有坚持理论联系实际，才能运用理论去解决实际问题。一般地说，任何理论的社会价值，都在于应用，所不同的只是有的是直接应用，有的是间接应用罢了。如果根本不能应用或不去应用，那么再好的理论，也是没有意义的。早在延安时期，毛泽东就把理论和实践的关系，形象地比喻为“矢”和“的”的关系。他强调，中国共产党人之所以要找马克思主义这个“矢”，就是为了射中国革命这个“的”。邓小平也一再告诫我们，理论不能脱离实际。学习马克思主义理论，要着眼于马克思主义理论的应用。

对于马克思主义哲学来说，理论应用和理论创新是相统一的过程。马克思主义哲学不是凝固不变的既定工具。工具是不变的，同一工具可以用来改变各种对象。马克思主义哲学理论的应用，不同于这种工具式的应用。马克思主义哲学是普遍真理，而应用的对象却是经常变动的。因此，普遍理论为了应用于具体对象，理论本身就必须创新，必须注意反映变动着的时代要求，必须结合不同对象的不同特点。如果脱离了具体实践的具体要求，脱离了理论的创新，单纯的理论应用也是决不会成功的。这是其一。

其二，马克思主义哲学的应用是从哲学层次上揭示问题的实质和找到解决的方法。任何理论都要联系实际，都要为现实服务，但哲学理论不是直接地联系实际，不是直接地为现实服务，哲学的应用是间接性的。它为现实服务不是就事论事地提供现成的结论和办法，而是从世界观和方法论的高度提供给人们认识和解决问题的思想武器。只有这样从哲学层次上揭示问题的实质和解决方法，它所产生的社会效应才是普遍的、深刻的，并且是长期起作用的。

其三，马克思主义哲学的应用是把哲学的方法转化为具体的思维方法、领导方法、工作方法的过程。毛泽东在这一方面为我们树立了榜样，他把“实践——认识——实践的”理论，转化为“群众——领导——群众”的工作方法；把一切从实际出发的原理转化为调查研究、“解剖麻雀”的工作方法，如此等等。把抽象的原理、原则具体化，马克思主义哲学才能作为认识世界和改造世界的方法论而具体地发挥作用。

（三）反对教条主义和实用主义的学习态度

贯彻理论联系实际的原则，必须反对教条主义的学习态度。恩格斯说过“马克思的整个世界观不是教义，而是方法。它提供的不是现成的教条，而是进一步研究的出发点和供这种研究使用的方法”。[①]教条主义的态度是只从本本出发，凡是书本上写的或革命导师讲过的，不管当时针对什么情况，也不管客观实际及其变化如何，无论何时何地都把它当做不可移易的真理照抄照搬。这种错误的态度和方法，直接违背了马克思主义哲学的科学实质和创造本性，所以必须加以反对。

坚持理论联系实际的原则，还必须反对实用主义的态度和方法。抱着实用主义的态度，表面上看也很重视实际，但实质上跟理论联系实际原则的要求根本不同。理论联系实际是用马克思主义哲学理论去分析和解决实际问题，求得主观和客观的一致。实用主义的态度是从自己的主观需要出发，为了证明某一主张而从马克思主义哲学中寻章摘句，把严整的马克思主义理论体系分割成为互不相关的只言片语，然后根据主观的需要加以曲解，或生搬硬套强加到实际上面去，以期收到“立竿见影“的效果。这样做，既违背了理论的科学性，也歪曲了客观实际。因而是必须要加以反对的。

总之，为了明确学习的目的和意义，采取正确的态度和方法，即为了坚持正确的学风，就必须牢牢掌握理论和实践相统一这个马克思主义的最基本的原则。

① 《马克思恩格斯全集》第39卷，406页，北京：人民出版社，1974年。

大胆探索与严密论证

——关于“学脉渊承”讨论的一点认识

一、应区分“学脉渊承”的广义和狭义

马克思主义哲学在形成的过程中，是否受到过中国传统哲学的影响，这个问题在把马克思主义经典作家的言论作为教条的“左”的年代，是没有也是不可能被提出来的。因为，在那时的人们看来，既然经典作家没有关于这一方面的论述，那么也就没有提出此问题的依据和必要。十一届三中全会以来，解放思想的春风浩荡，思维驰骋的天地开阔。“科学无禁区”，这成了人们进行研究和思考的一种强有力的召唤和动力。在这样的历史背景下，张允熠博士经过研究，在其著作《中国文化与马克思主义》①及其前期的阶段性成果《试论马克思主义哲学的中国学脉渊承》②中提出了这个问题，并发表了自己的见解。他认为：“中国传统哲学和文化……也构成了马克思主义产生的历史文化基础和思想理论来源之一。”（以下简称张著）由此引起了学术界的关注和讨论。

与张著的观点相左，诸葛婴和江丹林分别在《哲学研究》1998年第12期和1999年第4期上发表了《勇气与眼光》、《马克思主义“学脉渊承”辨析》两文（以下简称诸文、江文）。诸文认为，研究马克思主义与中国统哲学的学脉渊承关系是“既无必要，也无可能”，因为这里运用的是一种“超历史”的思维方式。江文也认为，把作为农业社会和自然经济社会意识形态的中国传统哲学说成是马克思主义哲学的一个来源，是“历史的错位”，也“没有马克思恩格斯论著的史实根

* 原刊于《安徽师范大学学报》（人文社会科学版），2000（2）。

① 张允熠：《中国文化与马克思主义》，太原：山西人民出版社，1999年。

② 张允熠：《试论马克思主义哲学的中国学脉渊承》，《中国社会科学院研究生院学报》，1998（1）。

据”，因而其观点是不能成立的。

如何看待“学脉渊承”问题上的分歧呢？我认为这里涉及以下两个问题。

第一，马克思主义哲学在其形成过程中是否受到过中国传统哲学的影响？

第二，如果说，存在这种影响，那么其性质如何？对于这个问题又可以从三个不同的层次来加以回答。其一是，历史文化背景的层次；其二是，包括间接来源和直接来源两种涵义的学脉渊承的层次；其三是，直接来源的层次。不难看出，“历史文化背景”，“学脉渊承”和“直接来源”是三个互相联系又互相区别的概念，是不能混合使用的。

关于“学脉渊承”讨论中所涉及的上述两个问题，不是孤立的，而是紧密联系的。其中，第一个问题是可以通过对第二个问题或是肯定或是否定的回答，而获得相应的说明的。即，如果确认中国传统哲学是马克思主义哲学产生的历史文化背景，或进一步确认是间接意义上的学脉渊承，或再进一步确认是直接来源，换句话说，在这三个层次中，只有确认其中任何一个层次，那么也就顺理成章地肯定了中国传统哲学在马克思主义哲学形成过程中发生过影响；反之，如果对上述三个层次的作用一概予以否认，那么也就必然否定了中国传统哲学对马克思主义哲学形成的影响。

现在的问题是，争论双方对上述三个不同层次的概念，即“历史文化背景”、“学脉渊承”、“直接来源”等的基本内涵，都没有明确区分开来，于是往往在行文中加以混同。

比如，张著常常在历史文化背景的意义上来使用“学脉渊承”这一概念，把历史文化背景包含在学脉渊承的外延之中。按照这样一个理解，张著用了大量篇幅来说明中国传统哲学、传统文化传入欧洲以后，作为一个因子构成了马克思主义哲学形成的历史文化背景，以此作为一个方面的论据，来证明马克思主义哲学的中国学脉渊承这一命题的正确性。

应该说，这种历史文化背景意义上的论证是必须的，也是必要的。因为只有首先作为历史文化背景而存在的东西，才可能被吸收、改造，变成为学脉渊承的东西，但是这种论证也仅仅是关于学脉渊承的前提性的论证，而不是对学脉渊承本身的论证。因为作为历史文化背景的东西并不必然会变成学脉渊承的东西。因此，这种从历史文化背景角度所进行的论证，对于学脉渊承的说明来说，只能起到某种辅助性的作用，而没有直接的意义。

另外，张著在谈及中国传统哲学作为马克思主义哲学的学脉渊承时，也没有就其所指谓的是直接来源，还是间接来源，亦或二者兼而有之，而做出明确具体的说明，这也平添了表述上的模糊性和理解上的困难。

与此相联系，诸文、江文则是完全否认“学脉渊承”的间接性的一面，而把它与直接来源等同起来，并立足于这种理解，对张著的上述观点加以驳斥。由于争论双方对于所使用的基本概念都存在理解上的不一致和不科学的方面，因而争论中不可避免地存在着“自说自话”的情况，这很不利于把问题的讨论引向深入和最终达于认识上的统一。

二、马克思主义“学脉渊承”可以在广义上理解

由于诸文、江文在直接来源的意义上理解“学脉渊承”，所以诸文在文章的一开头就指责张著企图“超越列宁关于马克思主义的三个来源和三个组成部分的结论，找出第四个‘学脉渊承’——中国传统哲学”。江文也从直接来源的意义上，指责张著“曲解了马克思主义的理论来源的意义”。认为理论来源只能是直接来源，即作为马克思主义的“理论前提和出发点”的那些学说，或是被马克思主义“加以扬弃使之成为马克思主义基本理论的那部分内容”的那些学说。

江文认为：“人类社会历史的发展是从低级向高级的定向发展，作为其社会意识形态的理论学说也同样如此，作为对资本主义社会意识形态扬弃者的马克思主义，其理论前提和出发点只能是马克思主义问世前的资本主义时代最优秀的成果——德国古典哲学、英国古典经济学和19世纪三大空想社会主义，其理论前提不可能是作为农业社会和自然经济社会意识形态的中国传统哲学。否则就是历史的错位。”

诸、江二文，特别是江文从直接来源的意义上否认张著关于马克思主义哲学的中国学脉渊承的见解，应该说是抓住了张著在学脉渊承的表述中不明确、不具体的缺陷，而从实际来说，确实这又是对张著

的一种误解。因为，实际上张著是从间接来源而不是从直接来源的意义上来论证自己的观点的。

另外，就直接来源来说，只要有一天挖掘和发现了相关的材料，也不必像江文那样，拘泥于列宁所讲的“马克思主义的三个来源和三个组成部分”的观点。

列宁的《马克思主义的三个来源和三个组成部分》这一著名论文，发表于1913年3月出版的《启蒙》杂志上。在当时条件下，列宁的这一见解是卓有见地的。

然而在这篇论文发表以后的80多年中，特别是在列宁逝世之后，随着马克思的大量遗稿、手稿和笔记的发现，从中可以说明，中、晚年的马克思对非欧社会，尤其对东方社会的种种问题表现出愈来愈强烈的兴趣，甚至放下《资本论》第二、三卷的修订工作，而潜心研究英、美、德、俄人类学家研究非欧社会，尤其是东方社会的著作。恩格斯在《家庭、私有制和国家的起源》一书的序言中也表示，他撰写这部著作在某种意义上是执行马克思的遗言。

事实上，马克思学说中的许多重要内容，如三大社会形态理论、国家的性质、政治思想和法的起源、亚细亚生产方式、跨越卡夫丁峡谷等等，都是马克思透过人类学著作研究东方社会的结果。以上事实说明，以非欧社会，尤其是东方社会为主要研究对象的英、美、德、俄人类学实际上构成了马克思主义的第四个来源。也就是说，马克思主义的理论构架是由哲学、政治经济学、社会主义和人类学这四部分构成的。[①]换句话说，俄国人类学作为一个文化因子对于马克思主义的形成也具有直接来源的意义。

当然，中国传统哲学、传统文化作为一个文化因子是否对马克思主义的形成也具有直接来源的意义，这不能凭主观的想象，也不能凭逻辑的推导，而必须以相应的史实为根据。

如果撇开“直接开源”这一层次的学脉渊承不谈，那么能否如诸文、江文所认为的那样，除了在直接来源的意义上，即狭义上理解“学脉渊承”以外，是不能在直接和间接双重意义上，即广义上来理解“学脉渊承”呢？在我看来，也未必。当列宁在论述马克思主义的三个

① 俞吾金：《邓小平，在历史的天平上》，74页，上海：上海人民出版社，1994年。

来源时，无疑是从直接来源的意义上，即狭义上说的；而当他说马克思主义就是共产主义从全部人类知识中产生出来的典范①时，很显然，这里就是在广义上来界说来源的。由此可见，从狭义和广义两种意义上来界说马克思主义的来源都是可以的。又比如，我们讲人的来源，既可以从狭义上讲，人来源于森林古猿，也可以从广义上讲，人来源于自然界。

因此，在世界文化交流的背景下，在承认马克思主义问世以前的资本主义时代的最优秀成果，是马克思主义的直接理论来源的同时，也并不妨碍人们去承认此前人类所创造的其他优秀成果也可能是马克思主义的直接或间接的理论来源。当然这需要以史实为根据，但是决不能从逻辑上排除这种可能性。因此，我认为诸文、江文根本排除中国传统哲学中的某些合理因素有可能对马克思主义哲学的形成具有来源的意义，是不对的。

那么这种可能性存在的根据何在呢？其根据在于：任何哲学，包括中国传统哲学，除了有江文所说的意识形态性的一面以外，还有其科学性的一面。用黑格尔的话说，没有纯粹荒谬的哲学。不管什么哲学，都或多或少的反映了客观真理，因而也都具有或大或小的认识价值。哪怕是最古老的哲学也会给后人，包括今人以认识上的启迪。而这一点，也正是世界各文明国家如此重视哲学史的学习和研究的一个基本动因。

因此，这里根本不存在江文所指责的“历史的错位”。相反，如果如江文那样，只看到哲学的意识形态性的一面，而看不到其科学性的一面，那反倒会造成历史的割裂。

那么，又如何看待诸文所批判的所谓“超历史”的思维方式呢？在我看来，历史性和超历史性本来就是矛盾的两个方面。就哲学来说，任何哲学流派既具有历史性的一面，即它是反映和服务于一定历史时代的；同时，又具有超历史性的一面，即它是人类智慧的结晶，是人类争取自身解放的思想武器。而哲学的超历史性就存在于哲学的历史性之中，或者说，各民族的先哲们总是在特定的历史境遇中，以特定的话语形式来面对、思考和表达往往具有普遍意义的人类问题。

① 《列宁选集》第4卷，284页，北京：人民出版社，2012年。

正因为哲学具有历史性，所以任何哲学总是一定历史时代的哲学，不能离开特定的历史时代，对哲学作抽象的理解。同样，哲学又具有超历史性，所以不同历史时代的哲学才可以进行比较研究，外国哲学和中国传统哲学也才可以为我们所批判继承，洋为中用，古为今用。

三、马克思主义哲学中国“学脉渊承”必须有严密论证

那么张著是怎样说明马克思主义哲学的中国学脉渊承的呢？除了从历史文化背景的意义上进行了辅助性的论证以外（这一点在前文已经说过了），张著是从间接来源的角度来加以说明的。就此，张著进行了两点论证。

第一，中国传统哲学传入欧洲后，对西方近代哲学产生了较大影响，并在一定程度上融入西方近代哲学思想中。而西方近代哲学，特别是法国启蒙哲学和德国古典哲学作为马克思主义哲学的重要理论来源，这样也就内在地包含了马克思主义哲学对中国传统哲学的批判继承。

第二，张著引用了马克思的箴言：“中国的社会主义跟欧洲的社会主义像中国哲学跟黑格尔哲学一样具有共同之点。”[①]张著接着论证道：“德国古典哲学是马克思主义的最重要的理论来源之一，其与中国哲学的血缘联系自然构成了马克思主义哲学内容中的有机组成部分，当马克思指出‘中国哲学跟黑格尔哲学具有共同之点’时，实际上已经昭示了他本人的哲学也与中国哲学具有共同之点。”[②]

怎样看待这样两点论证呢？我认为：

第一，这两点论证的思路，在逻辑上是可行的。

所谓思路可行，是指从大的方向来说，由于近代资本主义的形成，人类交往的扩大，在中外文化交流史上刮起了一阵“东学西渐”的旋风，在这股热浪中，中国传统哲学对整个欧洲思想界，特别是法国和德国思想界产生了巨大的影响。张著用大量的材料对此加以了说明。在这样的历史文化背景下产生的马克思主义哲学，间接地吸取了中国传统哲学中的一些有价值的东西，应该说，这是完全可能的。中

① 参见《马克思恩格斯全集》第7卷，265页，北京：人民出版社，1959年。

② 张允熠：《中国文化与马克思主义》，191页，太原：山西人民出版社，1999年。

国传统哲学，被西欧近代哲学，包括黑格哲学所吸收，马克思主义哲学又批判继承了包括黑格尔在内的欧洲近代哲学。因此，马克思主义哲学、黑格尔哲学与中国传统哲学具有某些共同之点，也是可以设想的。

但是可能性并不等于现实性，因此要把上述论证思路在逻辑上的可行性，变成证据确凿、逻辑严密的论证，就需要缜密的考订。一切都必须以史料为基础，凭史料说话。这是一切历史问题的研究者所必须遵守的“基本纪律”。当然，研究者对史料的解释和观点可以各抒己见。也就是说，研究只能于缜密考订功夫的基础上，驰骋宏观思想，而不允许停留于野马放缰似的自由自在的畅想。这也是马克思主义所倡导的逻辑与历史相统一的方法所要求的。

那么，张著关于马克思主义哲学的中国学脉渊承的上述两点论证，其严密性如何呢?

第二，这两点论证的严密性是不够的。限于篇幅，这里仅举两例。

例一，张著为了说明《老子》的“一、二、三”（即“道生一，一生二，二生三，三生万物”），与黑格尔哲学的“正反合”，即经过马克思改造过的唯物辩证法的“否定之否定”规律之间的渊承关系，张著引用了黑格尔的一段话加以论证，即，“令人奇怪的是道教里面，即总体里面，出现了一个规定，一创造了二，二创造了三，三创造了宇宙”。在做了这种引证以后，张著接着写道：“黑格尔如此重视《老子》中的‘三’，恰因‘三’是二”的合题，是‘一’的再现，也是‘正反合’三段式的数量抽象。”[①]在我看来，黑格尔的引文只是对《老子》中“一、二、三”观点的转述，并表示对这一观点的惊异，或者也可以说感到不可理解，至于能否从这段引文中得出张著所认为的“一”标志“正”，“二”标志“反”，“三”标志“合”这样的结论来，恐怕不能，因为没有这样的文字根据。即《老子》中的“一、二、三”并非这样的所指。另外，黑格尔的引文中也没有做出这样的诠释。所以张著在这里的论证是不能成立的。

例二，张著为了说明中国的“阴阳辩证法”或“阴阳相交”，与黑格尔的“两极相逢”，即经过马克思改造过的唯物辩证法的“对立统

① 张允熠：《中国文化与马克思主义》，185页，太原：山西人民出版社，1999年。

一”规律之间的渊承关系。张著引用了黑格尔的一段话：“譬如‘阴阳’这部命运之书（指《周易》，引者注）论述了‘生’和‘灭’。这部书里出现了一元和二元的非常抽象的观念。所以中国哲学似乎和毕达哥拉斯学说一样，从同一个基本概念出发。其原理是智慧，称为‘道’。这是万物之本，万物之源。要认识它们的形式，对于中国来说也是最深的科学。”在作了这种引证以后，张著接着写道：“这段话充分证明了黑格尔不仅深究过‘阴阳辩证法’，而且多少流露出其钦佩和崇敬的心情。”又说“‘阴阳相逢’的习惯用语，就是中国的‘阴阳相交’这一汉语的标准欧译法”。“阴阳对立观念自莱布尼茨提倡以来已流行于德国思想界，它征服了众多的哲学家”。[①]这一论证不严密的地方在于：其一，莱布尼茨在什么地方把中国的“阴阳相交”译为德语的“两极相逢”而加以提倡的，张著对此没有作出交代。而作为论证中的一个关键，在这里是不应该一带而过的。其二，引用的黑格尔的一段论述，只能说明黑格尔对阴阳这两个概念抽象程度的肯定，至于张著所认为的，是表明黑格尔对阴阳辩证法的钦佩和崇敬，则显得牵强。这些都是论证中的缺憾，是论证不严密的表现。

综上所述，在16—18世纪的东学西渐的潮流中，中国传统哲学传入西方，并部分汇入或融入西方近代哲学，从而作为马克思主义哲学形成的历史文化背景，这是没有疑义的。在此前提下，中国传统哲学中的那些内容以近代西欧哲学为中介而成为马克思主义哲学的间接来源，这是一个需要认真考订、严密加以论证的工作。张著在这一方面进行了富有意义的探索，这是应该肯定的。但是毋庸讳言，这一工作还仅仅是开始，还远没有完成，还需要做出更为扎实的努力。在科学研究的道路上，坚持大胆探索和严密论证的统一，是永远需要提倡和发扬的宝贵精神。

---

① 张允熠：《中国文化与马克思主义》，188页，太原：山西人民出版社，1999年。

经济全球化与树立全球意识*

一、经济全球化是历史发展的必然趋势

经济国际化、经济全球化、世界经济一体化，是人类“世界历史”发展过程中，在经济维度上的一些阶段性表现。

世界一体化是指世界各民族、各国家在愈来愈广泛的联系和接触中逐渐结成为一个不可分离的整体。当今的世界还远未达于一体化，当然也未达于全球经济一体化。在当前，它正经历着从经济国际化发展到经济全球化的阶段，当然，从发展趋势来说，最终要走向世界经济一体化。

人类的历史是一个不断走出封闭，不断走向开放的历史。人类在古代的发展为这一过程的开端准备了历史的前提。原始社会的成员仅仅在血缘关系的范围内，和仅仅在一定的狭小的区域里，发生着各种经济的协作和思想意识的交流，以及人类自身的繁衍。

奴隶社会的形成，其重要成就之一，就是打破了这种狭隘的血缘关系和地方主义界线，代之以某种社会性的联系。封建制取代奴隶制以后，改变了奴隶仅当做会说话的工具，使之永远被束缚于奴隶主庄园内的这种状况，它使得农民有了一定的人身自由，因而能够在一定限度内真正实现他们思想的和经济的交流。

另外，由于社会文明的发展，也为人们进行远距离的交往提供了一定的条件。然而，从总体来说，由于古代生产方式的限制，高山大海的阻隔，还不能通过经济、政治、文化等的全方位的联系，把整个世界串联起来。直到资本主义生产关系产生以后，经过地理大发现和

---

* 原刊于《安徽省委党校学报》，1993（4）。

产业革命，才真正开始了世界一体化的行程。

资本主义生产关系是建立在商品经济不断发展的基础上的。为了“不断扩大产品销路的需要，驱使资产阶级奔走于全球各地，它必须到处落户，到处开发，到处建立联系”。[①]“资产阶级，由于开拓了世界市场，使一切国家的生产和消费都成为世界性的了。……过去那种地方的和民族的自给自足和闭关自守状态，被各民族的各方面的互相往来和各方面的互相依赖所代替了”。[②]由于“各个相互影响的活动范围在这个发展进程中越是扩大……历史也就越是成为世界历史”。[③]由此可见，国际交往的扩大和国际联系的发展，这是资本主义商品经济发展的必然。

从18世纪以来，这种国际交往的扩大，迄今为止经历了三个互相衔接的发展阶段。

第一阶段，是以18世纪发生的蒸汽机革命为基础所形成的，主要在原料和制成品方面的国际分工和交换。

第二阶段，是19世纪后期开始的，与电力革命相伴随的，包括国际的生产分工与交换分工在内的国际交往体系的形成。在这一阶段上，国际生产分工向更深层次的行业分工转移，交换分工则扩大到世界各个角落。世界范围的生产社会化和国际化以完整形态出现于世。世界各国的经济依赖性大大加强。世界一体化在国际分工强化的基础上进一步向前发展。

第三阶段，开始于二次大战以后，在这一阶段中，以研究和应用电子计算机、遗传工程、光纤通讯、新材料等为主要内容的新技术革命掀起来了。新技术革命推动国际分工发生了极其深刻的变化。集中表现在发达国家之间的生产分工开始推向要素分工这一更深的层次。即各国从部门的产品专业化分工过渡到工艺、零部件和辅助生产专业化分工的新阶段。国际分工逐渐向资源基础分工和向技术基础分工转化。

这是因为在国际经济竞争的推动下，现代生产一方面对产品质量有着严格要求，另一方面又使产品品种更加多样化。这就要求企业必

---

① 《马克思恩格斯选集》第1卷，276页，北京：人民出版社，1995年。

② 《马克思恩格斯选集》第1卷，276页，北京：人民出版社，1995年。

③ 《马克思恩格斯选集》第1卷，88页，北京：人民出版社，1995年。

须实行专业化生产，研制和生产各种专门的设备和工艺，以国际规模实行分工协作实行生产的集优化，以达到提高生产效率，降低生产成本的目的。生产的国际专业化和协作化，即在许多国家分别生产某种产品系列的零件和部件，然后集中到有利销售的地方去进行装配和销售。这是现代大生产发展的根本特点和总的趋势。生产的国际分工的发展，也就使国与国之间的相互联系和相互依赖空前加深。同时战后，无线电讯、洲际交通工具的出现、运输费用的下降，特别是全球计算机网络的形成，为把全球联系为一个整体提供了负载、手段和条件。

总之，经济生活，以及由它所决定的社会生活，都有一种从闭塞到开放，从民族走向世界的客观趋势。正是这一趋势的不断发展，使世界各国家、各民族之间的相互影响、相互促进不断得到加强，从而为社会的进步和人类文明的发展不断带来新的积极因素。以计算机信息技术为核心的现代高技术为基础的世界一体化的发展，必将对各民族和整个人类的发展产生不可估量的巨大推动作用。任何民族和国家要求得发展，就不能把自己孤立于世界一体化的客观趋势之外进行；否则就不仅谈不上发展，而且必然会陷于落后。

二、清康乾以来中国的历史教训

中国是世界文明古国之一，在全世界的开化史上，是以自己的文明影响世界文化发展的最久远、最广大的国家之一。

仅就科学技术的发现和发明来说，在世界上享有极高声望的中国科学史研究者李约瑟认为：中国“在公元3世纪到13世纪之间保持了一个西方所望尘莫及的科学知识水平”；在15世纪以前，中国的科学发现和发明“往往远远超过了同时代的欧洲”。[①]他的同事罗伯特·坦普尔把中国称之为“发现与发明的摇篮”。[②]

直到17世纪，中国仍然是世界上人均收入最高的国家。甚至到18世纪，中国的人均收入也大致和英国相当。到19世纪60年代（1860

① ［英］李约瑟：《中国科学技术史》第1卷（第1分册），3页，北京：科学出版社，上海古籍出版社，1990年。

② 转引自《人民日报》，1986—9—2。

年）中国的工业总产值占世界工业总产值的19.7%，居世界第2位。

中国社会各阶层的流动比许多国家自由，科举制使得许多读书人有晋升的机会，在19世纪中期，男子的识字率也达30%。①

然则，当时的中国在借助历史惯性进行运动的时候，早已丧失了前进的动力，正一步步走着下坡路，最后使中国陷入了长达一百多年的落后挨打的苦难深渊。这里的教训是极为丰富和深刻的。其中一个重要教训就是，封闭就要落后，落后就要挨打。

正当资本主义在西欧萌芽、兴起的时候，明朝封建政府为了政治上的需要，曾一度闭关自守。后来到了清康熙统治的1719年，颁布了"禁海令"，从此闭关自守就成为清一代的基本国策。清王朝把自己禁锢在原有的小天地里，孤立于正在兴起的资本主义世界之外，作茧自缚，坐井观天，这种政策使中国和先进的西方国家的差距越来越大；而由于对世界的无知，夜郎自大却有增无减。

封闭主义的最大危害是使中国由世界上最先进的国家之一陷入了落后的境地。当西方列强架着大炮、舞着刀剑破门而入时，只得忍痛吞下被迫"开关"的苦果。

当然，中国清朝统治者的闭关锁国的政策，并没有能阻挡中国人民对世界的认识；帝国主义对中华民族所造成的侵略惨祸，也没有能吓倒中国人民。近代中国人民，特别是它的先进分子正是在不断认识世界的过程中，逐渐看清了自己的国家和本国在世界中的地位，看清了历史的大趋势，坚持从中国走向世界，从世界观照中国。同样是在立足中国，放眼世界过程中，中国共产党人找到了更科学地阐述和预见人类社会发展的真理：马克思列宁主义，选择了向着历史更高阶段社会主义进发的道路。

但是，在建国以后，在相当长的时间我们也是关起门来搞建设。当然那种"关门建设"是在特殊的历史条件下造成的，是帝国主义和霸权主义的国家封锁我们，不让我们走出去。这种处境激发我们用更大的力量埋头苦干，自力更生。并确实在不少方面都取得了足以自豪的成果。但封锁毕竟是不利条件，和正常的国际交往比较起来，我们取得如此成就，无论如何，也是多花了许多时间和精力。实际上，我

① 参见《当代社会主义研究》，1991（3）。

们当时也通过一切可能的渠道开展了对外经济往来，减轻了封锁所造成的经济损失。

可是后来在“左”的方针指导下，我们在强调宣传民族自豪感和民族自信心的同时，却在很大程度上把对外开放与“洋奴哲学”“卖国求荣”混同了起来。正如邓小平所说：“建国以后，第一个五年计划也是对外开放，只不过是对苏联东欧开放。以后关起门来，没有什么发展。”[①]邓小平以深沉的历史感指出：“我们吃过这个苦头，我们的老祖宗吃过这个苦头。……如果从康熙算起，也有近二百的闭关自守。把中国搞得贫穷落后，愚昧无知。”[②]邓小平说“现在的世界是开放的世界”，[③]“中国的发展离不开世界”。[④]因此，他指出：“开放政策是中国的希望。”[⑤]

14年来，我国对外开放逐步扩大，对外经济贸易取得了举世瞩目的成就，在社会主义现代化建设中发挥了重要作用。为了实现中国社会主义与现代化建设的第二步和第三步宏伟目标，我们必须进一步树立全球意识和扩大对外开放。

三、树立全球意识和扩大对外开放

所谓全球意识，就是关于全世界联系为一个整体的意识，关于每一个国家与世界的联系中才能得发展的意识，或者说，为求得发展而必须开放的意识。

如前所说，由于以电子信息技术为核心的新科学技术的广泛应用和发展，使地球日益“缩小”，时代的进步，科学技术的巨大发展，社会化大生产领域的不断扩大，把整个世界更加紧密地联系起来。仅就世界经济的发展而言，当今的世界经济，相互依靠、相互合作和相互竞争的趋势越来越明显，任何封闭型的经济是不可能有较快发展的。

世界银行《1987年世界发展报》中指出：“虽然各国的发展最终是依靠它们的自身努力，但世界经济也影响着它们的成败。”该项报告根

① 邓小平：《建设有中国特色的社会主义》（增订本），77页，北京：人民出版社，1987年。
② 邓小平：《建设有中国特色的社会主义》（增订本），77页，北京：人民出版社，1987年。
③ 邓小平：《建设有中国特色的社会主义》（增订本），54页，北京：人民出版社，1987年。
④ 邓小平：《建设有中国特色的社会主义》（增订本），67页，北京：人民出版社，1987年。
⑤ 新华社讯，1956—11—14。

据各国所采取的对外贸易战略的类型，把范围广泛的41个发展中国家和地区分为4个组别，即强烈外向型、一般外向型、一般内向型、强烈内向型，并进而根据收集到的统计资料，对这些国家和地区1963—1985年的发展状况进行了分析，结果发现，外向型经济的实绩几乎在各个方面都优于内向型经济。[①]

联合国的这一调查结果，也为我国台湾、韩国、新加坡和拉美一些经济体的具体发展过程所证实。我国台湾、韩国、新加坡在50年代，拉美一些国家在60年代分别推行进口替代战略。进口替代是以本国或本地区市场为对象，以强有力的保护主义为前提，在工业发展的初期阶段，这种进口替代工业同本国或本地区的市场、居民消费水平基本上是协调的。但随着进口替代的深入，经济发展也就受到内部市场规模和资源的限制，同时也不能有效地利用别国的经营管理经验和技术成果，因而增长速度明显放慢，甚至出现停滞现象。

这在拉美国家还引起了严重的社会动荡。我国台湾、韩国、新加坡则从中吸取了教训，从60年代开始实施外向型开放经济发展战略，采取放宽贸易保护政策，减少关税，放松外汇管理等措施，这对促进他们经济起飞所起的重要作用是广为人知的。近几年拉美许多国家也转向实行开放政策，经济也有了明显发展。

以上事实说明：外向型经济更能适应当今世界联系加强的客观要求。发展外向型经济的实质所在，就是使一国经济与整个世界经济紧密联结起来，实行对外开放，一方面，取人之长，补己之短，通过引进国外的先进技术、管理经验和资金，使本国经济迅速发展；另一方面，通过国际交换，部分参与国际分工，并按国际惯例在世界经济体系中进行活动，以推动全球经济的发展。

树立全球意识，具体说来，就要树立国际大科学观、国际大市场观、国际大贸易观、国际大生产观和国际竞争风险观。

1. 树立国际大科学观

半个多世纪以前，德国科学家E·费歇指出："不管你们喜欢不喜欢，科学是并且永远是国际的。"[②]费歇的这个论断，今天已成为世界各国普遍接受的"国际性原则"。现代已经进入了一个国际大科学时

① 转引自乌杰：《邓小平思想论》，42、43页，北京：人民出版社，1992年。

② 转引自《爱因斯坦文集》第3卷，22页，北京：人民出版社，1984年。

代。在这个时代，所提出的许多科研课题往往是超出了一个国家范围的大课题，像天文、气候、海洋、环境、生态、粮食、疾病、人口、宇航等等，都是国际规模的大问题。它需要各国的、不同学科和不同文化背景的科学家通力合作，共同研究。为了进行这种研究，它就必须通过最现代化的洲际通讯设备，向全世界数以千计的数据库调研资料和数据，各国必须为这种全球性的科研课题提供有力的物质基础和经济后盾，从而才能与世界各国共享这种科研的成果。因此，只有提高积极参与意识，加强科学的国际交流和研究，才能利用国际的科研成果为我国的现代化服务。

2. 树立国际大市场观

在封闭的经济体系中，我国的发展战略和经济布局以及生产、流通、贸易等的决策，主要是以国内资源的稀缺程度和国内市场的状况为基本依据的。树立国际大市场的观点，就是不仅要利用国内资源，而且要利用国外资源；不仅要面向国内市场，更要面向国际市场，要使国内市场与国际市场相接轨，要依据国际技术经济发展趋势和国际资源供给状况来进行生产决策和商品营销。

3. 树立国际大贸易观

在国内市场与国际市场接轨以后，要充分利用这种条件，实行商品的大进和大出。

所谓大进，就是从国外进口国内需要的原料、成品、半成品和技术，只要效益好，能偿还债务或外汇能够平衡，就可以用进口来弥补我国的不足。另外，有选择地开放国内市场，引进竞争，这样既可以促进国内产业结构的调整，加快产品升级换代，最终达到扩大出口的目的，又能适应国际上对我开放市场，扩大进口的要求。

扩大进口，除了是满足国内的消费需要以外，主要是为了扩大出口。或者说，大进是为了促进大出。大出包括原料、半成品、成品、技术和劳务的出口。实施出口导向战略，应该借助于出口需求扩大的拉动作用，提高工业制成品特别是附加值高、深加工产品的竞争能力。有条件的企业一定要千方百计打入国际市场，在国际竞争中提高自己，发展自己。暂时还没有条件进入国际市场的企业，也必须瞄准国际市场，完善自我。

4. 树立国际大生产观

所谓国际大生产，就是实现生产的国际合作与共进，或者说，以国际规模实行生产的分工协作。

比如，美国福特汽车公司生产的拖拉机，它在比利时的工厂生产传动装置，在英国的工厂生产引擎和泵压装置，在美国的工厂生产变速齿轮系统，然后相互提供部件，装配成完整的拖拉机。第二次世界大战以后，特别是20世纪70年代以来，这种“国际性综合产品”（全部或部分由外国制造的部件组装而成的产品）风行于世，且日趋发展。这种产品集中了各国的技术优势，因而有着强大的国际竞争能力。在前一些年中，为了克服“大而全”“小而全”这种经营方式的局限性，我国政府提出了发展横向经济联合的战略主张。联合出优势，联合出效益，这已经为我国现代化建设的实践所证实。

树立国际大生产观，就不仅要实现国内的经济联合，而且要创造条件实现国际的经济联合。就是要在国际范围内，通过分工把各种优越的条件，科学地组织起来，巧妙地运用起来，集众家之长，形成一个完整的经济优势。在这一方面，我国的一些企业还处于试探或起步阶段，还大有可为。

5. 树立国际竞争风险观

我国经济走向国际市场，特别是在恢复关贸总协定缔约国地位以后，一方面对我国加速发展步伐，具有十分美好的前景；另一方面，也存在不少不利因素，将会面临更加激烈的竞争。有竞争，就有风险，竞争愈激烈，风险也会愈大。

在国际竞争中，我国企业所面临的对手主要不是国内同行，而是更强大的跨国公司。国际竞争是强对强的竞争。小规模、成本高的产品很难挡得住发达国家大规模、低成本的产品，有些企业甚至因竞争不过国外企业而倒闭。我国产业组织结构的一个显著特点是：小企业多，企业规模水平不高，绝大多数企业在规模经济起点之下。

拿汽车工业来说，世界上汽车工业最低的规模经济产量是100万辆。我国目前共有700家汽车生产厂，年产量60万辆，还不如国外一打生产线。由于规模经济水平低，产品价格高。国外普及型家庭用车一般在4000美元左右，合人民币2.5万元。而国产车最便宜的天津“夏利”也要卖到5—7万元。这样的价格水平很难跟国外产品竞争。

因此，我们必须把自己的优势集中起来，形成“拳头”，组建一大批自己的跨国公司，与国际大跨国公司展开竞争，并在竞争中不断发展自己，壮大自己。这是第一。

第二，必须开发高新技术，和高层次引进技术，取得与发达国家相当的竞争条件。我国是发展中国家，资源、劳动力丰富，技术水平和经济实力相对落后。因而国际分工的结果，我国的生产资源、劳动密集型产品的企业将具优势，而对生产技术、资本密集型产品的企业将十分不利。在高新技术领域，国际竞争将特别激烈。我们可以利用后发性优势，一方面发展高新技术；另一方面，引进高层次的技术装备，从而使我国的技术水平和产品档次跳过几个层次，直接达到或接近当今的世界先进水平。这样我们才能具备与发达国家的企业相当的竞争条件。

第三，加强国际信息工作。广泛搜集和及时了解国际科技信息、国际市场信息、国际贸易情报、国际贸易统计资料和国际生产信息等等，这对于提高我国各方面决策的准确性，提高我国企业对国际市场的适应能力和竞争能力，都是极重要的。为此，我们要建立与世界各地紧密的信息网络；加强与驻国外机构的信息联系；以参股等形式与外国一起建立咨询公司。要通过多种形式，包括报纸、刊物、广播、电视等新闻媒介，宣传国际知识，传播各种国际信息，以提高国人的全球意识，提高我国企业参与国际经济活动的水平。

总之，认清世界一体化的客观历史趋势，树立全球意识，坚持对外开放的方针，吸取和利用世界各国包括资本主义发达国家所创造的一切先进文明成果，才能在中国实现社会主义现代化这一宏伟而艰巨的目标。

珍惜青春*

今天来参加97级新生开学典礼，我感到很高兴。在部队上，有这样一种说法，叫铁打的营盘，流水的兵。其实，学校何尝不是这样。每年夏天，老生离校，带走了知识和期待，也留下了离愁与别绪。然而临到秋来，新生入校，又一番景象，全校上下，忙忙碌碌，欢声笑语，人们像过节一样，欢乐兴奋。正是带着这样一份好心情，我对新同学的到来，表示真诚的祝福，祝福你们开始了一段新的、富有魅力的人生旅程。

新入学的大学生、研究生们，看着你们一张张生动的、充满朝气的脸，我的心情既激动，又感慨。激动的是，我们的事业后继有人，大有希望；感慨的是，和你们一样：我也曾年轻，也曾风华正茂过。然而，经过几十年的风雨征程，我已不再年轻，青春早已不再属于我。回首往事，我既赞颂青春的美丽，又感叹年华的易逝。青年朋友们，珍惜青春吧，它可以为你的一生打下坚实的基础；如若不然，也可能落下终身的遗憾。

同学们，大学是人生中一段特定的学习、积累和准备的时期。要修炼品格、学好知识、发展智力、培养才能，准备在社会上安身立命，有所作为。

关于修炼品格，这里有四条基本要求。既然是基本要求，也就是层次不那么高、不那么闪亮。但不高不等于不重要。没有基础，何来高楼。比如，拿爱来说，一个人如果连自己的父母都不爱，又何来爱祖国、爱人民。因此，我主张先从基本要求做起。

这四条基本要求：

一是简朴。就是不乱花钱，注意节约。中学时，你们手里的钱不

---

* 在1997年全校迎新大会上的讲话。此次收入文集，文字上作了修改。

多，只有少量零花钱。现在上大学了，出门在外，家里或穷或富，父母总得给你们一笔不少的钱。相对于中学，你们手头可是阔绰多了。但是不管手上钱多钱少，这些钱不是你们挣的，而是父母给的，乡亲送的。这钱是不能乱花的。要养成简朴而高雅的品格。大手大脚是粗俗的表现，不值得效仿。何况，家里的钱，特别是一些贫困家庭的钱，来得不容易。养成简朴的习惯，能吃苦，你将终身受益。

二是感恩。考上大学了，主要是你自己努力的结果。但不要忘记，除了你自己的努力以外，很多人帮了你的忙，这样才成就了你的大学梦想。这里有父母、老师、同学的关心，还有我们这个时代，你生活的祖国给你提供了条件。所谓感恩，就是要让你的父母亲因你而满怀希望，你的乡亲因你而津津乐道，你的祖国因你而增添力量。说到底，就是不要辜负祖国和人民，走正道，有出息，成为对社会有用的人。

三是阳光。阳光，就是乐观向上。通常而言，人们企望一路顺风，可往往路途曲折；人们追求幸福，可常常遭遇烦恼。没有上大学前，一心向往上大学，可上了大学以后，又会碰到许多不习惯、不适应，还会遭遇不少烦心事。何况，大学教育天生就有缺陷，虽然不断弥补，但仍不可避免。其实，何止大学，我们这个世界本身就不完美。因此，不能用玫瑰色描绘这个世界，也不能用玫瑰色描绘大学。不过，这个世界，包括我们这个大学虽不完美，但仍美丽。可以说，我们的国家，我们安徽师大现在都处于历史上发展最好的时期。至于个人的一些困难，扛一扛总能过去，哪有爬不上去的高山，趟不过去的河流？

四是守规矩。我们生活在一个日益制度化的所谓法治的时代。不管你愿意不愿意，高兴不高兴，都得遵守制度。这制度就是规矩。这规矩并不是纸上的或墙上的东西，它有杀伤力，是不能逾越或不可触碰的。有些刚入学的大学生，不知深浅，不知规矩的厉害，有人旷课，有人考试作弊，还有人做了别的违规的事，结果搞得不可收拾。从多年的情况看，一年级新生摊上事的比例比高年级高许多。因此，我劝同学们，不要把规矩不当回事，要学规矩、懂规矩、守规矩。

上面谈了四点基本要求，归根到底，要守住自己。我们现在处在一个五彩缤纷，但又诱惑甚多的时代。它挑战着人的德性、操守。如果你缺少自律，或者怀有侥幸心理，那你就会惹上麻烦，甚至大麻烦。要守住自己，必须拒绝机会主义，老老实实做人。这里需要道德、真诚，有时还得有点血性。

除了老老实实做人以外，还得认认真真为学。

谈为学，可能有的新生不以为然。他认为，自己从小学到大学，都学了十几年了，不仅如此，还久经考场，因而还有必要再听你唠叨吗？

我认为，不仅有必要，而且很有必要。因为中学是基础教育，大学是专业教育；中学是对既有知识的理解性教育，大学主要是对未知知识的探求性教育。中学学习强调埋头读书；大学学习除了要埋头读书以外，还要求东张西望。所谓东张西望，就是要了解最新学术动态，要走进学术前沿。中学学习强调理解与记忆；大学学习强调质疑和追问。因此，大学学习和中学学习差别很大。

因此，从中学到大学有一个学习方式转变的过程。按照以往的经验，这个过程大体要经过一学期到一学年。当然，也有少数人，或个别人，到大四年级，也没有实现这个转变过程。这种人大体也只能作退学处理。

如何实现这个转变呢？

1. 要培养专业兴趣。尽管你报考了××专业，其实你在填报高考志愿时，对该专业并不太了解，或者说，这个专业压根儿不是你选的，而是家长选的，或中学老师选的。那怎么办呢？既来之，则安之。因为专业兴趣是可以培养的。为此，你要注意了解该专业的特点，它的社会价值，以及前辈学人和系友的成就。另外，可以与专业老师和高年级学长交朋友，他们是过来人，你一定会从他们那里获得不少帮助。

2. 掌握基本知识，打好专业基础。每个学科都有它的“道”和“术”的两个方面。道是术的理论基础，术是道的功能发挥。任何学科都有它的基本理论，不然就不能称为学科。任何学科都讲究理论的运用，这就是它的“术”的方面。当然，不同学科，上述二者的比重不同。比如计算机专业，“技”的比重就比较高，当然也有计算机专业的“道”。哲学这门学科则主要是讲“道”，但也有术，即哲学如何运用的方面。一般说来，“术”有实用价值，而“道”没有。但道有驭术之价值。对于学习者来说，掌握了“术”，就等于有了技术、技巧、技能之类的东西。掌握了“道”，就意味着具有了价值追求、认知视野、思维路向、应然规范之类的东西。因此说，掌握一门学科的基本理念和知识，也就是掌握了这门学科的“道”，其成长的空间会更开阔，其前途会更远大，更可能成就一番事业。因此，我劝同学们，练好专业基本功，不要急功近利，弃道而就术，如果那样，也就目光短浅了。

3. 要有学习规划。一学期要看几本书（专业书、或解决专业问题的书），要看多少篇专业学术论文，要有一个规划。要逼着自己跑图书馆，跑阅览室，要逼着自己去听学术报告，要向老师、同学请教，不懂不要装懂，要克服盲目自满和投机取巧的不良心态。要勤奋，不要偷懒。

4. 要做读书笔记。不仅要认真读书，而且要认真思考，要把书上写的将来可能用得着的材料记下来，要把自己读书的心得体会记下来。不要怕麻烦，一步一个脚印，循序渐进，去不断充实、丰富自己。

如前所说，这里所提出的要求都是低层次的。同学可能会问，高层次是什么？我以为，所谓高层次：一是攀登科学高峰的学术境界；二是奉献爱心和真诚的人间情怀。

总之，我希望在座的诸位大学生、研究生，在做人和为学上，事不避难，义不逃责，勇于担当。这样，才既无愧于父母的养育之恩，又无负于国家的殷殷期望。

守望大学精神*

教师节是广大教育工作者的节日。

社会劳动分工的发展，社会职业成千上万。然而在全世界的许多国家中，只为两种职业的从业人员设立了节日，一是为从事医疗护理工作的护士设立了护士节；二是为从事教育工作的教师设立了教师节。

迄今为止，为什么只给这两种从业人员设立节日呢？我以为，这是因为这两种职业都体现了人间博大的爱。护士的工作所体现的是对生命之爱；教师的工作所体现的是对科学之爱、道德之爱。温家宝总理前不久到北京某一中学看望师生，说没有爱，就没有教育。我认为，所言极是。

学校，特别是大学，为什么在人们的心目中有崇高的位置，为什么会成为广大青年的向往之地，说到底，是因为大学是科学的殿堂，是道德的高地。为了履行好大学的社会使命，大学教师应讲究道德文明。在其中，师范院校更应追求“学高为师，身正为范”。

前一段时期有人发表文章讨论大学精神，讲了许多条。在我看来，大学精神是历史发展的概念。不同时代的大学有不同的使命，其所体现的大学精神也不同。就现代大学的使命来说，其精神主要有两条：一是维护科学尊严；二是维护道德尊严。所谓维护科学尊严，就是遵照科学的要求，独立思考、追求真理、自由讨论，说到底，就是维护大学的学术自由。所谓维护道德尊严，就是在真理的召唤下，对国家乃至全球社会的变革和发展做出力所能及的贡献，说到底，就是体现大学的社会关怀。正因为有了这样两个维护，大学才成了学术的殿堂，道德的高地。

诚然，一所大学并不必然具有大学精神。也就是说，大学精神需

---

* 2009年在安徽师范大学教师节座谈会上的发言。

要培育、维护。离开了这“两个”维护，也就会斯文扫地，也就无所谓大学精神。

然而，这种斯文扫地的事件，在最近若干年中时有耳闻，学术违规，学术造假，学术剽窃已形成一种歪风邪气。应该为人师表的一些副教授、教授，应该作为教育家的一些副校长、校长涉足其中，丑闻迭现。

前一些年，中国高校的不少领导忙什么呢？忙着上层次，把专科办成本科；忙着搞基建；忙着搞扩招；忙着跑北京争项目。这些工作都要忙，要争，但忙这些工作的同时，不能忘了大学的精神，不能丢了大学的灵魂。我们作为大学教师，作为副教授、教授，要像爱惜自己的眼睛一样，爱惜大学的声誉；要像维护自己的生命一样，去维护科学的尊严、道德的尊严。这是大学的前途所在，也是国家的希望所在。

读书对文化发展的重大推动作用*

实践是认识，也是人类文化形成的基础。书本是实践经验的总结和总和（当然，那些玷污人类尊严，败坏社会风气，损害人身心的书籍除外）。读书作为一项认识和文化活动，自从在人类实践基础上产生以后，它对于人类认识和文化的发展，发挥着愈来愈大的作用。本文试图就这一问题进行探讨，以就教于学术界。

一、书本是人类文明积累和发展的重要手段

在人类的历史途程中，是先有劳动，然后在劳动基础上产生了语言，尔后又在劳动和语言的基础上，产生了文字和书籍。因此，书籍的价值必须从其与劳动、语言的联系与比较中来探求。

马克思主义认为，劳动是人的最本质特征。劳动指的是人的体力与智力的一般支出。在劳动过程中，人的种种本质力量才被唤醒起来，激发起来。从而使人远远超出于动物之上。

人类劳动之所以会具有如此伟大的意义，其主要原因是人类能够正确地认识世界。正如列宁所说："在人类实践中表现出来的对自然界的统治是自然现象和自然过程在人脑中客观正确的反映的结果。"①

那么，人的意识是怎样产生和发展起来的呢？这个大的轮廓可以描绘为。

科学证明：意识的产生，不是神灵的启示，也不是头脑的天赋生成，它是一个长期的、复杂的辩证发展过程。许多材料已经说明，高等动物已经具有了意识的萌芽。人的祖先是森林古猿，人的意识是从动物的"畜群意识"发展而来的。而由动物萌芽状态的意识发展到人

* 原刊于《晋阳学刊》，1983（1）。

① 《列宁选集》第2卷，153页，北京：人民出版社，2012年。

的意识，其决定的因素是劳动。

例如，在本能地使用天然工具挖掘地下块茎时，有些古猿偶然发现有尖端的木棒和石块，使用起来效果比较好，于是第一次认识到工具的作用及其对自己生活的关系，从而产生了制造更适合的木棒和石块的愿望。就在这个从使用“天然工具”到学会制造工具的漫长过程中，人的意识获得了最初的激发。从此以后，人类意识就在与人类劳动的相互作用中，加速地发展起来。

不仅如此，按照恩格斯的说法，在人类早期互相帮助共同协作的劳动过程中，需要交换意见，“已经达到彼此间不得不说些什么的地步了”[①]由于这种需要，发音器官在长时期的引动中逐步得到改造，并在高级神经系统进一步完善的过程中，产生了语言。从此，人的声音才与自然界的兽叫鸟鸣根本区别开来。

语言的产生对人类认识的意义是极为巨大的。

第一，语言是表达思想的工具，思想一旦借语言表达出来以后，作为一个新的信号系统，即巴甫洛夫称之为第二信号系统的产生，又反转过来刺激和促进头脑、神经的发达和认识的发展。马克思说：“思想、观念、意识的生产最初是直接与人们的物质活动，与人们的物质交往，与现实生活的语言交织在一起的。”[②]

第二，语言是交流思想的工具，有了它，才可能把人们在物质活动和物质交往中形成的个人经验变成社会经验，也就是说，才有可能在个人意识产生的基础上，通过悟言的交流，形成社会意识。

语言的产生是社会意识形成过程中极为重要的一环。在这个意义上说，没有语言的产生，也就没有社会意识的形成。语言作为劳动的产物，是人区别于动物的一个重要特征，它和劳动一起是人脑产生和人类意识形成的两个主要推动力。

但语言作为表达思想和交流思想的工具，有它的局限性。这表现在：时间的短暂性和空间的狭隘性。特别在以嘴巴作为唯一通讯工具的时代，这种局限性就更加突出。在我国古代，劳动人民在生产中获得的许多生产经验和技能，就是因为囿于以语言形式父子相传、师徒相传，而最后失传；或在当时虽有文字记载，后因书籍散失而失传，

① 《马克思恩格斯选集》第4卷，376页，北京：人民出版社，1995年。

② 《马克思恩格斯选集》第1卷，72页，北京：人民出版社，1995年。

因而造成了文化上巨大的无达弥补的损失。

为了克服语言的局限性，在长期的社会实践中，作为记录和传达语言的书写符号——文字出现了。人们用文字在一定材料上把思想、知识记载下来，这就成了书籍。文字的产生是人类进入文明时代的基本标志之一。

公元前25世纪，古埃及人是把文字写在纸草（芦苇的一种）上。两河流域的苏美尔人是把文字写在润湿柔软的泥版上（小亚细亚的凯尔地区，发现了熔土块土有尖笔写的文字，写此字时约为四千年前，现存英国博物馆）。我国到目前为止发现最早的文字是写在甲骨上的，故称为甲骨文。春秋到两汉，人们在简、帛上写书，称为简策、帛书，后来分别作为我国古代四大发明之一的造纸术和活字印刷术的发明，光泽五洲，对我国文化和世界文化的发展，则是起了无法估量的巨大推动作用。

书籍作为传播思想，传播知识和积累文化的手段，作为发展人类认识和文化的手段，有如下几个重要特点。

1. 书籍对思想和知识的传播不受时间的限制。书可以长期保存，还可以一版再版。正因为如此，所以书籍是沟通古今的桥梁，正如陶渊明所说："得知千载外，正赖古人书"（《赠羊长史》）。

2. 书籍对思想和知识的传播不受空间的限制。书籍可以携带、运输、翻译等。因此，书籍是一地、一国人民吸收别地、别国文明的渠道之一，是长距离联系人们的纽带。

3. 书籍所表达的思想、知识，是经过加工整理过的思想、知识，它比原先存在于头脑中的思想、知识，也比用语言表达出来的思想、知识，去掉了不少粗糙性和杂乱性，多了一些精密性和条理性。

4. 书籍作为思想和知识的储存手段和积累手段，它既是人类过去文明的总结和总和，同时又是人类文明今后发展的基础和阶梯。

有人会问，强调书本对于认识的重要作用，与强调实践对认识的重要作用矛盾不矛盾呢？应该说，是不矛盾的，在根本上是一致的。

实践是认识的来源，无疑是要坚持的。不过，这里所讲的认识，是认识的总体，它不仅包括个人的直接经验，而且包括一切书本知识。这里所讲的实践也并非仅指个人或某一代人的实践，而是包括古往今来人们的一切实践活动。所以，人们通过亲自参加实践，获得直接经验，是重要的。同样，通过读书，吸取古人和别人在实践上获得的知识，也是重要的。如果这样做了，那就不是狭隘，而是全面地，不是机械，而是辩证地坚持了实践是认识的来源这一马克思主义认识论的基本原理。

因为，书籍归根到底是在实践基础上产生的，是对人类实践经验的概括和总结。书籍的作用正是实践的作用在人类历史行程中的进一步引申和扩展。没有社会实践，既不能获得作为书籍内容的思想材料和知识材料，也不能产生和获得书写的文字符号及文房四宝等物质材料。在这个意义上说，书籍的价值不过是劳动价值的深化的结果。

但是另一方面，书籍的产生过程又是与实践过程不同的另一过程，它是借助于一定的物质材料把实践以思想形态和知识形态表达出来、积累起来的过程。如果没有这个过程，人类就不会从野蛮走向文明，更不用说人类文明会发展到今天这个样子。

正因为如此，所以我们既要强调亲自实践，也要强调认真读书。读书不仅对个体认识和文化素养的提升，同时对社会认识和社会文化的发展也都是有重大意义的。

二、读书是获得间接经验的主要来源

人的认识和文化活动，既是集体的，社会的，也是个人的，二者是相互依存，相互促进的辩证统一。列宁曾强调过，不能不研究个体的认识，因为认识是从个别开始的。

对于个人认识的发展来说，读书是重要的。

第一，只有大量读书，才能在认识和文化上赶上前人。

一个人从胚胎发育到呱呱落地，早在母体中重复了从单细胞动物到人类这样一个生理过程。那么，从婴儿到大学毕业，或取得相当于大学的学历，则是重复了从原始人到现代文明人这样一个生理、心理，尤其是智力发展过程。第一个过程，是十个月跨过了几十亿年；第二个过程，则是二十多年跨过了几十万年。

人的认识和文化是怎么会在二十多年中跨过了几十万年的呢？

（1）人脑经过几十万年的发展，已经积累了实现这样跨越的物质条件。现代人脑是高度完善、高度发达的。每一个人脑都是一个巨大的智力资源。据估计现代人脑大约有几百亿个神经元，相当于一台10^{14}或一百万亿个开关的电子计算机。但是这巨大的智力资源需要开发，如果不开发，那这个人就跟动物差不多了。世界上发生的好几起狼孩的事件，是很能说明这一点的。智力怎样才能得到开发呢？这就是下面要讲的二三两点。

（2）人在社会中长到二十多岁，对人类在几十万年中积累起来的物质文明已经有了相当的接触，参加了一定的实践活动，具备了一定的直接经验。这种直接经验的获得，对于个体认识和文化的形成和发展，意义是重大的。但由于个体实践的狭隘性，也就决定了个人在这种实践中所获得的直接经验的狭隘性。也就是说，直接实践对于个体智力的开发是重要的，但是这种开发还仅仅是初步的、不充分的。

（3）要使个体的智力得到充分的开发，就必须把个体狭隘的实践，和丰富的人类实践相结合，把个人的直接经验和丰富的人类经验相结合。而要获得几十万年以来人类所创造的知识和文化，其主要途径是读书。所以人在二十多岁以前，必须集中地、系统地、大量的读书学习，接受教育。通过书本的学习，借助于初步的直接经验，才能掌握人类几十万年以来所创造的知识。这一过程也就是个体的智力得到充分开发的过程。

在这一过程中，必须有起码的直接经验做基础，否则书本上的知识是不能被理解和掌握的，当然更谈不上得到检验、修正和发展。但如果只有直接经验，而不去从书本上获得大量的间接经验，那就不可避免地会目光短浅，孤陋寡闻，知识褊狭。愚昧往往是由无知产生的，相反，智慧则和知识联系在一起，而大量读书才能获得丰富的知识。也就是说，只有大量读书，才能在认识上赶上前人，才能避免前人经过的那些漫长的艰难的摸索过程。这是第一。

第二，只有大量读书，才能在认识和文化上超过前人。这可从三个方面来说明：

（1）人们只有借助于对书本知识的掌握，才有助于在实践中获得新的感性认识。

感性认识和理性认识，在认识程度上是有质的区别的。但它们又是相互联系、相互参透的。感性认识包含有理性认识的因素，是理性认识的基础，但理性认识一旦形成，又会对获得新的感性认识发挥指导作用和中介作用。

例如，具有天体运动方面知识的人比不具备这方面知识的人，在天文观察中，获得新发现的可能性要大得多。又如，听一首好的曲子，有音乐知识的人的耳朵，比没有音乐知识的人的耳朵，所感受到的内容的丰富程度是不一样的。这是因为原有的知识，其中主要是通过读书获得的书本知识，为新的感性认识的获得提供了理解基础。正如毛泽东所言："只有理解了的东西才更深刻地感觉它。"①

（2）人们只有借助于书本知识的掌握，才能获得丰富的事实材料。

毛泽东在《实践论》中曾指出：由感性认识上升为理性认识的一个重要条件是"感觉的材料十分丰富（不是零碎不全）。"②感性的材料怎样才算十分丰富呢？这当然要视所研究的问题的性质而定。如果所研究的是一个涉及相当广阔的问题，那么要获得丰富的感性材料，除了要花气力参加实践和进行调查研究外，还必须大量阅读有关方面的书籍，从前人和当代人的书中去收集材料。

本质是在现象的共同性中概括起来的，规律是从现象的重复性中抽象出来的。我国卓越的科学家竺可桢，之所以能写成中外著名的科学论文《中国近五千年来气候变迁的初步研究》，除了因为他在几十年中对气象选行了辛勤的观测以外，还因为浩瀚的中国历史文献为研究我国古代气候提供了极为有利的条件。正是由于大量的历史文献极大地帮助了他揭示中国历史上气候变迁的情况和规律。

马克思之所以能"把各国的制度概括为一个基本概念，即社会形态"，除了他参加了当时的实践活动以外，还由于他博览群书，学识渊博，通晓许多国家的历史和现状，这样也才从大量的历史和现实的材料中，"发现各国社会现象中的重复性和常规性"，从而形成了社会形态这一概念。"只有这种概括才使人有可能从记载……社会现象进而以严格的科学态度去分析社会现象"。③

由此可见，要研究一个问题，特别是要研究一个较为复杂的问题，对之要获得新的见解，如果只有自己的实践经验，而很少间接经验，特别是不从书本上获得间接经验，那么也就难于掌握十分丰富的

① 《毛泽东选集》第1卷，286页，北京：人民出版社，1991年。
② 《毛泽东选集》第1卷，290页，北京：人民出版社，1991年。
③ 《列宁选集》第1卷，8页，北京：人民出版社，2012年。

事实材料，就难于发现现象的共同性和重复性，也就难于抽象出事物的本质和规律，从而也就难于实现认识的第一个飞跃。泰勒说："具有丰富知识和经验的人，比只有一种知识和经验的人更容易产生新的联想和独到的见解。"[①]这话是很对的。

（3）只有借助于书本知识的掌握，才能在认识上继承和超越前人。

任何新学说，就其内容来说，是深深根植于现实生活的土壤之中的，而就其理论形式来说，则表现为对原有理论的继承和发展。人类的认识是一股不断的流水，温故才能知新，继往方可开来。"科学思想是科学以前思想的一种发展"。[②]牛顿说他的见解能超越前人，是因为他站在前辈伟人肩上的缘故。应该说，这里所概括的，不仅是他一个人的经验，而且也是对历史发展中一切超越前人的后来者的成功经验的集中说明。

《天体运行》的作者哥白尼，在1496年至1506年间，曾求学于意大利，到过罗马、维也纳等城市，几乎读完了这些地方所收藏的全部数学和天文学书籍。《本草纲目》的作者李时珍，在35岁以前，就几乎读遍了前人的医书。达尔文的进化论就是在吸取布丰、林奈、拉马克等科学家的研究成果的基础上创立的。马克思主义也是对德国古典哲学、英国古典经济学和法国空想社会主义的批判继承和进一步发展。

据统计，从公元600年到1960年，共有1243位科学家和发明家做出了1911项重大科学发明创造。大多数人在30岁左右即开始作出重大发明创造。40岁以前即作出第一项发明的创造者占三分之二，约有百分之六十的重大发明也是在40岁以前做出的。这就是说，中年是科学家发明家取得成果的黄金时代。之所以是这样，是因为人到中年，除了在经验的积累方面，同时在书本知识的积累方面都趋于比较成熟的状态。

有人把接受前人知识的时期称为"继承期"，而把创造发明的时期称为"创造期"。那么可以说，科学家发明家在少年、青年时代，读书学习，接受教育，到了中年正是"继承期"进入后期，"创造期"进入最盛的时期。可以说"继承期"是"创造期"的必要准备，"创造期"则是"继承期"的必然趋势。诚然，继承并不等于创造，但是要创造

① ［英］贝弗里奇：《科学研究的艺术》，陈捷译，58页，北京：科学出版社，1984年。

② 《爱因斯坦文集》第1卷，257页，北京：商务印书馆，1976年。

必须要继承。

总之，读书是认识个体获得间接经验的主要来源，是个体认识赶上前人的一个主要途径，同时也是个体认识超越前人的一个必不可少的重要条件。因此，一切有志者，要成就事业，就既要勤于实践，也要勤于读书，二者不可偏废。尤其是青少年，正处于长知识的时期，更应该珍惜大好时光，勤奋读书，为将来替人民建功立业打下一个坚实的知识基础。如果他们这样做了，这就是我们伟大祖国、伟大民族的希望之所在。

三、读书风气的形成是民族文化勃兴的先导

如果说读书是个人认识发展和成才的重要条件，那么读书风气的形成与否，则是一个关系民族、国家以至整个人类的认识和文化发展和社会进步的大问题。

在人类历史上，某一民族、某一国家在某一时期内文化的勃兴，虽然都以一定的经济、政治为条件，但就其表现形式来说，大致都是以读书风气的形成开先导，相反，文化的衰落，也都是以焚书、禁书、坑儒等等为征候。

欧洲中世纪，即5—15世纪，史书上称为“黑暗时代”。在这个时代，基督教神学威临一切，“它把古代文明、古代哲学、政治和法律一扫而光”。[①]科学被说成是对上帝的污辱，读书被认为是邪恶的来源，于是整个欧洲被淹没在漫漫的黑夜、无知的荒野之中。15世纪下半叶，以意大利为中心的欧洲文艺复兴运动，是驱除中世纪黑暗的曙光。这一运动是欧洲新兴资产阶级继承、借鉴和利用古希腊、古罗马的古典科学文化，在意识形态领域对封建主义和宗教神学的一次革命。这是近代历史上第一次伟大的资产阶级思想解放运动，这场革命使意大利的科学文化出现了前所未有的繁荣时期。

为了继承、借鉴古人，当时人们译书、抄书、藏书、读书，蔚为风气。在当时，能买到一本古代手稿原本，则被视为莫大的幸事。不

① 《马克思恩格斯全集》第7卷，400页，北京：人民出版社，1959年。

少人不惜身负重债而增加藏书或请人抄书。[①]在某种意义上可以说，如果没有这样一种读书风气的出现，也就不会有文艺复兴运动的兴起。

我国现代历史上的“五四”新文化运动，是我国的第一次马克思主义的思想解放运动。这一运动的影响至今还恩泽着我们整个民族。它的掀起不是偶然的，如果仅从表现形式来说，它是从1840年鸦片战争失败那时起，逐渐掀起的读书运动发展的必然结果。毛泽东在《论人民民主专政》一文中，描写了当时先进的中国人通过读书寻找真理的艰难过程。“那时，求进步的中国人，只要是西方的新道理，什么书也看，向日本、英国、美国、法国、德国派遣留学生之多，达到了惊人的程度。国内废科举，兴学校，好像雨后春笋”。[②]然而，帝国主义的侵略，打破了中国人学习西方的迷梦，十月革命一声炮响，给我们送来了马克思列宁主义，先进的中国人又开始了一个“猛看猛译”，学习马克思列宁主义的热潮。可见，“五四”新文化运动首先是一个读书运动，一个马列主义的宣传学习运动。

在人类历史上，读书风气形成与否，其广度和深度如何，是衡量一个社会文明程度的标志之一。然而从总的历史发展趋势来看，读书风气总是从垄断文化的上层逐渐吹向社会的下层，突破狭小的圈子而愈来愈广泛地普及于平民百姓的。这就使得书籍对人类认识和社会文化的发展愈来愈发挥着巨大的作用。

1844年，恩格斯说：“科学的发展则同前一代人遗留下来的知识量成比例，因此在最普通的情况下，科学也是按几何级数发展的。”[③]以后又说：“科学的发展从此便大踏步地前进，而且得到了一种力量，这种力量可以说是与从其出发点起的（时间的）距离的平方成正比的。”[④]因为书籍是知识积累的主要手段，所以也可以说，可供研究的藏书量与科学的发展是成比例的。

在这一方面，美国和苏联学者进行了一些很有意义的工作。美国弗里蒙特·赖德在1944年开始，而由德里克·普赖斯在其《巴比伦以来的科学》（1961）一书中完成的工作，以科研图书馆藏书、科学杂

① 参见［瑞士］雅各布·布克哈特：《意大利文艺复兴时期的文化》，何新译，183页，北京：商务印书馆，2010年。

② 《毛泽东选集》第4卷，1469页，北京：人民出版社，1991年。

③ 《马克思恩格斯全集》第1卷，621页，北京：人民出版社，1956年。

④ ［德］恩格斯：《自然辩证法》，8页，北京：人民出版社，1971年。

志、学术论文等指标作统计，得出了科学知识按指数增长的规律。[①]这是对恩格斯上述发现的证实，而且是在量的方面的进一步具体化。苏联彼得洛夫提出："按任何一种计量特征（文章、杂志的数量，科学家的人数等）在三百年期间科学的发展每隔十年至十五年增长一倍。"[②]美国学者肯尼斯·O·梅根据自己的研究，认为科学每隔28年增长1倍。

不过，由于社会现象的复杂性，这种研究的结果要达到精确的程度是很难的。但是，有一点是确定无疑的，科学知识随着历史的发展，通过书本积累起来，积累得越多，基础越广泛和深厚，那么科学向前发展的可能性必然愈大。而把这种可能性变为现实的一个重要条件就是要读书，就是要形成浓厚的读书风气。不然，书籍数量再多，也是不能自动发挥作用的。所以，现在世界上不少国家都很注意对青少年进行书本知识的教育，注意发展教育事业。通过教育，接受、继承前人的知识，通过教育，开发智力资源。

四、培养全社会的读书风气

在社会主义条件下，人民大众第一次获得了读书的权利。社会主义社会给读书风气的形成和发展，提供了过去任何一个时代都不可比拟的广阔天地。马克思主义是指导我们前进的锐利思想武器，它是总结无产阶级斗争经验的科学世界观，同时也是继承了人类历史上一切先进的文化遗产，而构成的科学理论体系。因此，学习马克思主义就必须要认真读书。"只有了解人类创造的一切财富以丰富自己的头脑，才能成为共产主义者"。[③]社会主义社会是建立在社会化大生产基础上的社会，现代科学技术是社会化大生产的神经，要建设社会主义，必须认真读书，认真掌握科学文化知识。

因此，从根本上说，在社会主义社会中，书籍才获得了有史以来最大的价值，读书对于人的认识的发展，也才发挥了有史以来最大的作用。可惜的是，多年来，由于在我国的宣传工作和实际中存在着某

① 转引自查汝强：《科学与哲学论丛》，45页，南宁：广西人民出版社，1980年。

② ［苏］彼得罗夫：《哲学百科全书》第4卷，5页，北京：人民出版社，1961年。

③ 《列宁选集》第4卷，285页，北京：人民出版社，2012年。

种经验主义的片面性，不适当地强调从干中学，而忽视了向书本学习的重要性。与此相联系，在用人问题上，只重视工作经历和实际工作锻炼，而忽视学历和文化科学水平。上述片面性又和我国体制上某些弊端，例如终身制、家长制、权力过分集中等结合起来，于是在社会生活中出现了两种反常现象，一是轻视读书，鄙薄知识，排挤、压抑知识分子；二是迷信权力，以大老粗为荣，以外行自居。我国建设中的许多积弊都是与上述现象联系在一起的。

十年动乱中，“四人帮”鼓吹“读书无用论”，胡说“知识越多越反动”，把知识分子打成“臭老九”。于是，偌大的中国，书林凋敝，学园荒芜，文坛冷落，科学文化领域变成了一片沙漠，人们陷于极度的精神饥饿之中。无知意味着愚昧，意味着野蛮，这两点都在那段历史中得到了充分的说明。

今天，人民重新获得了读书的权利，学校里书声琅琅，书店里琳琅满目，自学成才者辈出，干部队伍知识化和专业化的程度正在逐渐提高，这些都是极为可喜的现象。但是要使读书成为全社会的普遍风气，还需要大家努力。

我们正处在为实现四个现代化而斗争的新时期。振兴中华，百业待举，人才是事业成功的关键。我们坚信随着全社会读书风气的逐渐形成，必将大大提高中华民族的文化科学水平，从而有助于四化建设的优秀人才大批大批地涌现出来。

青年教师如何站稳大学讲台*

在座的诸位是刚刚走上教学岗位的青年教师，是我们年轻的战友。在你们身上寄托着我们的希望，代表着事业的未来。这希望的实现，这未来的开辟，可以归结为一点，就是要当好一个大学老师。那么怎样当好一个大学老师呢？从业务角度来说，我认为要记住两句话：一是搞好教学是立足之本；二是搞好科研是发展之路。

搞好教学其中包含若干环节，比如上课、布置和批改作业、课外辅导、组织考试、教育实习等。我认为，其中最重要的是要上好课，也就是我们通常所说的要在讲台上站得住，站得稳。那么，上好课这里的“好”靠什么来检验呢？我认为主要依据是学生的评价。

一、学生评价是检测教学效果的主要依据

有人说，上课不难。这话对不对呢？应该说，这话没有错。在现实生活中，各色人等不都在上课吗？好的，差的，水平高的，水平低的。之所以会造成这种状况，一是体制问题，二是大学扩招。在中国，大学这样的事业单位，体制改革滞后，至今还没有形成用人的竞争机制。估计这种状况不会长久存在下去，总要改革。另外，大学扩招，教师相对不足。怎么办？只好不过分讲究上课水平，能有人上课就不错了。正是在这样的背景下，诸位刚刚毕业，在准备不足的情况下，被迫上阵，一来校就上课。这是不得已而为之。和任何事情都有两面性一样，青年教师提前上课，提前上岗，也就是提前得到锻炼。这是一方面，另一方面，确实也会因为准备不足，给青年教师本人，给教育质量、教学效果带来一些不利影响。这也是必须看到的。就上

* 原刊于《安徽商贸职业技术学院学报》，2006（4）。

课而言，可以讲两句话：一是，上课不难；二是，上好课很难。

什么叫上好课，我理解，这里的好与不好，不是自我评价，不是自我感觉良好，而是学生的认可程度。这里的学生不是个别学生，少数学生，而是绝大多数学生。

让学生去评价老师，国内许多高校已经做了多年了。但是仍有一些教师对这种做法持有不同意见。

归纳起来有这样三个方面：

一是让学生测评老师，影响为师者的尊严，即质疑这种手段的效用性。在我看来，为师者应该有尊严，过去批判师道尊严，这恐怕不对。师道如果不尊严，何以为师。大哥、二哥、麻子哥，彼此哥们相称，姐们相道，那怎么行？师道尊严，这里的师道是指老师之作为老师，对于学生来说，有他的规矩、要求，也就是按科学精神办理，按教与学的应有规范办事。在这里不通融、不苟且、不马虎。讲师道尊严，不是主张为师者在学生面前要收敛笑容，刻意严肃，也不是主张搞封建主义那一套，用打骂的办法对待学生，甚至把学生当敌人。这是两码事，不能混为一谈。

让学生测评，会不会影响教师尊严，不会的。我们都是从学生过来的，不管是否搞测评，老师一走上讲台，一开讲，学生就会在台下窃窃私语，评头论足。也就是说，老师天然就是学生评价的对象。测评不过是把这种私下的、自发散漫的、标准不确定的评价，变为公开自觉的、有组织的、比较准确的（量）的评价。

二是让学生测评老师，难道学生还会比老师高明，即质疑这种测评的可靠性。这样提问，看似有理，其实不然。一般而言，老师是比学生高明，比学生有能耐，不然就不会有“能者为师”之说，但是也不能把这一认识绝对化。在有些问题上，老师不一定比学生高明，在某些个别问题上，教师肯定不如学生高明。比如对教师讲课的评价上，学生的评价肯定比教师的自我评价高明。这里用得上中国的一句老话，“当局者迷，旁观者清”。就教师与学生一对一而言，教师可能比学生高明，就一个教师相对于众多学生而言，那就不一定，不然，怎么会说，三个臭皮匠顶个诸葛亮。

三是让学生测评老师，如果老师对学生要求放松，就能得高分，反之，只能得低分，因而质疑这种测评的真实性。这种情况不能说一点没有。但就我的体会而言，只要教师教学认真，对学生态度真诚，严格要求，但严而有度，一般不会引起学生的普遍反感。多数学生还是通情达理的。对此，国内有一所大学的教务处曾为此专门作了调查，统计结果发现，那些对学生严，对自己要求也严，又有学问的教师得分竟然最高；那些尽管对学生宽松，但自己讲课水平一般的教师，并不很受欢迎；得分最低的是那些不敬业、不负责，只顾自己在外面兼职的教师。用学生的话说："这些教师，把我们不当回事。"统计表明，90%以上的学生打分都能客观地反映教师的教学态度和教学水平。而国外高校这一统计得出的结果是80%。对外贸易大学校长陈准民先生认为，学生之所以对教师的评价能更加理性，是因为社会的竞争、就业的压力，使他们更加懂得对自己负责。为了防止少数学生的情绪化反映，对学生测验结果，一些高校采取了扣除5%的高分和5%的低分的措施。因此，就总体而言，学生的测评还是真实的。

基于上述三点分析，我认为教师的课上得好不好，学生标准应该是主要的、基本的标准。

按学生标准来说，如果撇开具体的评分细则，而从总体来说，所谓上好课，我理解，就是你讲的课，学生愿意听，喜欢听，听后有收获。

所谓愿意听，是说学生对你的讲课能听懂，能理解，从而产生认同感。

所谓喜欢听，是指学生对你讲的内容不仅能听懂，能理解，而且认为，你的表达，包括语言表达、形体动作、教学风格等方面富有情趣，因而从认同感进一步发展到愉悦感。这种愉悦，表现在课堂上就是师生互动，上下交流，声气相和，神情交融。

所谓听后有收获，是指你的讲课不是因为浅陋、浅薄而好懂，好理解；也不是因为搞一些笑料、低级趣味而使学生喜欢，从而获得廉价的掌声、笑声，而是因为你的讲课，使他有所收获，即提供了新的信息、新的见解、新的思路，从而使学生丰富了知识，更新了观念，从中获得了解决问题的启示。如果真的做到了这一步，对你讲的课和你本人，学生不仅会产生认同感、愉悦感，而且还会进一步产生崇敬感。如能坚持做下去，你的课就成了品牌，你就成了学生的榜样。

上面讲的学生愿意听，喜欢听，听后有收获，就学生的自我感受来说，起码是听你的课不会感到累；往高处说，甚至还是一种享受。学生不累，你也不累，因为你全身心投入，沉醉其中，当然回到家，则另当别论。

那么怎样才能上好课呢？我认为要上好课，首先在于教师的教学态度。

二、态度认真是提高授课水平的首要前提

曾经有人说，态度决定一切。这话我信。其意思是说，不管做什么事，态度端正很重要，有一个好的态度，就能把事情做好，即使由于种种原因，一开始做得不好，但只要态度端正，就会从失败中总结教训，于挫折中重新奋起，最终会把事情做好。教学也是一样。

过去每逢议论到某个教师上课不理想时，往往听到这样一种说法，说没有哪位老师不想上好课，只是水平和能力方面存在不足。我过去也相信这一观点，总以为老师走上讲台，几十双眼睛盯着你，哪有老师不希望自己在学生面前有脸面，有光彩，受到学生赞许呢？

现在看来，不能一概而论。对有的教师来说，就存在一个教学态度不端正的问题。特别是在某些青年教师身上表现得尤为明显。下面举三个例子：

例一，这是几年前发生的事。某高校组织老师听一位青年教师的课，听课是不事先通知讲课者的，听的是上午第一节课。上课时间到了，听课老师到齐了，可讲课老师还没有到。于是听课组中该系的一位老师马上打手机找系主任，这位老师迟了半个小时才到。走向讲台以后，他既不说明迟到原因，也没有表示歉意，还走到台下，问前排的一位学生，我上次讲到哪儿？以前我从报上看到一位老教师从教几十年，上课没有迟到早退过一次，我认为这难能可贵。当然，由于偶然的不可预料的原因迟到了，这也不是什么大事，但对学生总该说明原委，总该说一声，“对不起，我让大家久等了”。这个老师恐怕压根儿就忘了上课，这本不应该，即便忘了，现在来了，总该礼貌一些，客气一些，可这位教师却是这样目中无人，这么枉自尊大，何况还有听课老师在。

例二，这是前年发生的事。一位老教师去听另一位青年教师的

课。上课前学生在放录像，上课以后，任课老师没有叫停，又继续放了10多分钟，而录像的内容与讲课的内容毫无联系，等到这位老师开始上课了，却是东扯西拉，不着边际，毫无章法，第一节下课时，他才发现后面坐着这位听课老师，大冷天，吓得头上直冒汗。

例三，去年发生的事。某高校评职称，发现一位教师的备课笔记写得太简单，一门课的讲稿才写了一本笔记本。有一章的讲稿，才写了一页多一点。讲稿如此简单，课怎么讲，能讲好吗？这令人生疑。

这三个事例，一是上课迟到，二是上课东扯西拉，三是讲稿太简单，总起来说，是教学态度不认真或极不认真。

教学态度，说到底是一个人的人生态度。从人生角度说，人总要干事，总得干事，不然就无以为生，无以安身。怎样干事，这里有一个态度问题，其类型大体说来有三：一是把教学当差事应付，叫糊差事。在这种态度支配下，那是一种消极、被动的状态，能混则混、能蒙则蒙。二是把教学当做“活”来干，把干事等同于干活，在这里干活只是手段，而把完成工作量，增加报酬作为目的，因而是不得已而为之的。三是把教学当做事业来干。干事业是一种全身心的投入，是社会价值的创造和人生自我实现的统一。也就是尽己所能，把自己喜欢的事情做得尽善尽美。

就教学来说，教师的自我实现，就是通过教学来体现自己的学术才华、人格魅力、精神风貌，并通过教学提高自己的各种能力，促进自己的多方面发展。教师的社会价值，就是对学生负责，为教育事业的发展尽职，为国家做贡献。一个好教师可以影响一些青年的命运，一批好教师可以影响一代青年的命运，而一代青年可以影响一个民族的命运。

20世纪20年代前后，民主主义知识分子杨怀中先生影响了毛泽东、蔡和森等一些青年人，那时开办新学校的一批新派教师培养了五四一代人，五四一代青年改变了中华民族的命运，因为他们及其后继者的奋斗，才使我们得以拥有美好的今天。

教师教书和农民种地不一样，农民种不好地，耽误的只是庄稼的一季，而教师教不好书，耽误的恰是学生的一生。

现在很多学生是独生子女，其中绝大部分是农家子弟，其中还有20—30%的学生来自贫困家庭。从这些贫困家庭走出一个大学生不容易。家长要省吃俭用，有的还要负债累累。他们把孩子送到学校，交给老师，唯一希望的是通过学校的培养，老师的教育，使自己的孩子能够成人成才，俗话说有出息。家长的这一分托附是多么的沉重！他们的这一分企盼是何等的殷切！作为人民教师，我们不能回避他们企盼的目光，不能无视他们沉重的托附。因为这是我们作为教师的本分，是我们的天职。我们对家长、对社会、对民族应该有这样一种责任意识、使命意识。这种意识归结到一点就是爱，对祖国的热爱，对教育事业的挚爱，对学生的关爱，有了这种爱心才能搞好教学。

当然，这只是前提条件，有了这个前提，接下来就要为搞好教学打下一个基础。这个基础，就是要备好课。其中主要的是要写出一份优质的讲稿。

三、优质讲稿是保障授课质量的坚实基础

演员要演好戏，要有好的剧本，剧本是演员表演的基础。对教师上课来说，上好课的基础是什么？对中小学教师来说，这个基础，就是中小学教材，或称教本。对大学教师来说，这个基础就是教材和讲稿。其中，主要是讲稿。

这是因为中小学教育是基础教育，基础教育是普遍教育，是以继承性为主的教育。大学教育是专业教育，是继承性与开拓性兼具的教育，因而比较注重教学内容的深刻性和前沿性。

大学教材所反映的是某一学科领域的共识性成果，不是一家之言，因而具有相对的稳定性，而讲稿不仅要反映这些共识性成果，而且要反映主讲者的理解、自己的体会、自己的探索。不仅要反映已有的成果，而且要反映学术界的前沿动态，学界的分歧、争论。不仅要传授已有的成果，而且要引导学生针对现实问题去运用这些理论成果，去丰富、发展这些成果。而所有这一切只有通过讲稿来反映，来体现。所以对大学教学来说，优质讲稿比教材更重要。

那么如何写出一份优质的讲稿呢？其中涉及的问题很多，这里主要谈以下几点。

（一）全局性

这里的全局是指教科书的整体。

讲稿是一章一节往下写的。但是在写这一章这一节时必须要全局在胸，不然这一章这一节是写不好的。

所谓全局在胸，就是在拿到教材以后，要通读全书，从而对全书的内容、结构有一个大体的了解，这是第一。第二，对你着手备课的这一章在全书中的地位，这一章与前后章的逻辑联系要有清楚的认识，要在全书的总体框架下来着手这一章的备课。

全局在胸有什么好处呢？

（1）每本教材都有“绪论”，主是介绍这门学科的性质、主要内容、历史沿革、学习的意义和方法。如果不能全局在胸，“绪论”就讲不好。（2）除“绪论”以外的各章都是学科体系的一个层次或一个方面的内容，它们是相互联系的。只有把这个联系交代清楚，才能体现教学内容的系统性，也才能在这种联系中深化对某一章内容的把握。从系统论的观点来看，构成系统的要素只有在系统中才具有系统质、系统的功能。比如矛盾学说是唯物辩证法的核心，在讲这个命题时，如果离开了辩证法的总特征、辩证法的其他规律和范畴，那么无论如何是讲不清楚的。（3）在一本教科书中，各章的部分内容相互交叉是难免的，如果全局在胸，后一章的某些内容出现在前一章中，那么在讲前一章时，就可以省略，而把有关内容集中放在后一章去讲，反之亦然。（4）可以合理分配各章课时。在教学中有个别教师，往往强调课时紧张，只讲前几章，而且讲得很充分，后几章就不讲，这很不好。有些内容可以略讲，甚至仅仅提示一下，但一定要通过合理规划，把全书讲完。这利于学生全面掌握知识，也利于学生考研深造。

（二）讲解性

讲课切忌照本宣科，把书本上的内容简单重复一遍，或者干巴巴的就那么几条；也切忌放野马，完全脱离书本，乱扯一通。讲课就是要讲。怎样讲，讲稿的写作，要与教材若即若离。若即，是指讲稿章节的目次，展开的顺序应该与教材大体一致。若离，即对书中的基本概念和基本原理，要通过自己讲解，使学生掌握。为此，讲解要注意以下几点。

（1）要体现历史的纵深性。因为任何一个概念，任何一个原理都有自己形成史、发展史。比如，哲学基本问题是思维和存在的关系问题，在远古就有它的萌芽形态，在古希腊罗马就有它的最初形态，到中世纪有它的扭曲形态，到了近代有它的成熟形态，这样讲哲学基本问题就有了历史的纵深感。

（2）要体现理论的深刻性。对此，要通过相近、相邻概念的横向比较来实现。比如讲人化自然，就可以通过三个概念的比较来揭示它的内涵，一是自在自然，二是人工自然，三是人化自然。人化自然，不同于自在自然，人化自然是打上了人类印记的自然。什么叫打上人的印记，有人说，是指通过人的改造而产生的自然，这从主要点来说是对的，但黄山上的那几块石头，人们说是“猴子观月”，它显然不再是自在自然，但也不是人工自然，人们没有改造它，但是却又打上了人的审美印记。因此，打上了人的印记，包括人的改造，但不等于人的改造。经过人的生产活动而产生的东西都属人化自然吗，也不尽然。环境污染，废气、废水、废渣都是人工自然，但不是人化自然。那么，什么是人化自然呢，完整地说，人化自然是打上了人的印记，体现了人的本质力量并且服务于人的自然，也就是人性化了的自然。这样一比较，一讲解，对人化自然的理解也就深化了。

（3）讲解要体现内容的可理解性，要通过一些典型的事例来说明某些观点、原理，把抽象的东西具体化，把深刻的东西通俗化、浅显化。

（三）逻辑性

逻辑性与条理性相联系。

条理性，就是指该说什么就说什么，轮到说什么就说什么，不提前，不错后，顺理成章。“理”在这里是指事物具有的顺序律。顺序律就是事物本身的层次结构规律和事物发展的阶段性规律的体现，比如经济、政治、文化是一种顺序，体现了三者的规律性联系；过去、现在、未来也是一种顺序，体现了时间流逝的规律。所谓有条理就是论述展开符合事物的顺序律。

论述的逻辑性是以条理性，即以层次的安排得当为前提的，而论述的条理性又必须遵循论述的逻辑性才能得以实现。所谓逻辑性，即按照逻辑规律一环扣一环，从一个层次引出另一个层次，从一个层次过渡到另一个层次。

俄国有这样一个传说，一只老鸦的主人是位勇士。一天，这位勇士被两个魔鬼杀害，其尸体被分割成几大块扔在四处。老鸦为了救活主人，就把其所有的尸块按原来所处的方位叼在一处，这就具有了条理性，并按照这个条理性去加以拼接，但主人并未活过来。当老鸦得知其原因是缺少生命之水，并进而得知魔鬼住地有生命之水时，它便又飞到那里，取来生命之水。当它把生命之水并喷洒到主人的尸块上时，其各部分才有机地结合起来，主人才有了生气。

就讲稿的逻辑性来说，它就如同是讲稿的生命之水。

逻辑是文脉的衔接，思路的贯通，思想的流动。在行文中，要用开头语，或导语来承接上章或上节或上段，通过关联词，或连接词，或过渡句，或过渡段来铺垫、来衔接、来呼应下章或下节或下段。

在讲稿写作过程中，往往用“设问”的方式来引导学生跟着自己的思路走下去，比如，我这个讲座就是采用这种方式来展开基本内容的。

（四）前沿性

专业课教材反映的是这门专业课的基本内容，讲稿除了要讲这些基本内容以外，还要反映该专业的学术动态，提供新的学术信息，这是第一。第二，联系一些相关的新的问题，从理论上加以说明。比如，现在讲世界的物质性，就不能不讲现实世界与虚拟世界的关系。在前些年批判法轮功时，讲宗教，就不能不讲宗教与邪教的区别。我们党提出建设和谐社会，在讲矛盾学说时，就不能不对矛盾与和谐的关系加以说明。

（五）应用性

这里所说的应用性，是指从有关原理、理论中引出思想方法，针对学生关心的热点、疑点、难点问题进行认真的准备和解答。帮助学生辨是非，明得失。从哲学社会科学的角度说，这类问题有两类，一是国内外有重大影响的错误思潮，比如“马克思主义过时论”、“资本主义永存论”、“社会主义失败论”、“资本主义与社会主义趋同论”、“全盘西化论”、“技术决定论”、“精英政治论”、“真理多元论”等。要通过对这类问题的批判分析，帮助学生提高认识，提高对错误思潮的识别和抵制能力，从而坚定其无产阶级立场和社会主义人生信念。二是我国在现代化过程中所面临的一些重大问题。如民主法制问题，公平效率问题，可持续发展问题，消除和防止腐败等问题。讲课时要针对这些问题，分析原因，指明出路，使学生看到问题，不盲目乐观，又从理论上明确如何解决问题，从而坚定信心，看到光明。

那么怎样才能写出一份优质的讲稿呢?

此非一日之功。从近期目标来说，一门课连续讲三年，应该形成一份相对稳定的讲稿。所谓相对稳定，是说以后备课不要再重起炉灶，大的方面是稳定的。从远期目标来说，要通过情感的升华、实践的历练、知识的丰富和科研的创新来不断修改、提高和完善自己的讲稿。

要多学习，多思考，多研究。我认为，只要肯下功夫，把课备好是完全可以做到的。

课备好了，还要到课堂上去讲，也就是施教。施教要讲究艺术。

四、艺术施教是实现授课目的的必要手段

什么是艺术?艺术是用具体、生动、感人的形象，来反映社会存在的一种意识形式。艺术有两大特点：一是形象思维；二是体现美的规则。也就是说，艺术必须用形象来表现，但并不是任何形象表现都是艺术，体现美的规则的形象表现，才能称之为艺术。

什么艺术性，通过可感的形式所表现的审美性。

讲课的艺术性其可感的形式表现有：情态（即表现出来的情感）、板书（书面语言）、言说。

（一）教学的情感渗透

这里是指在教学中要渗入教师的感情和体会来进行讲授。讲课就是说理，就是论述真理，宣传真理。说理的目的在于说服，如果能做到感动，那就更能有效地达到说服的目的。如果教师自己没有感情，

没有感动，那么也就绝不会使学生感动。

我是教哲学的。在讲授哲学第一章“绪论”时，我用以下三个标题把全章内容贯穿了起来。

第一个标题是“我爱哲学”。在这个标题下，讲“哲学是我的精神家园”，我对哲学如醉如痴的感情，我对哲学的学习和研究；继而讲哲学的特点、内容、历史发展，哲学先贤的无量才情和追求真理的精神。

第二个标题是“我更爱马克思主义哲学”。讲述了马克思主义哲学创立的主客观条件，马克思、恩格斯献身人类解放事业的崇高精神和他们创立新哲学的艰难历程，马克思主义哲学的内容及其创立的巨大意义，马克思主义哲学在中国的传播和发展，以及它对中国现代历史的巨大进步所发挥的指导作用。

第三个标题是“同学们也应该爱哲学”。我校作为一所师范院校，培养的是未来的人民教师。在这个标题上，我讲述了古今中外许多大教育家都是大哲学家的原因所在，由此说明第一流的教师必须是具有哲学素养的教师。并进而说明，学哲学对教师的人格塑造、知识汲取、能力培养，以及搞好教学工作的关系；继而说明如何学好马克思主义哲学。

这样来组织第一章的教学，既讲授了哲学教科书所规定的内容，又融汇和贯穿了教师的真情实感，从而把学哲学与民族振兴和个人成长的关系具体地、生动地呈现在学生面前。学生懂得了学哲学的目的、意义，就会产生一种强烈的愿望，就会激发学好哲学的内在动力。

其实，我们在课堂上讲的许多道理，都是可以结合自己的社会人生感悟来进行讲解的，能结合的要尽量结合，这样才能把道理讲得生动、真切，才能感人。

（二）板书的美观规范

（1）字要写得规范，要尽量写得漂亮。不写不规范的字。字要写得漂亮，字是老师的脸面，写字要练习。

（2）正板书与副板书要分开。正板书在左首，副板书在右首。正板书是以单句式提纲来标示的讲课的主要内容，副板书是随机书写的一些文字。曾有个学生谈及，有的大学老师讲课根本没有板书，或仅写几个字，或乱写一气。我说，中小学老师较重视板书的形式，大学教师更注重讲课的内容。但不能由此认为，可以忽视板书的形式，可以不分正副板书，可以在黑板上随机书写，更不能把这种做法误以为是大学教师的一种风度、一种潇洒。大学教师也应注重讲课内容与板书形式的统一。

（3）正板书的注意要点：要从总体上体现讲课的结构层次，结构的划分不能过于零碎；标明层次的标题要醒目贴切；同层次的标题在字数上要大体相当，风格上要基本一致。

（三）语言的生动形象

语言的生动形象，是指语言的新鲜活泼，形象具体，遣词造句富于变化，具有吸引人的魅力，也就说，是要有文采。

（1）语言要形象具体。为此，在讲课中，就要善于用生动的比喻，寓言故事，成语、熟语，历史故事，名人名言来说明抽象的道理。毛泽东在《实践论》中，用你要知道梨子的滋味，你就得变革梨子，亲口尝一尝这一比喻，生动地说明了实践是获得直接经验的根本途径这一真理。毛泽东在《反对党八股》中，把长而空的八股文，嘲讽为又长又臭的“懒婆娘的裹脚布”。主张要像“过街老鼠，人人喊打”那样，对八股文群起而攻之，将其消灭。毛泽东是伟大领袖，也是语言大师。

（2）语言要有节奏变化。说话不能太快。说话快，这是青年教师的通病，像打冲锋枪那样，“嘟嘟嘟”；语言不能一个声调，不能无高低，无重点，应该有抑扬顿挫；语言不能总用一种句式。如果是那样，就显得平板呆滞，没有生气。要注意句式变化，说起来顺口合拍，给学生一种语言的变化美。语言变化而产生美，是与节奏相联系的，变化而有节奏才产生美，或者说有节奏的变化和流动才会产生美。语言有节奏，才音调铿锵，才会体现情趣和气势，才会产生美感。

（3）语言要风趣幽默。语言幽默才能使讲课增色添彩，横生妙趣，耐人寻味，以致令人击案叫绝。例如，毛泽东在《反对党八股》中在批判“党八股”第六条罪状时写道：“拿洗脸作比方，我们每天都要洗脸，许多人并且不止洗一下，洗完以后还要用镜子照一照，要调查研究一番”。“调查研究自己的脸蛋”是何等的幽默。邓小平在一次讲话中谈到有个“老大难”单位，“过去就是老虎屁股摸不得。后来下了决心，管你是谁，六十岁的老虎屁股也好，四十岁的老虎屁股也好，二、三十岁的老虎屁股也好，都得摸，一摸就见效了”。在这段讲话中，用老虎屁股比喻那些“老大难”单位的主要领导人，并且还有不同年龄段的老虎屁股，这一段话也够风趣幽默。

总之，上课容易，上好课很不易，这绝非一日之功。那些上课叫得响的老师，也并非天生如此，谁一开始都是丑小鸭，在长期的实践中，不断积累，不断总结，不断提高，才逐渐变成一只美天鹅的。在此，让我们共勉，让我们共同努力，把自己的教学工作做得如天鹅般美丽动人。

如何当好一名大学思想政治课教师*

很高兴就这个题目来谈自己的一些体会。下面主要谈四点。

一、要搞好思政课教学须满怀感情

当好一名大学思想政治课教师（以下简称思政教师），最基本的是要搞好思政课教学。这里涉及方方面面，其中一个重要前提是对思政课教学要满怀感情。这里的感情指的是正态感情，即爱思政这门课。有了感情，有了爱，才会产生强大的精神动力。正如马克思所说："激情、热情是人强烈追求自己对象的本质力量。"①爱因斯坦也说："感情和愿望是人类一切努力和创造背后的动力。"②不仅如此，对思政课教学来说，还有其特别之处，即思政教育只有生发于充满朝气的感情波澜之中，才会具有动人心魄的力量。

我这几十年来一直从事大学思政课教学，之所以能取得一些成绩，其首要原因就在于我对思政课教学有深沉的爱。

我是1971年分配到芜湖师专任教的。该校地处芜湖远郊，当时条件十分艰苦，走的是泥巴路，喝的是池塘水。令当代年轻人难以想象的是，那时还有少数教师生活和工作在用毛竹搭成的简易草房里。寄信、买粮、买油都要到离学校七八里的小镇上，工作、生活极为不便。不过说实在话，当时并没有感到有多么艰苦。一是我来自农村，是农民的儿子，从小苦惯了。二是在与学生朝夕相处，特别是在教学过程中，产生了不一般的感情，使我从中获得了满足和快乐。

我当时教的马哲课是全校公共课。经过努力，我和同事们把这门

---

* 原刊于《安徽商贸职业技术学院学报》，2011（4）。

① 《马克思恩格斯全集》第42卷，169页，北京：人民出版社，1979年。

② 《爱因斯坦文集》第1卷，279页，北京：商务印书馆，1976年。

课打造成了学生最感兴趣、最受欢迎的课程。对每堂课，我都认真准备，上课前都有些激动，像一位临战前的将军将率领自己的部下决战沙场，去谱写战争的辉煌那样。学生对我的教学也是饱含期待。因此，教学过程成了师生共享的精神盛宴，以至在课堂上形成了上下互动、眉目传情、心灵交融那样一种场景，那样一样氛围。

由于哲学教学生动感人，因而吸引了不少有才华的青年，使那些学物理、化学、英语、数学和文学等专业的大学生对哲学产生了浓厚兴趣，后来他们中的不少人走上了哲学道路。并从中走出了不少哲学硕士生导师和哲学博士生导师。其中有几位在国内哲学界还颇有了一些名气和声望。

当然，能取得如此成就，我和另外三位同事都付出了不少辛劳。但并非如通常所说，老师是红烛，燃烧了自己，照亮了别人，而是师生互动，相互点燃，相互塑造。在这四位教师中曾先后走出了三位大学校长，我是其中的一位。

我是经群众推荐当上校长的。在担任校长期间，我带领领导班子成员做了大量工作，不仅拨乱反正，解决了许多文革遗留问题，而且开创了工作的新局面。不过，在工作上虽然取得了一些成绩，但心中并不舒坦，不为别的，只是因为离开了三尺讲台，离开了哲学教学，感到有些空落落的。而且随着时间推移，这种感觉还愈加强烈。这使我第一次深切感受到哲学教学已成为我生命中难以割舍的一部分。于是萌生了辞去校长职务，回去继续当一个普通教师的念头。后来经过来来回回的请求，磨了近大半年时间，最后组织上总算批准了我的辞职报告。对此不少人，包括我的一些朋友都不能理解，说校长当得好好的，怎么就不干了呢；还有人说，放着高工资不拿，却去拿低工资，这不傻帽吗？我说，这有什么不好理解的，我喜欢当老师，喜欢教哲学，从中我感到快乐，我不想委屈自己。后来调到安师大工作，又有一次当校领导的机会，也被我婉言谢绝了。

有人会问，陶老师，你对马克思主义哲学教学为什么会这样一往情深呢？我想，这可能与我对马克思主义理论课或扩大一点说，对思政课社会价值的理解有关。我认为思政课育人具有重大社会价值。由此，我认为，充分认识这一价值是当好思政课教师的一个重要条件。

二、充分认识思政课育人的重大价值

大凡要做好一件事，首先要对做这件事的价值或意义有充分认识。这对搞好思政课教学也是完全适用的。

近代以前，人们的社会关注点只有一个，那就是政府。于是，那时的人们认为，人生最有意义、最荣耀的事莫过当官。近代以来，情况发生了变化，人们的社会关注点由一个变成三个，即政府、市场、大学。政府负责社会调控，社会稳定；市场负责资源配置，经济发展；大学负责人才培养，人才选拔。在这三者中，大学的功能具有基础性、根本性。因为一切事情都是要人去做的，于是才有了现在这样一说：综合国力的竞争说到底是经济和科技的竞争，而经济和科技的竞争说到底是人才的竞争，而人才的竞争说到底是教育的竞争，特别是大学教育的竞争。

为什么大学阶段的教育特别重要呢？这是因为在人的一生中，接受大学教育是人生理念，以及智力体力走向成熟，并为其后发展打下坚实基础的阶段。为此，大学要开设两类课程：一是使学生获得专业知识和技能的课程；二是使学生树立人生理念的课程。这第二类课程在我国统称为思政课，在国外没有这样一个叫法，也没有类似这一叫法的一个名称。但关于人生理念的教育还是有的，它是通过法学、政治学、宗教学、伦理学、公民学等课的教学来实施的。

对大学生来说，获得相关专业的知识技能和树立正确的人生理念是缺一不可的。但比较而言，前者具有人生的手段性意义，后者具有人生的目的性意义。手段可以多样，也可以更换。而目的一旦确立，则具有相对的稳定性、根本性。现在有一个提法叫：“学生为本，德育为先”。之所以要以“德育为先”，是因为思政教育所关系的人生理念的确立，对学生具有稳定性、根本性的影响，而人生理念的根基可以说是在大学阶段奠定的。

由此看来，思政教师的工作是很有意义、很有价值的。一个好的思政教师，可以影响一些青年的命运，而千百万好的思政教师可以影响一代青年的命运，而一代青年走上社会，走上国家领导岗位则可以影响民族的命运，甚至可以改写人类的历史。

这倒不是我作为思政教师在这里王婆卖瓜自卖自夸，历史事实确是如此。远的不说，20世纪20年代前后，民主主义知识分子杨昌济、黎锦熙等新派教师对毛泽东、蔡和森等一些青年的教育和影响是众所周知的。正是以他们为代表的这一代青年改变了中华民族的命运。杨昌济先生当年在给友人的一封信中曾赞扬毛泽东、蔡和森，说“不言救国则已，要救国必赖此二人”。历史证明，杨先生的眼光是多么锐利，其情怀又何等宏远！

当然，相反的例子也有。1991年苏共中央总书记戈尔巴乔夫宣告苏共解散、苏联解体，从而使苏俄从社会主义倒退到资本主义。其实这并非偶然。早在1950—1955年，他在莫斯科大学就读期间，就已产生了破坏苏联制度的念头。因为那时资产阶级自由化思潮开始露头，这在莫斯科大学表现的比较明显。就读于此的戈尔巴乔夫，思想受到污染。他在回忆录中说，跨入大学的那个工农青年与五年后的那个莫大毕业生，在很大程度上已经判若两人。①在随后不久召开的苏共二十大会议上，赫鲁晓夫丑化、妖魔化斯大林的秘密报告，作为一个转折点，开始了苏联信仰危机，思想混乱，各种错误思潮泛滥的时期。对此戈尔巴乔夫深受鼓舞。他后来多次谈到自己“是二十大的产儿，二十大后我们的思想发生了转折”。②这也从反面说明，对青年一代的思政教育是何等的重要。

正是针对赫鲁晓夫反对斯大林这一教训，毛泽东当年作出了培养和选拔无产阶级革命事业接班人这一战略决策。应该说，这是很有战略眼光的一个举措。

中国共产党的第一代领导集体的主要领导人毛泽东、周恩来，第二代领导集体的主要领导人邓小平、陈云等都是经过长期斗争考验而成长起来的。第三代领导集体的主要领导人江泽民、朱镕基是建国前后就读大学成长起来的一代。新一代领导集体的主要领导人胡锦涛、温家宝是50年代末到60年代前期接受大学教育的一代。习近平、李克强属文革中的知青一代，70年代就读于大学。80年代中期以后中国开始进入了一个思想多元、价值取向混乱的时期，资产阶级自由化思潮

① 《戈尔巴乔夫回忆录》（原名《生活与改革》）中译本（上册），78页，北京：社会科学文献出版社，2003年。

② 张捷：《从赫鲁晓夫到普京》，112页，北京：社会科学文献出版社，2010年。

曾几度兴风作浪。我们党吸取了苏联的教训，邓小平明确提出要坚持四项基本原则，反对资产阶级自由化，要培育“四有新人”。江泽民提出要坚持“三个代表”，要讲学习、讲政治、讲正气，要正确引导青少年健康成长。胡锦涛提出要坚持社会主义核心价值观，要加强和改进大学生的思想政治工作，要使大学生成为中国特色社会主义事业的合格建设者和可靠接班人。

大学生思想政治工作的主渠道是思政课，作为思政教师，个人的力量十分有限，但作为一个群体可以毫不夸张地说，中国的未来掌握在我们手里。如果思政教育搞不好，在中国也可能出戈尔巴乔夫式的人物，这绝不是危言耸听。因此搞好思政教育，这是一种沉重的历史责任，也是一种崇高的历史使命，只有带着这种强烈的责任感和使命感，才能成为一名好的思政课教师。当然思政教师也要挣钱谋生，也面临考核晋升，但仅为这些，是无论如何做不好这一工作的。

有人问我，作为思政老师，我们全身心地投入，其效果如何？当代大学生可教吗？针对这个问题，我想谈下面第三点。

三、充分肯定当代大学生可以造就

我这辈子教了三种类型的大学生。一是文革中的工农兵大学生；二是恢复高考以后的77、78、79级大学生，称为早三届大学生；三是现代大学生。工农兵大学生是凭政治表现和劳动表现推荐上大学，其中有一些人是凭关系上大学的。这一批大学生，先前有的仅有初中文化水平，有一些人虽然上了高中，但并没有真正学到多少知识。因而这一批学生特别难教，不过其中也有优秀者，有些在大学毕业后留校任教，经过努力，他们也早已是副教授、教授。早三届大学生中绝大多数是知青一代中没有获得推荐的学习尖子。这些人知识基础比较好，作为知青的人生经历，也使他们产生了对知识的强烈渴望，加之又为国家改革开放的美好前景所鼓舞，所以他们对学习如饥似渴，特别用功。这三届大学生作为一个整体，他们展现了新中国大学教育发展史上风光美妙的一个高峰，这一批人现在已成为我国各方面的中坚力量。

对于当代大学生则议论比较多。特别是议论他们在思想道德品质方面的缺点比较多，比如自我中心，意志脆弱，胸无大志，消费至上等。甚至有人认为他们对马克思主义，对思政教育具有某种天然拒斥心理。当然也谈到他们的优点，但这些优点仅限于或主要是智力方面的，比如见多识广，思维活跃，善于独立思考等等。

怎样看待这些议论呢，我认为，总体上比较片面。其实，每一代大学生都有其优点和不足。不能说，老一代大学生是如何的好，新一代大学生是如何的差。以我的经验看，当代大学生在主流方面与老一代大学生并没有根本不同。经过教育也能树立马克思主义的坚定信仰，他们对祖国的日益强大同样感到欢欣鼓舞，他们对社会公益事业，对投身中国特色社会主义事业，同样感到自豪和满怀激情。而且他们中的不少人已经崭露头角，作出了骄人的业绩。汶川地震、北京奥运会、上海世博会活跃着那么多年轻志愿者的身影，而成为了一道亮丽的风景线。因此，不能像某些极端观点所认为的，把他们看成迷失的一代，是扶不起来的一代，这是极不公正、极不正确，也是极为有害的。

在我教过的现代大学生和研究生中，有一部分人在高校从事思政教育工作，其中不少人已做得相当出色。比如我院有一位老师1992年大学毕业，留校工作，后读我的硕士生，前不久，他获得了教育部思想政治工作司颁发的“校园文化建设二等奖”、全国爱岗敬业道德模范。现在他在安师大学生中，名字比我响，影响比我大，不服气不行。我的另一位学生1995年安师大本科毕业，后读我的硕士生，后到上海工作，获得上海市第一届“最受学生欢迎的教师”称号。我的又一位学生，1999年安师大本科毕业，后读我的硕士生，就业于安徽农业大学从事思政课教学，2010年获安徽省高校“教坛新秀”称号。在我教过的当代大学毕业生中，从事思政课教学获得校级奖项的则更多一些。

因此，我认为当代大学生在思想政治上完全可以造就，完全可以成人成才。我们对他们的不足应该多一份关怀，对他们的优点应该多一份鼓励，对他们的进步应该多一份赞许。总之，对他们应抱有期待，要给予温暖，要给予爱。我想，这是当好一名大学思政课教师的基本要求。

四、关键是提高思政教师的素养

从事思政课教学几十年来，不时听到有人议论思政课难教，思政老师难当。应该说，这种议论有一定道理。因为当一个好的思政教师是要有很高素养的。

（一）当一个好的思政教师不易

思政课教师与其他课程的教师一样，都应具有德、智、能三方面的素养要求。

“德”对一般教师来说，只要爱国在政治上就算合格，而对思政课教师来说，则有比较高的政治素养要求。因为思政教师所传授的不仅是知识技能，而主要是教育学生树立正确的人生理念。俗话说，要教人须立己。这里的“立”，集中表现为“三信”，即对马克思主义的信仰，对社会主义的信心，对中国共产党的信任。对马克思主义的信仰是中国革命和建设的精神动力，信仰不是说教。不管遇到什么艰难险阻，依然自觉自愿、义无反顾的奋斗，这才叫信仰。

这“三信”必须建立在科学基础和实践基础上。不然就是盲目或盲从，是靠不住的。所谓科学基础，就是把“三信”建立在对人类发展规律、社会主义发展规律和中国共产党执政规律的科学认识基础之上；所谓实践基础，即把“三信”建立在实践体认、实践证明和实践践行的基础之上。

“智”对思政教师来说，就是要有比较宽广的知识储备。思政课所面对的不是具体科学的问题，而是社会人生的总体问题。比如，人类的命运、历史的走向、社会主义和资本主义的前途，以及如何使人过上美好、幸福的生活，人活着的意义等到底如何；中国特色社会主义为什么被有人说成中国特色资本主义，或民主社会主义，或儒家社会主义；中国的劳资矛盾可以达到和谐吗？官员腐败，人所共愤，中国共产党能从根本上解决这些问题吗？中国的政治改革如何推进？如此等等，这些问题的解答也就对思政教师提出了比较高的知识要求和学术要求。

“能”对思政教师来说，也就是要具有多方面的能力要求。这包括，第一，政治的敏感性。对国家之忧、民族之忧、人民之忧必须有敏锐的自觉；对刚发生的重大事变必须能用相关理论有所说道。第二，交流的亲和性。思政教师与学生的交流不仅是知识交流，主要是思想交流、情感交流，或者说，是心灵交流。这种交流以亲和为第一要义。抓住了这一点，才能使交流顺畅，才会产生思想上的共鸣。第三，做人的道德性。思政教师要力求做到言行一致，做道德的榜样。前不久，我到菜场买菜，碰到一个熟人，我对他打招呼，某某教授买菜呢，等这个教授离开以后，摊主感叹：他还是教授？我问，怎么啦？他答：这个人买东西，老想讨便宜。我心中一震，看来讨便宜对一般市民属于正常行为，而教授似乎不可，由此联想到，对思政教师来说，恐更不可。

（二）好的思政教师是受学生欢迎的教师

一个好的思政教师，在学生心目中该是一个什么形象呢？我以为，应该是一个被学生喜欢、佩服和敬重的人。

被学生喜欢，他们喜欢你什么呢？喜欢你得体的衣着，喜欢你光亮的头发，喜欢你满含笑意的眼睛，喜欢你幽默的谈吐，喜欢你平易近人的风范，喜欢你的表扬和不使他难堪的批评，等等。当然，毋庸讳言，有的老师为了讨学生欢喜，搞一些笑料，搞一些低级趣味，以博取廉价的掌声和笑声。不过搞这些低级东西，只会使学生一笑了之，而不能使学生由喜欢上升为佩服。

被学生佩服，这比让学生喜欢高了一个层次。学生佩服你什么呢？佩服你的过人之处。比如学生说，我们老师写一手好字，真令人佩服；我们老师讲话极富磁性，令人佩服；我们老师讲话的逻辑性特强，听进去了，就能把你抓住；我们老师点子多，真聪明；我们老师发表了不少好文章，真是了不起，如此等等。

被学生佩服的东西有方方面面，其中有些方面，比如学生对老师过人的技能技巧的佩服不一定能上升到敬重的层次，敬重更多的是人品、人格、道德情操方面的。被大学生敬重，这比被大学生佩服又高了一个层次。大学生除了敬重老师很高的学术成就以外，主要是敬重老师高尚的道德和人格的魅力。你对工作的执着，你对教学的认真，你对学生的真诚，你对国家命运、人类前途的关注，都可能成为大学生敬重的理由。当一个思政教师达到被大学生喜欢、佩服，甚至敬重的程度，那么他的教学也就必然能取得良好效果，这就是古人说的亲师信道。

如何才能获得大学生的喜欢、佩服，甚至敬重呢？我认为，对思政教师来说，主要是提高自身素养。

（三）思政教师要努力提高自身素质

这里主要讲三点。

1. 真懂真信，以理服人，做大学生的人生导师

作为一名思政教师，要通过学习和实践弄懂马克思主义，真信马克思主义。在教学过程中，不是说教，不能强加，更不能无限上纲上线，而是以理服人。只有讲理，才能服人；只有服，才能信；只有信，才能行。

多年来的教学实践证明，只要思政老师在课堂上不搞假大空那一套，不装腔作势、哗众取宠，而是直面现实、据理分析，那么就能获得大多数同学的认同，甚至产生共鸣。

2. 多思多读，注重科研，做学者型教师

有人把单纯从事教学工作的教师，称为教书匠。教书匠是以传授知识为其显著特点。我认为教师，包括思政教师不仅要传授知识，而且应创造知识，要当学者型教师。

当学者型教师的关键是要从事学术研究，为此就必须多读多思。关于如何选书，如何读书，如何思考，如何做读书笔记，我曾写过一篇论文，题目是《与青年学子谈读书》[①]此文网上有，我在这里不重复了。下面就学术研究，谈三点看法。一是要以科研促进教学。科研搞得好，教学不一定搞得好，但教学要搞好，科研必须要搞好。二是科研要有计划。要用计划去约束自己，而不能找借口自我原谅。三是科研要持之以恒，不能小有成绩，就止步不前，不能三日打鱼，两日晒网，因为一停滞，就会荒疏。我有一个女硕士生，原来基础很好，毕业后在高校工作，也发表了一些学术成果，但后来生孩子、带孩子，一拖就是几年，为了评职称，不得不写文章。她把写的东西从网上发给我看。对她的退步，我大为吃惊，简直不敢相认。

总之，只有重视科研，做学者型老师，才能形成自己的学术个性，才能提高教学质量。

① 陶富源：《与青年学子谈读书》，《安徽商贸职业技术学院学报》，2008(1)。

3. 精心设计，创新教学模式，加强师生互动

关于如何备课，如何讲课，如何组织教学，我也曾发表过一篇文章，题目是《青年教师如何站稳大学讲台》[①]，这篇文章网上也有，我在这里不再重复。下面就思政课教学谈几点体会。

第一，讲课要有激情。讲课就是说理，就是论述真理，宣传真理。说理的目的在于说服，如果能做到感动，那就能更有效的达到说服的目的。如果教师自己没有激情，没有感动，那么也就不能使学生感动。

第二，直面现实，注重分析。讲课不能从理论到理论，对此有两种破解途径：一是用事实说明理论；二是运用理论去分析社会热点、难点问题。直面现实不能理解为单纯揭露社会黑暗面。前一些年，有个别教师，以敢讲话，胆子大著称。我说，你是街头巷尾老太太发牢骚的水平，只不过你把这种牢骚从街头巷尾搬到了教学课堂，说社会这儿丑恶，那儿黑暗，谁不会说，但如果停留在这种发牢骚的水平上，那只会误导青年。我在课堂上也讲社会问题，但重在分析其产生的社会根源和认识根源，指明解决的办法，肯定我们党已经采取了哪些措施和取得了什么样的效果，从而使学生看到希望，激发信心。

第三，加强师生互动，让学生参与教学过程。我在教学过程中，几乎每次上课都组织一些讨论，每学期结束都组织学生写作小论文以作为平时成绩。每次上课都留一点时间给学生提问题，并加以解答。教师在课堂上不能搞一言堂，不能从上课到下课教师一人讲到底。要特别注重发挥学生的主动性、积极性，要创新教学模式，提供多种平台，使学生在参与中得到提高，享受快乐。

总之，要成为一名好的思政教师，需要有很高的素养，当然要成为这样一名好的教师也非一日之功。我们安师大政法学院就有这样一批叫得响的思政教师。但他们也不是一开始就这么优秀。在开始时谁都是丑小鸭，后来经常长期的学习、积累、总结、提高，才逐渐变成一只只美天鹅的。在此，让我们共勉，让我们共同努力，把我们所从事的思政课教学工作做得如天鹅般美丽动人。

---

① 陶富源：《青年教师如何站稳大学讲台》，《安徽商贸职业技术学院学报》，2006(4)。

关于世界观、人生观、价值观教育的几个问题*

一、“三观”教育是一个相互联系的整体

这里的世界观、人生观、价值观是指马克思主义的世界观、人生观、价值观。

世界观是人们对整个世界的根本观点和看法。马克思主义世界观是以实践为基础对世界进行认识和改造的辩证唯物主义。实事求是的观点、人民群众是历史创造者的观点、改造世界的观点是马克思主义世界观的三个基本的观点。

实事求是是马克思主义哲学的精髓。只有坚持实事求是，才能充分、正确地发挥人民群众创造历史的主动性、积极性，才能有效地改造世界。人民群众，特别是工人阶级是运用马克思主义哲学理论武器，改造世界的主体。坚持工人阶级立场，坚持从广大人民群众的利益出发，才能坚持实事求是。改造世界的实践，特别是以工人阶级为首的广大人民群众的实践，是马克思主义哲学得以产生的现实基础，也是马克思主义哲学为之服务的根本对象。因此，实事求是的观点、人民群众是历史创造者的观点、改造世界的观点，是一个有机联系的整体。如果丢掉其中任何一个观点，把这个整体加以肢解，那么就可能背离马克思主义世界观，从而陷入唯心主义和形而上学。

人生观是对人生的根本看法。人何以为人，何以为具有相对独立性的个人，人的成长和发展的一般规律如何，这里包括如何满足人的需要和利益，如何实现人的价值，如何争取人的平等权利，如何履行自己的责任和义务等等。这里涉及怎样确定争取的目标、信仰和理

* 原文来源于钱广荣主编：《安徽省高校首届“三观”教育论坛文集》，合肥：安徽大学出版社，2006年。

想，怎样处理自己和他人、个人和群体（从家庭、社团、阶级到民族、国家，以及整个人类）相互之间的关系，怎样提高人的素质和能力，怎样实现人的全面和自由的发展等一系列怎样做人的人生哲学问题。

马克思主义哲学世界观为马克思主义人生观奠定了牢固的理论基石。马克思主义哲学关于世界本质和人在自然界中的地位的观点，指明劳动是人区别与动物的根本特点，这就突破了以往在人的生命意义理解上着眼于人的生物性和人寿命长短的局限，但人作为能动的存在物，其生命的本质在于区别动物的创造性，在于通过创造性劳动，为社会做贡献，把有限投入无限之中，使暂时变为永久。人不仅是能动的存在物，而且是社会的存在物。社会使人成为人，人只有在社会中才能获得自己的独立性；人只有作为社会角色，才能获得相应的社会规定性。因此，人的本质是人在实践的活动中所结成的一切社会关系的总和。由此，人的生存、人的发展、人的需要和利益的满足、人的平等权利的实现等等，是以人的本质力量的发挥和一定的社会条件的获得为转移的。

从宏观上说，一定社会的价值观是该社会的文化体系的主干；从微观上说，一个人的价值观则是其世界观的重要组成部分，它表明“三观”教育要落实在人生价值观上。人生价值观是关于人的目的和意义的根本观点和根本态度，或者说，是关于人怎样活着才有价值的根本观点，它决定着人的整个思想意识和行为。

马克思主义世界观和人生观作为人生价值观的理论指导，指明了人应该树立符合历史发展方向的人生价值观。一个人的人生价值能否实现总是与时代发展相联系的。一个人的价值观只有建立在符合历史发展方向的前提下，才有可能是正确的，才能享有成功的人生。

在当今，为社会主义祖国争光，为实现社会主义现代化做贡献，已经成为我们的时代精神。我国人民正在这种时代精神的鼓舞下，在各自的工作岗位上努力拼搏，奋力进取。在当今中华民族伟大复兴的事业中，一切个人的人生价值观都要以时代的这个大目标来拨正、校准。只有这样，个人作为整个社会大系统的一分子，作为现代化建设浪潮中的一朵浪花，才能充满生机，永不干涸。

树立符合历史发展方向的人生价值观，从根本内容来说，也就是要树立把人民的幸福与自身完美结合起来的人生价值观。通过为他人、为社会的服务得到他人和社会给予自己的服务。在这种关系中，为他人、为社会服务，是实现人生价值的形式，同时也是提升自己的人格、完善自我的手段。

而所有这一切的实现，又最终取决于人生的奋斗进取。因此，必须树立奋斗进取的人生价值观。奋斗是人们为实现一定的价值理想而自强不息、坚忍不拔、顽强拼搏、开创业绩等行为的总称。就人生价值的实现来说，所谓奋斗主要包括两个方面：一是勤奋学习；二是勤奋工作。马克思曾经说过：青春的光辉，理想的钥匙，生命的意义乃至人类的生存发展……全包含在这两个字中——奋斗。

世界观、人生观和价值观是统一的。这种统一是有机的统一。任何世界观都内在地包含着对人生的指引和对人生的某种价值的肯定。因为人们对宇宙奥秘的哲学探索，说到底，是为了人类自身的生存和发展。人对宇宙的看法总是反映了人对自身的认识和人对自身命运的关注。因此，世界观不能脱离人生观、价值观而独立存在，它内在地包含着人生观、价值观。同样，人生观、价值观必须受世界观的统摄和指导，要获得哲学的论证和支持。因此，任何人生观、价值观都包含着对宇宙的某种觉解。

世界观、人生观、价值观的有机统一启示我们，必须从这个统一的高度去把握人的世界观、人生观、价值观的形成规律和进行这一方面的教育。

二、“三观”教育有赖于先进文化的建设

人的世界观、人生观、价值观是如何形成的呢?

任何人都有自己的世界观、人生观、价值观，所不同的只是其性质不同，有的是科学的、正确的，有的是蒙昧的、错误的；有的是系统的、偏于理性的，有的是零碎的、偏于感性的。这是从矛盾的两个极端讲的。就现实的具体人的世界观、人生观、价值观而言，在科学与蒙昧之间、正确与错误之间、系统与零碎之间、理性与感性之间还存在着许多不同程度、不同等次的中间结合状态。从而表现为人世间人的多样性、人性的丰富性。

不同的人之所以有不同的世界观、人生观、价值观，这是由后天因素的不同造成的。就现实的个人来说，父体和母体自然结合生出某一个体，而个体只有在社会文化环境中才能成为个人。

人是一种动物，但人不是一般的动物，而是以自己的活动创造了自身文化的特殊的动物。

这里的文化是广义理解的文化。它表示人类在改造自然、社会和人本身等方面所进行的各项活动，以及这些活动的对象化的积极成果，这些活动和成果完全是属人的，不同于纯自然的现象，因而文化从动态说，实质上就是“人化”。

如前所说，每个人生下来时，只是一个赤裸裸的动物机体，但当他来到人间之后，也就浸润在一个文化的环境中，通过耳濡目染、教育训练、生活消费、实践交往，逐渐地变成了一个具有文化素养的人，即变成了一个复杂的肉体和文化的综合体。

在一个社会群体中，文化的主要内容就是为一定的世界观所决定的此文化系统的总体性思维方式、行为方式和价值观念，以及由此折射出来的理想信念、道德情操、审美趣味、群体性格等等。

社会群体的文化对个体的作用，一是表现在对个体生理素质的改造上。例如，出生时爬行的四肢逐渐训练成了会走路的双腿和抓握东西的双手，原来只能发出单调的哇哇哭声的喉管变成了能发出清晰音节的语言器官。与社会的分工相联系，人的肢体也在长期的实践中获得了某种特化的发展。二是表现在人所特有的心理素质和社会素质的成长上。这种生成表现在两个方面；其一是人的本能获得了精神性和社会性的提升。比如，填饱肚子的进食本能，提升到了讲究营养和美味品尝的高度；满足性欲的性本能，提升到了性爱以致情爱，即爱情的高度。其二是人生规范的养成。这里的规范是广义的，包括做人行事的一切习惯、准则、法规。

个人心理素质和社会素质的生成，都是一定群体文化的产物，是群体文化在个人身上的体现，是个人对群体文化的认同和被同化。因此，要使青少年和全国人民树立正确的世界观。人生观、价值观，从根本上说，就必须立足于文化建设。发展文化，提供优秀的文化产品，营造良好的文化环境和实施良好的文化教育。为此，就必须以马克思列宁主义、毛泽东思想、邓小平理论和“三个代表”重要思想为指导，坚持党的基本路线和基本方针，加强思想道德建设，发展教育科学文化，以科学的理论武装人，以正确的舆论引导人，以高尚的精神塑造人，以优秀的作品鼓舞人，培养有理想、有道德、有文化、有纪律的社会主义公民。

就学校教育来说，要帮助青年学生树立正确的世界观、人生观、价值观，这里有多方面的工作要做。比如，营造良好的校园环境，包括校园周边环境和校内环境；做好学校党政工团对学生的思想政治教育工作；开展健康有益的、丰富多彩的学生社团活动等等，但其中最重要的是要搞好思想政治课的课堂教学，这是对学生进行思想政治教育的主渠道。怎样才能使思想政治课成为学生愿意听、喜爱听，并且听后有收获的课，其关键就在于教师要进行创造性的工作。以下我结合自己的教学，谈一点体会。

三、思想政治课是对学生进行“三观”教育的主渠道

我是从事“马克思主义哲学”教学工作的，已有35年，总结自己的教学体会，我认为，要通过哲学课对青年学生有效地进行世界观、人生观、价值观教育，就必须对教学加以精心的设计和组织，特别要做到把哲学原理的教学与现代社会最重大的实际问题以及学生中最主要的思想实际结合起来，并渗入教师自己的社会人生感悟来进行讲授。我的具体做法如下：

第一，变哲学教科书有关内容的客观叙述为教师自我体会的情感表达。

比如，我在讲第一章“马克思主义哲学是科学的世界观和方法论”时，采用了三个标题把文章内容贯穿了起来。第一标题是“我爱哲学”。在这个标题下，讲哲学的可爱之处，讲哲学的本质内涵、历史发展、哲学先贤的无量才情和追求真理的精神。第二个标题是“我更爱马克思主义哲学”。在这个标题下，讲马克思主义哲学的创立，讲其内容、特点和巨大意义，以及马克思主义哲学的当代价值。第三个标题是“同学们也应该爱哲学”。在这个标题下，讲学哲学与人格塑造、知识汲取、能力培养的关系，并说明如何学好马克思主义哲学等等。

这样来组织第一章的教学，既讲授了哲学教科书所规定的内容，又融汇和贯穿了教师自己的真情实感，从而把学哲学与民族振兴以及个人成长的关系具体地、生动地展现在学生面前。学生懂得了学哲学的目的和意义，就会产生一种强烈的愿望，就会激发学好哲学的内在动力。

第二，讲清基本原理，重在专题分析。

在哲学教材中，多少章节的内容是难以运用上述第一章的讲授方式授课的。对于这些章节的教学，我一般是按照以下三步进行的：(1) 讲清基本原理；(2) 从基本原理的讲授中引出思想方法；(3) 运用原理和方法针对学生关心的社会人生的热点、凝点、难点问题，进行专题讲授。

当代大学生在现代文化背景和信息手段条件下生活，人生追求的许多问题直接或间接地同当代世界的重大实际问题相联系。比如，怎样认识现时代的性质和特点，怎样认识社会主义出现的挫折和失误，怎样认识社会主义的优越性和必然性，怎样认识经济全球化与中国现代化的关系，怎样坚持以人为本的科学发展观等等，都是学生最感兴趣又最感困难的问题。

教师对这个问题的解答应该在详细占有材料的基础上，从哲学理论的深层次作专题剖析和论证。在专题讲授过程中，要有针对性地批判国内外有重大影响的错误思潮。比如，“马克思主义过时论”、“资本主义永存论”、“社会主义失败论”、“资本主义与社会主义趋同论”、“全盘西化论”、“技术决定论”、“真理多元论”等等。

通过分析批判，帮助学生提高认识，提高对错误思潮的识别和抵制能力，从而坚定无产阶级立场和社会主义人生信念。

在运用专题剖析方式进行讲授时，需要注意的是：(1) 要把握学生的思想脉搏，要鼓励学生讲出自己思想深处的种种困惑，然后教师按自己对问题的理解，结合自己的所见所闻、所感所悟，坦率地、平心静气地、客观地讲出自己的看法。(2) 要找准与所教授的哲学原理密切联系的专题来进行讲授，这样不仅在逻辑上衔接自然，而且有助于增加所讲专题的理论力度。(3) 对所讲专题，教师必须要有充分的准备，要进行深入的研究。每一个专题的讲授都要作为教学中的一个战役来认真对待，不讲则已，要讲就力求讲深、讲透，讲得学生口服心服。

第三，机动灵活，点滴引发。

哲学教学中的世界观、人生观和价值观教育，可随时结合有关的教学内容，灵活地加以点拨，有机地进行渗透，挖出内在的思想教育因素，结合教师的人生经验和生活理解，引导学生讲理想，讲人格精神，讲追求境界。比如，我在讲哲学的古代涵义“爱智”时，引发说，据说苏格拉底不愿人们称他为“智者”，而承认自己无知，“自知其无知”，因而要不断追求知识。这里表现了苏格拉底的谦虚品格和求知、求真的哲学精神。我国的伟大哲学家孔子也是十分谦虚好学的。他说：“三人行，必有我师焉。”古今中外，大凡真正的学问家，都是谦虚好学的。如同饱满的稻穗总是沉沉地低着头，一副谦逊的样子；相反，那些没有学问或学问不多而又缺乏自知之明的人，恰如干瘪的稻穗反而高昂着头，随风招摇，好像在说：“我是多么高傲啊！”（讲到这里，课堂上一片笑声）这里用三言两语，既给学生传授了有关的哲学知识，又使得学生在笑声中受到了教育，陶冶了情操。

点滴引发式的采用，首先在于教师时时用心，灵活机动。其次，教师要有较为广阔的知识面，因而能一点一滴，信手拈来。

第四，师生互动，对话交流。

这里是指在每一学期的教学结束以前，利用一定的时间，让学生把平时不能理解的问题（什么问题都可以）写成字条，传上讲台，由教师即席加以解答。运用这种方式可以更广泛地针对青年学生中带有普遍性的问题进行思想政治教育。多年来，我对教的每一届学生都坚持运用这种方法。实践证明，颇受欢迎。每次进行这项活动，学生都十分踊跃，提出大量问题，问题的涉及面很广，大至民族命运，国家前途，小至交朋择友，个人恋情，应有尽有。有时两节课不够用，即使推迟下课，学生也十分情愿。

进行这项活动，要注意的是：（1）事先通知，让学生有所思考，有所准备；（2）教师对学生提出的问题应有所预测，并适当地做一些解答准备；（3）在解答问题时，要做到简洁明快，话到则止，不可拖泥带水，含含糊糊。（4）要做到灵活应变，注意语言技巧的运用，力求幽默风趣，尽量活跃气氛，力戒机械应对，一本正经。

总之，在哲学教学中进行世界观、人生观、价值观的教育，一定要结合教师的社会人生感悟来进行。这既体现了理论联系实际和为人师表的教育原则，又能使哲学教学生动、真实、亲切，从而增强哲学课对学生的吸引力和导向作用。

如何组织哲学教学中的课堂讨论*

一、不可缺少的一个教学环节

在教学过程中，如何变教师对学生的单向作用，为师生之间的双向作用；如何变教师的一个积极性，为师生的两个积极性；如何把对学生的知识传授和能力的培养结合起来，是教学改革的一个重要内容。为了有助于这个问题的解决，对于哲学的教学来说，搞好课堂讨论是一个带有关键性的环节。

有些教师习惯于一言堂，习惯于在课堂中唱独角戏，这种习惯要改变。还有一些老师认为组织学生搞课堂讨论，太麻烦，还不如自己一个人从头讲到尾，来得省事。其实，这不是麻烦不麻烦的事，而是教学效果好不好的事。如果课堂讨论有助于提高教学效果，有助于实现教学目的，那么即使再麻烦，也应该努力去做。

以往的教学实践说明，组织好哲学的课堂讨论，至少有以下几点好处。

（1）可以在一定程度上反映教师在教学中的得失和学生掌握知识的情况。（2）可以培养学生多方面的能力。比如思维能力、语言表达能力、争辩能力和理论联系实际的能力。（3）可以加深学生对哲学功能的认识，从而提高他们学哲学用哲学的积极性。（4）可以帮助学生复习和深入理解课堂教学的内容，并有助于激发学生追求新知的动力。学生们反映，通过讨论可以把书本上学到的死知识变成自己加以运用的活知识。还有的说，讨论如同智力竞赛，这既是一种自我表现，又可以加深自我认识。

* 原刊于《芜湖师专学报》，1994（2）。

组织课堂讨论确实比较麻烦，问题还在于，付出很大努力，但不一定能如愿以偿。从多年的实践结果看，有些讨论是成功的。比如：上学期在政史系93级（一）（二）班的辩证唯物主义的讲授中，每班共组织了六次讨论，都是搞得比较成功的，这两个班各有学生40名。有时讨论一个问题，踊跃发言者达到20人次以上，课堂气氛异常活跃。当然，以往也有一些讨论组织得并不成功。有的甚至是失败的。当此时，也只好把课堂讨论转变为课堂提问。造成讨论不起来的原因是多方面的。但从组织工作的角度来说。首要的一点，是老师要搞好课堂讨论的设计工作。

二、课堂讨论要精心设计

这里要注意解决好以下几个问题。

第一，讨论进行的规模。

这里可供选择的有，小组讨论；50人左右的教学班讨论；75人以上的大班讨论。

小组讨论的长处在于，每个人都有发言机会。可以放开争论。短处在于，如果小组长的组织能力较弱。讨论有可能变成闲聊，或出现冷场的局面。且分成若干小组，讨论地点也难以安排。另外，也不便于在讨论中发挥教师的引导作用。75人以上的大班也难于展开讨论，一是人数太多。教师掌握讨论有一定困难。二是增加了学生发言的心理障碍。所以，在讨论时，小班不宜划为小组；在可能情况下，大班最好分成小班。这样的讨论规模，既有利于教师发挥引导作用，又能使比较多的学生有发言机会。

不过，话说回来，如果任课教师驾驭能力强，75人以上的大班仍然是可以组织讨论的。另外，把大班分成小班，对任课教师个人而言，也会遇到一些难以克服的困难。比如讨论场所难以安排。

第二，讨论题的选择。

这是教师在课堂讨论设计中，须着力解决的一个重要问题。可以说，这是关系课堂讨论成败的一个关键。讨论的目的是为了加强学生对所学内容的理解和运用。为达此目的，有以下几点是应该注意的。

（1）选择的讨论题，必须具有一定的深度和复杂性。这是相对于学生现有的知识和能力而言的。讨论题不能过于简单。不然就没有讨论的必要。因此，单纯的复习题就不应作为讨论题。当然。讨论题过深、过于复杂，也会使学生望而却步。用一个通俗的比喻来说，讨论题的深度和复杂性的要求，对于学生来说，必须是跳一跳可以摘到的桃子。

（2）所选择的讨论题，必须是与学生已学哲学原理有着密切的联系。同时又是学生颇感困惑、颇有兴趣的问题，特别是与现代化建设和改革开放相联系的一些问题。这样才有利于激发学生的讨论热情。

（3）讨论题的数量不宜多。一次讨论，一个或两个题目即可。这样有利于学生思考精力的集中，也不会占用过多时间，以免影响新课的讲授。

第三，要让学生有准备地参加讨论。

可事先告之讨论题，可指定若干阅读材料，必要时，也可让学生准备发言提纲，或指定重点发言人。

三、发挥教师在课堂讨论中的引导作用

在课堂讨论中，学生积极性、主动性的激发，有赖于教师切实地发挥引导作用。

第一，教师要通过教育，帮助学生消除心理障碍，鼓励学生积极参加讨论，踊跃发言。这里的心理障碍，主要是指，有些学生胆子小，不敢在众人面前亮相、发声。教师要通过鼓舞、示范、表扬，提振这些学生的信心。

第二，一些学生怕说错，好面子，而不敢发言。针对此，要反复强调："说错了，也不要紧"的原则，鼓励学生独立思考，鼓励不同观点的争鸣。

第三。及时归纳学生的发言，使之明确化、条理化，并说明不同观点之间的分歧所在，以期把讨论进一步引向深入。

第四，教师要做好讨论总结。总结不是简单地评判各种观点的对错得失。而是要通过对这些对错得失的分析，启发引导学生运用马克思主义哲学的观点，学会正确思维。

总之，课堂讨论作为哲学教学中的一个重要环节，它本身也是一个系统工程。需要精心设计，认真加以组织。成功的课堂讨论可以成为师生共同活动的一个兴奋中心，并且可以对整个教学过程起到某种影响和辐射作用。

附录一：从教心得

大海之一滴，众生之一员，对自己须怀谨慎之心，对社会应抱感戴之念。有自知之明，才能虚怀以进。人际和谐，己则怡然。

教师的工作是平凡的；教师的职业是崇高的。

以书本为伴是教师的幸福；与学生为友是教师的快乐。

人生有限，知识无限。术业必须专攻，滴水终能穿石。

永远抓住现在，倍加珍惜今朝，莫到临老回首，遗恨人生虚度。

世间一切事物中，人是最可塑造的。教育是传授知识、塑造灵魂、播种希望的工作。

人的生命一半是肉体，一半是精神。物质享受滋养肉体，文化濡染塑造精神。读书为的是生命的完整，是对生命的那一半的精神能量的补充。

教育的最高境界是激励学生个性潜能的自由发展。为此要克服分数至上和文凭崇拜，要创新教学模式，提供多种平台，让学生参与教学过程。

教育的根本要求是让学生在爱的感动中获得熏陶。没有爱就没有教育；没有唤醒和鼓励就没有心灵的温暖和境界的提升。

教师不仅是红烛，燃烧自己，照亮别人，而且是师生互动、相互点燃，共烛光明。

教师既要有才华，又要有人品。有才华才能让学生佩服，有人品才能获学生敬重。

大学教师既要搞好教学，又要搞好科研。前者是立足之本，后者是发展之路。

当一个教师不难，当一个好教师很难。一个好教师的教学，须达到三个层次：一是学生愿意听你的课。即你的教学能听懂，好理解；二是学生喜欢听你的课。即你的教学生动形象，富有情趣；三是学生企盼听你的课。即你的教学提供了启迪，被学生视为精神享受。

教师要上好课，态度认真是提高授课水平的首要前提；讲稿优质是保障授课质量的重要基础；艺术施教是实现授课目标的必要手段。

一个好的教师可以改变一些青年的命运，千百万好教师可以改变一代青年的命运，而一代青年可以改变一个民族的命运。

附录二：历历往事寸草心*

一

古人云：岁月如梭，光阴似箭。年轻时不以为意，及至年老，方有所悟。1964年8月下旬，我从江苏海安的乡下，带着母亲和乡亲的殷殷嘱托，怀揣北大录取通知书，背着行李，步行到县城，坐汽车、过长江轮渡，从镇江上火车，一路兴奋，于25日下午抵达北京。从北大东南门入，大饭厅前，绿树一片，蓊蓊郁郁，偌多青年男女，散坐其下，或专注阅读，或掩卷沉思，或细语轻谈。书香氤氲，青春气象，此如画一幕，突入眼帘，不禁为之一振，此乃读书之胜地也！这是北大给我的第一印象。弹指50年过去，恍若梦幻，似在昨天。

在北大的五年零九个月里，生活学习在6411（一）班，不敢说，青春无悔。因为正常的上课学习时间仅一年稍多，其余时间被下厂下乡、“四清”文革占用，学业耽误过甚，此为终身憾事。不过也有另外一面，即了解社会，经受锻炼，也是人生的另类财富。我们班的25名学员毕业以后，虽从事的工作不同，但都过得比较踏实，且都能有所作为，应该说，与这一段经历不无关系。就我而言，除了上述这一点以外，在北大的几年，不仅得到许多关爱，结下真挚情谊，而且奠定了未来发展的基础。可以说，北大是我的精神家园，学术旅程的起锚之地。特别是许多老师的教诲、榜样和鼓励，使我终身受益，没齿难忘。这里不能不谈到黄枬森、许全兴、杨克明、施德福、孙伯鍨等诸位先生对我的影响。

* 原文来源于孙兰芝等主编：《告别未名湖·北大老五届行迹2》，北京：九州出版社，2014年。

二

刚进北大时，我还保留着中学时的学习习惯，即围绕着教科书打转转，死记硬背，把考试成绩看得很重。但不久，在读什么书和如何读书的问题上，我受到两点启蒙。一是来自黄枬森先生；二是来自许全兴先生。说来都有些偶然。

开始我作为班团支部书记，往系办公室跑得比较多，顺便也到系资料室走走。几乎每次都能碰到黄枬森（又名黄楠森）先生。后来熟识了，不时向先生请教，黄先生待人诚恳，每次都热情指点。所谈内容大都忘却，然有一点至今铭记。有一次，黄先生问我，在看什么书，我说在看艾思奇编的哲学教科书，他说，作为哲学系学生，学习马克思主义哲学，不能仅读教科书，重要的还要读马克思主义原著。从此“读原著”三个字，深深印入脑中。许多年后我才知道，黄先生在那些年中，正带领一些老师对列宁的《哲学笔记》及《唯物主义和经验批判主义》展开深入研究。可见，当年黄先生所言，并非随口一说，而是经验之谈。

许全兴先生1964年毕业于北大哲学系，后留系任教，曾担任我们班一个多月的班主任。因住房一时尚未落实，于是有几天在学生宿舍与我同住一室，故而接触较多。我看到许先生读书认真，还不时在本子上记着什么，于是向前探问。原来是在写读书笔记。这是我生平第一次听说，读书还要做笔记。许先生还给我讲了做读书笔记的重要和如何做读书笔记。

黄先生的点拨和许先生的榜样对我的意义非同小可，它促使我真正告别了中学时代，开启了一扇通过自我求索走上学术之路的门户。从那时起，遵循黄先生的教导，开始学习马克思主义原著。我在北大自学的第一本马克思主义著作是恩格斯的《反杜林论》。也是从那时起，开始学着许先生的样，做起读书笔记来。后来走上高校教学岗位，更是系统阅读了大量马克思主义原著和其他著作，作了许多读书笔记，写下了不少心得体会。这件事做起来繁琐、费力，但我坚持做了几十年，而且乐此不疲。到目前为止，已写下各式各样的读书笔记一百几十种。这从而也就为我的科学研究奠定了比较坚实的学术功底。回顾以往，之所以能在学术上取得一些成绩，得益于此多矣！不仅如此，我还借以为一些学生和青年教师搞研究、写论文，在资料方面提供了不少方便。

我自己大量读书、做读书笔记，也指导学生这么做。不仅如此，还注意总结其中的经验教训，继而把内容加以扩充，并以此作为讲义，主动给本科生开了一门选修课：文献检索与论文写作。这门课连续讲了十几年，受到学生好评。我又把这门课的讲义整理成一本书：《学术论文写作通鉴》，由安徽大学出版社于2005年出版。该书书稿写成以后，我第一个想到许先生，想请他写序。不出所料，许先生欣然应允。在序中，许先生不仅认为我先前出版的《形上智慧论》《实践主导论》《终极关怀论》等“三大著作，构成了一家之言”，而且还认为《学术论文写作通鉴》“是一本视野开阔、立意高远、系统论述学术论文写作规律、富于实际操作性和具有学术个性的学术论文写作学著作”。

毕业以后，由于多方面的原因，与黄先生联系中断，直到2003年11月在上海召开的一次人学会议上，才与先生不期而遇。接下来的几天会议，与黄先生朝夕相伴，交谈甚欢，谈及北大受到的教诲，先生欣然。后来黄先生还主动为我的《终极关怀论》一书作序。认为该书“是一本时代气息浓郁、内容翔实、学术品味醇厚的，对人学理论进行了深入系统研究的力作”。

许先生和黄先生对我作品的上述肯定，使我十分感动。我自知，上述两本小书缺陷不少，二位先生有些过誉。不过，已是海内名哲的二位先生的肯定和鼓励，对我的促进和鞭策是很大的。

三

杨克明先生，又名杨适，1962年毕业后留校，是我班的第二位班主任，也是我们年级的马克思主义哲学课教师。杨先生很有才情。我们进校不久，杨先生就在北京市委宣传部主办的《前线》第16期上发表了《一分为二和阶级分析》一文。这篇文章，对幼稚的、刚进校的我们来说，读起来犹如雾里看花，但当年刚刚三十出头的杨先生发表学术论文这件事本身，在我们班引起了轰动。大家认为杨先生有能耐，了不起。不由自主，我在头脑中也萌生了这样一个念头：如果将来在高校当教师，也应像杨先生那样，既搞教学，又搞科研。这个念头，在当代人看来，似乎比较平常，可能算不得什么。可在随后到来的那个“臭老九”帽子满天飞的年代，正是这样一个简单的念头，曾在毕业以后的一些年中，影响了我的人生选择。

1970年3月我离开北大，到位于安徽省阜阳县的解放军6377部队农场劳动锻炼。一年后，于1971年3月到芜湖市教育局报道。当时面临两种选择：一是留在生活较为方便的芜湖市内，到中学当教师；二是到条件较为艰苦、地处芜湖远郊的芜湖师专任教。当年一起到芜湖报到的9位农场战友中，只有我和同年级的郑庆林同学，为了学有所用和能有机会从事科研的缘故，而毅然选择去芜湖师专任教。

文革后期的芜湖师专，说其破败也不为过。在入口处，两根水泥立柱权当校门，园内荒草丛生。走的是泥巴路，用的是池塘水，竟然还有一些老师在用毛竹搭成的简易棚子里办公。学校没有围墙，外人随便出入。学校的篮球场、足球场分别成了附近农民的晒谷场和放牧场。另外，寄信、买粮、买油都要到离学校六七里外的小镇上，工作生活极为不便，不少老师忍受不了这份辛劳，于是纷纷调离，但我和郑庆林坚持了下来，我们与学生为友，以教书为乐，相互激励，积极进行学术研究。可以说，是我们两位和中文系两位老师，共同开创了芜湖师专科研风气之先。

在文革风波尚未消去的那个年代，要进行学术研究还是要冒一些风险的。记得那时该校一位分管教学的副校长就曾在全校教职工大会上宣称：“教授就是要教，讲师就是要讲。”言下之意，你们这几个人搞科研是不务正业。不过，我们对此没有理会，照样我行我素。之所以有如此胆气，说到底，还是受益于在北大受到的教育和北大老师的榜样。

由于在学术研究方面先行一步，也庆幸论资排辈陋习的破除，我和郑庆林于1980年破格晋升讲师，1986年评为副教授，1991年跃升教授。我们俩是当年安徽省最年轻的讲师，也是当年最年轻的副教授、教授。人生的这样几步，相对同辈人而言，在时间上可能提前了至少5年，在有限的人生中，这5年可不是一个小数字！不过，在这里，还得感谢小平同志的改革开放，使我们赶上了一个好时代。

由于有了一些声望，加以山中无虎，猴子当家，1984年，我在复旦大学进修，在毫不知情的情况下，被群众民主推荐（后来名曰“海选”），当上了芜湖师专校长。尽管毫无思想准备，也从未有过此种念头，但我还是服从了组织的安排。在担任校长期间，夙兴夜寐，除旧布新，与学校领导班子成员共同努力，不仅使文革遗留下来的许多问题得以妥善解决，而且还迅速打开局面，使学校工作上了一个新台阶，为该校后来被表彰为省“优秀师专”和被评为芜湖市“花园式单位”奠定了一定基础。当学校工作步入正轨，能够健康地前进时，我主动辞去了校长职务，继续留在该校当一名普通老师。当时不少朋友表示不解，说“校长当得好好的，怎么说不干就不干呢？”还有人说，放弃校长（副厅级）142元工资不拿，却心甘情愿去拿讲师的97元工资（文革后，第一次工资改革），这不犯傻吗？其实有什么傻不傻的，就是情系讲台，志在科研，不忍割舍。1995年调入安徽师大以后，也曾有两次从政的机会，但都被我婉言谢绝。在我看来，从事教学科研是我的兴趣所在，快乐所在，更能实现我的人生价值，人生几十年，我不能把自己放错了位置，不然会死不瞑目。

多少年来，不论是以往“左”的年代，还是躁动、喧嚣的当今，我都孜孜矻矻，不敢懈怠，一直在教学科研园地上辛勤耕耘。俗话说，天道酬勤，故而也有一些不错的收获。到目前为止，共主持国家社科基金项目三项，著有《形上智慧论》《实践主导论》《终极关怀论》《中国特色协商民主论》《青年马克思与费尔巴哈》《唯物史观在当代》《唯物辩证法与实践智慧》等著作12部，其中独撰7部，主编教材4部，发表论文180多篇。其中，在《哲学研究》发表8篇。共获得省部级科研成果一等奖1项，二等奖3项，三等奖2项。

四

如前所说，我在北大得到许多关爱。比如，我在班上享受的是一等助学金：19.50元；在得肝炎期间，得到了校医院的医生、护士和同年级不少同学的照顾、体贴。使我不能忘怀的，还有施德福和孙伯鍨两位先生的关心。施先生有古仁者之风，他是我们班的第三位班主任，是到宿舍看望学生次数最多的人，对我们这些来自农家的贫困学生，先生更是呵护有加。孙先生是（二）班的班主任，他与学生关系亲密，视生如子。一年夏天，孙先生到学生宿舍来看望大家，有人带头打起了孙先生的“秋风”，要孙先生拿钱请客，孙先生笑称忘记带钱。一女生表示不信，竟伸手掏起了孙先生的腰包。可孙先生不以为忤，相反还脸挂笑容，结果还真有斩获。师生间如此融洽，如此人文，实在难得！后来孙先生调南大任教，因离得较近，所以我常去看望，得孙先生教益甚多。他也曾主动给我的《实践主导论》一书写序，给予肯定和鼓励，使我心中暖如春阳。

点点滴滴，滋润心田，化为我对教育工作的投入和对学生的挚爱，由此我也得到了来自学生的认可和尊重。有几位我所教过的毕业生曾先后在《安徽师大报》《教育文汇》《安徽报业集团·DM》等报刊上发文，给予我肯定和赞扬。诚然，作为安徽师大马克思主义哲学学科带头人，还是做了一些事的。比如，组织领导该学科于2001年成功晋升为省级重点学科；并以我为首于2005年成功申报了马克思主义基本原理博士点。另外，坚持“科研育人”，我所指导的博士生，其毕业论文有1/3获国家社科基金的立项资助[①]，另有1/3获教育部科研基金的立项资助。由于在教学科研、学科建设、人才培养等方面做出了一些成绩，曾获得国务院特殊津贴、全国模范教师、国家社科基金评审专家、曾宪梓教育基金高等学校教师奖三等奖、二级教授、省级教学名师、省优秀教师、省十大杰出教师、省五一劳动奖章、北京大学优秀校友等称号和荣誉。

在评上教授以后，我被不少高校，包括南京大学聘为兼职教授，也不时被一些高校请去给学生讲学。按照惯例，在开讲以前，主持人总要把我介绍一番，以表敬意。然而在介绍的众多“名号”中，惟“北京大学高材生”这一称谓被学生最为看重，因而获掌声也最为热烈。起初我有些不解，后转念一想，释然！我所取得的这些成绩、所表现的所谓“精彩”，不都是拜北大之赐吗？

行文至此，赋诗一首，以为总结：

历历往事寸草心，悠悠思绪燕园情，心怀学坛桃李梦，情喜

① 至2015年7月止，这一数字已上升到2/3。

九州生气盈。

最后，祝燕园更加美丽，祝祖国更加繁荣！

附录三：教授的风采*

石红星

提起陶富源老师，同学们都会如数家珍地谈起他娴熟驾驭教学的能力。陶老师在教学中不只是滔滔不绝地抽象阐述哲学原理，而且把马克思主义世界观的基本原理生动具体地化到大学生人生观教育中，把哲学原理的教学与现代社会重大问题和学生的思想实际结合起来讲授。为了讲解“爱智”这一哲学的古代涵义，陶老师列举了苏格拉底和孔子的事例，苏格拉底不愿人们称他为“智者”，而自称“智慧的爱好者”即哲人，可见苏格拉底十分谦虚；孔子讲：“三人行，必有我师焉”，表明孔子也很谦虚。古今中外大凡是真正的学问家都是很谦虚的。

陶老师三言两语的讲述既传授了有关哲学知识，又使同学们受到了教育，陶冶了情操。陶老师十分注重提高同学们学习哲学的兴趣，带动同学们学好哲学。在“哲学原理课”教学中，为了把第一章“绪论”教得更加精彩，陶老师打破传统的教学模式，他用三个标题把全部内容贯穿起来。第一个标题是“我爱哲学”。在这个标题下他讲到哲学是他的“精神家园”，讲到他对哲学如痴如醉的感情以及所从事的哲学教学和研究的情况。第二个标题是“我更爱马克思主义哲学”。讲述马克思主义哲学的创立及其重大意义。第三个标题是“同学们也应该爱哲学”。他对我们说，安徽师大是一所师范院校，培养的是未来的人民教师，第一流的教师应该是具有哲学素养的教师，他这样把学哲学与个人成才的关系具体地阐述出来，激发了同学们学哲学的内在动力和强烈愿望。现在正师从他的一位研究生说：“听了陶老师的课，我逐渐爱上了哲学。并致力于哲学基本理论的研究”。学生们对学习和研究哲学的热情在很大程度上缘于陶老师对哲学教学与科研二十多年的

---

* 原刊于《安徽师大报》，1998—1—8（3）。

钟情。

为了引导同学们参与教学过程，陶老师在教学中经常提出问题，启发学生思考和讨论。记得在讨论一位哲人所谓“历史者英雄之舞台也，舍英雄几无历史”的观点时，同学们踊跃发言，气氛热烈。讨论过后，陶老师及时地进行评析，明确指出，这种观点是一种错误的英雄史观，我们应坚持群众创造历史的历史唯物主义观点。为了使同学们对问题进行深入的理性思考，他亲自组织全班同学学习写作哲学小论文，并审阅批改。不仅如此，他还善于把握学生的思想脉搏，结合自己的所见所闻、所感所思，坦率地与同学们交流思想，既针对学生关心的社会人生热点、难点问题作出令人信服的回答，又旗帜鲜明地批判“马克思主义过时论”、“真理多元论”等错误观点，帮助同学们提高对错误思潮的识别和抵制能力，坚定了大家的社会主义信念。

最近，经济法政学院组织了一次陶富源老师观摩教学，听课的十多位中青年教师都认为，陶老师的教学理论联系实际，具有很强的吸引力和感染力，体现了学者的魅力、教授的风采。笔者记得陶老师在一篇论文中写道，哲学所追求的是世界观意义上的真善美的统一，使之成为“时代精神的精华”和“文明的活的灵魂”。这句话，不也折射出陶富源老师所追求的哲学教学上的真善美吗？

附录四：青年学子的良师慈父*

王　景

转眼间，我和妻子从安徽师范大学政法学院马哲专业硕士研究生班毕业一年有余。回想起三年的读研生活，值得回味的东西太多。如画般的校园，厚重的文化底蕴，浓厚的学习氛围，融洽的师生关系，同学之间的倾心交流……这一切都已成为我内心深处的美好记忆。

在我珍藏的记忆中，印象最深的是陶富源教授。他那极富感染力的声音，总在耳畔响起；他忙碌的身影，特别是他那斑斑白发、丝丝皱纹，常在脑海中浮现；他的亦师亦父的教诲，已驻入我的心田。记得第一次上课时，先生自我介绍："我叫陶富源"，说着随手在黑板上写下了自己的名字，然后又轻轻擦去。我本以为先生会借此机会在我们这些新生面前"自我表扬"一番。谁知非我所料。先生惜言如金，不肯多说一句。

其实，从师兄师姐那里，对先生的情况已有所闻。先生毕业于北京大学哲学系，是安师大资深教授。大学毕业后，先生被分配到芜湖师专任教，1984年，曾担任校长。然而先生在打开工作局面后，却主动辞去职务，继续在该校当一名老师。一次交谈我探问此事，觉得不好理解。先生淡淡地说，我喜欢当老师，喜欢教哲学，喜欢做学问。据了解，截至目前，先生共发表各种学术论文160多篇，其中有8篇发表在《哲学研究》上；出版著作10多部（独撰7部），其代表性著作有《形上智慧论——哲学的当代沉思》《实践主导论——哲学的前沿探索》《终极关怀论——人的哲学之悟》等；代表性论文有《青年马克思与费尔巴哈》《地理环境与人类社会》《哲学·人学与人》等。

从先生课堂上走出的学生成千上万，分别活跃在政法、教育和行政等战线上。如今，在教学岗位上已经奉献了四十余载的先生，仍然

* 原刊于《教育文汇》，2009（10）。

耕耘在教学第一线。先生点题开讲后，一下子就吸引了我们。设问的步步深入，推理的层层展开，伴随语调、手势的变换以及讲台前的左右移步，无不使我们零距离地见识到真正的学者风度、名师风采。从此，和先生的交往多了起来。我们不仅为先生渊博的学识所倾倒，为先生淡泊名利的人格魅力所折服，更为先生对学生的思想、学习和生活的关心所彰显的大爱所敬佩。

作为一位著名教授，后来先生每次讲课都像第一次给我们上课一样，准备充分，讲得精彩。在完成规定的教学内容后，先生总是找一切可能的机会把理论界的最新研究成果介绍给我们，并说出自己创造性的学术见解与我们共享，更喜欢把当下的前沿性学术争论观点提出来和我们一起探讨。师生切磋的内容非常广泛，既有哲学本质的基本定位，也有对哲学基本问题的认识沿革；既有对黑格尔绝对理性主义的历史评判，也有对费尔巴哈人本学唯物主义的价值分析；既有对西方马克思主义哲学曲折性发展的理性梳理，也有对马克思主义中国化日趋成熟的整体把握。由于哲学理论本身特有的属性，这种探讨自然大多很难得出广泛认同的结论，但大家却在讨论中从不同的角度深化了对诸多问题的认识。这正是先生所要达到的目的。每次讨论，先生总是谦虚地说这种“不着边际”的讨论，给了他很多灵感。

我们那批读研的部分学生是跨学科报考，基础理论参差不齐，所以，有的学生对能否作好研究信心不足。作为导师组组长、学科带头人，先生便经常利用休息时间帮助学生开“小灶”，鼓励大家准确定位，找到差距，针对差距，挤时间“恶补”。那几年，先生多次应邀到省内不少大学作报告，主题是“与青年学子谈读书”。先生指导我们这届同学研学的第一步，就是谈如何读书。读研第一年，先生充分结合自己的教学经验，给不同层次的学生开出不同的阅读书目。针对基础相对薄弱的同学，先生就列出具有综合性特点的读本，如《马克思主义哲学》《中国哲学史》等；开给基础较好的同学书目则体现专业性特征，如《小逻辑》《1844年经济学哲学手稿》等。经过近一年的努力，基础弱的同学逐渐赶了上来，基础较好的同学也得到了极大提升。

先生常说，传授知识固然重要，学生的人格塑造更重要。先生反复告诫学生，要做好学问，首先要学会做人。2005年，先生曾出版过《学术论文写作通鉴》。书中不仅讲论文写法，还有专门两章讲学术研究的境界、风范。由此可见，先生是看重人品的。记得我的一篇论文《应从人的维度探究马克思的社会主体理论》，因为时间紧，写完后没有仔细检查就匆忙交给了先生，第二天我就被他叫去痛批了一顿。先生在文章中用红笔把错别字和不当的标点符号一一指出并作了纠正，还写上了这样两句话“做学问绝不能马虎，要对自己所做的事情负责。做学问也是做人，文字就是你的人格在纸上的体现。”这些话我至今都铭记于心。

2006年年初，在《高校理论战线》上，我参与发表了一篇《恩格斯认同黑格尔“思维与存在的同质性观点”吗》商榷性的论文。写作之前，先生再三叮嘱：学术争论是非常正常的事情，在争论过程中首先要尊重对方，然后谈问题；很多观点只有通过反复争论才能明晰，才能逐渐被学界所认同：争论中一定要有理、有节，决不能把学术争论搞成人身攻击或争雄斗胜。这些话我仍记忆犹新。

先生不仅注重学生的人格塑造，还加强对学生的思想引导。面对高额的学费和现实物质利益的诱惑，有的研究生从一年级开始就忙着在外面找兼职，学习反倒被放在了后位。先生知道我最有可能外出兼职以贴补家用，便几次找我谈心。先生说，做学问是十分辛苦的，这不仅需要灵活的头脑，更需要毅力；从事社科类的理论研究，尤其是哲学研究，很多人都觉得这是一个没有“前途”和“钱途”的专业，整天去钻故纸堆，要想出点成绩也不容易。时代变了，诱惑太多，所以很多人都无法静下心来做学问。但如果你选择了这样一条道路，就要踏踏实实走下去，排除一切干扰，只要全身心投入，总会做出成绩。导师的谆谆告诫，成了指导我学习的航标，使我在逆境中没有迷失方向。

学习上，先生是良师；生活上，先生是慈父。对这一点，在我们2005届的20位同学中，我的感受最深。一则先生是我的导师，所以我自然往先生家跑得较勤；二是我和妻子当时是变卖了结婚时置的家当，带上年幼的孩子和仅有的一点积蓄，踏上艰难的读研之路的，所以生活境况可想而知。三年时间里，先生不仅主动资助我们，还经常把我们一家三口叫去做客，借机改善我们的生活。师母和奶奶的热情与好客，有时让我们无所适从。于是，如何拒绝吃饭便成了我们一家的业余话题，虽然我们绞尽脑汁，但成功“逃离”的机会并不多。我们这一届，先生共指导四位硕士生，其中有三位来自农村，生活都比较清苦。有一次，一位同学生病，因为经济困难，准备中断治疗。先生得知后，及时解囊相助，直到这位同学痊愈。毕业前，我和另外两位同学因经济困难，还欠学校一笔可观的学费。按规定如不交清，就不能按期毕业，也就无法找工作。先生急我们之所急，在手头并不宽裕的情况下，想方设法从亲友处筹措，帮我们解了燃眉之急。

有这样一件事。我为赶写一篇论文，连续熬夜一周，头痛得厉害。先生得知情况后，竟在课间用那双有力的大手亲自帮我按摩头部穴位，使我的疼痛感一下子得到了缓解。在人生的关键阶段能够师从陶先生，我们真是太幸运了。师爱博大，师恩难忘。为了不辜负恩师的培养，我时刻提醒自己，可以不聪明，但不可以不勤奋，任何时候都不能懈怠。尽管生活清苦，但我和妻子坚持没有做兼职，把时间和精力全部用在了学习上。教室、资料室、图书馆里留下了我们三年的大部分时间。为了撰写论文，我们经常加班加点到深夜。我的文章陆续在一些刊物发表，其中有一篇还发表在国家重点期刊。由于表现突出，我还有幸参加汤文曙教授的省级重点社科项目课题组。读研期间，我获得了安徽师范大学研究生最高荣誉奖——朱敬文特别奖学金，填补了该奖学金设置十年来政法学院的空白。我的毕业论文无论是随机请外省专家评审，还是论文答辩时学校专家的评审，均获“优秀”。这一来之不易的成绩倾注着先生的大量心血，从选题立意，到谋篇布局，从材料的收集整理，到文字的润色加工，先生不知花去多少时间啊!

陶先生对学生关爱备至，对母亲也十分孝顺。先生曾说，一个对父母都不爱的人，又怎么可能去爱他人、爱社会。陶先生出生在江苏海安一个贫寒家庭，父亲早逝，小时候与母亲相依为命。后来先生把母亲从农村老家接来城里生活。先生说，一切以老人的高兴为原则。我们每次迈入先生的家门，那种自然的和睦气息，犹如三月的春风扑面。先生每次受邀外出讲学，无论时间早晚，都不会忘记给年近九旬的老母亲打个电话，叙上几句。先生说，这样老人家才能睡得踏实。至今还清晰记得没有预约的几次造访，我都遇见先生在陪伴老母亲聊天，老人家表情愉悦，气氛是那样的轻松融洽。尽管奶奶的听力不是很好，我们之间的交流也不是很多，但是从老人不多的言语中，能明显感受到她享有的幸福和快乐。我的案头有一本陶先生的著作《终级关怀论——人的哲学之悟》。我想，先生对弟子的关怀、对老人的敬爱，不正是渗透了他的这种关怀理念吗？

从安师大读研毕业后，由于方方面面的原因，我没有能从事喜爱的教师职业，现在的工作也与当初的理论研究有相当的距离，但研究生阶段所得到的境界提升、学业长进、能力锻炼和科学思维方式的养成，尤其是陶教授在为学、为人上对我的言传身教，都为我胜任现在的工作打下了良好的基础。

我深深懂得，对老师辛勤付出最好的感恩方式就是像先生教导的那样做人做事。一年多来，无论是单位的领导还是同事，都对我的工作表现给予了相当高的评价。当然，我也清醒地认识到，我所做的一切，与先生所期望的还很远很远……

附录五：把学生放在心上
——记安师大博士生导师陶富源教授*

汪盛玉

当今社会，各种诱惑太多，在这样的氛围中，能埋头治学，且把学生放在心上的大学老师，包括博士生导师，实属难能可贵，令人佩服。我的博士生导师陶源教授就是这样一位把学生放在心上的人。他以自己的学养激励着弟子的成长，陶先生是我们的良师益友。

不能克隆别人，也不能克隆自己

先生给我们这届博士生上的第一门课是“马克思主义基本原理专题研究”。这门课通常的讲法是就原理讲原理，但先生却另辟蹊径，在分析和解决重大现实问题的过程中运用原理，深度开掘、显示亮点。他列出了13个专题，每个专题讲解一次，一次三个多小时。其中有“马克思主义的当代命运”、“世界历史视野中的当代资本主义”、“经济全球化与中国现代化”、“发展核心竞争力与建设创新型国家”、“社会关系形成的主体向度及契约方式”等。这些专题都体现了历史穿透力和强烈现实感，且颇为引人眼球。然而要把这一系列事关重大的专题讲好，即讲出水平，讲出境界，并非轻松之事，但先生做到了。他的讲课不仅使本点的博士生大开眼界，受益匪浅，而且还吸引了外点的博士生前来听课。一个老师如果对上课不是十分认真，对学生不是充满感情，是绝不会如此投入的。他说，马克思主义的教学和科研都应该直面现实，特别是直面重大现实问题，不能克隆别人，也不能克隆自己，而应该主动迎接挑战，激发探索热情。

先生在教学中，不主张教师单向操作，而主张师生互动，双向交流。每次讲完课，他都留出一定的时间，征求学生意见，鼓励学生提

---

* 原刊于《安徽报业集团·DM》，2011（3）。

出问题，发表见解。他也经常提出一些问题，让我们展开讨论。在讨论中，先生总是认真倾听每个学生的发言，其专注的神情，现在回忆起来，还历历在目。每次讨论，先生都要进行点评，并作总结发言。

开辟自己的学术阵地

对博士生来说，压力最大的是博士论文的撰写，而其中尤以确定选题最为头痛。对此，先生也十分重视。记得在第一学期期末，先生要我选择几个题目向他汇报。看到我列的几个题目，先生说，毕业论文选题要坚持三个原则和三种境界。

三个原则，一是专业性原则。毕业论文是专业学位论文，要在专业范围内选题。二是价值性原则。选题要新颖别致，要有理论和实践价值。三是可实现原则。要根据自己的基础和能力进行选题。

三种境界，一是把选题的目的仅限于完成一篇毕业论文；二是以选题的确定为研究契机，开辟自己学术研究的一块新阵地；三是通过选题的研究为学术界打开一片新天地。

他说，我列的这几个题目，只有“马克思社会公正观研究”才符合上述三个原则，才可以达到以上第二种境界。先生关于三个原则和三种境界”的观点，是我生平第一次听说，特别是他的三种境界说，使我深为佩服。“马克思社会公正观研究”作为我的毕业论文选题，在先生的鼓励和帮助下，后来成功申报了国家社科基金项目。

塑好学术道路上的里程碑

毕业论文的选题确定以后，如何看待它，如何做好它，先生认为要树立一个理念。这个理念就是要把博士毕业论文当做学术道路上的一个里程碑来看待，应该为塑造好自己的这个学术里程碑而不懈奋斗，精雕细刻。博士毕业论文达到合格等级，只是一个基本条件、一个底线，不能把这个底线当做目的。他曾举例说，一些学术前辈，比如冯友兰先生于20世纪20年代在美国哥伦比亚大学留学，其博士论文《天人损益论》几十年后读起来还那样耐人寻味、发人深省。我们可能做不到这一点，但一定要以他们为榜样，树立精品意识。先生是这样教导我们，也是这样严格要求自己的。先生极为珍惜时间，对学习和写作满怀热情，十分勤奋。他的每篇论文都是有感而发、字斟句酌而成，他的每部著述都是精心研究、反复提炼而出。如此长期倾心于学术研究，先生对大量原著文本都能够准确道出、诠释恰当，对许多前沿观点都能够全面评述、引证传神……这让他的每一个弟子感念至深。

温厚淡雅的人生风采

在我读博期间，还经历了这样一件事：学校为了改善博士点负责人的居住条件，给他们每位优惠配备了一套150平方米左右的住房。这对许多人来说，是求之不得的，俗话说，“不要白不要”。可先生婉言谢绝了这种优惠。在一次交谈中，我探问此事，先生淡淡地说，“我作为一个普通教师，没有做出什么大贡献，享受这种优惠，我会心中不安的”。这就是陶先生温厚淡雅的人生风采。先生心装学生，并以自己这种独特的人格魅力和深厚学养影响着学生。直接受益于先生的感召，先生所指导的近四届7名博士生弟子中，有3人成功申报了省部级及其以上社科基金项目，5人发表国家重点以及全国中文核心期刊学术论文20余篇。

附录六：陶富源教授："我期待给你们上课"*

张筱荣　牛云芳　张园园　毛加兴

陶富源教授是我省乃至全国的知名教授。陶老师曾获得包括"全国模范教师"在内的种种耀眼的称号和荣誉，令我们这些后生小辈肃然起敬。听说陶老师要给我们（2014级"马克思主义基本原理"和"思想政治教育"专业博士生）上课，大家都感到十分荣幸，特别是那些来自外校、外地的同学更是满怀期待，愿通过上课，领略先生的风采，并从先生那里获得教益。出乎我们意料的是，先生对给我们上课也抱有期待。陶先生上第一堂课，说的第一句话就是："我期待给你们上课"。他那略带江苏海安口音的沉稳语调和古稀长者的凝重神情，令我们这些青年学生心头一振，为之动容，并随之定格为一种永恒。从来只有学生期待好老师上课，那里听说，有老师期待给学生上课的呢？我们有些不解。在课堂上，陶先生一语带过，对此没有多说。只是在课间休息与先生闲聊时，我们才对先生此语，有了进一步的理解。先生年过七十，从教44年，2010年退休。但先生退而不休，继续从事科研，和承担了本科生及研究生的部分教学工作。用先生的话说："我这一辈子，与学生为友，以教书为乐，走上讲台就兴奋，学生满意就高兴。"先生说，毕竟老了。再过几年，想要上课也讲不动了。来日无多，因此我珍惜每一次上课的机会。先生对教育事业和青年学生的拳拳之心，溢于言表，令人感叹！

研讨式的授课方式

陶先生的授课方式与不少老师不同。上课前的两个星期，他把自己这门课所包含的"16讲"的内容授课大纲，和围绕该大纲所撰写的

* 原刊于安徽师范大学新闻网，2015—4—2。

20多万字的教学材料，用电子邮件发给了我们，并给每个博士生分配了两三个专题的主讲任务，要求主讲者围绕授课大纲，预习理解、充实他所发的讲课材料，其他非主讲同学也要预习、理解，以便有准备地上课。在课堂上大家围坐在一起，主讲同学以个性化的方式阐述主讲的内容，谈自己的学习体会，以及提出自己尚不理解的问题。其间，其他同学也可以就某个观点进行提问、讨论，包括争论。而陶老师则在其中负责引导、启发、拓展和延伸，并进行最后的总结。

这种研讨式的授课方式，对于习惯于"老师讲，学生听"的我们来说，感到特别新鲜、特别带劲、特有收获。一是同学们上课都是有备而来。也就是说，打的不是被动的仗，而是主动的仗。几乎每个同学在准备主讲稿时，对陶老师下发的教学材料，都至少阅读、学习了三遍。另外，还需要自己搜集、补充一些材料，加以反复思考，进行归纳总结。这其中的工作量可不小，但做得很值得。因为其效果不是那种被动听课的所谓"雨过地皮湿"，所能比拟的。二是通过讨论拓展了教学空间。主讲同学在课堂上对自己分到的专题侃侃而谈，其他同学提出或赞同、或补充、或反对的意见，于是少不了一番你争我辩。正是在这种辩论中深化了思想认识，在碰撞中激发了学术火花，从而极大地调动了同学们学习的主动性、积极性。三是通过老师的引导总结提升了教学层次。同学们讨论时，坐在一旁的陶老师聚精会神，仔细聆听。他不随便打断同学们的交流，可一旦发现有同学的观点或论证有明显的硬伤、思路有所偏离，以及难点没有突破时，便随时加以纠正，或在重点的地方引申阐述。特别是陶老师关于讨论的总结给大家留下了深刻印象。有一位同学曾感叹说，如果把陶老师总结的内容加以扩充、展开，那么可就是一篇完整的学术论文了。

这种研讨式的授课方式，所营造的热烈气氛，感染了我们每一个人，以致有两位中年访问学者也主动前来听课，直到这门课结束。每个专题的讲授、讨论，大都延续整整一个上午或一个下午，长达三四个小时，但大家仍兴趣盎然，不能不说，这得益于这种研讨式的授课方式。

贴近现实的专题设置

据我们所知，有些老师也想采用"研讨式"的授课方式，但最终都以效果不佳而草草收场。关于个中原因，我们曾特意请教过陶先生。先生说，这里的关键在于要精心进行专题设置。所谓精心，就是要围绕现实问题，包括现实理论问题和现实社会问题进行专题设置，这样才能调动学生的兴趣和热情，研讨式教学才能顺利并成功进行下去。否则，就会讨论不起来，或讨论不下去。出现所谓的“冷场”。前文提及陶先生为这门课设置的16个专题，应该说，是下了一番工夫的，是体现了强烈的现实问题意识的。比如，针对西方延续几十年的“马克思恩格斯对立论”思潮，授课大纲设置“马克思主义创立者述评”专题，针对所谓马克思主义哲学“超越论”的观点，设置了“坚持唯物主义，反对‘超越论’思维”的专题。另外，针对如何认识当代资本主义、如何评价民主社会主义、如何理解全球化与社会主义中国特色的关系，如何看待苏联解体，如何进行当代中国利益关系的协调、如何建设创新型国家，如何进行社会治理等等问题，都在讲授中设置了相关专题。通过这些专题的设置和讲解，引导我们坚持理论联系实际，用马克思主义理论去分析问题、解决问题，并在分析和解决问题的过程中，学习和掌握马克思主义基本原理。陶先生这样来讲授马克思主义基本原理，确实使我们开了眼界，一改“原理课”在不少学生心目中那种刻板枯燥的形象，而生动鲜活了起来。有同学感慨地说：“这样讲授的马克思主义才是能触动人心灵的可亲的马克思主义”。

先生的格言

陶先生为人随和，和同学们交流，脸上总是面带微笑。我们有时因全神贯注，忘记了给他杯子里倒开水，老师便站起来，自己倒，并不忘给坐在他身边的同学杯子里续水。此情此景，虽说平常，但令人感动。陶先生上课总是提前十分钟到达。这让拎着早点或是以各种借口踩点到的同学感到很不好意思，这样一来大家也都意识到要规范自己的行为。陶先生在讲授中，给我们留下深刻印象的还有这样一点。即他在讲授中，不经意说出的一些闪烁着人生智慧的、珠玉般的语言。我们班有一位同学，把这些语言加以汇集，名曰陶富源先生格言。比如在谈到做学问不要急于求成时，先生说：“只要方向正确，不怕路途遥远”；在谈到人生命运时，先生说：“命运握在自己手中，人生的起点低并不代表终点低"；在谈到高校教师如何处理教学与科研的关系时，先生说："搞好教学是立足之本，搞好科研是发展之路"。在谈到教师工作的意义时，先生说："教师的工作台并不宽大，但他手中握有祖国的未来"。在谈到师生关系时，先生说："教师不只是燃烧了自己，点亮了别人，而是师生相互点燃，共烛光明"。在谈到要多读书时，先生说："大凡所学，皆成性格"。如此等等。陶先生这些凝结人生信仰、思想境界的语言，将使我们终身受益。

著名教育家梅贻琦先生曾说："所谓大学者，非谓有大楼之谓也，有大师之谓也"。对我们学生来说，在求学期间，能有机会授业于陶先生门下，实为人生之大幸。